Meinhard Creydt
46 Fragen zur nachkapitalistischen Zukunft

Meinhard Creydt, geb. 1957, Soziologe, Psychologe, Dr. phil.; lebt und arbeitet in Berlin, veröffentlichte u.a. *Wie der Kapitalismus unnötig werden kann*, Münster 2014, 2. Auflage 2016, *Theorie gesellschaftlicher Müdigkeit* Frankfurt a. M. 2000. Die meisten seiner Artikel in Zeitschriften und Sammelbänden finden sich auch unter www.meinhard-creydt.de.

Meinhard Creydt

46 Fragen zur nachkapitalistischen Zukunft

Erfahrungen, Analysen, Vorschläge

WESTFÄLISCHES DAMPFBOOT

Bibliografische Information der Deutschen Nationalbibliothek
Die Deutsche Nationalbibliothek verzeichnet diese Publikation in der Deutschen Nationalbibliografie; detaillierte bibliografische Daten sind im Internet über http://dnb.d-nb.de abrufbar.

2., korrigierte Auflage Münster 2021

Umschlag: Lütke Fahle Seifert AGD, Münster
Druck: Majuskel Medienproduktion GmbH, Wetzlar
Gedruckt auf FSC-zertifiziertem Papier
ISBN 978-3-89691-851-2

Inhalt

Vorwort

Am Kapitalismus wird vielerlei kritisiert. Zugleich blockieren der Generalverdacht des Illusorischen gegenüber einer grundlegenden gesellschaftlichen Alternative und die Ratlosigkeit über sie die Kritik. Das kapitalistische Geschäfts- und Erwerbsleben erscheint vielen als unersetzbar. Wer zum „Unvermeidlichen" nein sage, gilt als naiv. Eine ebenso freie wie wirklich kontroverse Diskussion darüber hat es schwer. Sie käme nur zustande, wenn substanzielle Alternativen zu kapitalistischen Imperativen, Anreizen und Strukturen gedacht würden. Damit ist etwas anderes gemeint als Schadensbegrenzung und Versuche, den Tiger zum Vegetarier zu zähmen (bei anhaltendem Interesse daran, *seine* Energie zu nutzen).

Dieser Band stellt Konzepte für eine nachkapitalistische Gesellschaft vor, die nicht in die Nähe von unterkomplexen Patentrezepten oder totalitären Systemen geraten. Im Unterschied zu utopistischen Kopfgeburten knüpfen die skizzierten Regelungen und Leitbilder an Erfahrungen, Potentialen und Institutionen an, die im modernen Kapitalismus entstehen. Zugleich wird gegenüber einer reformerischen Herangehensweise deutlich: Das Drehen an zentralen Stellschrauben – ein bisschen „mehr" hier oder „weniger" dort – ist der Problematik nicht angemessen. Von den globalisierungskritischen Bewegungen hört man seit Jahren den Slogan „Eine andere Welt ist möglich". Allerdings bleibt es oft bei Wunsch und Beteuerung. Der vorliegende Band nimmt dieses Motto ernst. Und das heißt, – im Unterschied zu vielen Linken – sich einem weit verbreiteten Einwand zu stellen. Er lautet: „Selbst wenn uns infolge der Kritik an der kapitalistischen Ökonomie eine Alternative wünschenswert erschiene, so weist die nachkapitalistische Gesellschaft notwendigerweise zentrale Konstruktions- und Strukturprobleme auf. Bei all seinen Mängeln erscheint der Kapitalismus insofern als kleineres Übel." Der vorliegende Band vergegenwärtigt Konzepte für eine nachkapitalistische Zukunft, die diesem Einwand nicht anheimfallen.

Über eine nachkapitalistische Perspektive nachzudenken setzt voraus, weit verbreitete Annahmen infrage zu stellen. Gegenüber der These „Wohltaten können wir uns nicht leisten" thematisiere ich in Kapitel 1, wie Ressourcen verschwendet werden für problematische Produkte und Dienstleistungen. Kapitel 2 und 3 widersprechen der weit verbreiteten Meinung, Produktion und Produktionstechnologie ließen sich vielleicht im Einzelnen ergonomischer, aber nicht grundlegend „humaner" gestalten. In Kapitel 4 (zum Verkehrssystem inkl. Autoindustrie und zum Gesundheitswesen) zeige ich an den zwei Arbeitsbereichen mit den gegenwärtig meisten Beschäftigten, dass es grundlegende Alternativen zu ihnen und ihren „Konstruktionsfehlern" gibt.

Die Infragestellung der „Sachzwänge" setze ich in Teil III fort. In den Blick rückt der veränderte Stellenwert von zentralen Momenten wie Effizienz, Leistung, Spezialisierung und funktionale Differenzierung in der nachkapitalistischen Gesellschaft. Plädiert wird dafür, die Durchsetzung dieser modernen Maßstäbe so zu begrenzen, dass ihre (umfassend wahrgenommenen) problematischen Implikationen nicht länger ihre positiven Effekte infrage stellen.

Teil IV thematisiert die nachkapitalistische Gesellschaft als Ganzes mit der für sie charakteristischen Art und Weise der Vergesellschaftung. Fern aller „Alles-ganz-einfach"-Verheißungen handelt es sich um die Arbeit an problembewusster und konkreter Realutopie. Um eine Blaupause für die Zukunft oder um so etwas wie ein fertig entwickeltes Modell geht es nicht. Das vorliegende Angebot in Teil IV ist ein anderes: eine Skizze notwendiger Strukturen und Institutionen, die weder Vollständigkeit noch einen Konkretionsgrad beansprucht, der der historischen Entwicklung vorgreifen müsste. Um einen gemeinsamen Suchprozess handelt es sich. In ihm werden bereits heute zentrale Konturen der nachkapitalistischen Zukunft deutlich. Sie zu durchdenken hilft den Bewegungen in der Gegenwart, die zu einer Überwindung der kapitalistischen Geschäftsweise beitragen können. Tamara (There are many and real alternatives) heißt es dann statt Tina (There is no alternative).

Wesentlich für die skizzierte nachkapitalistische Gesellschaft ist die Veränderung der Lebensweisen, die substanziell andere Beziehungen zwischen den Individuen ermöglicht als im Kapitalismus. Der vorliegende Band argumentiert ökonomiekritisch, insofern er der Auffassung widerspricht, die kapitalistische Ökonomie sei unverzichtbar. Gezeigt wird: Ein anderes Wirtschaften und eine andere gesellschaftliche Synthesis[1] sind ökonomisch möglich. Zugleich wird metaökonomisch argumentiert. Bekannt ist aus anderen Lebensbereichen: Die Nebenwirkungen mancher Mittel stellen deren offiziell angepriesenen Nutzen infrage. Das gilt auch für den modernen Kapitalismus. Daraus erwächst die Perspektive, die Partialtriebe der modernen und kapitalistischen Rationalitäten einer übergreifenden Aufmerksamkeit ein- und unterzuordnen. Sie fragt, in welche Richtung sich mit den verschiedenen Aktivitäten die Welt der Menschen

---

1 Die in den unterschiedlichen Gesellschaftsformen (Feudalismus, Kapitalismus ...) verschieden ausfallende „*Synthesis* (hält) das Mannigfaltige der darin (in der jeweiligen Gesellschaftsform – Verf.) gegebenen arbeitsteiligen Abhängigkeiten der Menschen voneinander zu einem lebensfähigen Ganzen zusammen" (Sohn-Rethel 1973, 19).

und deren Sinne und Fähigkeiten, soziale Beziehungen und Reflexionsvermögen entwickeln.

Die Aufgaben im Umkreis von Ökologie und Nachhaltigkeit, Gesundheit und Demokratie stellen zentrale Anforderungen an die nachkapitalistische Gesellschaft dar. Für letztere ist ein eigenes positives Paradigma charakteristisch. Es geht darüber hinaus, *im* Horizont der Mängelrügen am Kapitalismus Gegenvorschläge zu formulieren. Mit dem *Begriff von 'Praxis'* arbeite ich eine „kognitiv-evaluative Landkarte“ (Rosa 2012, 380) und ein neues gesellschaftliches Leitbild heraus. Es fällt nicht hinter die Errungenschaften des bürgerlichen Paradigmas (Freiheit, Gleichheit, Brüderlichkeit) zurück und ist den über es hinausgehenden Belangen angemessen. Gefragt wird nach der für die nachkapitalistische Gesellschaft maßgeblichen Vorstellung vom „guten Leben“. 'Praxis' bezieht sich auf die Entfaltung menschlicher Sinne, Fähigkeiten und Reflexionsvermögen u.a. im Arbeiten, in sozialen Beziehungen sowie in der Gestaltung der Gesellschaft durch ihre Mitglieder. Mit 'Praxis' (als Integration dieser verschiedenen Momente) entsteht ein von den Perspektiven der Kapitalverwertung ums Ganze unterschiedener Horizont dessen, was als Reichtum gilt. Nicht allein um eine andere Verteilung des Kuchens geht es, sondern um einen anderen Kuchen und um eine andere Art des Kuchenbackens. An den einzelnen Problemfeldern und Materien, mit denen es die nachkapitalistische Gesellschaft zu tun hat, wird materialiter dargestellt, dass die Alternative zum Kapitalismus sich nicht an seinen Maßstäben orientiert. Mit 'Praxis' lässt sich diese Differenz explizieren, zuspitzen und zusammenfassen. 'Praxis' bildet das „Zielgut“ der nachkapitalistischen Gesellschaft. Sie orientiert sich an einem Gemeinwohl, das mehr beinhaltet als die Rahmenbedingung der ins individuelle Belieben gestellten Selbstverwirklichungen.[2]

In der Bevölkerung gibt es mehr Vorbehalte gegenüber zentralen Momenten der modernen „Sachzwänge“ und der kapitalistischen Geschäftsweise, als dies

2 Bereits ein ökologisches Problembewusstsein eröffnet gegenüber Profitwirtschaft und „Ich-kann-doch-machen-was-ich-will“-Individualismus die Aufmerksamkeit für andere Koordinaten bzw. eine andere Rechnungsweise. Bspw. entsteht angesichts des vom Bundesumweltamt für umweltverträglich erklärten CO_2-Verbrauchs von 2,5 Tonnen pro Kopf und Jahr ein neuer Blick auf Fernflüge. Wenn bereits ein Flug von Zürich nach New York und zurück pro Passagier fast drei Tonnen CO_2 verursacht, dann stellt sich die Frage nach der Verhältnismäßigkeit einer Flugreise anders als in Preis/Leistungs-Kalkulationen. Diese zwei Flüge lassen sich auch ins Verhältnis setzen zur Menge Kohlendioxid, der pro durchschnittlichem Deutschen jährlich durch das Heizen entsteht (1,71 Tonnen).

viele Linke – sog. Realpolitiker *und* sog. Radikale – wahrzunehmen vermögen (vgl. Kapitel 40). Erforderlich ist es, sich in den Streit um diese Kernstrukturen einzumischen. Dafür bedarf es einer Bildungsarbeit, die die einschlägigen Legitimationen zugleich ernst nimmt, sie zu kritisieren vermag (vgl. Kapitel 1-18) und imstande ist, die nachkapitalistische Gesellschaft als not-wendig, möglich und anstrebenswert zu vermitteln. Der vorliegende Band vergegenwärtigt die für diese Bildungsarbeit zentralen Argumentationen.

Wo steht dieser Band in der Diskussion?

Viele widmen sich der Schadensbegrenzung, der Interessenverteidigung, dem Schutz von Minderheiten und der Kritik an der Gesellschaft ausgehend von ihren Idealen. Die politische Öffentlichkeit ist erfüllt vom Streit, ob und wie das Land effizienter, produktiver, leistungsfähiger, gerechter, sozialer und ökologischer sein soll und kann. Im Unterschied dazu fragt dieser Band, was die verschiedenen gesellschaftlichen Veranstaltungen „mit den Menschen machen" oder wie sich die menschliche Existenz im Arbeiten, an Gegenständen, in Sozialbeziehungen, in der modernen gesellschaftlichen Zivilisation, in Institutionen und gesellschaftlichen Strukturen entwickelt. „Existenz" wird hier essenzieller verstanden als im Begriff „Existenzbedingungen", aber nicht existenzialistisch. Materielle Voraussetzungen, Infrastrukturen und Institutionen sowie gesellschaftliche Strukturen sind nicht nur äußere Voraussetzung der Entwicklung menschlicher Sinne und Fähigkeiten, Sozialbeziehungen und Reflexionsvermögen, sondern zugleich „etwas", an dem sich humane Potentiale allererst entwickeln und das sie formt. Die so konstituierte Qualität der Mentalitäten oder einer weit verstandenen Kultur wird zum Thema, wenn von der Entwicklung des „Gattungswesens" (Feuerbach und der junge Marx) oder „des Menschentums" (Max Weber) die Rede ist. Aktuellere Ausdrücke sind „Humanpotential" (Klages) (vgl. Kapitel 27) oder „Psychosozialprodukt". Deren Inhalt wird in diesem Band mit dem in ihm entwickelten Praxisbegriff analysiert. Der Praxisbegriff fasst eine Theorie der Konstitution menschlicher Sinne und Fähigkeiten, Reflexionsvermögen und Sozialbeziehungen zusammen. Der Begriff Konstitution enthält die „Verfassung", in der sich etwas befindet, und das, was etwas erst zu dem werden lässt, was es ist, also für es insofern „konstitutiv" ist. Mit dem Praxisbegriff kommen Dimensionen in den Blick, die in der herrschenden politischen Öffentlichkeit notorisch unterbelichtet oder ausgeblendet werden.

Die Qualität und die Inhalte der Sinne, Fähigkeiten und Reflexionsvermögen des Individuums sind abhängig von den gesellschaftlichen Verkehrsformen oder den Formen der gesellschaftlichen Synthesis. Sie liegen der Art und Weise zugrunde, wie sich die Individuen aufeinander beziehen. Die psychologische Konzentration auf das Verhältnis des Individuums zu sich selbst greift zu kurz. Ebenso die Perspektive der individuellen Kultivierung der Sinne, Fähigkeiten und Reflexionsvermögen. Die sozialen Beziehungen und gesellschaftlichen Verhältnisse, in denen die Individuen stehen, sind keine peripheren Außenhandelsbeziehungen der in sich ruhenden Subjekte, sondern maßgeblich für das individuelle Leben. Die Kritik daran, dass im Kapitalismus Sinne, Fähigkeiten und Reflexionsvermögen häufig direkt oder indirekt Mittel der Kapitalakkumulation und ihr untergeordnet sind, ist das eine. Daraus folgt in diesem Band kein Votum für Sinne, Fähigkeiten und Reflexionsvermögen als Selbstzweck. (Zur Analyse und Kritik dieses Begriffes vgl. Creydt 2015, 201-207). Die Art und Weise, wie die Individuen sich in einer bestimmten Gesellschaftsform (z.B. Kapitalismus oder nachkapitalistische Gesellschaft) zueinander verhalten können, ist nicht nur für die Analyse der genannten menschlichen Vermögen relevant, sondern wird auch in dem, worum es Sinnen, Fähigkeiten und Reflexionsvermögen selbst geht bzw. was sie selbst im Sinn haben, zum Thema. 'Praxis' beinhaltet nicht die „Entfaltung" von Sinnen, Fähigkeiten und Reflexionsvermögen in Absetzung von der „Nichtentfaltung", sondern deren inhaltlich spezifischer gefasste Entwicklung.

Auch die moderne gesellschaftliche Zivilisation (vgl. Teil III) enthält grundlegende Verhältnisse der Assoziation, Dissoziation und Indifferenz zwischen den Menschen. Sie müssen in die in diesem Band skizzierte Umgestaltung einbezogen werden, soll es nicht bei den Spaltungen und Vereinseitigungen, Beschädigungen und Widersprüchen bleiben, die mit den herrschenden Vergesellschaftungsformen einhergehen.

Im Unterschied zum Plädoyer für die Umverteilung „von oben nach unten" liegt der Akzent im vorliegenden Band eher auf der Qualität der Gebrauchswerte und des Arbeitens sowie der gesellschaftlichen Verkehrsformen. Im Unterschied zu einer politischen Perspektive, die sich auf die Zusammenarbeit von Parteien auf Regierungsebene konzentriert (Politik von oben), interessiert mich die „zivilgesellschaftliche" Mobilisierung von Fähigkeiten und Sinnen, Reflexionsvermögen und sozialer Assoziation in den verschiedenen gesellschaftlichen Bereichen gegen ihre kapitalistische Form. Gewiss bildet die Auseinandersetzung um die Form und das Ausmaß des Sozialstaats ein wesentliches politisches Feld. Er setzt aber die kapitalistische Ökonomie voraus und ist in seiner Ausgestaltung von ihrer Stärke abhängig. Für einen anderen Schwerpunkt der gängigen linken Agenda steht der Slogan „Wer Demokratie will, muss die Finanzmafia entmachten".[3] Lesenswerte Kritik an den weit verbreiteten Vorstellungen von der vermeintlichen Macht des Finanzkapitals über die sog. „Realwirtschaft" findet sich bei Roth (2009), Sandleben, Schäfer (2013), Wendl (2013) sowie Krumbein u.a. (2014). Sie formulieren bislang viel zu wenig berücksichtigte kapitalismustheoretische und empirische Einwände gegen die Zentrierung von Kapitalismuskritik auf die „bösen Börsenbuben" (Schandl) und gegen die Diagnose eines „finanzmarktgetriebenen Kapitalismus". Problematisch wird das kapitalistische Wirtschaften zudem nicht erst durch „Übergriffe" gegenüber anderen Bereichen. Die Perspektive besteht nicht in der Politisierung der Ökonomie, sondern darin, die schädlichen Trennungen und Abstraktionen, Widersprüche und Eigendynamiken des kapitalistischen Wirtschaftens zu überwinden. Dies erfordert Formen der gesellschaftlichen Regulation, Auseinandersetzung und Gestaltung, die über die Institutionen der modernen bürgerlichen Demokratie hinausgehen. Die Fixierung auf Haupt- und Staatsaktionen blamiert sich an der nicht erst von Ulrich Beck (Stichwort „Subpolitik") analysierten Koexistenz des politischen Zentrums und der Nichtsteuerbarkeit grundlegender gesellschaftlicher Prozesse. Die grundlegende Veränderung dieser Konstellation muss *beide*, zueinander komplementäre Seiten umgestalten.

Die in diesem Band skizzierte Alternative zum Kapitalismus unterscheidet sich ums Ganze von Gesellschaften des sowjetischen Typs[4], von Selbstverwaltungsutopien[5], von technokratischen Vorstellungen eines Computersozialismus, die sich auf Planungs- und Berechnungsmethoden konzentrieren (vgl. dazu Kapitel 18d), und von die Bevölkerung moralisch erziehenden und mobilisierenden Regimen (z.B. Maoismus).

„There are many and real alternatives" – das heißt für viele, anzusetzen an dem, was ihnen als extremstes Phänomen des gegenwärtigen Kapitalismus (z.B. Bankenmacht, „Finanzmafia", Sozialstaatsabbau, Ungleichheit u.a.) erscheint, und diesen Extremen gegenüber „konkrete" Alternativen zu formulieren. Der

---

3 So der Titel eines großformatigen Plakats der Linkspartei mit dem Bild von S. Wagenknecht im Bundestagswahlkampf 2013.

4 Die Kehrseite von realsozialistischen Konzepten einer staatlichen Steuerung der relevanten gesellschaftlichen Vorgänge bildet de facto die zweckentfremdende Uminterpretation der Imperative des Leitungszentrums durch die vielen kleinen Zentren zu ihren Gunsten. Vgl. Creydt 2014a.

5 Für sie ist die basisdemokratische Ignoranz gegenüber höherstufigen Strukturen und Institutionen gesellschaftlicher Synthesis und Selbstreflexion charakteristisch. Die Selbstverwaltung eines Schiffes durch die Besatzung ist das eine. Die Frage, ob sie sich auf dem „richtigen Dampfer" befindet, ist etwas anderes.

vorliegende Band konzentriert sich demgegenüber auf Alternativen zu den konstitutiven gesellschaftlichen Strukturen und Formen. Punktuelle Alternativvorschläge laufen – so die Erfahrung – daran auf, dass sie die Verstrickungen und Vernetzungen der Momente nur unzulänglich in den Blick bekommen. Wenn Vorschläge wie Reichensteuer, Transaktionssteuer auf Kapitalgeschäfte u.ä. mehr wollen als Symbolpolitik, dann tun sie so, als ließen sich unter Voraussetzung des modernen Kapitalismus an ihm einzelne Elemente austauschen wie Bestandteile eines Motors. Die überzeugten Verfechter von punktuellen Reformschritten treffen auf folgenden, nicht unrealistischen Gedanken bei denjenigen, an die sie sich wenden: „Das Phänomen 'a' zu verändern, das mag isoliert betrachtet attraktiv sein. Wir haben es aber nicht mit einem Versuch in einem Labor zu tun. Verändernde Eingriffe, die auf 'a' zielen, machen nicht bei ihm halt, sondern ziehen andere Veränderungen nach sich. 'A' zu verändern heißt realiter, b, c und d infrage zu stellen, ohne dass klar würde, wie es ohne b, c und d gehen können soll. Eure Vorschläge sind vielleicht gut gemeint und sympathisch. Funktionieren werden sie nicht." Wer es bei scheinbar harmlosen, weil punktuellen Reformvorschlägen belässt und meint, mit ihnen in der Bevölkerung Unterstützung gewinnen zu können, zeigt sich dem Dilemma des Reformgradualismus nicht gewachsen. Werden lukrative Schlüsselindustrien vergesellschaftet oder große Vermögen härter besteuert, so bleiben Reaktionen nicht aus. Es kommt zu Kapitalflucht, Massenentlassungen und Investitionsstopp. Daraufhin wird es wiederum notwendig, das Profitprinzip für einen weit größeren Bereich außer Kraft zu setzen als ursprünglich beabsichtigt. „Der Gradualismus verunmöglicht sich also selbst: Auf Grund der mit Sicherheit einzukalkulierenden ökonomischen Reaktionen des Kapitals auf die ersten Schritte müssen die zweiten, dritten etc. Schritte gleichzeitig mit oder nach dem ersten Schritt erfolgen, soll der erste Schritt nicht wirkungslos bleiben. Analoges gilt für die politische Ebene" (Heimann, Zeuner 1974, 142). Punktuelle Alternativvorschläge wissen meist nicht anzugeben, wie die zugrundeliegenden Strukturen unnötig werden können oder – positiv formuliert – wie die gesellschaftlichen Produktions- und Reproduktionsprozesse anders als in der kapitalistischen Marktwirtschaft „funktionieren". An Konzepten für eine nachkapitalistische Gesellschaft kommt nicht vorbei, wer grundlegende Veränderungen will.

Zur Vorgehensweise

a) Beim Stichwort „nachkapitalistische Zukunft" werden manche erwarten, der Band beginne mit dem Verhältnis zwischen Lohnarbeit und Kapital. Eine voraussetzungslose Voraussetzung oder einen unbewegten Beweger stellt es aber nicht dar. Vielmehr ist das Verhältnis zwischen Lohnarbeit und Kapital von vielen Momenten abhängig, die es – als ihr Resultat – dann seinerseits übergreift und reproduziert (vgl. Creydt 2015, 139-142). Der Gedankengang bildet in diesem Band keine deduktive Argumentationskette, sondern folgt den Vernetzungen der Voraussetzungen für den Kapitalismus und macht sukzessive deren zentrale Momente zum Thema. Um die These(n) von der Alternativlosigkeit des Kapitalismus (vgl. dazu Kapitel 39) infrage zu stellen, ist es unerlässlich, ihn sozusagen einzukreisen. An seinen zentralen Momenten wird jeweils gezeigt, dass die kapitalistische Art und Weise des Wirtschaftens kein Sachzwang ist, sondern sich jedes dieser Momente im Besonderen und die Strukturen der Momente im Allgemeinen anders als kapitalistisch gestalten lassen und es gute Gründe dafür gibt.

b) In Bezug auf die „Differenz zwischen dem, was eine 'Strategie der Opposition' und eine 'Strategie der Konstruktion einer neuen Ordnung' genannt werden könnte" (Laclau, Mouffe 1991, 233f.), liegt der Akzent im vorliegenden Band bei letzterer.

c) Das Nachdenken über eine gesamtgesellschaftliche Alternative verfängt sich allzu oft in einer problematischen Koexistenz. Einerseits finden wir Kritiken an allerhand gesellschaftlichen Phänomenen vor, andererseits das implizite Festhalten an Selbstverständlichkeiten, die auf recht vermittelte und keineswegs offensichtliche Weise zur bestehenden modernen kapitalistischen Gesellschaft gehören. Die expliziten Gedanken über eine grundlegende Umgestaltung dieser Gesellschaft geraten in einen sie lähmenden Selbstwiderspruch, wenn sie sich implizit von Grundwerten und -strukturen des Bestehenden die Denkbahnen vorgeben lassen. Die Arbeit dieses Bandes besteht häufig darin, solche ebenso latenten wie felsenfesten Hintergrundannahmen infrage zu stellen und abzubauen. Erst so lässt sich ein Denkraum gewinnen, in dem nicht das zu Überwindende bei aller Kritik an ihm insgeheim die Regie führt. Dann erst kann es gelingen, den Umzug der Gesellschaft ins Offene ihrer Möglichkeiten zu denken. Ein zentrales Anliegen dieses Bandes ist die Ent-Selbstverständlichung, d.h. die Kritik der eigenen Evidenzen, um nicht zu sagen: Dogmen.

d) Sehen wir uns herausgefordert, etwas zu begreifen, das unser Denken nicht nur additiv verändert, so durchlaufen wir häufig folgenden Prozess: Wir meinen, das grundlegend Neue begriffen zu haben, bemerken aber bald, wie voreilig diese Meinung war. Zwar sind wir imstande, auf direkte Anfrage die neuartige Erkenntnis zu reproduzieren. Etwas anderes ist es aber, im Begreifen der Wirklichkeit das „eigentlich" bereits Erkannte in anderen Kontexten „aufrufen" oder „anwenden" zu können. Wir hätten dann jeweils herauszufinden, dass das jeweils vorliegende besondere Phänomen sich erst im Kontext der neuen Erkenntnis erschließen lässt. Wenn es um diesen Wissenstransfer geht, fallen wir häufig in unsere alten Denkhorizonte zurück. Allzu oft bleibt es dann beim Inselwissen. Es tritt zu anderen Wissensbeständen hinzu, ohne sie zu verändern. Insofern ist es bei einem neuen Paradigma – wie dem Begriff von 'Praxis' und dem Siebeneck seiner Momente – unverzichtbar, seinen Inhalt aus verschiedenen Perspektiven *durchzuarbeiten*. Was dem (allzu) schnellen Leser vielleicht in manchen Passagen als Wiederholung erscheinen mag, ist dem Vorgehen geschuldet, die Erkenntnis der neuen Problematik durch Veränderung des Blickwinkels auf sie zu vertiefen.

e) Das Wissen um die nachkapitalistische Gesellschaft ist so gut oder schlecht wie die Beschreibung der Probleme und die Erklärung der Problemursachen. Argumentiert wird in diesem Band vor dem Hintergrund einer Analyse moderner, kapitalistischer und bürgerlicher Strukturen von Gesellschaft und Lebensweise.[6] Er fragt nach den Bedingungen der Domestizierung oder Aufhebung der mit ihnen verbundenen Probleme. Die Analyse umfasst die Vernetzung und das Gefüge der verschiedenen Problemursachen. Periphere und maßgebliche Probleme bzw. Problemursachen lassen sich nun unterscheiden. Erst dieser Überblick verhindert, dass die Aufmerksamkeit für ein Element die Wahrnehmung des Ganzen verstellt. Erst ein auf die gesamtgesellschaftliche Aufbauordnung gerichtetes Denken durchkreuzt eine Kritik an erscheinenden Mängeln und Problemen, die zu unmittelbar oder oberflächlich ansetzt und dann entsprechende „Alternativen" anbietet (vgl. Kapitel 24, 33).

Gewiss haben die verschiedenen Momente der Gesellschaft unterschiedlich große Auswirkungen. Die Veränderung der Verflechtung der Momente lässt sich aber nicht als durch („die") eine zentrale Veränderung ausgelöste Kettenreaktion (wie bei einer Reihe von Dominosteinen) begreifen. Die im emanzipatorischen Sinne verstandene nachkapitalistische Gesellschaft erfordert insofern die (mehr oder minder) gleichzeitige Veränderung verschiedener Momente. Daraus entsteht auch ein Darstellungsproblem: Die Ebenen, Momente und Interdependenzen in

---

6 Zur Analyse der drei verschiedenen Sphären und ihrer Zusammenhänge vgl. Creydt 2000, 2014.

einer vernetzten Struktur existieren gleichzeitig. Ihre Darstellung kann sie aber nur nach und nach durchgehen.[7]

7 Das Kapitel 1 des vorliegenden Bandes erschien in einer anderen Fassung am 30.8.2014 bei Telepolis unter der Überschrift „Der Überfluss an Unnötigem und Schädlichem. Problematische Arbeitsinhalte und Gebrauchswertangebote im gegenwärtigen Kapitalismus". Teil I ist die überarbeitete Fassung eines Vortrags vom 27.3.2015 (Urania Berlin). Die Kapitel 3, 12 und 32 des vorliegenden Bandes bestehen zum großen Teil aus Passagen, die bereits in den die jeweiligen Themen betreffenden, allerdings viel ausführlicheren Kapiteln von Creydt 2014 enthalten sind. Dieser Band formuliert in Teil 2 weiterführende Überlegungen zu den Umrissen einer nachkapitalistischen Gesellschaft, zu ihrer Gestaltung und ihren Strukturen.

I Die Essentials einer nachkapitalistischen Gesellschaft – ein erster Überblick

> „Ein Grund der gegenwärtigen Schwäche der europäischen Linken ist ihr Unvermögen, in ausreichendem Detail zu spezifizieren, was ihre alternative Vision beinhaltet und wie sie mit den mannigfaltigen Komplexitäten des sozialen Lebens in modernen Gesellschaften umgeht." *Breitenbach et al. 1990, IX*

a) „Anregung aller Kräfte des Menschen, damit diese sich über die Aneignung der Welt entfalten" (Wilhelm von Humboldt) – so lässt sich das Leitbild einer nachkapitalistischen Gesellschaft in einer ersten Annäherung formulieren. Die menschlichen Sinne, Fähigkeiten und Reflexionsvermögen entwickeln sich in den verschiedenen Momenten von Praxis. Bei ihnen handelt sich u.a. um das Arbeiten, den Konsum, die Gegenstandswelt und die menschlichen Beziehungen. In der nachkapitalistischen Gesellschaft geht es darum, die verschiedenen Praxismomente sinnvoll aufeinander zu beziehen.[8] Anders im kapitalistischen Wirtschaften. Bereits Adam Smith formulierte das Selbstverständnis der Akteure: Wenn jeder sich an *seinem* Vorteil orientiere, sei *allen* am meisten gedient. Privatinteresse – das heißt auf der Seite der *Anbieter*: Das Bedürfnis des Konsumenten interessiert den Produzenten in der kapitalistischen Marktwirtschaft nur unter besonderen Bedingungen. Das Bedürfnis muss mit einer zahlungsfähigen Nachfrage verbunden sein. Es soll zudem die Gelegenheit geben für eine möglichst leichte Arbeit mit möglichst hohem Einkommen. Anbieter von Waren und Dienstleistungen sind in der Logik der kapitalistischen Marktwirtschaft an Missständen interessiert. Gerade die Fortexistenz des jeweiligen Problems bietet oft erst die Gelegenheit dafür, Kompensation oder Reparaturdienst anzubieten. Vorsorgliche Problem-

8 Bei der Frage nach dem, was „sinnvoll" heißt, hilft vorerst die Antwort von Odo Marquard: „Sinn, und dieser Satz steht fest, ist der Unsinn, den man lässt." Was im vorliegenden Band als positiv „sinnvoll" gilt und warum, das lässt sich erst sukzessive, im Kontext der gesamten Argumentation beantworten (vgl. a. Kapitel 33 c).

vermeidung („Prävention") gerät dann in die Nähe von Geschäftsschädigung. Wir haben es im Kapitalismus mit einer Wirtschaft zu tun, die zuerst Missstände begünstigt oder hervorbringt und dann an diesen Missständen profitiert. Das A und O, mit dem die Wirklichkeit des *nach*kapitalistischen Wirtschaftens steht und fällt, ist im Kontrast dazu ein verantwortlicher Bezug der Arbeitenden auf die Effekte, die die Arbeiten und Dienstleistungen auf die Konsumenten haben. Und auf die von Arbeit und Konsum mittelbar Betroffenen. Das klingt trivial, ist es aber, wie sich im Weiteren zeigen wird, nicht.

b) Für eine erste Konkretisierung des Unterschiedes einer nachkapitalistischen Gesellschaft zur Gegenwart wende ich mich dem Umfang an nutzlosen und schädlichen Arbeiten und Dienstleistungen zu. Um ein profitables Geschäft aufzuziehen, werden Produkte und Dienstleistungen angeboten, die schon immanent gesehen überflüssig sind. Die Lebensdauer von Gebrauchsgütern lässt sich durch eingebauten vorzeitigen Verschleiß verkürzen. Das kapitalistische Erwerbs- und Geschäftsleben bildet ein ethisch problematisches Sozialisationsmilieu. Zynismus ist gang und gäbe. Eingeübt wird nicht nur die Wegwerfmentalität, sondern auch die Gleichgültigkeit angesichts der massiven Schädigungen der Gesundheit. Sie finden statt bspw. durch Waren der Chemie- und Lebensmittelindustrie und durch die Folgen der industriellen Landwirtschaft (z.B. Nitratbelastung des Trinkwassers durch die Gülle bei hoher Massierung von Tieren in Tierfabriken). Massenhaft abgesetzt werden zudem Produkte, bei denen vor lauter Geschmacksverstärkern der Nahrungsgehalt gegen Null geht. Im kapitalistischen Geschäftsleben grassiert eine Verkäufermentalität. Sie strebt danach, auch noch Südseeinsulaner vom Kauf von Heizdecken zu überzeugen. Die sog. Beratung bei Versicherungen und Banken orientiert sich erst nachrangig an den finanziellen Interessen der Kunden. Insgesamt wächst der Anteil der defensiven oder kompensatorischen Ausgaben. Sie versprechen Ausgleich für Schädigungen, die durch negative Folgewirkungen des Wirtschaftsprozesses entstehen. In der kapitalistischen Marktwirtschaft werden jede menschliche Schwäche und Perversion dann gefördert, wenn sie sich als Gelegenheit dafür eignen, Waren oder Dienstleistungen abzusetzen. Bedürfnisse, mit deren Befriedigung wir uns eher schaden, gibt es nicht zu knapp. Einen Kontrast dazu formuliert Schillers Maxime: „Leiste deinen Zeitgenossen, aber was sie bedürfen, nicht was sie loben!" (Schiller: Wie und zu welchem Ende studiert man Universalgeschichte). Bereits gegenwärtig entwickelt sich ein Problembewusstsein dafür, wie Leistungshetze, Überforderung und Demoralisierung den Nährboden bilden für primitive Konsumangebote. Die Rede vom positiven Bezug der Arbeitenden auf die positiven

Effekte ihres Arbeitens ist nicht unmittelbar oder naiv. Sie setzt das Bewusstsein von den indirekten Effekten von Arbeiten und Bedürfnissen voraus.

c) In der nachkapitalistischen Gesellschaft besteht der Hauptzweck der Arbeit nicht darin, mittels Beschäftigung von Arbeitskräften möglichst viel Gewinn zu erzielen. Die Arbeit wird als wesentliches Moment menschlicher Entwicklung wertgeschätzt. Und zwar nicht in Sonntagsreden, sondern am Werktag. Die Zusammensetzung zwischen zwei untereinander divergierenden Zielen wird zum Thema. Es handelt sich um die Erzielung einer großen Menge von effizient erarbeiteten Produkten und Dienstleistungen einerseits, die Entfaltung der Arbeitenden in der Arbeit andererseits. Eine Priorität der nachkapitalistischen Gesellschaft besteht in der Verringerung unattraktiver Arbeiten. Soweit unattraktive Tätigkeiten sich *nicht* aufheben lassen, sollen sie gleichmäßig durch alle Arbeitsfähigen erledigt werden. Analog zum Wehr- oder Zivildienst würde dann jede(r) einige Monate solche Dienste erledigen. Mit der Realität unangenehmer und subalterner Arbeiten sehen sich dann *alle* konfrontiert. So lässt sich der gegenwärtig selbstverständlichen *Unsitte* der Boden entziehen, solche unangenehmen Arbeiten nach Möglichkeit auf andere abzuschieben.

In den Blick kommt ein Missverhältnis: Einerseits tüfteln tausende hochbezahlte Ingenieure der Autoindustrie an den Finessen des Fahrkomforts und des Fahrerlebnisses. Andererseits wird wenig Knowhow auf die Humanisierung vieler Arbeiten verwendet. Interessant sind diesbezüglich die Überlegungen aus dem englischen Betrieb Lucas Aerospace aus den 1970er Jahren – damals Europas größtes Unternehmen für Design und Herstellung von Flugzeugsystemen und -ausrüstungen. „Gestandene" Techniker, Ingenieure und Wissenschaftler haben hier die Frage nach einer „anthropozentrischen" Produktionstechnologie und -organisation (Pekruhl 1995) gestellt. In ihr ist der Arbeitende nicht Zuträger, Anhängsel oder Lückenbüßer der Technik. Produktionstechnologie ist in dem Maße anthropozentrisch, wie sie dazu beiträgt, dass sich Sinne, Fähigkeiten und Reflexionsvermögen der Arbeitenden positiv entwickeln. Das Kriterium für die Einrichtung der Produktionstechnologie ist dann nicht allein, die Ausbringungsmenge an Produkten zu steigern. Gleichzeitig geht es darum, gesellschaftlich daran zu arbeiten, dass Arbeit nicht über weite Strecken ungelebtes Leben ist.[9]

---

9 Viktor von Weizsäcker bezieht sich mit dem Ausdruck „ungelebtes Leben" auf die verpassten bzw. nicht ausgeschöpften Möglichkeiten. Sie konkretisieren sich allererst im Maße ihres Erprobens und Wirklich-Werdens. „Die getöteten Söhne, die ungeborenen Kinder, sind sie nicht wirksamer als alles andere? Auch die unmögli-

Die Sprache der Preise erweist sich hier als ungenügend. In ihrem Horizont lässt sich eine zentrale Frage nicht diskutieren. Sie lautet: Ist eine Gesellschaft reicher, die durch die Auspowerung der Arbeitskräfte mehr Produkte erzielt, oder ist eine Gesellschaft reicher, die den Arbeitenden eine sie erfüllende und sinnvolle Arbeit ermöglicht?

d) Die kapitalistische Marktwirtschaft lebt von einer seltsamen gegenseitigen Steigerung. Auf die Überanstrengung der Arbeitenden antwortet ein Konsum, der Kompensation ermöglichen soll. Das Wuchern kompensatorischer Bedürfnisse bildet seinerseits eine Voraussetzung für das Endloswachstum der kapitalistischen Wirtschaft. Der Gedanke eines „genug" oder eines Optimums kann in diesem Wechselspiel nicht entstehen. Dieser Gedanke wäre geschäftsschädigend. Wir stecken in einer Wirtschaft fest, die nur floriert, wenn sie immer mehr profitabel produzierte Waren absetzt. Die Kapitalakkumulation muss auf Hochtouren gehalten werden. Die Konkurrenten bewegen sich wie auf einer nach *unten* laufenden Rolltreppe. Sie müssen strampeln, um nicht nach unten gezogen zu werden. Durch ihr Treten gewinnt die Rolltreppe aber nur noch mehr an Bewegung. Die Kapitalakkumulation gedeiht um den Preis kurzer Nutzungszeiten der Produkte. Infolgedessen schreitet die Vermüllung der Welt voran. Immer weiter wird die Situation vertagt, in der die gesteigerte Produktivität zu einer radikalen Verringerung der Arbeitszeit führen kann.

e) Ein Querschnittsthema sozialer Auseinandersetzungen in der Gegenwart betrifft das für die kapitalistische Ökonomie typische Primat der profitablen Aktivitäten. Die Tätigkeiten der Erziehung, der Krankenpflege und der Betreuung von Senioren sind in ihrer überwiegenden Mehrheit vergleichsweise unlukrativ. Auf der einen Seite existiert Reichtum bzw. Überreichtum an Geld, das verzweifelt nach profitablen Anlagemöglichkeiten sucht. Auf der anderen Seite herrscht Mangel an finanziellen Mitteln für die unprofitablen Bereiche. Zur Wechselbeziehung zwischen diesen beiden Missverhältnissen im Kapitalismus passt der Satz „Zu wenig *und* zu viel ist dem Narren sein Ziel." Verschiedene Gruppen sowohl von Beschäftigten als auch von Betroffenen wenden sich gegen die aschenputtelartige Existenz der Sorgetätigkeiten. Angestrebt wird das Gleichgewicht zwischen dem Produktions- und dem Reproduktionsbereich. Dasselbe Problem hat auch noch eine andere Seite: Notwendig wird eine Ver-

---

chen Pläne, die nie getanen Taten, sind sie nicht wirksamer als alles, was geschehen ist?" (Weizsäcker 1950, 191).

änderung der Berufsarbeit, sodass sie mit Tätigkeiten des Sich-Kümmerns um Kinder oder um kranke Verwandte oder Freunde vereinbar ist. Und vereinbar heißt etwas anderes als die gegenwärtig existierende heillose Überforderung von Eltern. Sie schreiben häufig das Nichtgelingen der Koexistenz von Kind und Karriere sich selbst als individuelles Versagen zu. Mit der Perspektive der gleichen gesellschaftlichen Relevanz von verschiedenen menschlichen Tätigkeiten ist auch der Kult der Spitzenleistungen infrage gestellt. Der Gesellschaft gelten die Spezialisten technomorph als Festplatten auf zwei Beinen. Ich will jetzt nicht den Satz bemühen, Gott lege sein Maßband um das menschliche Herz. Wohl aber geht es um eine andere Gewichtung. Die verobjektivierbaren Leistungen und die Fortschritte in Sachen Effizienz sind gewiss nicht geringzuschätzen. Es handelt sich darum, sie in einen umfassenderen und mehrdimensionalen Horizont menschlicher Aufgaben zu integrieren. Die notwendige Verringerung von Überanstrengung, von Machtlosigkeitsgefühl und von Sinnlosigkeitsempfinden ist ein wesentliches Anliegen. Und auch die Überwindung der Einseitigkeit und Überspanntheit von Spezialisten.

f) Wird eine nachkapitalistische Gesellschaft ärmer sein als eine kapitalistische? Weniger Druck und Kontrolle von oben mögen zu Effizienzverlusten im Betrieb führen. Verfahren demokratischer Beratung und Entscheidung sind zeitaufwändig. Das betrifft auch die anzustrebende Unternehmensverfassung. In ihr entscheiden die Arbeitenden über die Arbeitsorganisation. Diesen Einbußen stehen gesellschaftliche Einspareffekte gegenüber. Gesündere Arbeitsbedingungen gehen mit *weniger* Ausgaben im Gesundheitswesen einher. Und der Wegfall von Produkten, in die vorzeitiger Verschleiß vorsätzlich eingebaut ist, hätte allein im Jahre 2013 den deutschen Konsumenten Ausgaben von 100 Mrd. € erspart (vgl. Süddeutsche.de, 20.3.2013).

In dem Maß, wie sich die Konkurrenz verringert, entfällt ein aggressiver Antreiber der Wirtschaftsdynamik. Zugleich gewinnen diejenigen Motivationen der Arbeitenden an Stärke, die sich positiv auf die Arbeitsinhalte und auf ihren Sinn für die Kunden beziehen. Konkurrenz ist überdies gesellschaftlich ineffizient. Sie erfordert bei den Konkurrenten parallele Aufwände. Wenn bspw. jede der gegenwärtig 132 Krankenversicherungen einen exklusiven Apparat unterhält, dann beinhaltet das gesellschaftlich gesehen eine verzichtbare Verschwendung. Wenn Unternehmen ihre Forschungs- und Entwicklungsarbeiten in der Konkurrenz geheim halten müssen, dann wird nicht selten etwas entwickelt und erforscht, das andernorts bereits entwickelt und erforscht ist oder wird. Die diesbezüglich europaweit vergeudete Summe lag 2006 nach Angaben des österreichischen Patentamtes bei 60 Mrd. € und betrifft 15-30% der Forschungsausgaben (http://www.pressetext.com/news/20060405045).

Wie sich Einbußen und Steigerungen von Effizienz durch die Etablierung einer nachkapitalistischen Gesellschaft quantitativ zueinander verhalten, ist eine offene Frage. Zugleich ist Effizienz, wie gesehen, nicht das einzige Kriterium, das zur Beurteilung des Wirtschaftens eine Rolle spielt. Selbst wenn die Effizienz geringer ausfallen würde, selbst wenn weniger Produkte in einer nachkapitalistischen Gesellschaft angeboten würden, muss das nicht zwingend gegen sie sprechen. Verlängert sich die Nutzungsdauer der Produkte, so lässt sich ohne Einbußen mit weniger Produkten auskommen. Einen gleichen Effekt hätte die Verringerung des Besitzindividualismus. Die Nutzung von Autos, Rasenmähern und Bohrmaschinen durch mehrere Personen verringert die Zahl der Produkte, senkt aber nicht den Nutzen, den das jeweilige Individuum von diesen Produkten hat.

g) Wie kann eine nachkapitalistische Gesellschaft gewährleisten, dass die notwendigen Arbeitsleistungen erbracht werden? Erstens ist Arbeitenden an der Anerkennung unter Arbeitskollegen gelegen. Zweitens sind die Betriebe und Organisationen Treuhänder gesellschaftlicher Ressourcen und unterliegen der öffentlichen Kontrolle in Bezug auf deren sorgsame und effiziente Verwendung. Der entscheidende dritte Punkt betrifft die Veränderung der Motive. Bereits in der Gegenwart entwickelt sich eine besondere Sorte von Betätigungen. Sie gehen mit bestimmten Kompetenzen und Aufmerksamkeiten, Mentalitäten und Qualifikationen einher. Bspw. wird vielen mit der Landwirtschaft Befassten deutlich, wie kapitalistische Imperative einer die Natur schonenden und gesunden Landwirtschaft schaden. (Der sichtbarste Ausdruck dieses Bewusstseins sind die jeweils ca. 30.000 Teilnehmer umfassenden jährlichen Demonstrationen zur Berliner „Grünen Woche" im Januar.) Mediziner bemerken, dass ihnen oft nur symptomorientierte Therapie übrig bleibt, solange gesellschaftliche Ursachen für Gesundheitsschäden nicht überwunden sind. Im Kontext solcher Konflikte entstehen Bildungsmomente eines neuen Selbst- und Weltverständnisses. Das professionelle Bedürfnis, die Arbeit gut zu machen und sich verantwortlich auf die Empfänger der Arbeit zu beziehen, wird zum Ansatzpunkt dafür, nach gesellschaftlichen Bedingungen zu fragen, die dies allererst erlauben. Man kommt also, frau auch, aus dem Besonderen aufs Allgemeine. Das Besondere und das Allgemeine sind dann anders miteinander verknüpft als bei Verfechtern der Marktwirtschaft. Bei ihnen heißt es: Jeder soll sich an sein eigenes Geschäftsinteresse halten und nur dadurch entsteht ein hohes Bruttosozialprodukt.

h) Die Fixierung auf das andere Personen ausschließende Privateigentum („Besitzindividualismus"), die Ausrichtung am eigenen Vorteil zulasten anderer und die Konkurrenz haben verschiedene Ursachen. Es gilt, diese Ursachen zu verringern oder aufzuheben. Ich nenne einige dafür notwendige Schritte. Die Konkurrenz um Arbeit lässt sich durch Arbeitszeitverkürzung und Verteilung von Arbeit auf alle verringern. Es gibt ohnehin nicht „zu wenig Arbeit". Vielmehr gelten viele Leistungen, die Menschen faktisch erbringen, als Leistungen zweiter Klasse und bekommen zu wenig oder gar keine materielle Anerkennung. Eine zweite Ursache für Egoismus und Konkurrenz ist die Rivalität des Konsums oder das Nullsummenspiel: Was Du bekommst, kann ich nicht bekommen. Die Parzellierung des Reichtums in individuell kaufbare Waren und in kleine Besitzenklaven der Privateigentümer wird abnehmen. Diese Zerstückelung verhält sich zu ökologischen Belangen desaströs. Ein Paradebeispiel dafür bietet die Zersiedelung des Umlandes von Städten durch Einfamilienhäuser. Der Anteil der öffentlichen Daseinsvorsorge nimmt in einer nachkapitalistischen Gesellschaft zu. Das carsharing stellt bereits praktisch das individuelle Eigentum des Autofahrers am Pkw infrage. Eine nachkapitalistische Gesellschaft orientiert sich weiterhin daran, die Wohnbedingungen *für alle* attraktiv zu gestalten. Der Konkurrenz um das Privateigentum an großen und schön gelegenen Villen mit exklusivem Seezugang wird der Boden entzogen. Der zeitweilige Aufenthalt in ihnen ist in der nachkapitalistischen Gesellschaft Erholungsbedürftigen vorbehalten. Einen weiteren für die Vorteilsnahme zulasten anderer förderlichen Kontext bilden Hierarchien. Zu fragen ist in einer nachkapitalistischen Gesellschaft im Einzelnen, wo Hierarchien notwendig sind und wo nicht. Selbst wo sie sich als nötig erweisen, müssen sie nicht zwingend mit höheren Gehältern und mit Machtstrukturen verbunden sein (vgl. Kapitel 28 zum Kibbuz). Eine nachkapitalistische Gesellschaft wird daran arbeiten, alle Arbeitsplätze so einzurichten, dass jeweils mit Verantwortung und Kompetenz sinnvoll und erfüllend gearbeitet werden kann. In dem Maße, wie dies gelingt, schwindet der Boden für die Konkurrenz um attraktivere Arbeiten.

Institutionelle Veränderungen

i) Mit der Durchsetzung von Nachhaltigkeit wird ein umfassendes Produktmanagement vom Entwurf eines Produkts bis zur Entsorgung angestrebt. Produktlinienanalysen und Ökobilanzen bilden dafür die geeigneten Auskunftsmittel. Die „Sprache der Preise" vermag nicht hinreichend abzubilden, was die Kosten des Verbrauchs sind. Gemeint ist der Verbrauch an ökologisch relevanter Natur, an menschlicher Gesundheit, an psychischer Stabilität und persönlicher Integrität. Viele problematische Effekte der kapitalistischen Marktwirtschaft tauchen auf dem Radarschirm der Preise nicht auf. Dies trägt zum unbekümmerten Raubbau an diesen Qualitäten bei. Dieser Raubbau verursacht massive Folgekosten (für ökologische Reparaturmaßnahmen, für das Gesundheitswesen u.a.). In den letzten Jahrzehnten wächst die Aufmerksamkeit für qualitative Kriterien und Indikatoren des Wirtschaftens. Beispielhaft sei ein in der Diskussion um Nachhaltigkeit prominenter Indikator genannt. MIPS ist kein kleiner, sommersprossiger und rothaariger Junge aus einem Kinderbuch, sondern die Abkürzung für Materialintensität pro Service Einheit. Gemessen wird der Materialverbrauch eines Produkts, inklusive der für es notwendigen Vorleistungen. Zu einer Beurteilung einzelner gesellschaftlicher Organisationen oder Teilbereiche entstanden bereits in den letzten Jahren mannigfaltige Auskunftsmöglichkeiten. Der DGB hat einen Index entwickelt, mit dem er „gute Arbeit" bewerten kann (vgl. Pickshaus 2014). An den bereits heute vielfältig existierenden Indikatoren lässt sich anknüpfen. In Überwindung ihrer Unzulänglichkeiten geht es darum, Leitungs- und Lenkungskriterien jenseits von Warenpreisen zu entwickeln. Preise sind eindimensionale und unterkomplexe Informationskonzentrate. In einer nachkapitalistischen Ökonomie haben Warenpreise einen geringeren gesellschaftlichen Stellenwert als im Kapitalismus. Märkte werden nicht zugunsten einer sog. Zentralplanwirtschaft abgeschafft, sondern mit qualitativen Indikatoren durchwirkt.

j) Sollen qualitative Indikatoren maßgeblich werden, bedarf es dafür einer substanziellen Veränderung der Betriebsbilanzen. Sie messen dann nicht nur den Gewinn der jeweiligen Wirtschaftseinheit. Festgestellt werden darüber hinaus die Wirkungen des Betriebs in Bezug auf Ökologie, Gesundheit und Lebensqualität. Im Bestreben für mehr Nachhaltigkeit wird bereits heute bspw. verlangt, die für die ökologischen Lebensbedingungen schädlichen Stoffe zu messen und zu verringern. Ebenso ließe sich in Bilanzen messen, welche psychosozial abträglichen Effekte mit bestimmten Arbeiten und Waren einhergehen. Die problematischen Folgen liegen nicht bei allen Arbeiten so auf der Hand wie beim Wirken von politischen Strippenziehern und Kampfhunden. Die Zeitschrift Titanic schrieb über den Generalsekretär einer Partei, in ihm habe sich zu viel „Hetzoglobin" angesammelt. Leider sind die Negativeffekte von Arbeiten, Produkten und Sozialbeziehungen meist nicht so leicht zu benennen.

Bilanzen von Unternehmen und Organisationen müssen vergegenwärtigen, was die Folgeeffekte ihrer Leistungen sind und auf was für Voraussetzungen sie mit ihren Aktivitäten aufbauen. Solcherart Bilanzen sind Teil einer sich in der

Gesellschaft verallgemeinernden Aufmerksamkeit. Sie beobachtet, ob und wie die einzelnen Aktivitäten zum von den Mitgliedern der Gesellschaft befürworteten Reichtum beitragen. Zugleich bieten solche Bilanzen die Informationsgrundlage für eine verbesserte gesellschaftliche Lenkung und Verteilung der Ressourcen. Unternehmen und Organisationen, die in dieser Bilanz positive Punktwerte aufweisen, zahlen dann geringere Steuern und bekommen leichter Kredite. Die Konsumenten sehen auf den Produkten eine einfache Information über die Punkte, die der Anbieter in der Bilanz der umfassenden Kosten und der qualitativen Wirkungen erzielt hat (wie bei der „Lebensmittelampel").

k) Nach der Devise „Vertrauen ist gut, Kontrolle ist besser" hat sich bereits gegenwärtig eine Reihe von Organisationen herausgebildet, die die Aktivitäten von Betrieben beobachten. Es handelt sich hier *bspw.* um die „Coordination gegen Bayer-Gefahren" in Bezug auf den weltweit agierenden Konzerns Bayer, um die Organisation food-watch, um den Dachverband kritischer Aktionäre oder LobbyControl, eine Gruppe, die über Lobbyisten und PR-Kampagnen aufklärt. Interessant ist auch das Institut „Dr. Watson" von Dr. Hans Ulrich Grimm, dem Verfasser mehrerer kritischer Bücher zur Lebensmittelindustrie. Gemeinsam ist diesen Bestrebungen eines: Sie können als Vorstufen gelten zu einer gesellschaftlichen Vorherrschaft des Marktpublikums über das Unternehmen. Eine solche „kommunikative *Marktöffentlichkeit*" verwirklicht „öffentliche Belange ... als eine ... Komponente unternehmerischer Entscheidungen" (Buß 1983, 91). Die Marktöffentlichkeit entwickelt sich zu einer „Kontrollinstanz. ... Die Tatsache der Öffentlichkeit wird präventiv. ... Die Unternehmen wissen sich unter der steten, interessierten Beobachtung des Marktpublikums" (Ebd., 102). Umwelt- und Sozialbilanzen bilden dafür einschlägige Auskunftsmittel. Es kommt zu einer „prinzipiellen Erweiterung unternehmerischer Leitlinien" (Ebd., 81). „Traditionelle Autonomieansprüche" der Unternehmen werden revidiert (Ebd.). Insgesamt sind Verbände zu stärken, die die Verselbständigungen und Eigendynamiken von Betrieben und Organisationen beobachten und ihnen entgegenwirken. Es geht um Gewaltenteilung in der Wirtschaft durch Marktöffentlichkeit. Dazu gehört es auch, Organisationen zu stärken, die Bedürfnisse z.B. nach gesunder Ernährung, Gesundheit und gutem Wohnen artikulieren und vertreten. Diese Bedürfnisse haben bislang im gesellschaftlichen Willensbildungsprozess das Nachsehen. Ursachen dafür liegen auch in der Vereinzelung der Betroffenen, der Atomisierung der Nachfrage auf Märkten und in der schwierigeren Organisierbarkeit dieser Bedürfnisse.

l) In einer nachkapitalistischen Gesellschaft verhalten sich die Betriebe und Organisationen als Treuhänder des gesellschaftlichen Eigentums. Gesellschaftliches Eigentum ist nicht gleichbedeutend mit der offiziell von einer politischen Spitze aus gelenkten sog. Planwirtschaft. Das Verhältnis zwischen Auftraggeber und Beauftragtem wird zum Problem. Auftraggeber vermögen oft wenigstens nicht vollständig zu beurteilen, inwieweit die von ihnen Beauftragten so effizient wie möglich handeln. Diejenigen, die die Aufträge auszuführen haben, können ihrerseits aus dieser Ungleichheit von Informationen Vorteile gewinnen und Sonderinteressen verfolgen. Allein unabhängige dritte Institutionen wie z.B. Rechnungshöfe sind in der Lage zu evaluieren, wie mit den zum Einsatz kommenden Mitteln verfahren wird. Gremien zur Regulierung der Unternehmen legen nicht wie die politischen Spitzen einer Zentralplanwirtschaft Produktionsziele fest. Sie verteilen nicht Produktionsmaterial, „sondern setzen bestimmte, demokratisch festgelegte Normen für die Nutzung ... durch. ... Der Regulator der öffentlichen Unternehmen würde im Namen der Gesellschaft die Eigentumsrechte an den Unternehmen ausüben, während die Unternehmensangestellten auf Nutzerrechte beschränkt wären“ (Elson 1990, 89f.). „Betriebsgründungen würden ermutigt.“ Arbeits- und Projektgruppen „könnten beim Regulator die Erlaubnis beantragen, ein neues öffentliches Unternehmen zu gründen, und sich dafür ... öffentliche Gelder zuweisen lassen. ... Es gäbe Spielraum für eine Vielfalt von Formen öffentlicher Kontrolle und dezentralisierter Initiative“ (Ebd., 90).

m) Die nachkapitalistische Gesellschaft gestaltet ihre Betriebe, Organisationen und Vernetzungen mit dem Ziel, die (sachliche, soziale und zeitliche) „Distanz zwischen Handlungen und Handlungsfolgen“ zu verringern. Erst dann wird es für die Handelnden möglich, die Handlungsfolgen „kognitiv zu erfassen und wie auch immer politisch-moralisch zu beurteilen“ (Offe 1986, 114f.). Not-wendig wird der „Umbau sozialer, politischer und ökonomischer Handlungssysteme“. Dieser Umbau versetzt die Akteure erst in die Lage, sich verantwortlich zu verhalten zu den „Fernwirkungen ihres Handelns“ (Ebd.).

Ökologisch und demokratisch ist es beim aktuellen Stand der Produktivkräfte möglich und sinnvoll, Wirtschaftskreisläufe zu dezentralisieren. Lokale und regionale Bereiche wären dann stärker miteinander verknüpft. National und international wäre der Vernetzungsgrad geringer. Gewiss soll nicht in jeder Gemeinde ein Stahlwerk stehen. Aber die ökonomischen Verflechtungs- und Netzwerkstrukturen innerhalb der Regionen lassen sich gezielt verstärken. Davon ist auch die Außenwirtschaft betroffen. Ein sehr viel kleinerer Teil der

Produkte als heute würde für den *Weltmarkt* hergestellt. Bereits aus ökologischen Ursachen werden sich Transporte und Rohstoffe zukünftig massiv verteuern. Kostenvorteile durch Außenhandel verlören schon damit stark an Bedeutung. Mit Protektionismus ist die angestrebte Binnenmarktorientierung der Wirtschaft nicht zu verwechseln. Angestrebt wird nicht die Formierung von Wirtschaftsblöcken, die sich auf die Konkurrenz am Weltmarkt ausrichten, sich also positiv an ihm orientieren. Es geht vielmehr um eine weltweite Raumordnung, die den Rückbau und die Entmächtigung des Weltmarktes beinhaltet. Eine Vorform dieser Deglobalisierung können kontinentale Wirtschaftsbündnisse sein. (Ein Beispiel dafür bildete das Projekt ALBA (Bolivarische Alternative für die Völker unseres Amerikas), das die Länder Venezuela, Bolivien, Kuba, Ecuador und Nicaragua umfasst.)

Deutlich geworden sein sollte aus dem Bisherigen: Zur Realisierung des nachkapitalistischen Leitbildes bedarf es eines Geflechts verschiedener, nicht aufeinander zurückführbarer Momente. Sie bestärken sich gegenseitig und erzeugen eine Emergenz, die sie übergreift. Emergenz heißt: Das Zusammenwirken dieser Momente schafft Effekte, die die Summe der Effekte der einzelnen Momente übersteigen. Ein-Punkt-Konzepte (wie bspw. die sog. Abschaffung des Zinses) bleiben demgegenüber unterkomplex. Das Schloss öffnet sich nicht mit *einem* Schlüssel, sondern nur mit einer Zahlenkombination. Nur mit einem hohen Grad von Differenzierung und Integrationsvermögen beugt ein gesellschaftlich hegemoniales Paradigma Spaltungen vor, der Artikulation von Fragen an der „falschen" Stelle, Verwechslungen und dem Protest aufgrund des Ausschlusses relevanter Anliegen.

Nachkapitalistische gesellschaftliche Synthesis

n) Die Nachfrage ist in der Marktwirtschaft atomisiert. Auf Märkten lassen sich Einzelgüter und -leistungen nachfragen, nicht aber die Proportion zwischen Gütern. Die Entscheidungen von Käufern bewegen sich zwischen *einzelnen* Angeboten. Alternative Gesamtzustände können sie nicht nachfragen. „Wahlmöglichkeit im kleinen garantiert keine Wahlmöglichkeit im großen" (Elson 1990, 75). Gegenüber diesem Mangel der Marktwirtschaft wird es notwendig, dass die Bevölkerung beraten und entscheiden kann bspw. über das Verhältnis zwischen privatem Autoverkehr und einem öffentlichen Verkehrssystem. Die Öffentlichkeit, die in der nachkapitalistischen Gesellschaft über die Inhalte von Arbeiten, Arbeitsprodukten und Dienstleistungen entscheidet, hängt nicht in der Luft. Sie knüpft an an der bereits in der Gegenwart in Gang gekommenen Auseinandersetzung über den Wert bzw. Unsinn bestimmter Güter- und Dienstleistungsangebote.

Dabei geht es auch um die Überwindung der Maßlosigkeit der kapitalistischen Marktwirtschaft. „Maß" heißt ein inhaltlich bestimmtes Verhältnis von Quantität und Qualität. Immer mehr Menschen begreifen bspw. gegenwärtig, was für ein Irrwitz darin steckt, einen so wertvollen und endlichen Rohstoff wie das Erdöl ausgerechnet für Autobenzin zu vergeuden. Eine Gesellschaft, die an maßvollen Verhältnissen interessiert ist, wird das Auto als hochentwickeltes Produkt wertschätzen, aber seinen Stellenwert in der Gegenwart als völlig übertrieben wahrnehmen. Der Grund dafür sind die kostspieligen Voraussetzungen und desaströsen Folgen des massenhaften Autoverkehrs (Stichwort Verkehrsopfer, „autogerechte Stadt").

o) Die nachkapitalistische Gesellschaft beinhaltet eine neue gesellschaftliche Synthesis der Gesellschaftsmitglieder. Konsumenten und Produzenten verhalten sich auf kapitalistischen Märkten in besonderer Weise. Beiden Seiten geht es nicht um die Entfaltung der positiven Wechselbeziehung zwischen Arbeit und Bedürfnis. Kapitalistische Märkte verbinden Menschen, indem sie sie trennen. Solche Märkte vereinen die Vertragspartner, indem sie Bedürfnis und Arbeit einander entgegensetzen. Anbieter interessiert, *dass* es eine Nachfrage gibt. Ihnen ist die Frage, *was* die Ware oder Dienstleistung mit den Kunden „macht", nur insofern relevant. Letztere interessiert, *dass* die Arbeit möglichst preiswert ist. *Was* die Arbeit aus den Arbeitenden „macht", ist für sie irrelevant. Anders in der nachkapitalistischen Gesellschaft. Große Bedeutung erlangt hier eine Informationsinfrastruktur, die die Voraussetzungen und indirekten Effekte der Arbeiten und Dinge vergegenwärtigt. Auf dieser Grundlage lässt sich eine Wirtschaft gestalten, die sich an qualitativen Indikatoren orientiert.

Am wichtigsten ist, dass die Mitglieder der Gesellschaft ihr auf die Schliche kommen. Zum Thema wird bereits gegenwärtig, durch welche Prozesse sich die Lebensweise aufbaut: Das Arbeiten formt die Sinne und Fähigkeiten. Angesichts dessen geht die Maxime „möglichst viel Leistung schafft ein hohes Arbeitseinkommen und ermöglicht eine reiche Freizeit" nicht auf. Die Erfahrung verbreitet sich: „Bestimmte Arten von Arbeit schaden nicht nur Ihrer Gesundheit, sondern auch den Genussfähigkeiten in Ihrer Freizeit." Viele Arbeitende beklagen zudem den problematischen Geschmack der Konsumenten. Aus ihm bildet sich eine Nachfrage, die die Produzenten weit unter ihren Möglichkeiten bleiben lässt. Deutlich wird weiterhin: Die Fixierung auf das Privateigentum, das den anderen ausschließende Privatinteresse und die Konkurrenz wirken sich auch auf die zwischenmenschlichen Beziehungen aus.

In der nachkapitalistischen Gesellschaft heißt Reichtum etwas grundlegend anderes als im Kapitalismus. Als Reichtum gilt nun die Entfaltung menschlicher Sinne, Fähigkeiten und Reflexionsvermögen. Deren Entwicklung findet statt in den verschiedenen Momenten von Praxis. Diese sind u.a. das Arbeiten, der Konsum, die Sozialbeziehungen und die Teilnahme der Individuen an der Gestaltung der Gesellschaft. Notwendig wird die Aufmerksamkeit für das Wirkungsgefüge zwischen den verschiedenen Momenten von Praxis. Erst mit dieser Aufmerksamkeit entsteht auch ein neues Verhältnis zwischen den verschiedenen Bevölkerungsgruppen. Die nachkapitalistische gesellschaftliche Synthesis bezieht sich auf das Gefüge der verschiedenen gesellschaftlichen Aufgaben und Gruppen. Die demokratische Gestaltung der Gesellschaft bekommt eine neue Grundlage. Sie besteht in der Aufmerksamkeit dafür, wie die Momente von Praxis einzeln und in ihrem Zusammenspiel eine bestimmte Lebensqualität aufbauen. Vor diesem Hintergrund können die Beteiligten sich etwas Wesentliches vergegenwärtigen: Das isolierte Maximieren *eines* der Praxismomente zulasten der anderen schadet ihm selbst. Zugleich wird deutlich, dass der Einzelne sich nur in Koevolution mit anderen entwickeln kann. Der andere ist nicht das Mittel meiner Entwicklung, sondern es geht um das Sich-nur-miteinander-entwickeln-Können. Diese gemeinsame Entwicklung bedarf der Gestaltung der qualitativen Verhältnisse bspw. zwischen Produktion und Konsumtion. Die Orientierung am nachkapitalistischen Reichtum ist das A und O einer Alternative zum Kapitalismus.

Erst im Rahmen dieser neuen gesellschaftlichen Gestaltung und Synthesis kann so etwas wie Vertrauen entstehen. Vertrauen darauf, dass andere ihre Arbeit bzw. Tätigkeit und ihren Konsum sinnvoll im Sinne des gemeinsamen Leitbildes und Reichtums der Gesellschaft verantworten. Vertrauen darauf, dass wir füreinander Treuhänder der Reichtümer einer gemeinsamen Welt sind. Erst in dem Maße, wie ein solches Vertrauen entsteht, kann auch die Maxime gelten: Soviel Vertrauen wie möglich, so wenig Kontrolle wie nötig. Die basisdemokratische Vorstellung „alle kontrollieren alles" eröffnet keine Perspektive. Ihre Hintergrundüberzeugung lautet oft „alle misstrauen allen." Misstrauen wird auch in dem Maße unnötig, wie die Beteiligten nicht danach trachten, aus jedem Vorsprung an Wissen, Qualifikation und Kompetenz eine Gelegenheit zur Vorteilsnahme zu machen. Misstrauen wird in dem Maße unnötig, wie der Interessengegensatz zwischen Käufern und Verkäufern, Produzenten und Konsumenten schwindet.

p) Mit dem Übergang zu einem anderen Betriebsmodus der Gesellschaft und zu einer anderen Lebensweise geht es nicht allein um eine bessere Befriedigung der vorfindlichen Interessen und Bedürfnisse, sondern um einen Perspektivenwechsel. Die Akteure realisieren, dass sie eine höhere Qualität von Subjektivität und von gesellschaftlicher Gestaltung erreichen können, wenn sie die gegenwärtig dominanten Handlungsformen hinter sich lassen – also z.B. die Konkurrenz sowie die Instrumentalisierung anderer für das jeweilige Privatinteresse. Die einschlägige Transformation lässt sich mit historischen Umbrüchen vergleichen. Vom Standpunkt einer Gesellschaft von Jägern und Sammlern war es undenkbar so zu verfahren, wie es die späteren Bauern taten. Bauern setzen Samen in den Boden, statt sie gleich zu verzehren. Statt Tiere zu töten und aufzuessen, lassen sie diese leben und Junge bekommen. Mit der neolithischen Revolution entsteht eine ganz andere Weitsicht. Es bedurfte einer grundlegenden Veränderung des Selbst- und Weltverständnisses, damit die örtliche Sesshaftigkeit das Umherstreifen ablöst. Niemand wird meinen, solche Übergänge seien leicht gewesen. *Unmöglich* war eine grundlegende Veränderung von gesellschaftlichen Strukturen und eine vollständige Transformation der Lebensweise aber nicht. Darauf sei angesichts einer weit verbreiteten Auffassung hingewiesen. Sie lautet: Geschichte *hat* es in der Vergangenheit gegeben, zukünftig *wird* es keine grundlegende Veränderung der Gesellschaftsform und Lebensweise geben. Angesichts des Umfangs und der Tiefe der notwendigen Transformation lässt sich an einen Satz von André Gide erinnern: „Nur der hat Aussicht, den Ozean zu überqueren, der auch den Mut besitzt, das Ufer aus den Augen zu verlieren."

II Die Umgestaltung zentraler Bereiche

1) Wie verändern sich die Arbeitsprodukte und Dienstleistungen? Die Befreiung von problematischen Arbeitsinhalten und Gebrauchswertangeboten

Damit etwas kommt, muss etwas gehen.
Das Kapitel der Abschaffungen.[10]

Kommen einander unbekannte Bürger ins Gespräch, dann taucht früher oder später die Frage „Was arbeiten Sie eigentlich?" so sicher auf wie das Amen in der Kirche. Meist ist dabei die Vergewisserung mit im Spiel, ob das Gegenüber denn auch im Erwerbsleben seinen Mann oder seine Frau steht und – wenn ja – wie weit sie oder er es dabei wohl gebracht hat. Die Frage könnte allerdings dem Gespräch auch eine ganz andere Wendung geben. Dann nämlich, wenn es um die Inhalte der Produkte oder Dienstleistungen geht. Wer sich unerschrocken und beharrlich dieser Frage widmet, dem werden sich Einblicke eröffnen, die weite Teile der Wirtschaft infrage stellen. Umstritten ist bereits heute das Vorgehen, die Größe des Reichtums an der Höhe des Bruttosozialprodukt festzumachen. Es steigt bekanntlich, wenn mehr Autos verunglücken und infolgedessen mehr Reparaturen bzw. Neukäufe anfallen.

a) Eine erste Variante problematischer Arbeitsinhalte betrifft Produkte, die schon immanent betrachtet überflüssig sind. Im einschlägigen Standardwerk „Bittere Pillen" (2014) werden von den 4633 untersuchten Arzneimitteln auf dem deutschen Markt 9% als „wenig zweckmäßig" und 5% als „abzuraten" eingestuft (Langbein, Martin, Weiss 2014, 19). „Wir können für die letzten 20 Jahre sagen, dass nur etwa 20 von 100 neuen Arzneimitteln tatsächlich einen Fortschritt bedeuten", stellt Wolf-Dieter Ludwig fest, Vorsitzender der Arzneimittelkommission der deutschen Ärzteschaft (Junge Welt 17.5.2013).

10 Karl Korsch (1886–1961), ein linker Theoretiker und Politiker sowie Lehrer von Bertold Brecht, plante ein „Buch der Abschaffungen".

b) Eine zweite Variante problematischer Arbeitsinhalte betrifft das Streben von Kapitalen danach, möglichst viele profitable Produktionsgelegenheiten zu finden und dafür die Produktlebenszeiten sowie Nutzungszyklen zu verkürzen.[11] Dies soll die Ersatznachfrage nach Gütern erhöhen. Umfassenden Überblick bietet die 2013 erschienene Studie „Geplante Obsoleszenz" von Stefan Schridde und Christian Kreiß, die im Auftrag der Bundestagsfraktion der Grünen erstellt wurde. Das Ergebnis: „‚Geplanter Verschleiß ist ein Massenphänomen.' ... So gibt es bei Tintenstrahldruckern interne Zähler, die nach einigen Tausend Seiten Wartungsbedarf melden, obwohl das Gerät weiterdrucken könnte. Für Schuhsohlen werden Gummisorten verwendet, die schnell abreiben und verklebt sind, sodass man die Sohle nicht tauschen kann. In Jacken gibt es Reißverschlüsse, deren Zähne spiralförmig angeordnet sind, weshalb sie frühzeitig den Dienst versagen. Und sie fanden Waschmaschinen, deren Heizstäbe verdächtig schnell rosteten: Ihre Reparatur ist meist sündhaft teuer. ... Müssten die Verbraucher nicht ständig neue Produkte kaufen, weil die alten zu früh kaputtgehen, blieben ihnen im Jahr 100 Milliarden € übrig" (Süddeutsche.de, 20.3.2013).

Kreiß (2014) schildert, wie Geräte so verlötet werden, dass sie nicht zu öffnen und damit auch nicht zu reparieren sind. Schadensanfällige Komponenten wie Schalter und Griffe sind oft so integriert, dass sie im Falle des Defekts nur zusammen mit teuren Kompaktteilen ersetzt werden können. Das profitable Prinzip der eingebauten Kurzlebigkeit geht einher mit der Verwendung von weniger wertvollen und haltbaren Materialien. „Altkleidersammler ... klagen darüber, dass der Anteil an unbrauchbaren Kleidern in ihren Sammelcontainern in den letzten Jahren massiv zugenommen hat. Insbesondere bei Discountern wird Bekleidung zunehmend zu Saisonware, bei der nach drei- bis viermaligem Waschen die Nähte reißen und die Farben verbleichen. Sie sind dann höchstens noch als Putzlappen zu verwenden" (Hasse 2013). „Auch stofflich gesehen ist die moderne Konsumware ein rasch verbrauchtes ‚Light'-Produkt" (Kraemer 1997, 62).[12] Gemessen am gleichen Ausmaß der Bedürfnisbefriedigung würden mit der Verlängerung der Lebensdauer von Gebrauchsgütern weniger Produkte benötigt und die Müllberge verringert. Es entstünden enorme Einsparpotenziale

---

11 Die Produktlebenszeiten verkürzten sich zwischen den 1970er und 1990er Jahren im Anlagenbau um 28,6%, im Fahrzeugbau um 32,6%, im Maschinenbau um 40,9% in der Elektrotechnik um 46,%, in der Informationstechnik um 52,3 %, in der Chemie um 44,2% (Backhaus 1999, 18).

12 Das Sinken der Lebensdauer von Produkten kann nicht durch die bei höherer Qualität notwendige Verteuerung legitimiert werden, vgl. Dupuy, Gerin 1975, 188; vgl. auch Ewen 1993, 238.

an materiellen und finanziellen Ressourcen. Die damit verbundene Nachfrageminderung liegt nicht im Interesse von Kapitalen.

Den Absatz fördern auch die Modelländerung, die Oberflächeninnovation und das Vom-Markt-Nehmen älterer Modelle bzw. der Ersatzteile für sie. Auf gesättigten Märkten sind im Kapitalismus Produktinnovationen notwendig, damit sich die Konsumenten vom „alten" Produkt verabschieden und einen Neukauf unternehmen. „Die Innovationen können dabei technisch oder ästhetisch sein. 'Wichtig für den Kunden sind aber relevante und vor allem erlebbare Innovationen', sagt Langner (Professor für Marketing – Verf.). So sei es für den Käufer eines Autos manchmal wichtiger, ein schönes Cockpitdesign mit Getränkehalter zu haben als ein Fahrzeug mit innovativer Hinterachse, die der Käufer gar nicht erleben könne. 'Schmuckdesign bringt immer etwas', sagt Langner. Besonders die Automobilbranche arbeitet gern mit Modellkosmetik. Ein paar neue, schicke Scheinwerfer, ein schnittigeres Karosseriedesign, ein paar kleine Änderungen im Innenraum – schon ist das Fahrzeug an den Zeitgeist angepasst und wird gekauft. Lag der Produktlebenszyklus von Fahrzeugen in den 70ern im Schnitt noch bei 8 Jahren, waren es in den 90ern bereits nur noch drei Jahre" (Der Tagesspiegel 9.4.2011). Die Bereitstellung peripher differenter und marginal innovativer Angebote sorgt für eine künstliche Veraltung technisch funktionsfähiger Produkte. Die Moden verkürzen ästhetisch die soziale Lebenszeit von Produkten. Auch so entstehen Nachfragemotive. Die Marktsättigung lässt sich immer weiter vertagen. Der kapitalistischen „ästhetischen Ökonomie" (Böhme) ist idealiter ein unendlicher Progress immanent, der kein Ankommen kennen darf.

„Ca. 85-90 % der Projekte in den industriellen Forschungs- und Entwicklungs-Abteilungen befassen sich mit der Entwicklung von Scheininnovationen und defensiven Produktveränderungen", sparen also die Kosten, die bei „radikalen Neuerungen" entstünden, und stellen so eine „suboptimale Ausnutzung der vorhandenen Innovationskapazität" dar (Rammert 1983, 160f.). Bei den im Jahre 2000 in Deutschland neu zugelassenen 913 Fertigarzneimitteln mit bislang nicht allgemein bekannten Arzneistoffen handelt es sich zumeist um Analogpräparate, und die Zahl der tatsächlich neu in die Therapie eingeführten Wirkstoffe beschränkt sich auf 31 Substanzen. Von diesen wiederum stellen höchstens 13 echte Innovationen mit belegbaren pharmakologischen Vorteilen dar (Bundestagsdrucksache 14,8205, 2002, S. 13f.).

c) Eine dritte Variante problematischer Arbeitsinhalte betrifft die kostensenkenden Einsparungen von Arbeit und Ressourcen zulasten der Tauglichkeit des Produkts. Die Kunden haben dann nicht nur einen überhöhten Preis für eine nur einwandfrei aussehende, tatsächlich aber fehlerhaft erbrachte Leistung zu zahlen. Es entstehen zudem Folgekosten durch erst nach und nach auffällig werdende Schäden. Deren nachträgliche Beseitigung kostet mehr als die durch die Pfuschproduktion eingesparten Aufwendungen. Im Klappentext zu Dieter Ansorges Standardwerk „Pfusch am Bau“ (2011) heißt es: „Durch Pfusch am Bau, seien es Entscheidungs-, Planungs- oder Ausführungsfehler, werden allein in Deutschland jährlich circa 4 Milliarden € ‘vernichtet’.“ Der Band erschien im Verlag des IRB (Informationsverbundzentrum Raum und Bau) der Fraunhofer-Gesellschaft. „Für die Instandsetzung von 10-30 Jahre alten Häusern werde bereits fast so viel Geld ausgegeben wie für Häuser, die seit mehr als 89 Jahren stehen“, sagte bereits 1999 der Leiter des Geschäftsbereichs Bau und Qualität beim TÜV Süddeutschland, Harald Spornraft (Weser Kurier 1.10.99, S.7). Der Bundesvereinigung der Prüfingenieure für Bautechnik (BVPi) zufolge „gibt es immer mehr Pfusch am Bau“.[13]

d) Eine vierte Variante problematischer Arbeitsinhalte betrifft die Produktion von Gütern, deren Kauf infolge herrschender gesellschaftlicher Rahmenbedingungen nahe liegt, obwohl gesamtgesellschaftlich andere, kostengünstigere Mittel existieren. Ein Beispiel: Mobilität erfordert nicht die Dominanz des Autoverkehrs (vgl. Kapitel 4a). Eine gesellschaftliche Verschwendung von Ressourcen findet auch im Flugverkehr statt. Die Steuerbefreiung von Kerosin war bei ihrer Einführung vor fünfzig Jahren als Förderung des in den Anfängen steckenden massenhaften Luftverkehrs gedacht. Heute ermöglicht diese Steuerbefreiung den Fluggesellschaften, ihre Kunden „zum Taxipreis zwischen den europäischen Metropolen zu befördern. Auf der Strecke bleiben dabei nicht nur die konkurrierenden steuerzahlenden Bahnen, sondern auch das Klima, das ganz extrem unter dem boomenden Luftverkehr zu leiden hat. Die Emissionen des Luftverkehrs sind für das Klima mehr als dreimal so gefährlich wie die Emissionen durch Industrie und Autoverkehr“ (Cramer 2007, 86). Speziell die innerdeutschen Flüge

---

13 Vgl. http://www.bvpi.de/bvpi-content/aktuelles/news2006/pressemitteilungen-pfusch-bau.pdf. „Neubauten strotzen nur so vor schweren Mängeln“ heißt die Überschrift eines Artikels in der „Welt“ vom 12.7.2012. „Bauherren müssen beim Neubau eines Wohnhauses einer Studie zufolge mit weit über einem Dutzend schwerwiegender Fehler am neuen Gebäude rechnen. Bei 100 untersuchten Neubauten von Ein- und Zweifamilienhäusern zwischen 2009 und 2011 seien insgesamt 1829 ‘gravierende Baumängel’ festgestellt worden, teilten der Bauherren-Schutzbund (BSB) und das Institut für Bauforschung Hannover (IFB) mit“ (Ebd.). Auf der erst 2004 eröffneten Bahn-Schnellstrecke Berlin-Hamburg mussten bereits 2009 rissig gewordene Betonschwellen ausgetauscht werden und die Züge monatelang zeitraubende Umwege fahren.

lassen sich fast ausnahmslos durch schnelle Bahnverbindungen ersetzen. Eine Bürgerinitiative gegen den Ausbau eines Flughafens weist die Irrationalität des Flugverkehrs plastisch verdeutlichend darauf hin, dass „mit dem Treibstoff eines einzigen innerdeutschen 500 km-Kurzstreckenfluges die gleiche Anzahl Passagiere in modernen VW-Autos von Hamburg bis nach Zentralafrika fahren könnte."[14]

e) Unter eine fünfte Sorte problematischer Arbeitsinhalte fallen Güter und Dienstleistungen, die gesellschaftliche Probleme voraussetzen und allein unter deren Fortbestand verkaufbar bleiben. Die Anbieter sind an einer Überwindung dieser Mängel desinteressiert. Bspw. haben es Ärzte bei Patienten oft mit unspezifischen Leidenszuständen zu tun. Deren Kontexte, Ursachen und die sie reproduzierenden Faktoren in der Lebenswelt der Betroffenen werden häufig nicht zum Thema, sondern der Patient erhält Präparate der symptomfixierten Pharmakotherapie.

f) Eine sechste Variante problematischer Arbeitsinhalte besteht im Besitzindividualismus. Die Bürger versuchen, den gesellschaftlich verursachten Verunstaltungen ihrer Lebenswelt gegenzusteuern. Sie tun dies in der einzigen Form, die ihnen unter gegebenen Verhältnissen nahe liegt: Als individuelle Verbraucher sind sie damit (über)beschäftigt, ihren jeweils eigenen Mikrokosmos des Privateigentums – soweit möglich – herzustellen, auszugestalten und zu erhalten.

Pierre Bourdieu (1999) analysiert das Eigenheim als „Ort kollektiven Egoismus" und als Produkt seiner Anpreisung durch die Bauspar- und Baukreditbranche („Eigenheim statt Miete"). Eine Folge des Trends zum Eigenheim ist das Ausufern der Städte ins Umland und die Vergrößerung des Verkehrsaufkommens durch Erhöhung der Pendlerzahl. Das Resultat: „Siedlungsbrei mit parzellierten, unförmigen Agglomerationen, der durch die Zersiedelung ökologisch direkt als Flächen- und Landschaftsverbrauch wirkt" (Polster, Voy 1991, 366), Verödung der Innenstädte nach Ladenschluss, „Intimitätskult einer Gesellschaft in vorstädtischen Refugien" (Ebd., 311). „Die Reihenhausvororte sind Negationen der Stadt, sie bieten jeder Familie den Schein einer nicht-kollektiven, fast ländlichen Lösung des Wohnungsproblems" (Gorz 1984, 31).

Die jeweils individuell besitzbaren Waren stellen eine massive Verschwendung von Energie und Rohstoffen sowie ein Übermaß an Abfall im Vergleich zu kollektiv nutzbaren Gütern dar. Das im Privatbesitz befindliche Auto ist am Tag vielleicht eine Stunde im Gebrauch, fungiert also eher als Steh- denn als Fahrzeug. Private Angebote werden verkaufbar, wo gesellschaftliche Problembearbeitung

14 http://www.bi-greven-fmo.de/home_FMO/kampagne/eichel1.html.

strukturell versperrt bleibt. Mit der Produktion von Autos lassen sich mehr Profite erzielen als mit dem Betrieb der Bahn.

g) Unter eine siebte Variante problematischer Arbeitsinhalte fallen Arbeiten, die allein der Konkurrenz geschuldet sind und dem in ihr notwendigen Bemühen, Kaufkraft vom Angebot des Konkurrenten auf das eigene umzulenken. Nur zum geringsten Teil geht es in der Werbung um sachliche Produktinformation und neutrale Verbraucherberatung.[15] Viele Tätigkeiten der jeweiligen Außendienstmitarbeiter und Marketingspezialisten erhöhen nicht die Leistungen der Versicherungsbranche, sondern resultieren aus dem Wettbewerb zwischen den verschiedenen Unternehmen. Konkurrenz und Privatwirtschaft führen mit dem Patentwesen zu weiteren Doppelspurigkeiten, zur Verschwendung von Erfindergeist in parallelen Projekten, zur Geheimhaltung der Forschungsergebnisse, zur Isolierung des patentierten Wissens, zur Verzögerung weiterer Forschung und zum suboptimalen Gebrauch des technisch Möglichen (vgl. Kapp 1988, 184f.).

Bei technisch vergleichsweise anspruchsvollen Produkten herrscht eine immense Verschwendung von Know-how und Erfindungsgeist vor, insofern beide verausgabt werden, um ein Übermaß an Oberflächendifferenzen zwischen den Produkten zu schaffen und den Narzissmus der kleinsten Differenz zu kultivieren. Allein der Modellwechsel der Autoindustrie stellt eine gigantische Verschwendung von materiellen Ressourcen dar. Und von Sinnen und Aufmerksamkeit, insofern „die Verbraucher von Kindesbeinen an zur Wahrnehmung der Unterschiede im Detail und zur Nichtwahrnehmung der Ähnlichkeit in der Substanz" erzogen werden (Gorz 1967, 102). Das passt zur bürgerlichen Gesellschaft. In ihr misst „man dem, wodurch sich Menschen voneinander unterscheiden, ihrer Ich-Identität, einen höheren Wert bei als dem, was sie miteinander gemein haben, ihrer Wir-Identität" (Elias 1987, 21).

h) Eine achte Variante problematischer Arbeitsinhalte betrifft die unbekümmerte Produktion bzw. Inkaufnahme von massiven Schädigungen der Gesundheit bzw. der natürlichen Lebensbedingungen durch in der Gesellschaft übliche, weil profitabel produzierbare und verkaufbare Waren. Der Autoverkehr hat in

---

15 Die Brutto-Investitionen in Werbung – also für Honorare/Gehälter, für Werbemittelproduktion sowie für mediale Verbreitung der Werbung – haben 2014 39,4 Mrd € erreicht (http://www.zaw.de). Im Kernbereich der Werbewirtschaft arbeiteten 137.000 Fachkräfte. Hinzu kommen im Sektor Telefonmarketing rund 197.500 Arbeitsplätze und die aufgrund von Werbeaktivitäten notwendigen Arbeitsplätze in der Druckindustrie und Papierwirtschaft.

der Bundesrepublik Deutschland von 1953-2012 667.028 Tote gefordert.[16] Dazu kommt eine diese Zahl mehrfach übersteigende Zahl von schweren Verletzungen. Die damit entstehenden medizinischen u.a. Ausgaben werden als Folgekosten nicht in eine Wirtschaftlichkeitsprüfung des privaten Autoverkehrs einbezogen.

Analoges gilt auch für die schleichende Unterhöhlung der Gesundheit durch Produkte der Nahrungsmittelindustrie. Der Pulitzer-Preisträger Michael Moss (2013) beschreibt, wie die Lebensmittelindustrie Lebensmitteln gezielt Salz, Zucker und Fett zusetzt. Das aktiviert künstlich die Verzehrneigung und begünstigt massiv gesundheitsschädliche Stoffwechselstörungen. „Zucker (ersetzt), mit den richtigen Aromastoffen kombiniert, teurere Zutaten wie zum Beispiel Obst oder Gemüse“ (Der Spiegel, H. 10, 2013, S. 125). Deutsche nehmen inzwischen doppelt so viel Zucker im Jahr zu sich (36 Kg), wie die Deutsche Gesellschaft für Ernährung empfiehlt. 83 % entfallen davon auf Fertigwaren (Ebd.). „In einer Recherche identifiziert die Verbraucherorganisation Foodwatch 1514 Produkte aus deutschen Supermärkten, die sich in Aufmachung und Platzierung an Kinder richten. ... Rund 73 % dieser Kinderprodukte sind süße oder fettige Snacks“ (Ebd., 130). Im Februar 2013 bezeichnet ein internationales Epidemiologen-Team in der Fachzeitschrift „The Lancet“ den „Effekt der zahlreichen Selbstverpflichtungen und wohlklingenden Initiativen der Nahrungsmittelindustrie“ als „gleich null“ (Der Spiegel, H. 10, 2013, S. 124).

Chemikalien, die Menschen und Umwelt gefährden, entweichen aus den Schornsteinen und Abwasserrohren der Industrie und aus den produzierten Waren. Dies betrifft bspw. Flammschutzmittel aus Autopolstern und Computern, Weichmacher aus Kinderspielzeug und Farben, hormonähnliche Substanzen aus Reinigungsmitteln und Unkrautvernichtern. „Etwa 30.000 Chemikalien werden in der EU in einer Menge über eine Tonne pro Jahr und Hersteller produziert und importiert. Doch bislang wurden nur etwa 4.000 auf ihre Folgen für Umwelt und Gesundheit getestet. Ob ein Stoff z.B. Krebs auslöst, das menschliche Erbgut oder Haut- und Atemwege schädigt, ist für den Großteil aller Chemikalien ungewiss. Viele Studien zeigen jedoch: Für viele Stoffe in unserer täglichen Umgebung besteht der Verdacht, dass sie bspw. Brust- und Hodenkrebs, Leukämie, Allergien, Fortpflanzungsprobleme oder Geburtsfehler auslösen. Viele Stoffe werden für eine verfrühte Pubertät, sinkende Spermienzahlen und zahlreiche Berufskrankheiten verantwortlich gemacht. Besonders besorgniserregend sind Stoffe, die in der Umwelt nicht rasch abgebaut werden (‘persistent’ sind), sich in unseren Körpern

16 Vgl. http://commons.wikimedia.org/wiki/File:Verkehrstote_deutschland_1953-2008.svg und http://de.wikipedia.org/wiki/Verkehrstod.

ansammeln können ('bioakkumulierbar' sind), giftige ('toxische') Eigenschaften aufweisen und unser Hormonsystem beeinträchtigen können (eine 'endokrine' Wirkung haben)" (BUND 2008, 6).

Es fehlt hier der Platz auszuführen, inwiefern das ab Juni 2007 gültige neue europäische Chemikaliengesetz („Reach") an der Problematik nicht viel zu ändern vermag.[17] Die Ungewissheit über die negativen Effekte bildet auch bei der Nanotechnologie kein Hindernis dafür, die Bürger in einem gigantischen Freilandexperiment zu Versuchskaninchen zu machen (vgl. Beyer 2006).

Leicht täuschen die „Grenzwerte" darüber hinweg, dass die durchschnittliche Unbedenklichkeit gerade die Bedenklichkeit in vielen Fällen einschließt. Dieselben Schadstoffe wirken nach Alter, Geschlecht, körperlichem Zustand usw. ganz verschieden. Grenzwerte betreffen einzelne Schadstoffe. Der Mensch ist aber Endverbraucher und Sammelbecken für verschiedene Schadstoffe. „Die Unbedenklichkeiten summieren sich bedenklich" (Beck 1986, 34). Den Grenzwerten liegt eine Abwägung zugrunde zwischen Schädigungen einerseits, dem Nutzen, der betriebs- und volkswirtschaftlich von dem Einsatz dieser Stoffe erwartet wird, andererseits. Grenzwerte stellen eine Art Lizenz zum Raubbau an Gesundheit dar. Es geht bei Grenzwerten „nicht um eine Verhinderung der Vergiftung, sondern um das zulässige Maß der Vergiftung" (Beck 1986, 86): Grenzwerte „machen Vergiftung, die sie zulassen, allerdings zugleich ungeschehen, indem sie die erfolgte Vergiftung für unschädlich erklären" (Ebd.).

i) Eine neunte Variante problematischer Arbeitsinhalte betrifft die Forschungs- und Entwicklungsarbeiten für umstrittene Produkte. Wer den Stellenwert des Autos im Verkehrssystem kritisiert, hat Anlass zu fragen, inwieweit Innovationen eine Sackgassentechnologie betreffen, wenn bspw. Abstandsregler, Spurhalteassistenten und automatisches Längs- und Quereinparken wie bei der neuen Mercedes S-Klasse entwickelt werden. Ganz zu schweigen vom „Magic Body Control. Mittels einer am Innenspiegel montierten Stereokamera mit zwei Augen erfassen Rechner den Fahrbahnzustand vor dem Fahrzeug und stellen das Fahrwerk ein, noch bevor der Stein, das Schlagloch, die Bodenwelle, eine Querfuge oder eine Pfütze passiert werden. Das Gefühl höchsten Komforts soll dem eines fliegenden Teppichs gleichkommen" (Frankf. Allgemeine Sonntagszeitung 24.2.2013, S. V 16). Forschungs- und Entwicklungsarbeit für umstrittene

---

17 Vgl. dazu die Stellungnahme des BUND: „Reach – ein fauler Kompromiss", s. http://www.bund.net/fileadmin/bundnet/pdfs/chemie/20061200_chemie_hg_reach_faulerkompromiss.pdf. Reach ist die Bezeichnung des neuen Chemikaliengesetzes (Registrierung, Evaluierung und Autorisierung von Chemikalien).

Zwecke finden auch dort statt, wo bspw. für die Lebensmittelindustrie berechnet wird, wann das Zerbrechen von Chips im Mund den meisten Spaß bereitet (bei 276 Millibar) und insofern zu schneller Wiederholung motiviert (Der Spiegel, H. 10/2013, S. 123). Wer nach Mandevilles Motto „private vices – public benefits" auch von Forschungs- und Entwicklungsarbeiten für problematische Produkte sich als Nebenwirkung sinnvolle Erkenntnisse verspricht, den werden die für Raumfahrtprojekte aufgewandten Kosten enttäuschen. Ihre indirekten und direkten produktiven Effekte seien „gesamtwirtschaftlich nicht sehr bedeutend", so das Ergebnis des für die Koordination für Luft- und Raumfahrt der Bonner Ministerien erstellten Gutachtens ('Die Zeit', H. 40, 1989). Daran hat sich auch in den letzten 20 Jahren nichts geändert (vgl. Braunberger 2008). Die Herkunft von nützlichen Produkten aus der Raumfahrt gehört oft in den Bereich der Legende: „Teflon gab es schon vor der bemannten Raumfahrt, Ceran wurde nicht für Raketenspitzen und Rückkehrkapseln erfunden und Kevlar war ursprünglich als Material für Reifen und kugelsichere Westen gedacht" (Verseck 2003).

Auch die mit hohen Kosten verbundenen Forschungs- und Entwicklungsarbeiten für Hybrid- oder E-Autos sind insofern problematisch, als die Herstellung der neuen Fahrzeuge den CO_2-Ausstoß von Autos nur um 10 bis 20 Prozent verringern. Dafür nimmt man eine Verdoppelung des Ressourcenaufwandes in Kauf (vgl. Schmidt-Bleek 2014). Hybrid- und E-Autos benötigen Rohstoffe, die sich nur mit massiv schädlichen Eingriffen in die Natur gewinnen lassen (Kupfer, Lithium, Neodym).

j) Eine zehnte Variante problematischer Arbeiten besteht in Arbeiten, die den finanziellen Interessen von Kunden abträglich sind. Dies betrifft die Tätigkeit eines großen Teils der bei *Banken* Beschäftigten, die sog. Kundenberatung. „Interne Verkaufsvorgaben und Anreizsysteme (drängen) die Bankmitarbeiter zum Verkauf von völlig unsinnigen Produkten", so Klaus Müller, Vorstand der Verbraucherzentrale NRW im Oktober 2008 (AFP-Meldung vom 29.10.2008). Er beklagte eine „Geschäftspolitik, die im Kunden allein Freiwild für die Jagd nach hohen Provisionen sieht" (Ebd.). Bankberater machen Kunden auch gern „diejenigen Produkte schmackhaft, mit denen die Bank viel Geld verdienen kann" (Ebd.). Auch in vermeintlich seriösen Banken „herrschen nicht selten Zustände wie in einer Drückerkolonne" (Wirtschaftswoche, H. 6, 2008, S. 55).

k) Eine elfte Variante problematischer Arbeiten besteht in Arbeiten, die aus sozialen Gegensätzen resultieren und dazu beitragen, sie aufrechtzuerhalten. Möglichst viel Vermögen dem Zugriff des Finanzamtes zu entziehen ist ein wesentlicher Inhalt der Arbeit von einer großen Zahl von Personen, die als Steuerberater, als Beschäftigte in Steuerberatungsbüros oder in den mit Steuermaterien befassten Finanzabteilungen großer Unternehmen tätig sind. Ein großer Prozentsatz der Arbeit in Finanzbehörden besteht umgekehrt in der Identifikation, Korrektur und Bekämpfung legaler und illegaler Steuerspartricks im jeweiligen Einzelfall, der aber massenhaft anfällt. Bei Steuerberatern und bei im Finanzamt Arbeitenden handelt es sich um einander entgegenwirkende Tätigkeiten und Leistungen, die sich im Endeffekt gegenseitig aufheben.

Interessengegensätzen zwischen Bürgern verdanken Rechtsanwälte die Nachfrage nach einem Großteil ihrer Tätigkeit. „Ärzte und Advokaten leben gut von anderer Schaden", so heißt es im Sprichwort. In Deutschland waren 2012 158.426 Anwälte zugelassen (1997: 85.105). Der Advokat bewegt sich wie ein Fisch im Wasser in der für das rechtliche Procedere zentralen Dichotomie zwischen Moralität und Legalität. Anwälte befördern bzw. beschützen die Bürger in ihrem Drang, zulasten ihrer Mitmenschen und der Gesellschaft Umverteilungen zu praktizieren, die sich im legalen Rahmen bewegen und diesen dafür so flexibel auslegen wie eben möglich. Anwälte gelten Heinrich Heine als „Bratenwender der Gesetze, die so lange die Gesetze wenden und anwenden, bis ein Braten für sie abfällt." Rechtsanwälte sind nicht nur Diener am Recht, sondern auch Verdiener am Unrecht.

Die Unterscheidung zwischen Legalität und Moralität und das Nichtzustandekommen eines übergreifenden, die verschiedenen Akteure verbindenden Inhalts legen eine Orientierung nahe, die sich bloß an das Erlaubte hält. Und als erlaubt gilt dann, was nicht verboten ist. Unterstützt wird derart ein Verhalten, das „sich grundsätzlich an der untersten möglichen Grenze des Erlaubten orientiert, ein Verhalten, bei dem geradezu die Grenze als Grenze gesucht wird" (Schöllgen 1946, 19). Als schlau gilt, wer „sich wohlüberlegt auf dem gesellschaftlich eben noch tragbaren untersten Niveau" bewegt „im Rahmen einer *'Minimum'-Moral*" (Ebd., 20f.). Und sie wird um so wahrscheinlicher, desto größer die Vorteile ausfallen, die mit ihr zu erreichen sind. Sie legen eine Negativspirale nahe und die Angleichung auf unterem Niveau. Insofern ist der „Mensch der Grenzmoral" gefährlicher als der Verbrecher. „Denn der Verbrecher stellt sich offen gegen das Gesetz; der 'Schlaue' aber nutzt alle seine Vorteile" (Ebd.).

l) Die zwölfte Variante problematischer Arbeiten bilden Produkte, die einen problematischen Zustand von Fähigkeiten, Sinnen, Sozialbeziehungen und Reflexionsvermögen voraussetzen, bestätigen und befördern. Beispiele dafür sind die Bildzeitung, Zeitschriften, die sich den Schicksalen von Personen aus dem Hochadel und dem Showbusiness widmen, ein großer Anteil der Computerspiele, Pornographie u.a.

Im Unterschied zur gängigen Beantwortung der Frage „Was soll ich werden?" ging es in diesem Kapitel darum, was man in den Erwerbsarbeiten und Tätigkeiten im modernen kapitalistischen Geschäfts- und Erwerbsleben mit sich und mit anderen macht. Und zu was man *damit* „wird". Dabei entsteht die Frage, ob dem betriebenen Aufwand in den Erwerbsarbeiten und in den Tätigkeiten Zwecke und Effekte entsprechen, die diesen Aufwand rechtfertigen oder lohnen.

Wer sich die hier nicht mit Anspruch auf Vollständigkeit genannten Varianten problematischer Arbeitsinhalte und ihren Umfang vergegenwärtigt, wird für den Rückbau bzw. die Einsparung von Arbeiten und Arbeitsplätzen eintreten, die ökologisch, sozial bzw. für die Entwicklung der Individuen schädlich sind. „Gute Arbeit" beinhaltet nicht nur gute Arbeitsbedingungen, sondern auch gute Arbeitsinhalte. Die gesellschaftliche Berechtigung vieler Arbeiten ist zu bestreiten. Das herrschende Verständnis vom Reichtum steht infrage. Notwendig wird eine Kapitalismuskritik, die sich nicht auf die Verteilung konzentriert, sondern stärker die Inhalte der Arbeiten und Dienstleistungen in den Blick nimmt. Erforderlich und möglich sind sinnvollere Betätigungsweisen, der Wegfall ökologisch problematischer Produktionen, die Reduktion des Arbeitsvolumens und der Arbeitszeit sowie die Aufhebung der skizzierten Verschwendungen. Und nicht zuletzt die Emanzipation der Gesellschaft von den Gleichgültigkeiten und Zynismen gegenüber den Gebrauchswertangeboten und Arbeitsinhalten. Die Arbeitenden müssen ihr Einkommen durch Vermietung der zeitweiligen Nutzungsrechte an ihrer Arbeitskraft erzielen. Sie machen sich die problematischen Arbeitsinhalte und Angebote dann oft subjektiv zu eigen – nicht zuletzt deshalb, weil es auf Dauer schwer fällt, den Gegenstand seiner Tätigkeit abzulehnen. Mit dem Ausmaß der problematischen Produkte und Dienstleistungen wird der Umfang der erforderlichen Veränderung deutlich. Zugleich zeigt sich ein enormes Einsparpotential. Daran kann man sich erinnern, wenn von interessierter Seite behauptet wird, „die Gesellschaft" könne sich Ausgaben für „Wohltaten" nicht leisten.

2) Was verändert sich in der Arbeit?

> Die Grundlage für die Veränderung der Arbeit bildet der „Widerspruch zwischen der Art der konkreten Arbeit, die die Menschen im Kapitalismus verrichten müssen, und der Art der Arbeit, die sie tun könnten, wenn das produktive Potential, welches sich im Kapitalismus entwickelt hat, reflexiv zu Nutze gemacht würde."
>
> *Postone 1991, 55, s.a. 70f.*

Autofabrikanten stellen für ihre Produkte im gehobenen Preissegment umfangreiche Forschungen darüber an, wie sich ein satter Klang beim Schließen der Autotüren bewerkstelligen lässt. Die bemannte Raumfahrt wird optimiert. Auf der Erde aber bleiben viele Bemühungen aus, die restriktiven und repetitiven, die subalternen und menschlich armen Tätigkeiten zu verringern. Als Skandal erscheint dies in der herrschenden Öffentlichkeit nicht. Normal sind vielmehr die Gleichgültigkeit gegenüber den subalternen Arbeiten, das Desinteresse und die stumpfe Unempfindlichkeit für die Verödung menschlicher Sinne und Fähigkeiten.

Befragungen von Arbeitnehmern geben Aufschluss über deren Erwartungen an die Arbeit. An erster Stelle stehen dabei Bedürfnisse, die Arbeit solle interessant, sinnvoll und verantwortungsvoll sein. Die Befragungen ergeben, dass die Arbeitenden diesbezüglich „relativ weite Abstände zwischen Soll und Ist wahrnehmen" (Klages 2004, 30). Aus dieser Differenz resultiert eine eher geringe bis mäßige Identifikation der Arbeitenden mit ihrem Unternehmen.[18] Das renommierte Gallup-Institut beziffert die finanziellen Schäden durch mangelnde Motivation der Arbeitenden auf jährlich 120 Mrd. €. Diese Schäden in Gestalt von Fehltagen, Fluktuation und schlechter Produktivität resultieren nicht aus

---

18 Der Gallup-Studie über Arbeitszufriedenheit in Deutschland von 2012 zufolge identifizieren sich 15 % der Befragten mit ihrem Unternehmen und ihrer eigenen Arbeitsaufgabe voll. Die Werte für geringe bzw. keine „emotionale Bindung zum eigenen Arbeitsplatz" liegen bei 61 % bzw. 24 %. „Viele Beschäftigte haben das Gefühl, dass ihre zentralen Bedürfnisse und Erwartungen von ihren direkten Vorgesetzten teilweise oder völlig ignoriert werden. Das hat finanzielle Folgen. Gallup errechnet jährliche Kosten durch Fehltage, Fluktuation und schlechte Produktivität in Höhe von über 122 Milliarden € und empfiehlt den Unternehmensleitungen, ihren Beschäftigten gegenüber an Stelle von Verschleißstrategien mehr auf die Pflege der Humanressourcen zu setzen" (www.unternehmensbegeisterung.com).

Faulheit oder Verfall der Leistungsmoral. Vielmehr sehen Soziologen wie Helmut Klages die Ursache darin, dass „die Funktionseliten ... nicht angemessen auf latent verfügbare Bereitschaftspotenziale der Menschen reagieren" (Ebd., 30). Zugrunde liegt ein für die kapitalistische Arbeitsorganisation charakteristischer Widerspruch. Zwar brauchen Unternehmen hochmotivierte Arbeitskräfte. Zugleich gehen die Profitorientierung und der herrschaftliche Charakter des Unternehmens mit Arbeitsbedingungen und Arbeitsinhalten einher, die Arbeitsunlust und Leistungszurückhaltung als angemessen erscheinen lassen.

In der Öffentlichkeit hat die Rede vom Missbrauch von Sozialleistungen einen hohen Stellenwert, die Verschwendung durch innere Kündigung nicht. Seit Jahren werden im Rahmen der gewerkschaftlichen Kampagnen für „gute Arbeit" die negativen Folgen der Arbeitsbedingungen auf die Arbeitenden zum Thema. Eine politische Kraft existiert nicht, die den Bedürfnissen der Arbeitenden nach einer entsprechenden Veränderung der Arbeit einen angemessenen Ausdruck verleiht. Die Subalternität vieler Arbeiten lässt sich erst überwinden, wenn die Qualität des Arbeitslebens als ebenso relevante Quelle für den recht verstandenen Wohlstand der Gesellschaft angesehen wird wie die Menge an Arbeitsprodukten. Das Arbeiten als wesentlichen Bestandteil der Lebensqualität wahrzunehmen bildet eine notwendige Bedingung für die erforderliche grundlegende Umgestaltung der Arbeiten.

Notwendig werden

- die Reduktion der Masse von Arbeiten und des Umfangs des Arbeitens durch den Fortfall jener Arbeiten, die sich als Verschwendung menschlicher Sinne und Fähigkeiten für nur im Kapitalismus nötige Produkte und Dienste erweisen (vgl. Kapitel 1),
- eine nicht-regressive Überwindung von Spezialisierung sowie eine Erweiterung und Anreicherung von vormals bornierenden Arbeiten,
- die gesellschaftliche Anstrengung, unaufhebbar banale bzw. unattraktive Arbeiten entweder zu maschinisieren[19] oder sie rotierend von allen erledigen zu lassen. Das Unterfangen, die selbst trotz aller gesellschaftlich aufzubringenden Anstrengung verbleibenden unattraktiven, repetitiven und bloß ausführenden

19 In Verkaufseinrichtungen lassen sich monotone und unattraktive Kassierertätigkeiten durch Kassen einsparen, die die von den Kunden ausgewählten Waren automatisch registrieren. Supermarktketten sind dabei, diese Innovation zu realisieren. Ebenso lässt sich bspw. der Umfang der wenig attraktiven Arbeit des Briefträgers durch einen vermehrten Anteil an elektronischer Kommunikation senken.

Arbeiten auf alle Arbeitsfähige aufzuteilen, wirkt der Ignoranz der höher Qualifizierten gegenüber der Realität der dürftigen Arbeiten entgegen.

Die Perspektive besteht darin, „die scharfe Grenze zwischen notwendiger Arbeit ... und freier Tätigkeit zwar nicht einzuebnen (das hieße sicherlich zu viel erhoffen), doch immerhin durchlässig zu machen" (Bahro 1977, 495). Das „Produktionsziel reiche Individualität" (Ebd., 489ff.) erfordert für die notwendige Arbeit: „Verkürzung der psychologisch unproduktiven Arbeitszeit innerhalb der notwendigen Arbeitszeit" (Ebd., 495). „Diese neue Ökonomie der Zeit wird auch Kosten (abstrakte Arbeitszeit) sparen, aber in erster Linie konkrete Lebenszeit gewinnen" (Ebd., 496). Arbeit ist nicht allein infolge ihres Produkts relevant, sondern auch aufgrund der mit ihr verbundenen Entfaltung, Schädigung oder Verkümmerung menschlicher Sinne, Fähigkeiten und Reflexionsvermögen.

3) Wie verändern sich die Produktionsorganisation und Produktionstechnologie?

An Lobliedern über die Effizienz der kapitalistischen Produktion besteht kein Mangel. Vom Widerspruch der Arbeitsorganisation und Arbeitstechnologie im Kapitalismus schweigt des Sängers Höflichkeit. Den aus technischen Ursachen resultierenden Qualifikationsanforderungen stehen Vorbehalte gegenüber: Hohe Qualifikation und Autonomie der Arbeitenden sind mit Kompetenzen und Eingriffsmöglichkeiten verbunden.[20] Sie stärken die Macht der Arbeitenden als (*mit* dem Unternehmerlager) rivalisierende Interessengruppe oder ermöglichen es, dass

20 Einflussreich für die Kritik der Technik im Kapitalismus war die an Braverman anknüpfende Untersuchung Nobles (1978, 1984) zur Entwicklung der NC-Maschine. „Mit seinem Begriff des 'social choice' wies er erstmals auf die relative Offenheit der technischen Entwicklung und die Wahlmöglichkeiten beim technischen Design, bei der Lösung ein und desselben technischen Problems hin. Noble untersuchte die Entwicklung numerisch kontrollierter Werkzeugmaschinen in den USA und stellte fest, dass neben den sich durchsetzenden NC-Maschinen am Anfang der Entwicklung durchaus eine technische Alternative, ein technisch-funktionales Äquivalent, im sog. 'record-play-back'-Verfahren zur Verfügung stand. Dass sich schließlich die NC-Linie in der Technikentwicklung durchsetzte, lässt sich laut Noble auf Herrschafts- und Kontrollinteressen des Managements gegenüber dem Produktionspersonal, dessen spezifisches handwerkliches Wissen durch die zentral-gesteuerten NC-Maschinen und die hierdurch mögliche weitere Teilung der Arbeit entwertet wurde, zurückführen" (Hennen 1992, 31f.).

sie ihre Fähigkeiten *gegen* die kapitalistische Unternehmensführung wenden.[21] Das gilt es in der kapitalistischen Ökonomie zu verhindern. Die Imperative der Kontrolle von oben durchsetzen und formieren die Produktionstechnologie und -organisation. „Kontrolle und Ausbeutung sind offenbar nicht voneinander zu trennen, jedoch ist die Unterscheidung zwischen maximaler Ausbeutung und maximaler Produktion von grundlegender Bedeutung; sie impliziert, dass der Kapitalismus die effektivste Produktionstechnologie nur insoweit anwendet, wie sie mit maximaler Kontrolle und Ausbeutung vereinbar ist. Das treibende Moment des Kapitals ist ein Maximum an Profit, und weil dies erfordert, total über die Arbeitskraft verfügen zu können, kann dieses Maximum im allgemeinen durchaus auf Kosten der größtmöglichen technologischen Effizienz und Produktivität gehen" (Gorz 1973, 101). Marglin (1977) zeigt an der Entstehung des Kapitalismus, wie die Hierarchie im Betrieb weniger technischen und die Produktivität steigernden Maßgaben folgt, sondern eher Kontrollzwecken.[22] Gordon (1976) unterscheidet zwischen „qualitativer" und „quantitativer" Effizienz. Letztere bezieht sich auf das Verhältnis zwischen (größtmöglichem) Output und (geringstmöglichem) Input. „Qualitative Effizienz" beinhaltet, das Produktionsverhältnis im Arbeitsprozess selbst zu sichern.[23] D.h. in der kapitalistischen Ökonomie, die Kontrolle der Arbeitenden durch die Vorgesetzten zu gewährleisten und per Arbeitstechnologie und -organisation Widerstand zu erschweren. Experimente mit Teamarbeit und mit der Beteiligung der Arbeitenden an Entscheidungen zeigen Steigerungen der „quantitativen Effizienz", sind aber in der kapitalistischen Ökonomie aufgrund der Gefährdung „qualitativer Effizienz" faktisch nur begrenzt möglich (vgl. Anm. 93).

---

21 Zu verhindern gilt es, dass es den Arbeitenden „aufgrund ihrer Kenntnis des Produktionsprozesses möglich" wird, „sich zusammenzutun und die Produktion auf eigene Faust zu betreiben. ... Wenn man den Arbeitern insgesamt die Kenntnisse und Befugnisse zugesteht, sich mit allen Teilen des Produktionsprozesses zu befassen, wächst bei ihnen der Wunsch, autonom die Kontrolle auszuüben, und damit wird die Legitimität des Chefs als Koordinator der Produktion untergraben. Seine finanzielle Herrschaftsposition und seine Stellung als Vermittler zwischen Produzenten und Konsumenten beruht aber allein auf dieser unangefochtenen Legitimität" (Bowles, Gintis 1976, 22).

22 „Katherine Stone hat in einer bahnbrechenden Untersuchung über die Entwicklung der amerikanischen Stahlindustrie nachgewiesen, dass die soziale Organisation der Arbeit durchaus nicht aus technologischer Notwendigkeit erwuchs, sondern aus dem Bedürfnis des Managements, den Produktionsprozess unter seine Kontrolle zu bringen" (Bowles, Gintis 1976, 24).

23 „Dies soziale Verhältnis, Produktionsverhältnis, erscheint in fact als ein noch wichtigeres Resultat als seine materiellen Resultate" (Marx 1974, 362).

Für eine Kritik und Überwindung des Kapitalismus einzutreten ohne Kritik der kapitalistischen Arbeitstechnologie und Organisation der Arbeit entspricht dem Vorgehen, jemand durch eine Tür zu verabschieden und ihm sogleich durch eine andere Tür wieder Einlass zu verschaffen. Niemand kann sich „damit begnügen, die Arbeit zu erleichtern, die Arbeitszeit zu verkürzen und die Entlohnung zu erhöhen: Denn die kapitalistische Strukturierung der Arbeit bedeutet die Zerstörung des Arbeiters, die Negation seiner Freiheit, kurz: seine Entfremdung – unabhängig sogar von den unakzeptablen Endzielen der kapitalistischen Produktion. ... 'Aller kapitalistischen Produktion ... ist es gemeinsam, dass nicht der Arbeiter die Arbeitsbedingungen, sondern umgekehrt, die Arbeitsbedingungen den Arbeiter anwendet' (MEW 23, 446)" (Gorz 1977, 141). Not-wendig wird der „Kampf um die Wiedergewinnung ihrer physischen, nervlichen, intellektuellen und kulturellen Integrität innerhalb der Arbeit" (Ebd.). Um eine neutrale, allein technisch-sachlich verfasste Veranstaltung handelt es sich beim kapitalistischen Produktionsprozess nicht. Kapitalismusspezifisch ist nicht erst die Verteilung der Produkte, sondern bereits die Art und Weise der Produktionsorganisation und -technologie. „Sofern die materielle Grundstruktur unverändert bleibt, kann die 'kollektive Aneignung' der Fabrik in ihrer Gesamtheit nur eine völlig abstrakte Umwandlung des juristischen Eigentumstitels sein, eine Umwandlung, die ziemlich unfähig sein wird, der Unterordnung der Arbeiter ein Ende zu bereiten" (Ebd., 139f.).[24]

Nicht science-fiction-Phantasten, sondern „gestandene" Techniker, Ingenieure und Wissenschaftler bei Lucas Aerospace[25] im England der 1970er Jahre haben die Frage nach einer „arbeiterzentrierten" Technik gestellt. Sie bezieht sich nicht allein auf den Output an Gütern, sondern stellt die Frage nach der

24 „Wenn es sich ... um eine kollektive (und nicht staatliche), von den Produzenten durchgeführte Aneignung der Produktionsmittel und um einen Sieg der freiwilligen Zusammenarbeit über die hierarchische Aufteilung der Tätigkeiten handeln soll – dann müssen die unmittelbaren Produzenten die Techniken, die Arbeitsorganisation, die Verwendungsweise der Maschinen, die Anordnung der Arbeitsplätze ... sich aneignen und dann von Grund auf neu gestalten" (Gorz 1977, 140).

25 Lucas Aerospace war seinerzeit Europas größtes Unternehmen für Design und Herstellung von Flugzeugsystemen und -ausrüstungen. „LA liefert Teile der Ausrüstung fast aller europäischer Flugzeugprojekte der letzten Jahre. Die Stärke von LA liegt nicht in der Massenproduktion, sondern in der Herstellung kleiner, sehr spezialisierter Serien. Dem entspricht auch die technische Ausstattung des Unternehmens, v. a. ausgedehnte Forschungs- und Entwicklungsabteilungen" (Löw-Beer 1978, 9).

Arbeitszeit als Lebenszeit.[26] Die Umgestaltung der Arbeit könne keineswegs „in bloß organisatorischen Begriffen gesehen werden, sondern als Infragestellung der Grundsätze selbst, die die Entwicklung von Technologie bestimmen. Zu diesem Zweck schlagen die Arbeiter von Lucas eine Reihe von Geräten vor, die die historische Tendenz umkehren würden, menschliches Wissen zu objektivieren und dem Arbeiter als fremde, ihm feindliche Kraft entgegenzustellen" (Cooley 1978, 208). Soll die mit der gegenwärtigen Technik meist verbundene Depotenzierung menschlicher Sinne und Fähigkeiten überwunden werden, so bedarf es einer Technik, „die menschliche Arbeit nicht allein unter ihren funktionalen Aspekten für die Produktion" betrachtet, „sondern als eigenen Bezugspunkt für die Entwicklung von Produktionskonzepten" (Pekruhl 1995, 116). „Qualifikationen dienen (dann – Verf.) nicht allein der Bewältigung je gegebener Arbeitsaufgaben, sondern auch der Gestaltung und Weiterentwicklung der Arbeitstätigkeit selbst" (Ebd., 118). Anzustreben ist eine Technologie, „die von den Arbeitern dazu verwendet werden könnte, bestimmte Bereiche ihrer Tätigkeit zu automatisieren, ohne jedoch gleichzeitig den lebendigen Arbeiter zum bloßen Anhängsel der 'lebendigen Maschinerie' zu degradieren" (Löw-Beer 1981, 93). Es geht um einen Paradigmenwandel in der Technik. „Telechirische Instrumente"[27]

26 „Ist es möglich, eine nicht weniger effiziente Technologie zu haben, die nicht die tayloristische Denkweise verkörpert, sondern die im Gegenteil die menschlichen Fähigkeiten und Qualifikationen derjenigen, die mit ihr arbeiten, akzeptiert und auf sie abgestimmt ist?" (Rosenbrock, zit. n. Löw-Beer 1981, 88).

27 „Telechirics" bezeichnen „ferngesteuerte Maschinen, bei denen ein Mensch einen oder mehrere Manipulatoren über seine Distanz hinweg steuert, indem er die natürliche Geschicklichkeit seiner eigenen Hände benützt und ein 'Feed-Back' an sensorischen Informationen von den Greifarmen und der Region, in der sie arbeiten, erhält" (Thring 1973, 93). „Das Spezifikum telechirischer Geräte besteht darin, dass sie den Arbeitsprozess vom Ort des Geschehen zu einem entfernten Steuerungspult transportieren, wo derjenige, der das Telechir bedient, nicht nur exakt dieselben Sinneseindrücke erhält, als befände er sich vor Ort, sondern auch exakt dieselben Handbewegungen ausführt (d.h., er schlüpft in einen speziell angebrachten 'Handschuh', mit dem er nun ein Steuerungspult bedient, das exakt demjenigen an der Maschine vor Ort nachgebildet ist.) ... Seine physische Geschicklichkeit bleibt also voll erhalten. Die Greifwerkzeuge folgen exakt den Bewegungen seiner Finger und vermitteln ein Gefühl taktiler Sensitivität" . In diesem Zusammenhang berichtet Mike Cooley von einer 'Hand', die in den USA entwickelt worden ist: Sie ist so empfindlich, dass man mit ihr sowohl ein Ei wie einen 25 Kg schweren, vollkommen glattgeschliffenen Metallzylinder hochheben kann" (Löw-Beer 1981, 94). Es handelt sich bei telechirischen Geräten nicht um science-fiction. Solche Geräte kommen bereits gegenwärtig zum Einsatz, bei „Radioaktivität, Steinschlag, Explo-

sollen „die historische Tendenz umkehren, die menschliche Geschicklichkeit zu vermindern oder zu verobjektivieren" (Cooley 1979). Nachdem die Hand von „der Not, produzieren zu müssen", emanzipiert wurde, kann sie „zum Produzieren befreit" werden (Heinemann 1982, 183). Gesellschaftlich geht es um eine andere Proportion im Verhältnis zwischen der Steigerung des Outputs durch Maschineneinsatz und der Bildung der Menschen durch die Sinne, Fähigkeiten und Reflexionsvermögen entwickelnde Vergegenständlichung. Erforderlich ist die „Rückkehr der menschlichen Hand in den Produktionsprozess, die sie nicht wieder an ihn kettet" (Ebd., 184).

4) Worin besteht die grundlegende Neuausrichtung in den beiden Bereichen mit den meisten Arbeitsplätzen?

a) Verkehrssystem

Die Verkehrspolitik im modernen Kapitalismus nutzt den Interessen der Automobilbranche, der Mineralölindustrie und Luftfahrtwirtschaft.[28] Mit der Produktion der für diese Branchen einschlägigen Waren bzw. Dienstleistungen lassen sich mehr Profite erzielen als mit der Bereitstellung eines gesamtgesellschaftlich weit kostengünstigeren Verbundsystems von mehr und besseren öffentlichen Verkehrsmitteln, öffentlich subventionierten (Sammel-)Taxis[29], car-sharing u.ä.

Der Widersinn des Autoverkehrs zeigt sich auch daran, dass die Hälfte aller Autofahrten in der EU kürzer ist als fünf Kilometer, 10 % sogar kürzer als ein Kilometer – also auf Fahrten entfällt, die mit dem Fahrrad oder sogar zu Fuß zurückgelegt werden können (vgl. Cramer 2007, 91). Einer Untersuchung von

---

sionsgefahr, Gift, Arbeiten im Weltraum oder unter Wasser, Hitze, Kälte, Lärm, Temperaturschwankungen" (Ebd.).

28 Vgl. zum Flugverkehr Kapitel 1d.

29 „Forscher haben die 150 Millionen Taxifahrten des Jahres 2011 in Manhattan untersucht und geprüft, wie die Fahrten verlaufen wären, wenn jedes Taxi noch einen zweiten Fahrgast mitgenommen hätte. Dessen Ziel sollte so liegen, dass die gesamte Fahrdauer sich um maximal fünf Minuten verlängert hätte. Das Ergebnis: Die Zahl der Taxifahrten hätte sich auf diese Weise um 40 % reduzieren lassen. Das ist allein eine Frage der Organisation. Dafür ist keine neue Technik erforderlich, sondern lediglich der Wille es zu tun. Um die Akzeptanz mache ich mir wenig Sorgen. Bestimmt wären viele bereit, fünf Minuten länger unterwegs zu sein, wenn sie dafür 40 % weniger zahlen müssten" (Rojas 2015, 111).

BMW zufolge macht in der Münchner City die Parkplatzsuche etwa 60 % des Autoverkehrs aus (Ebd., 87). Der Autoverkehr hat in der Bundesrepublik Deutschland von 1961–1970 162.085, von 2001–2010 53.952 Tote gefordert. Die diese Ziffer mehrfach übersteigende Zahl der schweren Verletzungen[30] und die damit entstehenden medizinischen u.a. Ausgaben werden als Folgekosten nicht in eine gesamtgesellschaftliche Bilanz des privaten Autoverkehrs einbezogen. Problematisch ist der vom Geldwert unterschiedene Wert der Arbeit von denjenigen, die Autos oder Zulieferteile produzieren, sowie anderer für den Autoverkehr notwendiger Arbeiten. Neben den 744.000 Beschäftigten in der deutschen Autoindustrie arbeiten 800.760 Beschäftigte im Kfz-Handel und in der Kfz-Reparatur (Statist. Jahrbuch 2012). Diese Arbeitsplätze sind unmittelbar oder mittelbar positiv bezogen auf die Dominanz des Autos im Personenverkehr. Sie bildet einen Knoten aus Fäden, von denen jeder für sich schon problematisch genug ist: Massive Verschwendung im gesamtgesellschaftlichen Maßstab, organisierte Verantwortungslosigkeit im Weiter-So der „Verkehrspolitik" und die individuelle Perspektive von Autofahrern, andere Verkehrsteilnehmer als lästige Hindernisse wahrnehmen zu müssen. Zu dieser fatalen gesellschaftlichen Fehlentwicklung gehören nicht zuletzt die mit dem Auto verbundene Kultur und Ideologie (vgl. Creydt 2009a).

Auch eine Gesellschaft, die Mobilität verringert *und* öffentlichen Angeboten einen dominierenden Platz zuweist, benötigt gute Pkw, die als Taxi und als Leihfahrzeug zum gelegentlichen Gebrauch schnell, zuverlässig und sicher ihren Dienst tun. Nicht das Auto ist das Problem, sondern der Stellenwert, der ihm zukommt. Befürworter einer nachkapitalistischen Gesellschaft sind nicht pauschal autofeindlich: „Wenn das Privatauto als städtisches Verkehrsmittel ganz offensichtlich vernunftwidrig ist, so stellt es doch für Vergnügungsreisen über kurze oder mittlere Entfernungen das anpassungsfähigste Transportmittel dar; und selbst wenn die Reise im Flugzeug, in der Eisenbahn oder mit dem Omnibus kostenlos ist, werden die Menschen weiterhin den Wunsch nach einem privaten Wagen haben, um ihren eigenen Weg einschlagen und dort verweilen zu können, wo Züge oder Autobusse nicht halten, oder einfach, um allein sein zu können" (Mandel 1972, 842f.). Die Kritik gilt der dominierenden Stellung des Autoverkehrs bei der Bewältigung bzw. Entstehung des Mobilitätsproblems („Straßen schaffen sich ihren Verkehr selbst"). Wir finden eine übermäßige Konzentration von Arbeiten und Ressourcen, menschlichen Sinnen und Fähigkeiten auf das Auto vor.

---

30 Verkehrstote 2012: 3600, Schwerverletzte: 66.279, Leichtverletzte: 318.099 (Statist. Bundesamt).

b) Gesundheitswesen

Zu den reichhaltigen Effekten, die die kapitalistische Ökonomie hervorbringt, zählen Schädigungen der Gesundheit: für die Arbeitenden, die Konsumenten der Produkte, die den chemischen Stoffen Exponierten, die an Hektik, Krach und Umweltverschmutzung Leidenden. Viele Arbeiten sind von aversiven Bedingungen geprägt: von Lärm, von starker körperlicher Belastung,[31] von Beanspruchung in Form von einseitigen Haltungen, von der Anforderung ständiger Aufmerksamkeit in reiz- und handlungsarmen Situationen, von Schicht- und Nachtarbeit und von Übermüdung. Prof. Hans-Ulrich Deppe zufolge lassen sich „25-30% der heutigen Gesundheitsausgaben in Deutschland durch langfristige Prävention und Gesundheitsförderung vermeiden." Deppe zufolge sind „die Arbeitsbedingungen der krankmachende Faktor Nr. 1. ... Es sind offensichtlich viel mehr Krankheiten durch Arbeit verursacht, als offiziell anerkannt wird" (Interview in: Neues Deutschland, 7.5.2002). Laut Prof. Johannes Siegrist könnten durch „ein stressfreieres Arbeitsumfeld" bis zu 10.000 Herzinfarkte im Jahr vermieden werden (Geo 3/2002, S. 161). Eberstein (1996) zeigt am Beispiel der Volkskrankheit Rheuma, wie die Frustration von Entfaltungsbedürfnissen durch restriktive und unsichere Lebensbedingungen sowie die gesellschaftlich sanktionierte Hemmung der entsprechenden Emotionen krankheitskonstitutiv wirken.

Der herrschenden Medizin ist die Verkehrung[32] eigen, sich auf solche Maßnahmen zu fixieren, die *unmittelbar* das Individuum betreffen. Die *gesellschaftliche* Arbeit für gesunde Lebensbedingungen und den Abbau krankmachender Verhältnisse missrät dann zu einem Nicht-Thema. „Gesund leben" zu wollen heißt gegenwärtig nach Möglichkeiten zu suchen, wie den als unabänderlich aufgefassten Schädigungen zum Trotz sich Gesundheit bewerkstelligen lässt. Das übliche Gegenargument lautet an dieser Stelle: Ärzte können auf das vorfindliche Leiden nur so reagieren, dass sie das Individuum behandeln und weder Arbeitsbe-

---

31 Einer 2011 veröffentlichten Studie des Robert-Koch-Instituts zufolge arbeitet jeder dritte Befragte häufig bei Lärm, Hitze oder Kälte. 27,3 Prozent der Erwerbstätigen müssen oft schwere Lasten heben und tragen (Kroll, Müters, Dragano 2011).

32 „Verkehrung" bildet den Begriff für eine Verwandlung, die erstens etwas in substanziell von ihm Verschiedenes verwandelt und zweitens dies so tut, dass der Unterschied bis Gegensatz zwischen dem Ausgangssubstrat und dem Resultat der Verkehrung verborgen bleibt. Vielmehr erscheinen beide als identisch. Bspw. steht beim herrschenden Gesundheitswesen „Gesundheit" drauf. Was in ihm und durch es stattfindet, ist nicht identisch mit der Arbeit für die Gesundheit.

dingungen noch gesellschaftliche Konkurrenz, Hierarchie und die Machtlosigkeit und Überforderung der Individuen verändern. Diese These stimmt nur bezogen auf das Verhältnis zwischen dem *einzelnen* Arzt und dem *einzelnen* Patienten. Die herrschende Medizin ist nicht nur die Nothilfe, die übrig bleibt, weil gesellschaftliche Arbeit an der Überwindung oder Verringerung der Ursachen von Schädigungen der Gesundheit nicht oder nicht ausreichend stattfindet. Medizin bestätigt und befördert diesen Mangel, indem sie ihr eigenes Tun in Sachen Krankheit zur Hauptsache erhebt. Die gängige Medizin praktiziert einen Idealismus der Nothilfe. Er soll die Not vergessen machen. Das unendliche kurative Bemühen gegen sie bei mangelnder gesellschaftlicher Prävention erscheint als vermeintlich einzig mögliche geeignete Praxis.

Gesundheitsbezogene Auflagen unterbinden jene „Auswüchse" und Verstöße, die sich im kapitalistischen Rahmen vermeiden lassen oder so gravierend ausfallen, dass sie die geltenden Geschäftsgrundlagen infrage stellen. Wie sich auch an der Konstruktion der Grenzwerte zeigen lässt (vgl. Kapitel 1h), geht es der herrschenden Medizin weniger um den „intakten und von pathologischen Auffälligkeiten verschonten Organismus", sondern um den „in Bezug auf eine äußerst eingeschränkte gesellschaftliche Funktion nicht symptomatischen Organismus". Nicht der „ungestörte Körper", sondern „der nicht störende Körper" bildet das Ziel (Schmitz-Weiss 1990, 63). Die gängige Medizin bevorzugt Konzepte, die die Verursachung in Krankheitserregern oder genetischen Bedingungen sehen. „Die Bedingungsfaktoren bleiben im Bereich der pathogenetischen Mikroereignisse der Medizin. Das implizite Praxismuster heißt: 'aus dem unveränderten Feld wird das Agens entfernt'" (Kühn 2001, 14, vgl. a. Wiemer 2001, 19f.). An zweiter Stelle der Aufmerksamkeit seitens des herrschenden Gesundheitswesens steht individuelles Risikoverhalten, das die Bewegung, Ernährung, Alkohol und Tabak betrifft. Am unteren Ende der Rangfolge stehen gesellschaftliche Bedingungen und Strukturen. „Nirgendwo ist das Geld knapper, sind die Legitimationskosten höher und ist die Beweislast schwerer als bei Versuchen, in Bereiche wie Arbeit, Verkehr und Wohnbedingungen oder soziale Probleme wie Armut, Erwerbs- oder Machtlosigkeit unter Gesundheitsaspekten zu intervenieren" (Kühn 2001, 16). Während bestimmte gesundheitsabträgliche Aktivitäten als Risikofaktoren in den Vordergrund treten, rücken andere unlustvolle und gesundheitsschädliche Vorgehensweisen in den Hintergrund, z.B. die Vergewaltigung des Biorhythmus durch die Arbeitszeit und die schleichende Vergiftung durch Chemisierung und Verschmutzung der Umwelt. Zwar werden Kochkurse veranstaltet und gesunde Ernährung propagiert, aber nicht die „Aneignung von Kenntnissen und die Übung von Verhaltensweisen, mit denen Beschäftigte sich in der Arbeit zusammen mit ihren Kolleginnen gegen Lärm, Staub oder inkonsistente Anforderungen und Mobbing durch Vorgesetzte zur Wehr setzen könnten" (Ebd., 15).

Im Unterschied zur behaupteten Überbeanspruchung und „Anspruchsinflation im Gesundheitswesen" (Luhmann 1983) sorgen Konkurrenz und Leistungsdruck dafür, dass das Individuum sich einen angemessenen Umgang mit gesundheitlichen Problemen oft versagen muss. Laut einer 2012 erschienenen „Untersuchung der Bundesanstalt für Arbeitsschutz und Arbeitsmedizin und des Bundesinstituts für Berufsbildung geht jeder zweite Erwerbstätige in Deutschland krank zur Arbeit" (Frankfurter Rundschau 21.1.2016).

Statistische Zusammenhänge – z.B. zwischen Bluthochdruck, Rauchen, erhöhtem Cholesterinspiegel und Herzinfarkt – werden oft als Kausalbeziehungen missverstanden (vgl. von Eberstein 1991). Wenig Aufmerksamkeit gilt der chronischen Überlastung und der Strapazierung der Nerven. Beide schädigen Herzgefäße durch neurohormonale Dauerstressreaktionen. Zigarettenkonsum bildet ein Bewältigungsverhalten. Gerade weil Gesundheit *auch* vom Verhalten des Einzelnen abhängt, neigt der Alltagsverstand dazu, diesen Anteil zu überschätzen.

Ärzte unterscheiden gegenwärtig meistens in unbefangener Selbstverständlichkeit zwischen vermeidbaren und unvermeidbaren Risiken und konzentrieren sich auf die vermeintlich vermeidbaren Risiken und erklären sich für sie für zuständig, für die unvermeidbaren Risiken für unzuständig. Und ihre Tätigkeit sei so anspruchsvoll und anstrengend, dass Patienten den Ärzten dankbar zu sein hätten. Die Ärzte gelten als Sachwalter von Gesundheit, ohne dass deutlich würde, dass es sich um das Standhalten unter der Herrschaft von als substanziell unveränderbar geltenden krankheitsverursachenden gesellschaftlichen Strukturen handelt. Der heimliche Lehrplan der herrschenden Medizin ist, gesundheitliche Probleme zu übersetzen in Nachfrage nach medizinischen Leistungen. (Die Medikamentenabhängigkeit bildet eine Nebenfolge der Symptombehandlung.)

Insofern Ärzte Menschen „fit" machen für die harte Außenwelt, fehlt ihnen die Aufmerksamkeit und Sympathie dafür, dass Krankheit auch einen Kampf bezeichnet und den „lautlosen, sprachlosen, bewusstlosen Widerstand der ermatteten Körper" (Schmitz-Weiss 1990, 65). Wer sich auf die Produktivität und Effektivität des Wirtschaftens konzentriert und davon ausgeht, die Opfer würden durch Konsum und Freizeit kompensierbar, verharmlost die gesundheitlichen Schädigungen. Auch in der Belastungsforschung wird vielfach abgesehen von den systematisch bereits im herrschenden Erwerbs- und Geschäftsleben angelegten Widersprüchen – zwischen Gleichgültigkeit und Identifikation, gefordertem Engagement und subjektiv nicht fordernder Tätigkeit, Verausgabung und Erhalt von Arbeitskraft, Unterordnung und Selbständigkeit, Wahrnehmung von Interessen und Anpassung, Konkurrenz und Kooperation, Unabsehbarkeit der gesellschaftlichen Entwicklung und langfristiger individueller Planung (vgl. Kaplonek, Schroeter 1979).

Gesundheit wird oft so definiert, dass sie mit der Dickfelligkeit gegen Zumutungen identisch erscheint. Die herrschenden Imperative der Erwerbs- und Geschäftswelt ebenso wie die mit ihnen verbundenen gesundheitsbezogenen Zumutungen gelten zumeist als Teilmenge der letztlich unüberwindbaren Härten der Außenwelt. Die faktische Normalität von Gesundheitsgefährdungen wird damit zu etwas Universalem: „Schwund ist immer" heißt es dann oder „leben ist ungesund." Der „natürliche Verschleiß" und die gesellschaftlich überwindbaren oder verringerbaren Schädigungen von Gesundheit brauchen dann nicht mehr unterschieden zu werden.

Der herrschenden Medizin ist der ideologische Effekt immanent, Gesundheit als eine Angelegenheit darzustellen, über die die Art und Weise der individuellen Lebensführung entscheidet. Die medizinische Ideologie bildet einen eigenen Zufluss zu der ihr vorausgesetzten Ideologie von Selbstbestimmung und -verantwortung. Zur Individualisierung des Handlungsbedarfs passt als Kehrseite die Naturalisierung des aus der medizinischen Perspektive her Unverfügbaren sowie die entsprechende Demut und Handlungsentlastung. Die Endlichkeit menschlichen Lebens wird notorisch an einer Stelle geltend gemacht, an der es um die Abwesenheit der gesellschaftlichen Arbeit an gesellschaftlichen Krankheitsursachen ginge. Die gängige Medizin macht sich mit ihren Praktiken an einer Stelle breit, die anders zu besetzen wäre. Die Durchwirkung der gesellschaftlichen Basisstrukturen unter gesundheitlichen Kriterien verträgt sich mit einer an Mehrwert und Profit ausgerichteten Wirtschaft denkbar schlecht. An dieser Stelle erhebt das gegenwärtige Gesundheitswesen seinen alternativlos erscheinenden Alleinvertretungsanspruch in Sachen Krankheit und Gesundheit.

Die Ausdifferenzierung der Medizin (und ihre Interpretation als prominenter Anwendungsfall der „funktionalen Differenzierung", vgl. dazu Kapitel 9) beinhaltet, dass die Arbeit gegen Schädigungen der Gesundheit nicht eine gesellschaftliche Querschnittaufgabe aller Bereiche, sondern Angelegenheit eines Sonderbereichs ist. „Die epidemiologische Wissenschaft und Forschung lehrt uns ..., dass die Hauptursachen der Krankheiten sozialer Natur sind und dass sich die einzelnen zu ihrer Behebung zusammenschließen, sich informieren und die Lebens- und Arbeitsumwelt, die Wohn- und Verkehrsbedingungen, das, was sie konsumieren und was sie produzieren, ihrer gemeinschaftlichen Kontrolle unterstellen müssen" (Gorz 1977a, 99,103).

PS: Dieses Kapitel konzentriert sich auf einen grundlegenden „Konstruktionsfehler" des gegenwärtigen Gesundheitswesens. Gewiss verändert sich mit einer nachkapitalistischen Gesellschaft auch anderes: Die Rechnungsweise im Gesundheitswesen (vgl. Maio 2014), die Personalausstattung in Krankenhäusern, die Stellung des Pflegepersonals, die strikte Trennung zwischen ambulantem und stationärem Sektor, die Konkurrenz zwischen verschiedenen Krankenkassen, die „Zwei-Klassen-Medizin", die Macht der Pharmaindustrie und der Mangel an öffentlicher Forschung.

5) Welche überflüssige und schädliche Komplexität kann in der nachkapitalistischen Gesellschaft wegfallen?

Ein recht spezieller Reichtum ist es, den die kapitalistische Ökonomie hervorbringt. Zu seinen Eigentümlichkeiten gehört eine problematische Komplexität. Ein erstes Beispiel für eine vom gesamtgesellschaftlichen Standpunkt gesehen überflüssige Komplexität finden wir in der Konkurrenz. Die Koexistenz z.B. von zig Krankenkassen führt zu einem Übermaß an Aufwand. Das Desinteresse an vorsorglicher Problemvermeidung und das Interesse an Problemvermarktung sorgen dafür, dass der fortbestehende Mangel zur Gelegenheit für ein überkompensatorisches Angebot avanciert. Defensivausgaben sind für eine zweite Sorte von überflüssiger Komplexität verantwortlich. Große Teile des Konsums bilden eine Art „Defensivkonsum". Den Mängeln, die die kapitalistische Formierung der städtischen Lebenswelt hervorbringt (vgl. Schimank 1983), gilt es mit dem Urlaub oder mit dem Eigenheim im Grünen zu entfliehen. Im Konsum entstehen auch insofern Defensivausgaben, als versucht wird, unterbliebene Persönlichkeitsentwicklung zu kompensieren.

In den letzten 50 Jahren sind Technologien entstanden wie Kernkraftwerke, Gen- und Biotechnologie. Sie stellen Technologien dar, die nicht nur Gefahren einer bislang unbekannten Größenordnung mit sich bringen. Schon ihr hoher Komplexitätsgrad macht sie problematisch. Systeme der Großtechnik (Schiffe, Weltraumflüge, Kernkraftwerke) gehen mit der hohen Wahrscheinlichkeit des Zustandekommens seltener, aber unheilbringend wirkungsvoller Interaktionen einher. Diese Systeme sind komplex *und* eng[33] gekoppelt. Das erhöht die

33 „Seine Prozesse laufen sehr schnell ab und lassen sich nicht ohne weiteres abschalten, die ausgefallenen Aggregate lassen sich nicht von den übrigen Bauteilen isolieren, oder es besteht keine andere Möglichkeit, einen ungestörten Produktions-

Wahrscheinlichkeit für Unfälle infolge der wenig voraussehbaren und potenziell schädlichen nichtintendierten Verkettungen von für sich genommen sinnvollen Vorrichtungen. Probleme entstehen bei Systemkomponenten, die entweder verschiedene Funktionen bedienen oder benachbart sind, etwa „wenn ein Kurzschluss in einem Kabel ein in der Nähe verlaufendes zweites Kabel außer Funktion setzt, das zu einer Sicherheitsvorrichtung läuft, die sich für den Fall eines Defekts im ersten Kabel einschalten soll" (Perrow 1988, 199f.). Es bricht also möglicherweise nicht nur ein Feuer aus, sondern zugleich fällt auch die Vorrichtung für den Feueralarm aus. Die Verknüpfung von Komplexität und enger Kopplung führt dann dazu, dass die Sicherheitsvorkehrungen „von verborgenen Pfaden innerhalb des Systems umgangen oder außer Funktion gesetzt werden. ... Wir sind möglicherweise an einem Punkt angelangt, wo die Kurve unseres Lernfortschrittes fast horizontal verläuft" (Ebd., 27).

Eine vierte Sorte von problematischer Komplexität resultiert aus den extremen Anforderungen der „Frontforschung" (Ullrich 1977, 340) – in der Raumfahrt oder bei den mit weit höheren Konstruktionsproblemen als bei zivilen Flugzeugen verbundenen Militärmaschinen. „Bei der Konstruktion von Flugzeugen z.B. nehmen die Probleme, verursacht durch Reibungskräfte, Hitzeentwicklung, Materialstabilität usw., bei 'hohen' Geschwindigkeiten überproportional zu, und sie sind oft nur mit einer völlig neuen und natürlich aufwendigeren Technologie zu bewältigen, als sie für Flugzeuge im 'unteren' Geschwindigkeitsbereich notwendig ist. Oder man denke an das überproportionale Anwachsen der technologischen Probleme, die gegeben sind, wenn der Mensch, ganz bildlich gesehen, seinen Lebensraum 'Erde' verlassen will!" (Ebd., 335).

Ein Overkill an Komplexität finden wir auch bei gehobenen Konsumgütern: Autotypen wie „der Phaeton von VW oder die S-Klasse von Daimler verfügen über rund 100 Elektromotoren, darunter solche, die für das Kippen der Kopfstützen verantwortlich sind oder für die automatische Erkennung der Sitzposition. Es gibt Spurhaltesysteme und Abstandsregeltempomaten, Müdigkeitssensoren, Verkehrszeichenerkennungssysteme und Fernlichtautomatiken, City-Notbremsfunktionen, dynamische Frontlichter. ... Friedrich (der interviewte Autoexperte – Verf.) macht sich gelegentlich einen Spaß daraus, Ingenieure zu bitten, ihm alle Funktion des Autoradios oder das Bord-Navigationssystem zu erklären. 'Das können die nie'" (Schindler 2014, 160).

---

ablauf zu gewährleisten. ... In diesem Fall wird sich die Störung rasch und ohne erkennbare Ursache zumindest für eine gewisse Zeit ausbreiten" (Perrow 1988, 17).

Eine problematische Komplexität resultiert auch aus der Entropie der Informationen. Wer sich von höherer Transparenz mehr Demokratie verspricht, sieht davon ab, dass erst „Information in Wissen und Wissen in politisches Urteil überführt werden“ muss (Baumann 2014, 406). Für diese Verarbeitung ist wiederum (Vor-)Wissen vorausgesetzt. Zum Problem wird die Informationsüberflutung. „Wenn die Informationsflut derart anschwillt, dass eine Entdeckung politischer Normverstöße nicht mehr zu befürchten ist, greift das Prinzip Öffentlichkeit ins Leere. Bei voller Transparenz wird die Politik in gewisser Weise also eher opak“ (Ebd., 405). Eng damit verbunden ist die Inflation der Worte. Vermeintliche „Erkenntnisse“ erweisen sich häufig als Meinungen, die einen kleinen Wahrheitskern mit allerlei Halbwissen verwässern.[34] Die Entropie der Informationen und Meinungen sowie das Fehlen eines überzeugenden gesellschaftlichen Paradigmas (vgl. Teil VII) bilden zwei Seiten *einer* Medaille.

Komplexität ist keine sich selbst verursachende Substanz. Ihr Ausmaß hängt von verschiedenen Faktoren ab. Viele davon lassen sich in einer nachkapitalistischen Gesellschaft reduzieren.

34 „Verfallsperioden sind immer Zeiten des Überflusses. Die Werte wuchern, wenn der Wert der Werte fällt. Für den reifen Körper ist ein Wuchern der Zellen keine gute Nachricht. Die Abwertung des Sinns folgt der Inflation der Zeichen, die Abwertung der Darstellung dem Ausufern der Spektakel. Die Krise des Theaters, des Films, der Malerei, die gerade bis zum Überdruss diskutiert wird, bedeutet nie, dass es nicht genügend Stücke, Filme, Bilder gäbe, um die Nachfrage des Publikums zu befriedigen. Eher das Gegenteil ist der Fall“ (Debray 1981, 134).

III Die Domestizierung moderner „Sachzwänge"

„Als sie das Ziel aus den Augen verloren hatten, verdoppelten sie ihre Anstrengungen." *Mark Twain*

Von moderner gesellschaftlicher Zivilisation spreche ich im Unterschied sowohl zur modernen technischen Zivilisation (WC, elektrisches Licht und dergl.) als auch zur „Zivilisierung" der Mentalitäten und Umgangsformen. „Moderne gesellschaftliche Strukturen" wäre für das Thema von Teil III eine zu weite Formulierung, umfassen sie doch auch die moderne Demokratie, das moderne Recht u.ä. „Modern" ist die gesellschaftliche Zivilisation, insofern sich die naturwissenschaftlichen, technischen, organisatorischen und administrativen Logiken aus ihrer Einbettung in soziale, religiöse und kulturelle „Welten" lösen. Leistung, Effizienz und Kalkulierbarkeit lassen sich dann optimieren. Die damit verbundenen positiven Effekte sind beachtlich. Zugleich ist es ein für die Mentalitäten und die Gestaltung der Gesellschaft problematischer Entwicklungspfad, den die moderne Gesellschaft einschlägt – mit ihrem Naturverständnis, mit ihrem Primat instrumenteller Vernunft, mit der hohen Arbeitsteilung und mit den Eigenlogiken ausdifferenzierter Gesellschaftsbereiche, mit formaler Rationalität,[35] weiträumiger Vernetzung und modernen Märkten (vgl. Creydt 2014, 265-318).

Auf von der kapitalistischen Ökonomie unterschiedene Weise sind auch zentrale problematische Momente der modernen gesellschaftlichen Zivilisation gesellschaftlicher Gestaltung wenig zugänglich. Die Umgestaltung dieser Momente

35 Die *formale Rationalität* bezieht sich auf die Verringerung des Kommunikations- und Abstimmungsaufwands in komplexen sozialen Interaktionen und langen Handlungsketten. Soziologische Theorien der modernen Gesellschaft haben die guten Dienste herausgearbeitet, die das Geld sowie organisatorische, administrative und bürokratische Schemata diesbezüglich leisten. Diese formale Rationalität formiert und transformiert die in sie eingehenden Stoffe auf andere Weise als die kapitalistische Wertabstraktion. Je stärker sie die Mehrdimensionalität von Erfahrungen reduzieren, desto schneller können Informationen zirkulieren. Je formalisierter und standardisierter sie ausfallen, desto besser passen sie zusammen und verdrängen Mitteilungen, die nicht so leicht kombinierbar sind wie Legosteine.

lässt sich als Domestizierung vorstellen. Was die Natur betreffend bereits geleistet wurde – Haustiere und Kulturpflanzen aus Wildformen zu züchten – steht für die problematischen Momente der modernen gesellschaftlichen Zivilisation noch aus. Und es steht an, um so etwas wie eine reflexive Moderne zu verwirklichen.

Viele Sozialwissenschaftler fassen den Kapitalismus als Sonderfall der Moderne auf. Umgekehrt kennen Marxisten häufig nur Probleme des Kapitalismus oder den Kapitalismus als Problem. Demgegenüber geht es mir um den Unterschied zwischen modernespezifischen und kapitalismusspezifischen Strukturen und Problemen sowie um die Zusammenhänge zwischen kapitalistischer Wirtschaft und moderner gesellschaftlicher Zivilisation (vgl. dazu Creydt 2000, 2014). Gewiss bildet die kapitalistische Ökonomie faktisch gegenwärtig das die moderne gesellschaftliche Zivilisation übergreifende Moment. Insofern ist es relevant zu fragen, inwieweit es sich bei den als modernespezifisch erscheinenden Problemen um kapitalismusspezifische Probleme in pseudonymer Gestalt handelt. Aber selbst nach einer Überwindung kapitalistischer Logiken hätte „die Gesellschaft" mit modernespezifischen Problemen zu tun. Bei vielen Linken fehlte und fehlt es an Problembewusstsein dafür.

Gefragt wird in Teil III jeweils: Was bildet an zentralen Bestandteilen der modernen gesellschaftlichen Zivilisation das positive, bewahrenswerte Moment, was erfordert Kritik und was die Eingliederung in übergreifende, substanziell veränderte Strukturen? Welcher Umgestaltung der modernen gesellschaftlichen Zivilisation bedarf es?

6) Welches Gewicht kommt den Imperativen der „Effizienz" zu?

> „Entscheidend ist, was hinten rauskommt" – so der frühere Bundeskanzler Helmut Kohl während einer Pressekonferenz am 31. August 1984.

Effizientes, d.h. zweck-mittel-rational sich am Mini-Max-Prinzip (minimaler Aufwand, maximales Ergebnis) ausrichtendes Vorgehen ist anerkennenswert. Effizienz bildet ein wesentliches Ziel und Kriterium. Alles hat sein Recht aber nur dort, wo es hingehört. Bspw. erscheint es als „sachfremd", bei der Lektüre eines Romans darauf aus zu sein, das Buch mit möglichst hoher Geschwindigkeit und möglichst geringem Gedankenaufwand durchzulesen. Den Stellenwert der Effizienz können wir erst beurteilen, wenn wir sie zu anderen Zwecken ins Verhältnis setzen. Erstens geht es nicht nur darum, effizient zu arbeiten, sondern in der Arbeit auch Sinne, Fähigkeiten und Reflexionsvermögen zu entfalten. Ein zweites Anliegen bezieht sich auf Gegenstände mit der Frage, welches Können und welche Sensibilitäten sich im Umgang mit ihnen entwickeln können. Menschen beziehen sich drittens auf ihresgleichen nicht nur zweck-mittel-rational als Arbeitskräfte oder Geschäftspartner. Ein vierter Zweck, der wie die anderen drei genannten Anliegen in verschiedenen Zeiten und Gesellschaften unterschiedlich ausgeprägt ist, besteht darin, an der Gestaltung der Gesellschaft teilzunehmen. Insgesamt handelt es sich um Belange, die sich von der Effizienz unterscheiden. Aus diesem Unterschied resultiert die Notwendigkeit, die kapitalistische Marktwirtschaft nicht nur unter Effizienz-Gesichtspunkten zu beurteilen, sondern eine metaökonomische Beurteilung vorzunehmen. Die Frage ist dann, wie die moderne gesellschaftliche Zivilisation sich auf die vier genannten Anliegen auswirkt bzw. wie weit sie sich in ihr entfalten können.

In der nachkapitalistischen Gesellschaft wird in Bezug auf Effizienz zum Thema,

- wie innerbetriebliche Effizienz sich z.T. der Externalisierung von Kosten verdankt,
- wo Effizienz als Optimierung der Relation „möglichst wenig Aufwand/möglichst großes Ergebnis“ angebracht ist und wo nicht,
- welche unterschiedlichen Effekte Effizienz hat. Z.B. geht die gestiegene Effizienz der Produktion mit einer höheren Ausbringungsmenge einher. Das hat positive Effekte für die Konsumenten. Effizienz kann aber auch Leistungsverdichtung und -intensivierung für die Arbeitenden beinhalten.

Infrage zu stellen ist die *Überwertigkeit der Zweck-Mittel-Rationalität.* Sie konstituiert ein Mittel-Universum. In ihm existieren „keine Akte oder Gegenstände mehr, deren Zweck nicht darin bestünde, die Produktion oder Wartung weiterer Mittel zu gewährleisten, weiterer Mittel, deren Zweck wiederum darin besteht, weitere Mittel zu erzeugen oder erforderlich zu machen“ (Anders 1988, 364f.). Eine nie an ihr Ende gelangende Unendlichkeit des Instrumentellen breitet sich aus. „Zweckrationales Handeln ist ja, wie schon Aristoteles deutlich gemacht hat, nur dann sinnvoll, wenn es in nicht zweckrationales Handeln übergeht, also z.B. weder in einen teleologischen Zirkel oder einen unabgeschlossenen Regress führt noch lediglich auf Illusionen über die Folgen und Möglichkeiten des eigenen Handelns beruht. Ein teleologischer Zirkel liegt etwa dort vor, wo jemand seine Arbeitstätigkeiten als bloßes Mittel der Lebensfristung und diese als Mittel, arbeitsfähig zu bleiben, begreift oder, was eher Realität sein mag, allenfalls anders lautende Illusionen hegt. Sinnvolles zweckrationales Handeln muss daher letztendlich zu Situationen und Tätigkeiten führen, die 'um ihrer selbst willen' eingegangen werden" (Kambartel 1989, 23).

Effizientes Vorgehen ist zum Kernbestandteil einer Ideologie erwachsener Realitätstüchtigkeit vorgerückt. In einer Art Triumph des Willens soll sich vieles ohne störenden Rest in die eigene effiziente und leistungsstarke Lebensführung einfügen. Das Training der Rückenmuskulatur helfe den Büroalltag besser durchzustehen und erhöhe das Wohlbefinden. Die Effizienz der Selbstoptimierer lässt nichts aus: „Es gilt effizient zu schlafen, zu sprechen und vor allem zu essen" (Opitz 2004, 154). Die Freude am eigenen Funktionieren stachelt zu neuen Leistungen an. Eine gepflegte Maschine will ausgefahren werden und soll angesichts Unterauslastung Unbehagen empfinden. Wer sich als Porsche auffasst, mag keine Spielstraße. Selbstoptimierer beziehen Gefühle in die Selbsteffizienz ein. Ein Buch über „Life-Leadership" bzw. „sinnvolles Selbstmanagement" (Seiwert 2001) fragt, wie umzugehen sei mit der Trauer, wenn ein Freund stirbt (Ebd., 136f.). Das *kurzfristig* effizienzförderliche Wegdrängen der Trauer sei nicht zu empfehlen. Die Warnung lautet: Unzureichende Trauer gefährdet Ihre Leistungsfähigkeit.

„Effizienz ... suggeriert unmittelbar kalkulierbare Ursache-Wirkungsketten. Da es diese in den komplexen Zusammenhängen der Natur so isolierbar kaum gibt, kann der Begriff nicht wirklich ökologisch sein" (zur Lippe 2012, 156). Ökologisch und ästhetisch relevante Strukturen der Natur sind Teilmengen eines umfassenderen Phänomens. Das Mit- und Füreinander, die gegenseitige Herausforderung und Anregung, das Zusammenspiel und die Synergie der verschiedenen „Lebenstätigkeiten" (Marx) – dem Arbeiten, den Care-Tätigkeiten, der Entfaltung von Sinnen an Gegenständen außerhalb der Arbeit, dem Konsum, den Sozialbeziehungen, der Gestaltung der Gesellschaft durch ihre Mitglieder – bilden eine Vernetzung und ein Gefüge, in dem die verschiedenen Momente in Wechselwirkungen und Rückkopplungen miteinander stehen (vgl. Kapitel 32). Außerhalb dieser Vernetzung und dieses Gefüges zu denken, heißt schlecht abstrakt denken. Ein solches Denken verhält sich wie die Theorie zur Praxis: „Abstraktionen in der Wirklichkeit geltend machen, heißt Wirklichkeit zerstören" (Hegel 20, 331).

7) Welchen Stellenwert erhält das „Leistungsprinzip"?

Um die Entwicklung menschlicher Fähigkeiten und Sinne sowie um die Überwindung subalterner Tätigkeiten geht es in der nachkapitalistischen Gesellschaft bei der Einrichtung der Arbeitsorganisation und der technischen Apparate. „Die technisch-wirtschaftliche Entwicklung befindet sich auf einem Niveau der wirtschaftlichen Effizienz, wo wir auch auf mögliche Prozentpunkte der Produktivitätssteigerung verzichten können zugunsten von menschenfreundlicheren Arbeitsplätzen. Bisher hatte immer die Humanisierung die Beweislast, wie weit sie ohne Einschränkung der wirtschaftlichen Effizienz möglich sei. Für eine Wirtschaftsordnung, welche der Freiheit den hervorragenden Platz einräumt, ist diese Beweislastzuteilung nicht selbstverständlich. In Zukunft soll, wer die Effizienz steigern will, beweisen, dass dies ohne Beschädigung der Menschlichkeit des Arbeiters möglich ist. Die Beweislastverteilung muss korrigiert werden" (Blüm 1979, 144).

Aus der Umgestaltung der Arbeit folgt, dass „nicht länger das gegenständliche quantifizierbare Produkt als einzige relevant Objektivation gelten" kann (zur Lippe 1981, 53). „Sie wird vielmehr ihr entscheidendes Kriterium daran haben, ob sie zur Entfaltung der subjektiven Vermögen beiträgt, und damit wird sie immer entfaltende Aneignung von innerer Natur sein" (Ebd., 60). Arbeit ist nicht allein infolge ihres Produkts relevant, sondern auch aufgrund der mit ihr verbundenen Entfaltung, Schädigung oder Verkümmerung menschlicher Sinne, Fähigkeiten und Reflexionsvermögen. Zu der aus diesen Überlegungen folgenden notwendigen Transformation der Betriebsorganisation und Produktionstechnologie vgl. Kapitel 2, 3.

Wer den Stellenwert von Effizienz (und Effizienzsteigerung) beurteilen will, tut gut daran, den zugehörigen *Leistungsbegriff* auf den Prüfstand zu stellen. Leistung muss nicht mit isolierter, ergebnishafter Zielverwirklichung gleichgesetzt werden. Auch wenn „das Ganze" (hier: eine von einem bestimmten Leitbild der Entfaltung von Sinnen und Fähigkeiten, Reflexionsvermögen und Sozialbeziehungen durchwirkte Gesellschaft und Lebensweise) nicht anders als in seinen ausdifferenzierten besonderen Tätigkeiten und Bereichen existiert, so geht es bei ihnen nicht nur um die Erreichung des jeweiligen Teilinhalts. An diesen besonderen Teilinhalten wird die Verträglichkeit mit dem in der Gesellschaft dominierenden Leitbild relevant. (Gewiss ist das eine abkürzende Formulierung. Ein weiter entwickeltes Verständnis des Verhältnisses zwischen dem gesellschaftlichen Besonderen und Allgemeinen findet sich in Kapitel 34.)

Die unmittelbare, unreflektierte Logik der Steigerung von Effizienz und die entsprechende Behandlung der Arbeitenden als Leistungsträger sind einem umfassenderen Ziel ein- und unterzuordnen. Leistung ist dann problematisch, wenn ihre menschlichen „Kosten" ausgeblendet bleiben.

8) Welches Ausmaß wird die Spezialisierung haben?

„Wer nur etwas von Musik versteht, versteht auch von ihr nichts.“ *Hanns Eisler*

Die Folgen der Überspezialisierung für die Lebensqualität und die Mentalitäten sind nominell bekannt. Ihre Bedeutung bleibt häufig unerkannt. Die extreme Spezialisierung vom Arbeits- bis zum Hobbybereich geht einher mit der „ungeheuerlichen Mischung aus Schärfe im Einzelnen und Gleichgültigkeit im Ganzen“ und mit dem „Verlassensein des Menschen in einer Wüste von Einzelheiten“ (Musil 1981, 40). Die Spezialisten ziehen sich auf ihr Gebiet zurück und zeigen Desinteresse für den „Rest“. Das Objekt, das der Gegenstand der Fixierung ist, bietet eine vergleichsweise sichere und überschaubare Welt. Sie schützt davor, die Welt(en) der anderen wahrnehmen oder gar in sie eintauchen zu müssen. Dem Spezialisten gerät „seine“ Nebenrealität und die entsprechende Ingroup zur Hauptsache.

Eine Gesellschaft, die immer mehr auf *Experten* setzt, entzieht anderen Beurteilungsvermögen (der Urteilskraft, den Sinnen und Fähigkeiten diesseits des Expertenwissens) den Boden. Gewiss sind Expertise und Spezialisierung nützlich. Einer Gesellschaft aber, die ihre Individuen als Humankapital behandelt, gelten sie als „eine Art zweibeiniger Staatsanleihen, durch die investiertes Wissen ständig hohe Zinsen“ abwirft (Chargaff 2000, 252).[36]

Von einer Fehlentwicklung ist zu sprechen, wenn die Technologien und Organisationen der Entfaltung der subjektiven Kultur nicht zugutekommen. Dies findet dort statt, wo das Individuum als Mittel für eine von ihm getrennte und ihm gegenüber gleichgültige oder abträgliche Objektivität vernutzt wird. Diese Objektivität ähnelt dann einem „kunstreichen Uhrwerk ..., wo aus der Zusammenstückelung unendlich vieler, aber lebloser Teile ein mechanisches Leben im Ganzen sich bildet“ (Schiller 1961, 496). Bereits in der (1931 von Papst Pius XI. veröffentlichten) Encyclika 'Quadragesimo anno' heißt es: „Während der tote Stoff veredelt die Stätten der Arbeit verlässt, werden die Menschen dort an Leib und Seele verdorben“ (zit. n. Sombart 1934, 33f.). Eine Zivilisationskritik, die Problematisches zugleich plastisch vergegenwärtigt, es beklagt *und* als unaufhebbare conditio humana festschreibt, ist das eine. Um etwas anderes handelt es

36 „So, wie man Wertpapiere bei einem Bankier hinterlegte, ließ sich das Wissen in speziellen Gehirnen speichern, um dort nötigenfalls vom Spekulanten abgerufen zu werden“ (Chargaff 2000, 252).

sich, wenn die Überwindung bornierender Spezialisierung zu einem zentralen Maßstab für die Organisation der Arbeit wird.

Die hohe Arbeitsteilung und die Durchsetzung des Verstandesdenkens gehen Hand in Hand. Der Verstand zergliedert ein als kompakt und ungeschieden erscheinendes Ganzes in verschiedene Ebenen, Teile und Momente. Von der Seite der „Ganzheit" gesehen erscheint dies als Akt ihrer Zerstörung. Dasselbe Geschehen *kann* aus der Perspektive des Besonderen als „Aufschließung von etwas, das unter Verschluss gehalten ist" gelten, als „Absonderung von etwas, das in seiner Umgebung gefangen ist" und als „Beiseiteschaffen von etwas, das im Großen und Ganzen untergeht" (Gronemeyer 2012, 99). Kritik an Spezialisierung beinhaltet nicht notwendigerweise Kritik am Verstand. Allerdings trägt die Verabsolutierung des Verstandes zu einer in diesem Band thematisierten Querschnittproblematik bei: der Okkupation des Besonderen durch das Partikulare oder der Verkehrung (vgl. Anm. 32) des Besonderen ins Partikulare (vgl. Kapitel 34).

9) Welchen Raum bekommt die „funktionale Differenzierung"?

> Die Eigenlogiken der funktional ausdifferenzierten Bereiche wirken als „Akkumulatoren spezifischer Befugnisse, welche die umliegenden Räume hinsichtlich dieser einen speziellen Zuständigkeit leerpumpen, ein Vakuum in ihrer Umwelt erzeugen."
>
> *Haug 1993, 139*

„Funktionale Differenzierung", das heißt: Konzentration oder gar Fixierung der ausdifferenzierten Gesellschaftsbereiche auf ihre jeweils besondere Aufgabe sowie bereichsspezifische Verhaltensstile und „Sprachen". Ein Kontrastbeispiel bilden vormoderne Haushalte („ganzes Haus"). Sie integrieren das Wirtschaften, die Sozialisation der Kinder und die Versorgung der Alten. Diese Formulierung unterscheidet jedoch nicht zwischen der Integration von zu ihrer legitimen Besonderheit entwickelten Betätigungen und einer undifferenzierten Einheit. In ihr gerät das Besondere tendenziell zum unmittelbaren Ausdruck des jeweiligen „Ganzen". Dieser Typ von Einheit bildet den Wunschgegner der funktionalen Differenzierung. Ihre Verfechter legitimieren die funktionale Differenzierung, indem sie sie von der undifferenzierten Einheit abheben und als einzig mögliche Alternative zu ihr stilisieren.

Der mit der funktionalen Differenzierung mögliche Leistungsgewinn (vgl. Tyrell 1978) resultiert aus:

- der Sicherstellung relativer Autonomie für das jeweilige Teilsystem (z.B. das Schul- oder Gesundheitswesen),
- der Freisetzung von der Mitberücksichtigung externer Gesichtspunkte sowie der legitimen Indifferenz der ausdifferenzierten Bereiche zueinander,
- der Erhöhung von Unterscheidungsvermögen und Kompetenz im Zuständigkeitsbereich des jeweiligen Bereiches,
- der Ermöglichung von Effizienz in Bezug auf bestimmte Leistungen. (Sie zu beziffern fällt vergleichsweise leicht. Anders verhält es sich bei den sogenannten Nebenwirkungen eines ausdifferenzierten Bereiches auf andere Bereiche. Gegen die Vergegenwärtigung dieser schwierigen Problematik schirmt die funktionale Differenzierung scheuklappenartig ab.)

Soweit die „gute“ Nachricht über die funktionale Differenzierung. Nun zur schlechten Nachricht: Zur Autonomie und Selbstreferenz herausgebildete „Subsysteme“ tendieren zugleich zu „Defizienzen in der Umweltwahrnehmung“, zur „Kurzschließung der Selbstreferenz“ (Luhmann 1981, 37) und zu ihrem „Leerlauf“ (Ebd., 68). „Die Gefahr ist, dass das System ... zu selektiv operiert und zu sehr auf eigene Funktionsnotwendigkeiten ausgerichtet bleibt“ (Ebd.). Die Perfektionierung der Bereiche dabei, sich immer neue Handlungsmöglichkeiten zu eröffnen, geht mit ihrem „Unvermögen“ einher, „die fatalen Zusammenhänge, die sie damit auf der Makro-Ebene laufend stiften, unter Kontrolle zu nehmen oder verantwortlich abzuändern. ... Je mehr Optionen wir uns erschließen, desto weniger steht das institutionelle Gefüge, mit dessen Hilfe wir sie uns erschließen, selbst zur Option“ (Offe 1986, 104). Das Dilemma der funktionalen Differenzierung besteht in der Koexistenz zweier Prozesse: Leistungen und Freiheiten der einzelnen ausdifferenzierten Bereiche lassen sich steigern. Zugleich entstehen negative Effekte in Bezug auf die Interaktion dieser Bereiche. Den sektoralen Optionssteigerungen „entsprechen nicht Prozesse, mit denen die Gesellschaft *als* Gesellschaft über Optionen, wie über dieses Ensemble von Teilmodernitäten und ihren Zusammenhang“ disponieren könnte (Ebd., 106). Die „Modernisierung der Teile“ geht auf Kosten „der Modernität des Ganzen“ (Ebd.). „Gerade wegen der Zukunftsoffenheit der Teilsysteme und ihrer innovationsbeschleunigenden sektoralen Rationalitäten scheint die Gesellschaft selbst unfähig geworden zu sein, ihre eigene Zukunft als Projekt zu konzipieren“ (Ebd., 106). Die notwendigen Grenzen der funktionalen Differenzierung betreffen „Modernisierungsprobleme zweiter Ordnung“ (Ebd., 111), also die Abstimmungs-, Koordinations- und

Steuerungsprobleme oder die „Rationalisierung des Zusammenspiels zwischen schon rationalisierten Teilsystemen" (Ebd.). Mit einer Aufmerksamkeit für umfassende Verantwortung und mit der Frage nach den Voraussetzungen und Konsequenzen des jeweiligen Bereichs vertragen sich die Scheuklappen des Rollenhandelns und der funktionalen Differenzierung denkbar schlecht. In und zwischen Organisationen ergeben sich allerhand Verschiebebahnhöfe für Probleme und Zuständigkeiten.

Wer mir eine Blockade des Iliosakralgelenks löst, bei dem interessiert mich in diesem Moment sein fachspezifisches Können. Problematisch wird es, wenn der Dienst an der Gesundheit sich mit der Behandlung der Folgen krankmachender gesellschaftlicher Lebensbedingungen begnügt. Aufgrund der Erfahrungen mit der Herrschaft des abstrakten Reichtums, der um den Preis kranker Menschen gesundet, können in der nachkapitalistischen Gesellschaft die gestiegenen ökonomischen und technologischen Leistungseffekte nur insoweit als Fortschritt gelten, als sie zur Erhöhung des insgesamt feststellbaren „Psychosozialprodukts" beitragen. Im Gegensatz zur Monopolisierung der Zuständigkeit für Krankheit durch das „Gesundheitswesen" wird es zum gesellschaftlichen Ziel, die gesellschaftlichen Sphären so zu gestalten, dass in ihnen Prävention und Abwendung von Schädigungen der Gesundheit einen wesentlichen Maßstab bilden. Das Gesundheitswesen bildet ein Beispiel für die Legitimität der funktionalen Differenzierung und beansprucht zugleich eine problematische Alleinzuständigkeit für eine Problematik, die gesellschaftlich eine umfassendere Aufmerksamkeit erfordert (vgl. Kapitel 4b).

Luhmanns Ideologie der funktionalen Differenzierung konstruiert eine ebenso unterkomplexe wie erpresserische Alternative: Entweder Einerleiheit und Gleichschaltung *oder* Selbstbezüglichkeit der „Subsysteme". Nicht nachvollziehen lässt sich, warum das in den verschiedenen ausdifferenzierten Bereichen legitimerweise maßgebliche (z.B. pädagogische oder medizinische) professionelle Wissen die Aufmerksamkeit für das Verhältnis zwischen Besonderem und Allgemeinem ausschließt. Dieses Verhältnis geistig und praktisch wahrzunehmen umfasst erstens die Internalisierung bereichsübergreifender allgemeiner Anliegen in die bereichsspezifische Perspektive. Erforderlich wird zweitens die Reflexion in den besonderen Sphären darauf, wie in und aus dem besonderen Bereich und der besonderen Profession und durch sie das gesellschaftliche Allgemeine aufgebaut wird. Das schließt die Frage ein, welchen bereichsspezifischen déformations professionelles gesellschaftlich entgegenzuwirken ist. Drittens wird die Aufmerksamkeit dafür erforderlich, wie allgemeine gesellschaftliche Formen und Strukturen in die besonderen Inhalte des jeweiligen Bereiches konstitutiv eingehen. Damit verbindet sich die Unterscheidung, nicht dem jeweils als konkret imponierenden Besonderen zuzuschreiben, was aus bereichsübergreifenden, gesellschaftlich allgemeinen Zugzwängen und Maßgaben resultiert.

Das Problem besteht darin, einerseits den Tendenzen zur selbstbezüglichen Abschottung der ausdifferenzierten Gesellschaftsbereiche entgegenzuarbeiten, andererseits nicht einfach die notwendigen Vorteile der Arbeitsteilung und funktionalen Differenzierung zu verspielen. Verbundwirtschaft[37], zwischenbetriebliche technische Vernetzung, Produzent-Zulieferer-Kooperation, Wissensnetzwerke, Technikfolgenabschätzung und Marktöffentlichkeiten enthalten Momente von praktischen Lösungen für diese Problematik. Im Erziehungs- und Gesundheitswesen existiert eine Tendenz, die Wahrnehmung der sozialen Kontexte von Gesundheit und Lernen als für die Gesundheit und das Lernen wesentlich zu erachten. Das steht im Gegensatz zur bereichsspezifischen Selbstgenügsamkeit und zum dazugehörigen Tunnelblick.

Aus der Aufmerksamkeit für übergreifende Probleme und aus dem Wissen um die gesellschaftliche Konstitution sowie Aufbauordnung der besonderen Bereiche entwickelt sich ein Bewusstsein, das ein höheres Differenzierungs- und Integrationsvermögen aufweist als das Theorem der funktionalen Differenzierung (vgl. a. Kapitel 36). „Vielleicht ist die zur Autistik gesteigerte Autonomie-Prämisse der neueren Systemtheorie nur das kleine Einmaleins, während die Indezimal-Rechnung dort beginnt, wo Autonomie mit Autonomie vernetzt wird, Abstimmungs- und Verhandlungsinstitutionen entstehen etc. Reflexive Modernisierung beginnt vielleicht dort, wo die Differenzierungs- und Zerlegungslogik endet, mit einer Vermittlungs- und Selbstbegrenzungslogik kombiniert und konterkariert wird" (Beck 1993, 174f.). Notwendig werden Kombinationen, Legierungen und Synthesen der verschiedenen Codes (Ebd., 194).

Nicht nur weist die funktionale Diffenrenzierung in der nachkapitalistischen Gesellschaft eine geringere Relevanz auf als in Ideologien über die moderne Ge-

37 „Immer größere Wirtschaftsgebiete werden aus Gründen rein technischer Ökonomik miteinander gekoppelt ... und das heißt in den Folgen, planwirtschaftlich betrieben: Hochwasserschutz erzwingt eine Talsperre, bei der ein Kraftwerk und Trinkwasserversorgung anfällt, zudem lässt sich gleichzeitig für Schiffahrtszwecke der Wasserstand regulieren ...; eine nah gelegene Höhe gibt Gelegenheit zu einem hydroelektrischen Speicherwerk, dem der Stausee als unteres Ausgleichbecken dient, ferner dient der Stausee als Erholungsgebiet (Sozialanlage) der Stadtbevölkerung ..." (Hardensett 1932, 113f.). Mit der Verbundwirtschaft entsteht im Unterschied zur kapitalistischen Konkurrenz die Auffassung von Wirtschaft als Zusammenarbeit, als „Miteinander-Arbeiten und nicht Gegeneinander-Arbeiten" (Ebd., 116).

sellschaft. Wer die funktionale Differenzierung als das prägende Charakteristikum moderner westlicher Gesellschaften auffasst, sieht zudem von einer für die kapitalistische Wirtschaft charakteristischen Unterscheidung ab. Die kapitalistische Verwertung als Maßstab des Wirtschaftens geht mit einer Rangordnung zwischen Mehrwert erbringenden Arbeiten und diesbezüglich unproduktiven Arbeiten einher. Tätigkeiten wie die Krankenversorgung und Erziehung gelten dann als notwendige Bedingung der Kapitalverwertung. Die Ausgaben für diese Tätigkeiten werden zugleich als Abgaben angesehen, die die Profite mindern. Die Arbeitsbedingungen und Entlohnungen in Krankenhäusern und Kitas fallen entsprechend aus. Klammern wir private und staatliche Unterhaltszahlungen (Elterngeld) aus, so stellen Erziehungs- und Sorgetätigkeiten, die privat verausgabt werden, einen Dienst dar, den die kapitalistische Rechnungsweise (wie die „Dienste" der Natur) als Gratisgabe in Anspruch nimmt. Zur Infragestellung des Kapitalismus gehört es, die Hierarchie zwischen für die Mehrwertproduktion produktiven und unproduktiven Arbeiten aufzuheben. Sie ist der Kapitalverwertung immanent und zugleich Ursache von Disparitäten der verschiedenen Gesellschaftsbereiche.

Die moderne kapitalistische Gesellschaft ist auch aus einem zweiten Grund nur sehr begrenzt durch funktionale Differenzierung charakterisiert. Mit der Deckelung der Krankenhausbudgets und der Umstellung des Entgeltsystems (Fallpauschalen) wird die ökonomische Logik nicht mehr „nur" für die Ermöglichungsbedingungen von Medizin maßgeblich, sondern für die Inhalte der Medizin selbst (vgl. Maio 2014). Auch in andere funktional ausdifferenzierte Bereiche dringt die ökonomische Logik ein und beeinträchtigt deren jeweilige „Eigenlogik".

Zur gesellschaftsdiagnostischen Reichweite des sich hoher Popularität erfreuenden Modells der funktionalen Differenzierung formuliere ich in Kapitel 36 einen dritten Einwand. Er betrifft die These, die verschiedenen ausdifferenzierten Bereiche der Gesellschaft verhielten sich zueinander wie autonome und selbstbezügliche Parallelwelten und die (moderne) Gesellschaft sei nur insofern für sie inhaltlich von Bedeutung, als sie durch das Strukturprinzip der funktionalen Differenzierung, und *nur* durch es, charakterisiert sei (vgl. Anm. 130).

10) Was sind die Grenzen der Verlagerung von Intelligenz in Apparate bzw. Maschinen?

„Airbus – ein Flugzeug, das Pilotenfehler verzeiht“ *Werbeslogan*

Unangenehme Arbeiten von Maschinen erledigen zu lassen kann eine für die Entwicklung der Menschen förderliche Entlastung sein. „Jede mechanische Arbeit, jede einförmige, stumpfsinnige Arbeit, jede Arbeit, die aus schrecklichen Verrichtungen besteht und unter unwürdigen Bedingungen ausgeführt wird, muss von Maschinen geleistet werden. ... Es ist eine Tatsache, dass die Zivilisation Sklaven erfordert. Darin hatten die Griechen ganz recht. ... Menschliche Sklavenarbeit ist unrecht, inkonstant und demoralisierend. Von der Sklavenarbeit der Maschine, dem mechanischen Sklaventum, hängt die Zukunft der Welt ab“ (Wilde 1977, 227). (Den hohen Energieaufwand des Maschinenbetriebs klammerte Oscar Wilde 1891 aus.)

Die Delegation von geistigen Routinetätigkeiten an Computer befreit den menschlichen Geist günstigenfalls von allerhand subalternen Mühen. Flugzeugpiloten und Schiffskapitäne bzw. -offiziere[38] sind durch Autopilot und andere technische Systeme entlastet. Gefahrensituationen machen aber ein schnelles „Umschalten“ auf eigene Beurteilung und Initiative erforderlich. Die dafür nötigen Erfahrungen und Fähigkeiten nehmen jedoch durch die Auslagerung von Kompetenzen auf Apparate ab. Der *Pilot* „sieht sich zum prosaischen Systemverwalter degradiert, von dem gerade mal die Überwachung der Computer erwartet wird. ... Folge davon ist, dass die Routineleistung von schlechten zu den von Durchschnittspiloten erhoben wurde und der Durchschnittspilot nicht mehr viel zählt. ... Von dem Augenblick an, in dem auf Automatik umgestellt wird, verkümmern die manuellen Flugfertigkeiten der Piloten, ihr Gespür für die Flugbahn stumpft ab, das Fliegen wird zur reinen Überwachungsaufgabe,

38 „Bei einem klassischen Fall war der 1.500-Betten-Ozeandampfer Royal Majesty im Frühjahr 1995 auf dem letzten Teil einer einwöchigen Kreuzfahrt von den Bermudas nach Boston unterwegs. Das Schiff war mit einem hochmodernen automatischen Navigationssystem ausgestattet, das den Dampfer mittels GPS-Signal auf Kurs hielt. Nach einer Stunde auf See löste sich ein Kabel von der GPS-Antenne, und das Navigationssystem verlor die Orientierung. Es lieferte weiterhin Daten, aber die waren falsch. Mehr als dreißig Stunden lang folgte das Schiff einem falschen Kurs. ... Das Schiff fuhr schließlich auf eine Sandbank ... auf Grund, fast 20 Meilen ab vom Kurs“ Carr 2014 http://www.golem.de/news/nicholas-carr-automatisierung-macht-uns-das-leben-schwer-1409-109456.html.

zur Abstraktion auf dem Bildschirm, zum geisttötenden Warten auf das nächste Hotel" (Langewiesche 2015, 57). Delmar Fadden von Boeing bringt das Problem auf den Punkt: „Wir sagen uns: 'Okay, ich decke die 98 % der Situationen ab, die ich vorhersagen kann, und die Piloten die 2 %, die ich nicht vorhersagen kann.' Daraus ergibt sich ein erhebliches Problem. Ich lasse sie in nur 2 % ihrer Zeit überhaupt etwas machen. Überlegen Sie mal, welche Belastung das für die Leute darstellt. Erst müssen sie erkennen, dass es Zeit zum Eingreifen ist, wo sie doch in 98 % der Fälle nicht eingreifen. Dann sollen sie die 2 % bewältigen, die wir nicht haben vorhersehen können." (zit. n. Langewiesche 2015, 57).

Die Verlagerung von Kompetenzen in Apparate kommt auch in der *Medizin* dort an ihre Grenzen, wo „das Trugbild der präzisen technischen Wissenschaft gepflegt wird, während auf der anderen Seite die klinische, umfassende, den ganzen Menschen berücksichtigende Diagnostik durch den Mediziner, der dabei auch seine eigenen Fähigkeiten und Sinne einsetzt, immer mehr in den Hintergrund tritt" (Huber, Langbein 2004, 56f.). Die Verbesserung von technischen Diagnoseapparaten erhöht, wie langfristige Vergleiche zeigen,[39] nicht notwendigerweise die Treffsicherheit der Diagnose-Ergebnisse.

„Besonders gefährlich ist der Automation Bias für Menschen, die Analysen oder Diagnosen mit Software-Tools zur Entscheidungsunterstützung durchführen. Seit den späten 1990er-Jahren setzen Radiologen computergestützte Bildauswertungsprogramme ein, die verdächtige Bereiche in Mammographien oder anderen Röntgenaufnahmen hervorheben. Ein Bild wird eingescannt und von einer Mustererkennungssoftware überprüft, und die Regionen, die der Arzt näher untersuchen sollte, werden markiert. In manchen Fällen helfen diese Markierungen bei der Diagnose von Krankheiten, weil sie den Radiologen auf mögliche Tumore hinweisen, die er sonst womöglich übersehen hätte.

Doch verschiedene Studien ergaben, dass diese Markierungen auch den gegenteiligen Effekt haben können. Wenn sich ein Arzt zu sehr auf die Vorschläge der Software verlässt, widmet er möglicherweise den nicht hervorgehobenen Regionen eines Bildes weniger Aufmerksamkeit und übersieht womöglich einen Tumor im frühen Stadium oder eine andere Auffälligkeit. Die Markierungen erhöhen

39 US-Forscher „verglichen anhand von Autopsie-Serien aus fünf Jahrzehnten bei 50.000 Patienten die Diagnostik in der Klinik mit der nach dem Tod durch den Pathologen festgestellten tatsächlichen Krankheit. Ernüchterndes Ergebnis: 1930 erkannten noch 73 von 100 Ärzten ein Magenkarzinom, ein halbes Jahrhundert später und mit aller sophistischer Technik waren es nur noch 61 von 100. Ähnlich entwickelte sich die Genauigkeit der Diagnosen auch bei Leber-, Gallen- und Lungenkrebs" (Huber, Langbein 2004, 56).

außerdem die Wahrscheinlichkeit einer falsch-positiven Diagnose, wenn ein Radiologe nachträglich eine unnötige Biopsie an einem Patienten durchführen lässt.

Eine aktuelle Review von Mammographiedaten eines Forscherteams von der City University London zeigte, dass Radiologen und andere Bildauswerter stärker vom Automation Bias beeinflusst werden, als bisher angenommen. Die Forscher fanden heraus, dass computergestützte Bildauswertungsprogramme zwar die Trefferquote von '*weniger aufmerksamen Auswertern*' bei '*vergleichsweise einfachen Fällen*' erhöhten, dass sie jedoch die Leistung erfahrener Auswerter bei der Diagnose komplizierter Fälle zum Teil verschlechterten" (Carr, zit. n. http://www.golem.de/news/nicholas-carr-automatisierung-macht-uns-das-leben-schwer-1409-109456.html).

Fern jeder pauschalen Kritik an „der" Digitalisierung ist „auf 'adaptive Automation' zu setzen, also darauf, dass sich Computer auf den Menschen einstellen, seine (körperlichen) Stärken befördern und so eine neue Balance schaffen. Entwicklungen in diese Richtung gibt es bereits" (http://www.deutschlandradiokultur.de/digitalisierung-friedliche-koexistenz.950.de.html?dram:article_id=299068). Sie bilden eine Teilmenge der Vorschläge für eine „anthropozentrische" Technik (Pekruhl 1995) (s. Kapitel 3).

11) Auf welche Varianten von Innovation und „Dynamik" können wir verzichten?

> „Als sei keine Stelle des Lebens so gut, dass sie nicht jederzeit verlassen werden könnte. Die Lust am Anderssein entführt, oft betrügt sie."
> *Bloch 1976, 44*

Dynamik missrät dort zum Als-ob, wo wir es mit pseudodynamischem Auf-der-Stelle-Treten zu tun haben. Wirkliche Fortschritte unterscheiden sich von peripheren Innovationen und Produktdiversifizierungen. Letztere fördern häufig vor allem den Absatz, ohne die Lebensbedingungen zu verbessern. Bspw. beinhaltet nur ein Fünftel der in den letzten 20 Jahren entwickelten Arzneimittel einen Fortschritt – vgl. Kapitel 1a.

Zweitens verdankt sich die „Dynamik" häufig einer künstlichen Produktveraltung (vgl. dazu Kapitel 1b). „Haltbarkeit, Durabilität und Reparabilität sind längst keine Markenzeichen mehr, mit denen für ein Produkt geworben werden kann. Beworben wird seine Müllhaftigkeit: Der Superlativ des Attributs 'neu' annonciert den Wert eines Produktes. Er ist der entscheidende Werbeträger und verrät, auch wenn er im Gestus des Unschlagbaren auftritt, wozu das Ding, das da als das allerneueste angepriesen wird, ausersehen ist, nämlich dazu, in Nullkommanichts ziemlich alt auszusehen" (Gronemeyer 2012, 63).

Drittens kommt es zur Zurückhaltung beim Erwerb teurer Güter, sofern bei ihnen in naher Zukunft neue Innovationen erwartet werden (Beschleunigungsparadox). Wer will schon Geld für etwas schnell als veraltet Geltendes ausgeben? Dieser Vorbehalt kann sich auch auf andere Bereiche ausdehnen. Wird von Wissen erwartet, es sei durch Innovationen morgen überholt, so schwächt dies die Entscheidung auf der Grundlage des („nur") aktuellen Wissens.

Viertens ist bei einer „dynamischen Entwicklung" die Frage, ob es sich um Neuerungen handelt, die überhaupt begrüßenswert sind. Bspw. verfügten die 1995 in Deutschland verkauften Autos über durchschnittlich 95 PS. 2013 lag dieser Wert bereits bei 138 PS (Schindler 2014, 161). Das durchschnittliche Gewicht deutscher Autos hat sich innerhalb der letzten 30 Jahre verdoppelt. „Als Argument dient den Herstellern stets das Zauberwort Sicherheit. ... Airbags, Dämpfer oder abknickende Lenksäulen im Kollisionsfall machten allenfalls 30, 40 kg Gewicht aus. Der große Rest werde in immer mehr Leistung und immer größeren Komfort gesteckt" (Ebda., 160). Die SUVs (Sports Utility Vehicles) sind die Fahrzeugsorte mit der höchsten Wachstumsrate in den letzten Jahren. Es handelt sich um „Wagen, welche womöglich in der irakischen Wüste oder den afghanischen Bergen von Nutzen sind, aber nicht unbedingt in der Innenstadt von Wanne-Eickel" (Ebd., 158f.). In den 1990er Jahren wurden große Erwartungen mit der technisch möglichen Einsparung des Benzinverbrauchs verbunden. Faktisch stiegt in der Folgezeit das Gewicht der Autos und damit ihr Benzinverbrauch. Die Autoindustrie bildet ein markantes Beispiel für die Fehlentwicklung von Produktivkräften.

Die Affirmation des Endlosfortschritts (vgl. a. Kapitel 13) schließt schon den Gedanken an das Optimum aus. Undenkbar wird dann „ein Zustand der Perfektion – ist dieser erreicht, so wird die Entwicklung abgeschlossen sein. Vergleicht man etwa eine fortlaufende Reihe von technischen Modellen ..., so wird man finden, dass die Kompliziertheit nicht ein Kennzeichen der späten, sondern der Anfangszustände ist" (Jünger 1982, 174). Zur Aufmerksamkeit für „das baumeisterliche Erlebnis" und für „die baumeisterliche Tat" (Hardensett 1932, 86f.) sowie zur Perspektive einer in diesem Sinn positiv aufgefassten technischen Rationalität gehört ein Zweck: die „vollendete technische Lösung, so sehr die Lösungsmöglichkeiten auch unbegrenzt erscheinen mögen" (Ebd., 101). Der „technische Mensch" ist insofern „in seinem Schaffen begrenzt" und „kein faustischer Typ. Goethe lässt durchaus zu Recht seinen Faust sich bescheiden zum Baumeister" (Ebd.). Anders das unbegrenzte kapitalistische Gewinnstreben. Es muss als „maßlos, dynamisch, unbeherrscht, hemmungslos, ungebunden, unersättlich, ewig unruhig und ewig unternehmend" gelten, weil es „nie zum Ende kommen kann, nie eine volle Endung, eine Vollendung ihm Halt gebietet" (Ebd.). Demgegenüber zielt „die Rationalität des technischen Menschen auf die vollkommene Lösung, und das ist Beherrschung und Planung auch des technischen Erfolges und nicht nur der Mittel" (Ebd.).

12) Wie lässt sich die Verselbständigung der modernen gesellschaftlichen Zivilisation verhindern?

Produktionstechnologien, Organisationen und Infrastrukturen sind häufig problematisch für die Entfaltung menschlicher Sinne und Fähigkeiten, Sozialbeziehungen und Reflexionsvermögen. Eine Ursache dafür ist das Übergewicht der „objektiven" (also in Technologien, Organisationen und Wissenschaften vergegenständlichten) Zivilisation über die „subjektive" Kultur. So nennt Simmel den Aggregatzustand der Kultur, der in der Kultivierung der individuellen Subjektivität besteht. Die Bereiche, in denen sich die subjektive Kultur nur sehr eingeschränkt entfalten kann, nennt Gorz „Heteronomiesphären". Ihnen gegenüber sind verschiedene Herangehensweisen notwendig und möglich.

(a) Eine erste gesellschaftliche Veränderung belässt die problematischen Effekte z.B. der Arbeit und macht nur insofern eine Differenz ihnen gegenüber geltend, als die Arbeitenden diesen Effekten weniger ausgesetzt werden – durch Verkürzung der Arbeitszeit.

(b) Eine zweite gravierende Veränderung verwandelt ebenfalls die modernen Heteronomiesphären nicht qualitativ. Soweit dies nicht als möglich erscheint und soweit zugleich die negativen Effekte der Heteronomiesphären in ihrer Bedeutung angemessen wahrgenommen werden, stellt sich die Frage, inwieweit auf bestimmte immanente Fortschritte (z.B. an Effizienz) bspw. in der Produktion, Technologie, Organisation, Logistik u.ä. zu verzichten ist.

(c) Der Raum, den die modernen Heteronomiesphären in der Gesellschaft einnehmen, hat Ursachen, auf die sich gesellschaftlich einwirken lässt. Ich skizziere dies exemplarisch an den Organisationen. Ihr Umfang verringert sich massiv, wenn sich das Arbeitsvolumen reduziert, insofern problematische Arbeitsinhalte (vgl. Kapitel 1) wegfallen.

Die Größe der Sozialräume bildet einen zentralen Faktor, der sich verändern lässt, um die Nachfrage nach Organisationen zu verringern. Größere Sozialräume brauchen ein überproportional höheres Ausmaß an Organisation, um die Logistik bspw. von Transporten zu bewältigen. Die Wechselbeziehung des hohen Grades an Organisationsförmigkeit und der großen Ausdehnung sozialer Räume sei an einem Beispiel verdeutlicht (vgl. a. Ullrich 1979, 123): Die industrielle Erzeugung bzw. Verarbeitung von Lebensmitteln ermöglicht und erfordert Transporte über größere Entfernungen. Nötig werden längere Lagerfristen und haltbarere Lebensmittel. Das geht einher mit Nährstoffminderung. Der Nährwert der Milch sinkt mit der Verlängerung ihrer Haltbarkeit. Aus ökologischen und ernährungsphysiologischen Motiven wird dafür plädiert, die Distanzen zwischen Erzeugern und Verbrauchern möglichst kurz zu halten. Wer eine Gesamtbilanz aufstellt, wird die gegenwärtigen Effizienzgewinne durch große Handelsunternehmen, weite Transportwege und industrielle Landwirtschaft daran relativieren, dass die entsprechende Erfolgslegende ökologische Probleme und die Lebensmittelqualität vernachlässigt.

Die Verringerung des Aufwandes an Produktions-, Vertriebs- und Verkaufsorganisation ist auch Thema im Plädoyer von Zivilisations- und Industriekritikern für „kleine Netze". Ullrich hält sie für den geeigneten Ort, an dem sich „Last und Lust, Arbeit und Spiel, Notwendigkeit und Freiheit" vermischen können. „In Schneidereien könnten haltbare, passende und dem individuellen Geschmack entsprechende Kleidung ohne Zeitdruck hergestellt und gleichzeitig das Kommunikationsbedürfnis gestillt werden. In Elektronikwerkstätten könnte dem Bastelbedürfnis nachgegangen werden, und gleichzeitig könnten, unterstützt durch den Austausch von Erfahrungen, Radios, Verstärker, Lautsprecherboxen oder was man sonst noch an elektronischen Geräten glaubt brauchen zu müssen, gut und preiswert selbst zusammengebaut werden" (Ullrich 1979, 126). Ullrich zieht dann auch die Konsequenz der Abrüstung bzw. des Unnötigwerdens vieler Großorganisationen: „Viele Montagewerke mit ihrer stumpfsinnigen Fließbandarbeit würden überflüssig, wie auch Brotfabriken, Großküchen und die meisten Nahrungsmittelverarbeitungsindustrien. Es ist klar, dass die im Industriesystem totgesagten handwerklichen Fertigkeiten bei dieser Produktionsweise der Eigenarbeit in kleinen Netzen wieder einen hohen Wert bekommen. Jeder wird nach einer Weile praktisch mehrere 'Berufe' ausüben können, Holz, Metall, Leder und Stoffe bearbeiten und mit Tieren und Pflanzen umgehen können. Handwerkliches Arbeiten und der Umgang mit Tieren und Pflanzen führen zu einer hohen Befriedigung, u.a. weil sie Kopfarbeit und Sinne vereinigen, die Körperausschaltung und die Enteignung der Fertigkeiten zurücknehmen" (Ebd., 126).

De-Industrialisierung ist damit nicht gemeint, sondern eine andere Proportion zwischen Großorganisationen und kleineren Netzen. „Auf welche Weise die vielen Halbfertigprodukte für die Gemeinschaftswerkstätten wie Schrauben, Bretter, Bleche, Rohre, Glas oder auch kompliziertere Zwischenprodukte wie Kugellager, Transistoren oder Glühlampen und auch die Werkzeuge hergestellt werden, wird sehr von der Produktsorte abhängen: Vieles wird in kleinen selbstverwaltbaren Betrieben in der Kommune herstellbar sein, einige Grundstoffe wie Stahl und bestimmte Kunststoffe vielleicht nur in größeren Kooperationsbetrieben, die von mehreren Kommunen gemeinsam unterhalten werden müssen" (Ebd., 127). Ullrich plädiert für ein „Mischsystem", „bei dem jedoch die Gewichtung entscheidend ist: wenige größere Fabriken mit kurzer Arbeitszeit und einem Rotationsverfahren auf nationaler Ebene oder im Kommunenverband, viele mittlere und kleinere selbstverwaltete Betriebe im kommunalen Bezugsrahmen, massenhaft Gemeinschaftswerkstätten in kleinen Netzen" (Ebd., 128). Ullrichs Überlegungen nehme ich hier nicht als fertige Lösung auf, sondern als Hinweis auf eine offene Problematik. Der Sache nach schließt sich Spehr (2012) der hier skizzierten Suchrichtung an. Ebenso der Züricher Autor P.M. Zu diskutierende kritische Auseinandersetzungen mit dieser („lokalistischen") Perspektive finden sich bei Senghaas 2010, Lotter 2011 und Fischbach 2013, 2016.

(d) Die für moderne Gesellschaften charakteristische Dominanz der privilegierten Partnerschaft von Technik und Ökonomie ist infrage zu stellen. Solche Fähigkeiten, Sinne, Aufmerksamkeiten und Mentalitäten gewinnen in der nachkapitalistischen Gesellschaft an gesellschaftlicher Bedeutung, die die naturwissenschaftlich-technische Zivilisation auf ihren legitimen Ort begrenzen. Es handelt sich dabei um

- Erfahrungswissen[40] bzw. „tacit knowing". Es baut sich aus der Auseinandersetzung, Erfahrung und Vertrautheit in einem jeweiligen besonderen Feld auf. Bei dieser erfahrungsgebundenen Könnerschaft steckt das „Wissen, wie es geht" im Können und ist nur in engen Grenzen explizit formulierbar oder

40 Die technische Zivilisation „entlastet die Arbeitenden durch einen weitgehenden Automatismus, der in einem abgeschlossenen, geschützten, distanzierten Rahmen verläuft" (Bruns 1997, 194). „Produkte und Produktionsprozesse wurden gleichermaßen rationalisiert und objektiviert, also von den individuellen, subjektiven Eigenschaften der Produzenten unabhängig" (Ebd., 192f.). Zugleich werden im Falle von Abweichungen und Fehlerprozessen gerade Erfahrungswissen und Intuition relevant, die unter dem Primat der technischen Zivilisation der Abwertung unterliegen. Von auf Berechenbarkeit und Eindeutigkeit fokussierten Kompetenzen unterscheiden sich „ein Gefühl für Material und Maschinen" sowie „das blitzartige intuitive Erfassen von Störungen und ... die Orientierung am Geräusch von Maschinen und Bearbeitungsprozessen" (Böhle, Schulze 1997, 30).

formalisierbar. Dieses „implizite Wissen“ bildet keine Restgröße, die sich der (zukünftig sukzessive überwindbaren) ungenügenden Ausbildung oder (der noch beschränkten) Ausbreitung des theoretischen Wissens verdankt,

- um die mit Care-Tätigkeiten verbundene Empathie,
- um Sinne, die sich mit der Kritik des Hässlichen in der gesellschaftlichen Welt bilden (vgl. Anm. 101, 102),
- um Sinne und Fähigkeiten, die sich mit dem tendenziellen Bedeutungsgewinn der subjektiven Kultur gegenüber der modernen gesellschaftlichen Zivilisation entwickeln,
- um die Aufmerksamkeit für die gesellschaftlichen Voraussetzungen und Folgen von Arbeiten und Gegenständen, Bedürfnissen und Techniken,
- um die mit öffentlichen Beratungen und Diskussionen verbundene Bildung, soziale Urteilskraft und darauf bezogene („deliberative“) Vernunft (vgl. Kapitel 21, 34).

e) Grundlegende Alternativen *in* der Technologie und in den Organisationen kommen in den Blick. In Bezug auf die Technologie im Arbeitsprozess waren bereits in Kapitel 3 eine „anthropozentrische“ Technik (Pekruhl 1995) Thema und die mit ihr verbundene grundlegende Veränderung der Perspektive von Forschungs- und Entwicklungsarbeiten. Organisationen lassen sich mit dem Ziel umbauen, die Reflexion auf die mit ihnen einhergehenden problematischen Effekte zu ihrem integralen Bestandteil zu machen. Girschners Überlegungen zur „Reflexionsrolle als zentraler Baustein eines Neubaus moderner Organisationen“ zielen ab auf „spezielle Arrangements, um empathische Reflexion zu ermöglichen und zu fördern. Die Offenheit des Wahrnehmens und Nachdenkens kommt unter den gegebenen Bedingungen nicht von selbst. Organisationen bzw. ihre handelnden Mitglieder müssen sich in ungewöhnliche Lagen versetzen, damit sie Probleme wahrnehmen, die sie sonst ausblenden. Dazu ist eine voraussetzungsvolle ‘Uminstitutionalisierung’ der Organisationspraxis, ein regelrechter Öffnungs- und Sensibilisierungsprozess notwendig“ (Girschner 1990, 185). Die „Diagnose- und Willensbildungskonferenzen“ sind „darauf angelegt, immer wieder Distanz zu gewohnten, eingefahrenen Problemsichten herzustellen und sowohl mit neuen wie auch übergreifenden Sichtweisen“ zu konfrontieren. „Das wurde u.a. dadurch gefördert, dass die Gruppenmitglieder häufig aus verschiedenen Arbeits- und Erfahrungsbereichen eingeladen wurden oder man ‘Besichtigungen’ in anderen Verwaltungsbereichen oder Betrieben machte. ... Die Gruppenmitglieder sollten sich frei fühlen von Sanktionsdrohungen und frei gegenüber bestehenden Regeln und Entscheidungen ‘von oben’“ (Ebd., 189). Es geht um „‘Verkopplungsstrategien’, innerhalb derer verschiedene Menschen mit verschiedenartigen Erfahrungen, Kenntnissen und Sichtweisen zusammengebracht wurden und in verschiedenartiger Weise Informationen verarbeiten. Diese Mischung half, Reflexionen anzuregen und verkürzt-lineare Eindimensionalitäten des Denkens durch Zusammenschau, mehr Differenziertheit und Nachdenklichkeit zu ergänzen“ (Ebd., 192).

Neben die bislang existierenden zwei „Subsysteme“ der Organisationen – „das Transformationssystem, in dem das konkrete Produkt bearbeitet wird; das Steuerungssystem, in dem u.a. über Ziele und Mittel entschieden wird“ – tritt ein „Reflexionssystem“, das die beiden anderen „Systeme“ übergreift. „Das Reflexionssystem ist jener ‘Ort’, an dem der Erfahrungshorizont über die institutionalisierten Aufmerksamkeitsmuster (das sind bspw. inhaltlich definierte Aufgabenverteilungspläne und Zuständigkeitsmuster) hinaus im Sinne einer prinzipiellen Offenheit erweitert wird. Das Steuerungssystem ist an die je vorhandenen Organisationsziele und -strukturen inhaltlich gebunden. Das Reflexionssystem ist thematisch offener“ (Ebd., 200f.).

Diese Perspektive unterscheidet sich von organisatorischen Bestrebungen, denjenigen reflexiven Abstand zu sich selbst zu erreichen, der die Organisation zu effektivieren und die Sensoren für relevante Interaktionspartner und Trends zu optimieren vermag. Demgegenüber besteht Girschner auf der Trennung zwischen Steuerungs- und Reflexionssystem, „weil nur so die Unabhängigkeit von der Abgeschlossenheit, Interessenfestlegung und hierarchischen Ordnung sowie effizienzorientierten Sachspezifik gewährleistet werden kann. Außerdem soll *jedes* Organisationsmitglied – aus Humanisierungsgründen, aber auch aus Gründen einer verbesserten Freisetzung individueller und kollektiver Problemlösungspotentiale – an Reflexions- und Diskursprozessen teilnehmen können“ (Ebd., 201).

(f) Über die Stärkung derjenigen Daseinsweisen, die von der naturwissenschaftlichen und technologischen Rationalität ausgeblendet werden, geht die gesellschaftliche Durchsetzung eines Paradigmas hinaus, das beide Seiten übergreift und in sich integriert. Naturwissenschaft und Technik weisen in modernen Gesellschaften Durchsetzungsvorteile auf. Das kann sich erst ändern, wenn dieser Wildwuchs der Evolution von einer gesellschaftlichen Auseinandersetzung über die Qualität der gesellschaftlichen Welt und *ihrer* Umwelt abgelöst wird.

Die Naturwissenschaft, Technologie und Organisationswissenschaft haben gesellschaftlich die Aufgabe, Erkenntnisfortschritte, technische Neuerungen und organisatorische Optimierungen hervorzubringen. Was davon allerdings gesellschaftlich umgesetzt wird, steht auf einem anderen Blatt. Eine weit verstandene Technikfolgenabschätzung leistet gute Dienste. Sie übersteigt in der nachkapitalistischen Gesellschaft den Risikovermeidungshorizont. Diese Gesellschaft verhält sich nicht nur auswählend zu einer sozusagen in autonomer Eigenlogik sich vollziehenden Evolution der Forschung und Entwicklung, sondern steuert diese selbst.[41]

Erst im Horizont eines in sich differenzierten Paradigmas, das die verschiedenen menschlichen Daseinsweisen umfasst, wird die Frage nach dem Grenznutzen oder dem Optimum der Steigerung besonderer Vermögen formulier- und beantwortbar. Wer den legitimen Stellenwert bspw. der Effizienz in der nachkapitalistischen Gesellschaft bestimmen will, steht vor der Frage, wann Arbeitsteilung, Spezialisierung, Expertentum und die Verobjektivierung des Wissens (in Produktivkräften, Techniken, Organisationen u.a.) im Gegensatz zur subjektiven, in den Fähigkeiten und Sinnen der Individuen unmittelbar präsenten Kultur ihren Grenznutzen überschritten haben. Ab wann geht der über diesen „Punkt" hinaus vorangetriebene Nutzen mit einer Lebensqualität einher, die diesen Nutzen infrage stellt? Hendrik de Man legt in seinem im Januar 1933 in Jena erschienenen und kurz darauf verbotenen Buch „Die sozialistische Idee" „den Schluss nahe, dass die Arbeitsteilung just an jener Stelle die Grenze des menschengerechten Maßes in einer enthumanisierenden Weise überschreitet, wo das Produkt dieses Produktions- oder Bildungsprozesses nicht eine materielle Ware, sondern das bewusste Sein des Menschen selber ist. ... Aus seiner Argumentation ergibt sich die Frage, ob die Erzeugung des Humanen als bloßes Nebenprodukt der Erzeugung von Gegenständen überhaupt möglich ist oder ob nicht vielmehr diese Erzeugung erst dann gelingen kann, wenn sie zum vorrangigen Zweck des Produktionsprozesses wird" (Kilian 1971, 197, 198).

Diejenige Arbeits- und Sozialtechnologie, die sich allein auf den Zweck fokussiert und fixiert, mit weniger Input mehr Output zu erzielen, verringert die auf ein Produkt oder auf eine Dienstleistung aufzuwendende Arbeitsmühe. Effizienz ist für sich genommen ein legitimer Zweck. Hier aber geht es um die Frage, inwiefern Produktionen und Organisationen vorrangig unter diesem Gesichtspunkt wahrgenommen werden. Die Bildung menschlicher Sinne und Fähigkeiten sowie Sozialbeziehungen stellt ein anderes *und* übergeordnetes Kriterium zur Beurteilung des Reichtums der Gesellschaft dar. Es kommt zu Zielkonflikten. Die Ausrichtung des für die Moderne spezifischen Materialismus auf Nutzen, Zweck-Mittel-Rationalität und Effizienz geht damit einher, die eigenen *negativen* Effekte des Arbeitsprozesses auf die Entwicklung der Sinne, Fähigkeiten und Reflexionsvermögen auszublenden. Die Arbeitstechnologie und -organisation erscheinen als effizientes Mittel und als alternativloser Sachzwang und gelten

41 Vgl. die Diskussion zur „Finalisierung von Wissenschaft" seit den 1970er Jahren.

insofern als unproblematisch. Damit wird unsichtbar, warum eine grundlegende Umgestaltung der Arbeit not-wendig ist (vgl. Kapitel 2, 3). Den Abbau der subalternen Arbeit zu einer wesentlichen Aufgabe der Gesellschaft zu erheben, das heißt, die unmittelbare, unreflektierte Logik der Steigerung von Effizienz und die Behandlung der Arbeit als Mittel zur Optimierung von Organisationen einzustellen in ein umfassenderes Ziel. Die Divergenzen zwischen den Eigengesetzlichkeiten organisatorischer Effizienz und dem Leitbild der nachkapitalistischen Gesellschaft werden sich trotz aller Bemühungen allerdings nie vollständig aufheben lassen.

(g) Die nachkapitalistische Gesellschaft orientiert sich eher am Optimum als an einer linearen Wachstumsdynamik (vgl. Kapitel 13).

IV Die nachkapitalistische Vergesellschaftung

13) Inwieweit ist Wirtschaftswachstum notwendig und wünschenswert?

„Wachstum an sich ist überhaupt kein Wert, weder ein biologischer noch ein ethischer; auch ein Krebsgeschwür wächst ...“

Max Adler 1916, 727

Auf die Frage „für oder gegen Wachstum?“ lässt sich nicht pauschal antworten. Es kommt schon darauf an, um welches Wachstum es sich handelt. Das wirft Fragen auf. Die erste lautet: Wie groß ist das Ausmaß der (in Kapitel 1 genannten) überflüssigen und schädlichen Arbeiten und Dienstleistungen? Was lässt sich hier einsparen?

Zweitens: Welche Belange werden auch in der gegenwärtigen Bundesrepublik mangelhaft bedient und erfordern insofern mehr Ausgaben? Zu nennen wären u.a.: Kinderbetreuung, Schule, Gesundheitswesen, Bahn. Nach 1945 wurden in Deutschland 200.000 km Straßen neu gebaut und 15.000 km Bahnlinie abgebaut. Die Zahl der Krankenhausbetten betrug 1998 571.000, 2012 501.000. Diesbezüglich sind der Kapitalismus und die moderne Gesellschaft keine „Wachstumsgesellschaft“.

Drittens: Was ist dem Planeten Erde zuzumuten, wenn der Bestand guter ökologischer Lebensbedingungen gesichert werden soll? Über die Verträglichkeit von Wachstum mit ökologischen Bedingungen entscheidet u.a. der Grad, in dem sich Wertschöpfung und Naturbeanspruchung entkoppeln lassen.

Viertens: Auch innerhalb der sogenannten reichen Länder existieren soziale Unterschiede. Wer zum Beispiel schlechte Wohnbedingungen abschaffen will, der kommt am Bau von großzügigeren Wohnungen (also am sie betreffenden Wachstum) nicht vorbei.

Eine fünfte Problematik ergibt sich aus dem Bedürfnis, massive Armut in vielen Teilen der Welt zu überwinden. Die Frage lautet: Auf was muss und will die deutsche Bundesrepublik verzichten, welche Beträge soll sie aufbringen – nicht für Caritas, sondern als Beitrag zum nachhaltigen Aufbau der armen Länder?

Inwiefern bedarf es der internationalen Kompensation angesichts ungünstiger Bedingungen der Landwirtschaft?[42]

Notwendig wird es, die Aufmerksamkeit für das *Optimum* vom Horizont linearen Wachstums zu unterscheiden. Bestimmte Dinge sind ausgereift und müssen nicht immer verbessert oder neu „erfunden" werden (vgl. Kapitel 11). Die „schlecht-unendliche" (Hegel) Bewegung oder der an keinen Sättigungspunkt gelangen könnende „Progress" wurde in früheren Zeiten oft als Strafe und Fluch aufgefasst – wie bei den Qualen des Tantalus, dem Stein des Sisyphus, dem Sieb der Danaiden oder dem Schiff, das nicht ans Ufer kommen darf. „In sich abgeschlossene Wertideen" treten in einer nachkapitalistischen Gesellschaft „mehr und mehr an die Stelle offener, unbegrenzter Wertideen, wie sie für die Sozialwelt der Steigerung typisch waren. Metaphorisch ausgedrückt: Es gibt keine ewige Perfektionierung der Lammkeule" (Schulze 1999, 31).

Das unendliche und pauschale Wachstum wird infrage gestellt. Vom Grad, in dem menschliche Aufmerksamkeit und Energie vom Wachstum in Beschlag genommen werden, lässt sich auf den Zustand des Gemeinwesens schließen: „Ein Volk, das mit der Gestaltung seiner äußeren Lebensbedingungen niemals zu Rande kommt, ist krank. Seine Energien in der ewigen Neuschaffung von Wirtschaftseinrichtungen und Produktionsmethoden erschöpfen, heißt seine Kräfte vergeuden. Wir müssen mit unserer Hauseinrichtung und dem ewigen Großreinemachen endlich fertig werden, damit wir uns würdigen Aufgaben zuwenden können" (Sombart 1934, 318f.).[43]

Die Arbeit dehnt sich über das in einer modernen Gesellschaft notwendige und wünschenswerte Maß aus, insofern Güter produziert werden, deren Gebrauchswert sich vorrangig der kapitalistischen Gesellschaftsform verdankt (s. Kapitel 1). Die von der kapitalistischen Ökonomie verursachten Missstände bilden zugleich Gelegenheiten dazu, vermeintlich kompensatorische Waren oder Dienstleistungen anzubieten. Das schon insofern *idealiter* unendliche Wachstum trägt dazu bei, dass die zivilisatorische Leistung der kapitalistischen Ökonomie – die Reduktion der notwendigen Arbeitszeit – nur sehr eingeschränkt als Verkürzung der Arbeitszeit bei den Arbeitenden ankommt. *Realiter* schränken

42 In weiten Teilen Afrikas z.B. machen „nährstoffarme Böden, unregelmäßige Niederschläge und die Belastung durch Krankheiten (die von der Tse-Tse-Fliege verbreitete Schlafkrankheit verhindert Viehhaltung in weiten Teilen des Kontinents) die Landwirtschaft extrem fragil. In der Folge beträgt die landwirtschaftlich (für den Ackerbau) nutzbare Fläche weniger als 10%" (Goldberg 2007, 20).

43 Zum Unterschied des zitierten Bandes zur NS-Ideologie vgl. Creydt 2006.

die aus der Kapitalverwertung resultierenden Grenzen des Arbeitseinkommens die Nachfrage ein und bremsen das Wachstum.

14) Welches Gewicht erhalten Wettbewerb und Konkurrenz?

> „Der Umstand, dass in dieser Welt jeder dem anderen zum Konkurrenten wird und selbst bei zunehmendem gesellschaftlichen Reichtum es der Menschen in steigendem Maße zu viele gibt, verleiht dem typischen Individuum der Epoche jenen Charakter der Kälte und Gleichgültigkeit."
>
> *Horkheimer 1970, 145f.*

> Es stellt sich die „teleologisch-ethische Frage bzw. die Klugheitsfrage, ob sich der ganze Stress noch lohnt, ob wir den Wettbewerb nicht zu weit getrieben haben und ein weniger hektisches Leben nicht lebenswerter wäre, auch wenn wir dann vielleicht etwas weniger Konsumwohlstand hätten."
>
> *Thielemann 2010, 228*

Die der Konkurrenz entgegengebrachte Wertschätzung verliert an Akzeptanz, wenn deutlich wird, dass mit der Konkurrenz ein unendlicher, sich immer wieder neu überbietender, eigendynamischer Prozess eingeleitet ist. Dieser Selbstläufer kennt aus sich heraus keine Stoppregeln und drückt der Gesellschaft seine eigenen Zugzwänge auf, macht sie also unfrei in der Gestaltung ihrer selbst.

Der Wettbewerb ist ein Mittel, zwischen verschiedenen Teilnehmern die effizienteste und effektivste Art des Wirtschaftens zur Erreichung extern vorgegebener Zwecke ausfindig zu machen.[44] Um etwas ganz anderes handelt es sich, wenn die Konkurrenz zu einer Instanz vorrückt, die selbst über die Zwecke entscheidet. In einer Gesellschaft, in der Konkurrenz eines der dominanten Muster bildet, missrät die Zielsetzung häufig zu einem Mittel im Streben danach, in der Konkurrenz nicht das Nachsehen zu haben. „Was produziert wird, was erforscht wird, ist letztlich gleichgültig, solange es die Wettbewerbsfähigkeit steigert und

44 Effizient zu arbeiten heißt, die Arbeit richtig i. S. eines optimalen Verhältnisses zwischen Aufwand und Ergebnis zu erledigen. Effektiv zu arbeiten heißt, die richtige Arbeit anzupacken, also das jeweils Erforderliche und Zweckmäßige zu tun.

Wachstums- oder Beschleunigungspotentiale verspricht" (Rosa 2012, 341). Die Konkurrenz ist zu einem Teufelskreislauf geworden. „Sowohl die Automobil- wie auch die IT-Branche bspw. kommen mir heute vor wie um sich kreisende Systeme. Und die Mitarbeiter in diesen Systemen kreisen kräftig mit, bilden dabei eine Betriebsblindheit aus und betreiben am Ende nur noch eine Art Inzucht. Ohne auf die Bedürfnisse der Verbraucher und Benutzer zu achten, wetteifern sie untereinander mit immer ausgefeilteren Novitäten. Es geht letztlich überhaupt nicht mehr darum, Bedürfnisse zu befriedigen oder Probleme zu lösen, sondern darum, immer neue, immer anspruchsvollere Erwartungen zu generieren, um sie dann durch immer schnellere Produktzyklen profitabel stillen zu können" (Goeudevert 2010, 43f.).

Die Meinung, ohne Konkurrenz erlahmten Motive für Innovation, ist weit verbreitet. „Entscheidende Entdeckungen und Erfindungen" kamen aber „ganz ohne kommerziellen Anstoß" zustande. „Der Buchdruck wurde nicht erfunden, um damit Gewinn zu machen. Die meisten großen Fortschritte in der Medizin – von Jenner bis Pasteur, von Koch bis Fleming – wurden nicht von der Hoffnung auf eine finanzielle Belohnung angeregt. Der Elektromotor wurde im Labor einer Universität und nicht eines Unternehmens entwickelt. Sogar der Computer, geschweige die Raumfahrt, waren ursprünglich für öffentliche (wenngleich militärische) Nutzung gedacht, nicht für die Bereicherung privater Anteilseigner" (Mandel o.J., 37). „Viele lebensnotwendige Innovationen finden abseits des Marktes statt. Bruno Jonas fand die Impfung gegen Kinderlähmung – und schenkte sie der UNO. Das Internet entstand als Nebenprodukt der staatlich finanzierten militärischen Grundlagenforschung. Die Open-Source-Bewegung entwickelte nicht nur die viel genutzte Online-Enzyklopädie Wikipedia, den Webbrowser Firefox und das Mailprogramm Thunderbird, sondern mit Linux auch eine – in den Augen vieler bessere – Alternative zum monopolistischen Microsoft-Betriebssystem" (Felber 2008, 112).

Gegen die Auffassung, Innovation sei nur mit kapitalistischem Unternehmertun möglich, spricht, dass die Arbeitenden ein Interesse an der Verringerung ihrer Arbeitslast und an entsprechenden Neuerungen haben. Das Lob des Unternehmers als innovationsgeneigtem und -fähigem Akteur schreibt vorrangig ihm kreative Ideen zu. „Schon bei der Gewährleistung der scheinbar einfachen, in Wirklichkeit aber immer wieder durch Störungen und situative Kontingenzen unterbrochenen alltäglichen Operationen ist" jedoch, „wie die Industriesoziologie vielfach aufgezeigt hat, die Kreativität der Arbeiter unentbehrlich. Umso mehr ist sie es bei der Entwicklung neuer Produkte und Technologien." Relevanz kommt also nicht „nur der großen Idee des heroischen Unternehmers" zu, sondern auch den „vielen tausend kleinen seiner Produktionsarbeiter, Ingenieure, Kaufleute“ (Deutschmann 2009, 161).

Zu den Negativeffekten der Konkurrenz zählt, dass sie die Bereitschaft zu kollegialem Verhalten verringert und die Bereitschaft erhöht, die Konkurrenten zu behindern. Letzteres ist in der Wirtschaftswissenschaft unter dem Terminus der Sabotage Thema.[45] Die Sabotage von Konkurrenten senkt die kollektive Leistung und läuft dem Zweck des Wettbewerbs, den Fähigsten zu ermitteln, zuwider.

Das Lob der Konkurrenz sieht davon ab, dass sie eine große Quelle von Verschwendung darstellt. Zu Recht bezeichnet Felber den „Dauerstress, die Nase vorn zu haben und nur ja nicht zu unterliegen“, als „die größte emotionale Ressourcenvergeudung, die der Menschheit je eingefallen ist“ (Felber 2008, 125). Zu unterscheiden ist zwischen Konkurrenz und Wettbewerb bzw. „competition. Das bedeutet ursprünglich ‘gemeinsame Suche’ nach Lösungen. Eine solche müssten wir praktizieren und nicht den Wettstreit darum, wer der Gewinner und der Verlierer ist“ (Duerr 1998, IXf.). Plack unterscheidet zu Recht die Stressgesellschaft von der Leistungsgesellschaft. Er setzt dafür an einer weit verbreiteten Erfahrung an. „Wir leisten mehr und ohne die üblichen Erschöpfungssymptome, wenn die Sache selbst uns fesselt, wenn wir nicht durch Konkurrenten uns ablenken lassen und wenn wir im eigenen Interesse tätig sind“ (Plack 1976, 174). Konkurrenz motiviert v.a. über Angst. „Hinten schiebt uns sozusagen die Angst an und vorne zieht uns auch nichts Schöneres, nämlich die Geltungssucht, besser zu sein als jemand anderer. ... Der Konkurrierende verfolgt ja nie das Ziel, eine Tätigkeit gut zu machen, sondern das Ziel, besser zu sein als jemand anderer“ (Felber 2010, 175).

In der nachkapitalistischen Gesellschaft verliert Konkurrenz als mächtiges Druckmittel für effiziente und effektive Arbeit an Bedeutung. Eine Motivation gewinnt an Boden, zu der die Orientierung am Sinn der Produkte für die Konsumenten gehört. Dann kommen die Sinne und Fähigkeiten in den Blick, die sich an den Arbeitsprodukten und durch die Dienstleistungen entfalten. Erfolg im Wettbewerb mag ein Moment der Motivation auch in der nachkapitalistischen Gesellschaft bilden. Dominant ist in der nachkapitalistischen Gesellschaft ein

45 „Sabotage“ kann „von unterlassener kollegialer Hilfestellung und strategischer Nichtweitergabe von Informationen bis hin zu Mobbing und physischer Schädigung der Leistungsfähigkeit des Konkurrenten reichen. ... Survey-Daten der Ökonomen Robert W. Drago und Gerald T. Garvey belegen die nachlassende Unterstützung von Arbeitern untereinander, wenn die relativen Leistungsanreize hoch sind. ... Fragt man Mobbing-Opfer, warum sie gemobbt wurden, dann ist Konkurrenz um Beförderungen und um die Aufmerksamkeit und das Wohlwollen von Vorgesetzten unter den am häufigsten genannten Ursachen“ (Münster 2006, 49f.).

anderer Antrieb: Es geht um eine Kultur, in der Menschen füreinander arbeiten und tätig sind. Wir finden bereits im Kapitalismus viele Arbeitende vor, die sich in ihrer Arbeit nicht allein an pekuniären Vorteilen orientieren, sondern arbeitsinhaltlichen Maßstäben folgen und durch ihre Tätigkeit dazu beitragen wollen, die Welt ein wenig besser zu hinterlassen (vgl. Creydt 2014, Teil I).

In der nachkapitalistischen Gesellschaft findet „innerhalb von übergeordneten Kooperationsstrukturen Wettbewerb über die besten Ideen und Lösungen statt. Individuelle Kreativität wird geschätzt und gefördert, aber sie führt nicht zu materiellen Monopolen. Im buddhistischen Kloster wird bspw. das intellektuelle Streitgespräch gepflegt, eine Form von Wettbewerb. Dem Sieger gehört danach jedoch nicht das Kloster, sondern er genießt soziale und fachliche Anerkennung, das ist Anreiz genug, kreativ und fleißig zu sein. Ähnlich funktionierten die längste Zeit Wissenschaft und Sport: Anerkennung durch andere Menschen war ausreichender Ansporn“ (Felber 2008, 128f.)

Zwischen den verschiedenen Konkurrenten bei einer „The winner takes it all-Konkurrenz“ existiert ein Rattenrennen. Die verschiedenen Ratten wollen jeweils als erste ein Stück Käse erreichen. Der Ratte, der dies gelingt, fällt der ganze Gewinn zu. Die anderen bekommen nichts vom Käse ab. Alle haben sich aber jeweils bis an die Grenze ihrer Kraft angestrengt, also mehr Energie aufgewendet als ökonomisch sinnvoll. Der Erfolg ist nicht proportional zum Aufwand. Es gibt „Erlössprünge“ (Daumann 2011, 145) zwischen den verschiedenen Listenplätzen. Wer auf den ersten Plätzen der Fußball-Liga landet, darf in der Championsliga mitspielen und kann damit mehr Gewinn erzielen. Alle Konkurrenten müssen, um dieses Ziel zu erreichen, möglichst teure Spieler einkaufen. Sie verschulden sich.

Ein Argument zur Verteidigung des Marktes lautet: Preise, die sich an den Kosten orientieren, drücken noch nicht notwendigerweise die durchschnittlich gesellschaftliche Arbeitszeit aus. Staatsbetriebe ohne Konkurrenz können ihre Kosten in Form von Preisen und Gebühren auf die Bevölkerung abwälzen und sind interessiert an der Maximierung ihres Budgets. Solcherart „Kostenpreise“ gehen mit einem Mangel an Kostenbewusstsein einher. Verfechtern des Marktes zufolge sorgt allein die Konkurrenz für eine effiziente Produktion. In einer nachkapitalistischen Produktion wird (unter der Voraussetzung von Aufmerksamkeit für die negativen Effekte, die mit Effizienzsteigerungen einhergehen können) gefragt, wie viel Effizienz gewünscht, wie viel Wettbewerb gewollt ist und wie aus anderen Motiven als dem Druck der Konkurrenz gewünschte Effizienzsteigerungen von den Akteuren angepackt werden. (Es handelt sich um intrinsische Motiven und um Motive, die eigenen Fähigkeiten im wohlverstandenen Sinne der Empfänger der Arbeiten und der von ihnen mittelbar Betroffenen ausüben zu wollen.) „Gäbe es einen Weg, den gegenwärtigen Wohlstand ohne Wettbewerb zu erhalten, so würde vermutlich eine große Zahl von Menschen, wenn nicht die erdrückende Mehrheit, auf den weiteren Zuwachs des Potentials zugunsten von mehr persönlicher Stabilität und individueller ökonomischer Sicherheit verzichten" (Kleinewefers 1985, 381). Gegenwärtige Gesellschaftstheorie und Politik bleiben häufig unaufmerksam dafür, wie weit das Unbehagen an konstitutiven Strukturen der modernen kapitalistischen Gesellschaft verbreitet ist. Das betrifft nicht zuletzt die Konkurrenz.

15) Wie wird die Arbeitsentlohnung gestaltet?

Fragen, die es zu beantworten gilt, wenn man über die Unterschiede von Löhnen bzw. Gehältern nachdenkt, lauten: Wollen wir, dass das Interesse für berufliche Tätigkeiten stark davon beeinflusst ist, welche Bezahlung und welchen Status eine solche Tätigkeit einbringt? Sollen diejenigen Ärzte werden, bei denen das Interesse *für* Medizin Vorrang hat, oder diejenigen, bei denen ein finanzielles Interesse *an* Medizin die Hauptmotivation bildet? Was soll das Kriterium für die Höhe der Bezahlung einer Tätigkeit sein? Warum spielen die mit einer Arbeit verbundene Anstrengung und die Überwindung, die sie dem Arbeitenden abverlangt, gegenwärtig eine so geringe Rolle? Warum werden nicht besonders undankbare Arbeiten höher bezahlt?

Unter den gegenwärtigen Motiven dafür, möglichst viel Einkommen erzielen zu wollen, stehen die Sorge vor Wirtschaftskrisen und anderen Notlagen sowie die Angst davor, ohne finanzielle Rücklagen zukünftig in eine bedrohliche Lage zu geraten, an vorderer Stelle. Schwindet die Angst vor wirtschaftlicher Not sowie Unsicherheit und steigt der Anteil der öffentlichen Daseinsvorsorge und des kollektiven Konsums, so verringert dies die Orientierung an einem überdurchschnittlich hohen individuellen Arbeitseinkommen.

„Belohnt" wird in der nachkapitalistischen Gesellschaft mit der Arbeitsvergütung etwas Bestimmtes: Der Einsatz des Individuums. Nur auf diesen leistungsbestimmenden Faktor hat das Individuum Einfluss. Die Arbeitskollegen können beurteilen, ob sich jemand anstrengt oder nur so tut als ob. Wer mit „guten Genen" beschenkt ist bzw. über gute Begabungen verfügt, die es ermöglichen, dass ihm die Arbeit leichter fällt, der *ist* damit schon belohnt und erhält nicht noch zusätzlich einen höheren Arbeitslohn. Ebenso wenig sollte derjenige besser entlohnt werden, der mit produktiveren Maschinen arbeitet. Auch eine lange

Berufsausbildung bzw. Studienzeit kann insofern nicht eine höhere Vergütung der Arbeit legitimieren, als deren Kosten gesellschaftlich getragen werden und die Auszubildenden bzw. Studenten von Erwerbsarbeit freigestellt sind.

Der Einheitslohn bildet eine Durchschnittsgröße. „Wer will, kann länger oder härter arbeiten als andere, oder er kann sich für eine notwendige aber beschwerliche Aufgabe zur Verfügung stellen, für die sich noch niemand gefunden hat. Umgekehrt kann jeder auf Wunsch weniger arbeiten und dafür auf Geld verzichten, kann also über ihren persönlichen Einsatz – und damit über ihren Konsum – selbst entscheiden" (Albert 2006, 223).

Soweit unattraktive und stumpfsinnige Arbeiten sich nicht maschinell erledigen lassen, sind sie rotierend von allen Arbeitsfähigen zu übernehmen. Sie würden dann wie beim Wehr- oder Zivildienst eine Zeit lang solche unangenehmen Arbeiten leisten. Mit dem Fortfall der lange anhaltenden Belastung einer Person mit derlei Arbeiten entfällt das Motiv, sich angesichts schlechter Arbeit am Arbeitslohn zu orientieren. Zugleich wird das Arbeitsentgelt als untaugliches Mittel („Linsengericht", Marx) zur Kompensation für schlechte Arbeit angesehen.

Wer ein Talent hat, tut gut daran, es zu entwickeln und ausüben zu wollen. Er oder sie wird sich auch durch eine höhere Bezahlung andernorts nicht davon ablenken lassen – oder: wenn doch, so zu seinem Schaden. Und zum Nachteil der Gesellschaft, die auf die Früchte dieses Talents dann verzichten muss. „Wenn Einstein sich für Geld interessiert hätte, wäre er nicht Einstein geworden – sondern wahrscheinlich ein ziemlich mittelmäßiger Unternehmer oder Bankier" (Castoriadis, Mothé 1992, 18).

16) Was wird aus dem Privateigentum?

„Statt des Besitzes erlernt man den Bezug."
Rilke 1966, 820

Das Privateigentum lässt „jeden Menschen in anderen Menschen nicht die Verwirklichung, sondern vielmehr die Schranken seiner Freiheit finden." *MEW 1, 365*

„Vom Standpunkt einer höheren ökonomischen Gesellschaftsformation wird das Privateigentum einzelner Individuen am Erdball ganz so abgeschmackt erscheinen wie das Privateigentum eines Menschen an einem anderen Menschen. Selbst eine ganze Gesellschaft, eine Nation, ja alle gleichzeitigen Gesellschaften zusammengenommen, sind nicht Eigentümer der Erde. Sie sind nur ihre Besitzer, ihre Nutznießer und haben sie als boni patres familias (gute Familienväter) den nachfolgenden Generationen verbessert zu hinterlassen." *MEW 25, 784*

Das Eigentum gilt in der bürgerlichen Gesellschaft als zentrale Teilmenge eines hohen Gutes, der „allgemeinen Handlungsfreiheit" (Grundgesetz, Artikel 2, Abs. 1). „Das Grundgesetz ... setzt darauf, dass die wesentlichen wirtschaftlichen Entscheidungen nicht zentral vom Staat, sondern dezentral von den einzelnen Wirtschaftssubjekten getroffen werden." Die Verfassung gewährleistet „autonomes Wirtschaften und autonomes Verfügen über Wirtschaftsgüter" (Detjen 2009, 97f.). „Die Garantie des Eigentums bedeutet, dass sich die Wirtschaftsgüter in der Verfügung Privater befinden" (Ebd., 100). Auch die arbeitenden Menschen sind Eigentümer – ihrer Arbeitskraft. Und dieses Eigentum gewinnt infolge der gestiegenen Bedeutung von Qualifikation und Ausbildung an Relevanz. Sklaven und Leibeigene haben kein 'Eigentum' an ihrer eigenen Person. Das Bundesverfassungsgericht wertet das Eigentumsrecht als „ein elementares Grundrecht, das in einem inneren Zusammenhang mit der Garantie der persönlichen Freiheit steht." Es dient dazu, dem Einzelnen „einen Freiheitsraum im vermögensrechtlichen Bereich sicherzustellen und ihm damit eine eigenverantwortliche Gestaltung des Lebens zu ermöglichen" (BverfGE 24, 267 (389)). Demokratie habe sich auf öffentliche bzw. politische Institutionen zu beschränken und dürfe nicht auf private bzw. unpolitische Institutionen wie Betriebe ausgedehnt werden. Steuergesetze dürfen auf das vorhandene Eigentum keine „erdrosselnde Wirkung" haben (sog.

konfiskatorische Besteuerung – vgl. BVerfGE 14, 221, 241; BVerfGE 87 153, 169). Die Zentralität des Eigentums für die moderne bürgerliche Gesellschaft und ihre Verfassung sind weder durch den Sozialisierungsartikel des Grundgesetzes infrage gestellt noch durch die Maßgabe, Eigentum verpflichte zu einem Gebrauch, der letztlich dem Wohl der Allgemeinheit diene. Ich belasse es hier aus Platzmangel bei dieser These und verweise zur Begründung auf Creydt 2013a.

Die Wertschätzung des *Privateigentums* wird ansatzweise infrage gestellt, wenn bestimmte Konsumgüter (z.B. Autos in der Großstadt) in dem Maße weniger nachgefragt werden, wie ihr Gebrauch sich verallgemeinert und zugleich gerade dadurch ihr Gebrauchswert abnimmt (Stau, Knappheit von Parkplätzen etc.). Zum Legitimitätsverlust des Privateigentums trägt bei, wenn in Bezug auf die Stadtbauwelt seine negativen Effekte deutlich werden. Der Verkauf bzw. Erwerb einzelner Waren oder Dienstleistungen sieht ab von ihrer Beziehung untereinander. Eigenheim und Auto als zugespitzte Beispiele der Verwandlung von Existenzbedingungen in Privateigentum formieren die Stadtbauwelt auf abträgliche Weise.

Zum Widersinn des Privateigentums gehören die beim „geistigen Eigentum“ qua Patent anfallenden Kosten der exklusiven Nutzungsrechte. Patente legitimieren ein zwanzigjähriges Monopol. In dieser Zeit kann nur der Eigentümer des Patents das patentierte Wissen kommerziell nutzen, während andere davon und von der Anschlussforschung ausgeschlossen bleiben. „Wenn ein Unternehmen gerade eine neue Technik entwickelt, weiß es nie, welches Patent es gerade verletzt“, so Tim Berners-Kee, der das Internet mitentwickelt hat und Direktor des World Wide Web Consortiums ist (Silicon.de, 1.10.2004).[46] Das Argument, ohne Patente entfalle ein wesentliches Motiv erfinderischer Kreativität, bekommt andere Motive für das Erfinden nicht in den Blick. Erfindungen lassen sich zudem bspw. durch öffentliche Forschungsfonds honorieren, ohne jeweils ein Monopol zu errichten.

Das Privateigentum grundlegend infrage zu stellen heißt, es wahrzunehmen als Teil der gesellschaftlichen Misere und zugleich als deren (Über-)Kompensation. Sie trägt zur erweiterten Reproduktion der Misere bei. Mit Privateigentum und -besitz geht es für die Individuen darum, sich ein Stück von der Welt exklusiv zu nehmen und sich in ihm einzurichten. Das Anliegen besteht darin, der Außenwelt ein Stück Territorium und Inneneinrichtung abzutrotzen, auszugestalten und gegen Angriffe zu beschützen. In der Selbstverwirklichung per Eigentum und

46 www.Silicon.de/enid/business-software/10677.

Besitz erfreuen sich die vereinzelten Einzelnen daran, über Objekte verfügen zu können. Das Eigenheim und der private Pkw sind die Paradebeispiele.

Mit Eigentum und Besitz sollen kleine Inseln von Hab und Gut vor der Konkurrenz und vor der unsicheren gesellschaftlichen Entwicklung schützen. Die Verbindung mit anderen und die Offenheit für die Auseinandersetzung mit ihnen nehmen Schaden durch die Angst vor dem Übervorteiltwerden und durch die Sorge, ohne eigenes Eigentum keinen Schutz zu besitzen in unsicheren Zeiten. Die Investition eigener Energien und Aufmerksamkeit in die Anhäufung privater Sicherungsmittel und in den Ausbau privater Stützpunkte grassiert. Die hier gebundenen Energien und Aufmerksamkeiten fehlen bei der Gestaltung des öffentlichen Raums. Dessen Verwahrlosung steigert wiederum die Motive zur Fixierung auf den Privatbesitz.

Beim Eigentum schwingt immer die Vorstellung mit, es sei durch eine eigene Leistung verdient (a) und mit dem Eigentum sei eine Enklave bezeichnet, innerhalb derer der Eigentümer tun oder lassen könne, was er wolle (b).

a) Externe Effekte stellen die Legitimation des Eigentums aus der Eigenleistung infrage. Ein Beispiel aus der Landwirtschaft: Die Bienen des Imkers befruchten die Bäume des Apfelzüchters. Die Blüten der Apfelbäume tragen zum Honig bei, den die Bienen des Imkers produzieren. Aber weder beim Apfelbauern noch beim Imker gehen die genannten Bedingungen „seiner" jeweiligen Produktion in die betriebliche Rechnung ein.

Der Eigentumsbegriff wird unter Bedingungen moderner Vernetzung bereits durch die Schwierigkeiten problematisch, die Leistungen abgrenzbaren Subjekten zuzurechnen. Alle nutzen die gesellschaftlichen Infrastrukturen (z.B. Verkehrs- und Kommunikationswesen) und partizipieren an den Ergebnissen des allgemeinen Entwicklungsstands der Forschung. Wissen resultiert aus der Arbeit vieler. Was wir heute wissen können, vermögen wir nur, insofern wir auf den Schultern früheren Wissens stehen. Das Privateigentum und die Konkurrenz verstellen die Vergegenwärtigung der Emergenz, die aus dem arbeitsteiligen Zusammenwirken entsteht. Sie übersteigt den Wert der Summe jener Güter, die die Akteure als Einzelne hätten hervorbringen können. Diese Emergenz hat das gesellschaftliche „allgemeine Vermögen" (Hegel 7, 385) zum Inhalt. Wissen, Kultur und Information verbrauchen sich im Unterschied zu anderen Gebrauchswerten nicht bei ihrer Nutzung.

b) Die Annahme, vom Gebrauch des Eigentums gingen keine externen negativen Effekte auf Dritte aus, trifft immer seltener zu. „Die Produktions- und Konsumaktivitäten privater Akteure werden immer mehr zu einem Prozess mit massiven kollektiven Wirkungen und damit immer mehr zu einem in der Substanz kollektiven Prozess ..., der die Grundvoraussetzungen des ökonomischen Basismodells unabhängiger Akteure unterhöhlt, die ausschließlich über den Markt in Interaktion treten" (Leipert 1993, zit. n. Müller, Hennicke 1994, 30f.).

Die Teilhabe an der Welt kann sich nicht auf den Teil beschränken, den die Eigentümer sich qua Eigentum aus der Welt für sich herausschneiden. Bereits heute lässt sich eine Minderung der Attraktivität individueller Besitzbildung und Zukunftssicherung beobachten, wenn die Villa im Inland oder das Anwesen im Ausland vor negativen Folgen des Klimawandels nur bedingt schützen können. Vgl. auch den „Verkehrsinfarkt" in den Städten und auf den Autobahnen.

Manches, was als individuelles Eigentum benutzt und attraktiv wird, ist es zudem nur, insofern ihm öffentliche Subventionen zukommen. Die Einnahmen aus der Kfz-Steuer und der Mineralölsteuer decken nicht die Kosten, die durch den Autoverkehr bei den Kommunen, den Bundesländern und dem Staat anfallen. Ganz abgesehen von den externen Effekten des Autoverkehrs: Tote und Schwerverletzte, Umwelt- und Klimaverschlechterungen, Lärm.

Es gibt also umfassendere Gründe, die gegen das Privateigentum sprechen, als sie in Felbers Plädoyer für eine „Obergrenze für Privateigentum" in Höhe von „zum Beispiel zehn Millionen €" vorkommen. „Zehn Millionen sind immer noch so viel, dass sich der/die Betreffende fast jeden Luxus leisten kann, aber es ist zu wenig, um die Regierung zu kaufen und die Gesellschaft nach dem eigenen Willen zu formen" (Felber 2012, 86).

Im Unterschied zum Privateigentum geht es mit '*Commons*' um Gemeingüter, die von einer Gemeinschaft gemeinsam genutzt, gepflegt und verwaltet werden. In die Praxis des gemeinsamen Besitzens (i.U. zum Privateigentum) eingeschlossen sind Prozesse von Kooperation, gemeinsamer Regelung der sharing-Verhältnisse und sozialer Sanktionierung von individueller Übernutzung. In der gemeinsamen Beratung und Entscheidung entstehen (Vor-)Formen partizipatorischer Demokratie. Vorgehensweisen verallgemeinern sich, die sich absetzen von der mit dem Warentausch verbundenen Gleichgültigkeitsbarriere zwischen Anbietern und Nachfragern. Deutlich wird, dass nicht nur *vor* der bürgerlichen Gesellschaft, sondern auch *nach* ihr eine gesellschaftliche Logik des Beitragens zum Gemeinbesitz existieren konnte bzw. kann. Die herrschende Wirtschaftslehre versteht die bürgerliche Tausch- und Geldwirtschaft als endlich erreichte Vereinfachung eines vorher ungelösten Problems und feiert Geld als verallgemeinertes Tauschmittel, als hätten vor der bürgerlichen Gesellschaft Tausch und Handel dominiert (vgl. kritisch dazu Habermann 2016, 154ff.). Gemeingüter sind bspw. das Saatgut, gemeinsam bewirtschaftetes Gemeindeland (Allmende), gemeinsame Wasserversorgung, die Energieversorgung in der Hand einer lokalen Gemeinschaft oder ein bestimmtes Ökosystem, das durch ein Staudammprojekt negativ betroffen ist (z.B. Narmada-Tal in Indien). Die Unwandlung von Gemeingütern in parzellierte Objekte des Privateigentums („enclosure") bildet weltweit ein Thema sozialer Auseinandersetzungen. Bspw. richtete sich der zapatistische Aufstand gegen die Privatisierung von Allmenden („eijido"). Sie wurden im Gefolge der mexikanischen Revolution 1934 durch die Bodenreform wieder eingeführt und umfassten 1960 24 % des bebauten Landes. Auseinandersetzungen um Commons sind nicht „nur" defensiv, sondern betreffen auch neu entstehende Gemeingüter (wie „freie software"). Die Diskussion geht mittlerweile über die Erhaltung von Commons sowie über die Zusammenarbeit zahlreicher Menschen ohne Gewinninteresse (bspw. bei Wikipedia[47]) und über die Gebiete von Wissen, Information und Kultur hinaus. Zum Thema wird nun, wie eine Kooperation zwischen Gleichen ('peers') als Peer-Ökonomie die gesamte Wirtschaft umfassen könnte. Ich beschränke mich darauf, auf diese Diskussion hinzuweisen.[48]

Vom Privateigentum unterscheidet sich der nachkapitalistische und nachbürgerliche Bezug auf Objekte ums Ganze. Wer für ein Moment der Welt sorgt und wessen Fähigkeiten sich dazu als geeignet erweisen, der kann dieses Moment in einem nicht besitzindividualistischen Sinne als „sein" bezeichnen. Dieser Bezug würde „uns so mit Dingen verbinden, dass sie zu Mitteln unserer Entfaltung wie wir zu Gehilfen ihrer Entfaltung werden können und sollen" (zur Lippe 1991, 92). Was auf diese Weise von uns betreut, besorgt und entfaltet wird, das trennt uns „nicht definitiv ab" von anderen. Solcherart Bezug „macht ein Großes und Vieles an einem seiner Teile fühlbar und zugänglich. Hier ist das alte logische Modell des pars pro toto noch wirksam: der Teil verbindet mich mit dem Ganzen, statt dass ich ihn vom Ganzem isoliere" (Ebd., 88). Anders verhält es

47 Zu den Schattenseiten der „anonymen Schwarmintelligenz" von Wikipedia vgl. Oppong 2014.

48 Zur positiven Darlegung der „Peer-Ökonomie" vgl. bspw. Siefke 2009 und Meretz 2015. Viele Aufsätze zur Thematik finden sich auf der einschlägigen Internetseite www.keimform.de. Zur Kritik vgl. Schuhler 2010, 43f., Imhof (http://www.keimform.de/2008/werner-imhof-zur-kritik-der-peer-oekonomie/) sowie Weiß und eine daran anknüpfende Diskussion (http://www.keimform.de/2009/peer-oekonomie-in-der-diskussion-ii/#more-1276). Diese Diskussion ist auch in Bezug auf die Frage nach den Lenkungs- und Entscheidungsstrukturen in einer nachkapitalistischen Ökonomie aufschlussreich. Fischbach (2016, 143, 159-173) kritisiert (nicht nur an den Vorstellungen über den 3D-Drucker) „die Illusion, es gäbe eine universelle Fertigungsanlage, die ohne aufwendige und besonderes technologisches Wissen erfordernde Umbau- und Umrüstmaßnahmen dazu in der Lage wäre, beliebige Produkte herzustellen" (Ebd., 161).

sich beim Eigentum in der bürgerlichen Gesellschaft. Als andere ausschließende Verfügungsmacht Einzelner isoliert es den jeweiligen Privateigentümer von den anderen. Privateigentum heißt: Sich einen Teil nehmen, ihn reservieren, andere von ihm aussperren, eine Zugangsschranke errichten. Privateigentum heißt: die Welt zerteilen in viele Bruchstücke, die aber keine Teile sind in dem Sinne, dass durch den Teil „das Ganze" auf besondere Weise in Verbindung zu dem kommt, der durch den Teil am „Ganzen" teilzuhaben weiß.[49]

Im Kapitalismus geht es nicht nur um Privateigentum, sondern um kapitalistisches Privateigentum. Es bezieht sich auf produktives Kapital. „Produktiv" wird es, insofern der Eigentümer Arbeitskräfte arbeiten lässt, die Mehrwert erzeugen. Die kapitalistische Ökonomie hat nicht selbst kapitalistisch betriebene und sich nicht nach Maßstäben der Mehrwertproduktion rechnende Arbeiten zur Voraussetzung. Sie betreffen die gesellschaftlichen Infrastrukturen, die Tätigkeiten für die Gesundheit und die Erziehung. Die Steuern, die Unternehmen zu zahlen haben, ändern nur in geringem Maße etwas am konstitutiven Konstruktionsfehler der kapitalistischen Geschäftsweise. Weder erfasst sie diese Vorleistungen in ihrer Wertrechnung angemessen noch existieren gesellschaftliche Eigentums- und Verfügungsrechte über den Reichtum der Unternehmen (Produktionsmittel, Patente sowie Wissen, Know-how und Erfahrungen), die den von den Kapitalen in Anspruch genommenen gesellschaftlichen Vorleistungen entsprechen.

17) Welche zentralen „Teufelskreise" lassen sich überwinden?

So viele Beanstandungen erfüllen die Öffentlichkeit, dass die eine die andere entwertet. Demgegenüber hilft es, die durch eine nachkapitalistische Gesellschaft möglichen Veränderungen zusammenfassend auf eine Querschnittproblematik zu beziehen: die Überwindung zentraler zirkulärer Handlungszusammenhänge oder sich selbst positiv bestärkender Prozesse. Die Erkenntnis dieser Muster trägt bei zur Übersicht in der erscheinenden Unübersichtlichkeit.

---

49 Das Privateigentum steht quer zu „intensiven, fürsorglich teilhabenden Beziehungen zum Ganzen der Welt" (zur Lippe 1991, 89). „Hat Eigentum noch Momente der Agri-Kultur, also der dankbaren Pflege und der Zugehörigkeit zu dem, was dem Menschen als Lebensgrundlage anvertraut ist, erhalten, so ist Kapital der Begriff für das Gegenteil. Er steht für die Systematik der Auflösung solcher Bindungen, die nur als Sentimentalität gelten können, als jene Emotionalität, die abgelöst von dem sog. sachlichen Verhältnis zu den Dingen ist und, bestenfalls, zu ihnen gelegentlich hinzutritt" (Ebd.).

In der kapitalistischen Gesellschaft ist ein Problem Anlass dafür, Angebote zu platzieren – getrennt von der Bearbeitung dieses Problems und unter Nichtantastung seiner Ursachen. In der nachkapitalistischen Gesellschaft geht es darum, die ungehinderte „Produktion“ von negativen Nebenfolgen zu verringern. Der Problemvermarktung oder dem okkasionalistischen Verhalten zu diesen Problemen lässt sich gesellschaftlich der Boden entziehen.

Kapitale orientieren sich daran, zwecks Vermehrung der Gelegenheiten für eine mehrwertschaffende Arbeit möglichst viel der Welt zu einer verkaufbaren Ware zu machen. In der nachkapitalistischen Gesellschaft bekommt die öffentliche Daseinsvorsorge einen anderen Stellenwert. Ich habe dies am Beispiel des Verkehrssystems ausgeführt (vgl. Kapitel 4a). In der kapitalistischen Gesellschaft existiert demgegenüber der *Teufelskreis der privaten Nachfrage.* „Es ist dem einzelnen objektiv nicht möglich, Befriedigung für Bedürfnisse zu finden, die er (nach Unterscheidung von Marx) als 'gesellschaftliches Individuum' empfindet und nicht als 'zufälliges Individuum'. Sich selbst überlassen, wird er immer dazu neigen, eher individuelle Güter zu fordern als kollektive Dienstleistungen oder Einrichtungen. ... Es gibt also kein spontanes Votum für die Prioritäten und Werte der 'Konsumgesellschaft' ...; es gibt nur die Ohnmacht, eine Alternative zu definieren und dafür einzutreten“ (Gorz 1967, 119f.). Zum Thema werden die Schwierigkeiten kollektiver Assoziation auch insofern, als „die kollektiven Bedürfnisse in ihrem Inhalt nur kollektiv definiert werden können“ (Ebd., 119).

Die Fokussierung oder gar Fixierung auf das Privateigentum und der schlechte Zustand der Gemeingüter bilden wechselseitig füreinander Voraussetzung und Resultat. Ansätze einer gegenüber diesem *Eigentumszirkel* befürwortenswerten Entwicklung existieren bspw. in den skandinavischen Gesellschaften. Parteien mit Steuersenkungsforderungen, die den privaten Konsum zulasten des öffentlichen Konsums erhöhen wollen, sehen sich einer Bevölkerungsmehrheit gegenüber, die vom Wert qualitativ hochwertiger öffentlicher Dienstleistungen (gute Kindergärten, Krankenhäuser, Schulen) überzeugt ist und insofern starke Vorbehalte gegenüber einem Abbau des Sozialstaats bzw. des „sozialen Eigentums“ (Castel) hat.

In der kapitalistischen Gesellschaft koexistieren die überanstrengende Arbeit sowie ein stressiger Alltag einerseits und ein Konsum- und Mediengenuss andererseits. In der nachkapitalistischen Gesellschaft wird gesellschaftlich daran gearbeitet, den Gegensatz zwischen Heteronomie- und Autonomiesphären zu verringern. Erleben die Individuen ihre Arbeit und ihren Alltag nicht als ihre Sinne und Fähigkeiten sowie ihren Horizont entfaltend, so liegt die Perspektive konsumtiver (Über-)Kompensation nahe. Diese erfordert wiederum gesamtgesellschaftlich ein höheres Ausmaß der Arbeiten, Techniken, organisatorischen Leistungen usw., die den Heteronomiesphären angehören. Unbefriedigende Arbeit und kompensatorischer Konsum verstärken sich gegenseitig (*Kompensationszirkel).*

Im Kapitalismus rechtfertigen Produktion und Konsum einander auf kurzschlüssige Weise. Viele unattraktive und belastende Arbeiten motivieren die Arbeitenden zu kompensatorischem Konsum. Den Produzenten und Anbietern wiederum sind die Ursachen problematischer Bedürfnisse ebenso wenig wie diese selbst ein Problem, sondern allzu oft förderliche Bedingung ihres Absatzes. In einer nachkapitalistischen Gesellschaftsordnung werden die Konstitution der Bedürfnisse durch die Arbeit und die Konstitution der Arbeiten durch die Bedürfnisse zum Gegenstand von gesellschaftlicher Reflexion und Gestaltung. Ein Thema dieser Reflexion ist der Unterschied zwischen den spontanen Vorstellungen des jeweils individuellen Wohls und dem, was Interesse und Bedürfnis im wohlverstandenen Sinne des Betroffenen ausmacht. (Zur Notwendigkeit dieser Unterscheidung vgl. Kapitel 24 und 33.) „Leiste deinen Zeitgenossen, aber was sie bedürfen, nicht was sie loben!" (Schiller) ist die Devise. Bspw. wird zum Thema, wie Konsumenten mit ihren Nachfrageentscheidungen die Produzenten zu mehr ökologischer Rationalität veranlassen können und umgekehrt die Produzenten durch ihre Produkte das ökologische Verhalten der Konsumenten beeinflussen. Die Sichtweisen des Zweck-Mittel-Verhältnisses sowie der Konsumentensouveränität („Ich weiß doch, was ich will!") blenden die inneren Abhängigkeiten zwischen Produktion und Konsumtion aus.

Je stärker die Orientierung an einem extrinsischen Verhältnis zu den Waren bei den Produzenten und je gravierender Einkommensunterschiede ausfallen, desto schwerer haben es intrinsische Motivationen und Handlungsweisen, die sich daran orientieren, die eigenen Fähigkeiten im wohlverstandenen Sinne der Empfänger der Arbeiten und der von ihnen mittelbar Betroffenen anzuwenden. Vor diesem Hintergrund gewinnen extrinsische Prämien zusätzlich an Relevanz. Die nachkapitalistische Gesellschaft wird daran arbeiten, diesen beiden Teufelskreisen den Boden zu entziehen.

In dem Maße, wie Einkommensunterschiede etabliert sind, orientiert sich individuelles Sinnen und Trachten an ihnen. „Aber wenn es einen solchen Unterschied in einem Gesellschaftssystem nicht gibt, wenn es als ebenso unsinnig angesehen wird, mehr verdienen zu wollen als die anderen, wie wir es heute als unsinnig ansehen (jedenfalls die meisten von uns), um jeden Preis ein 'von' vor seinem Namen setzen zu wollen, dann werden auch Motivationen, die einen wirklichen gesellschaftlichen Wert haben, auftauchen oder, besser noch, sich entfalten können: das Interesse an der Arbeit selbst, das Vergnügen, etwas gut zu machen, was man sich selbst vorgenommen hat, Erfindungsgabe, Kreativität, die Wertschätzung und Anerkennung der anderen. Umgekehrt, so lange die jämmerliche ökonomische Motivation da ist, werden einem von Kindesbeinen an alle anderen Motivationen abgewöhnt und verkümmern" (Castoriadis, Mothé 1992, 20f.).

Vor dem Hintergrund des für die kapitalistische Produktionsweise charakteristischen Desinteresses daran, wie Produkte die menschlichen Sinne und Fähigkeiten, Reflexionsvermögen und Sozialbeziehungen im Sinne des guten Lebens entwickeln, kommt es zu einer tiefen Ungewissheit über den inhaltlichen Wert der Angebote. Die Medien rücken in die Mitte der Aufmerksamkeit. In ihrem Kosmos kommt der Schneeball ins Rollen oder eben nicht. „Man spricht davon, weil man davon spricht und so fort: das Medium geht zum Medium, die Zelebrationen zu den Zelebritäten wie das Geld zu den Reichen. Oder es bewegt sich nichts" (Debray 1981, 138). Was – aus welchen Ursachen oder Motiven auch immer – eine hohe Nachfrage, Aufmerksamkeit oder Reputation erlangt, das gilt bereits infolgedessen als „interessant". Der Erfolg gewinnt ein unangemessenes Gewicht. Er rückt zum Güteausweis vor, wo sich der menschlich-soziale Wert von Angeboten nicht zureichend vergegenwärtigen lässt. Die magnetenhafte Anziehungskraft des Erfolgs verstärkt die Schwindsucht der Urteilskraft. Ein Erfolgszirkel oder ein Teufelskreislauf des Erfolgs etabliert sich.

In der kapitalistischen Ökonomie bildet die Konkurrenz einen sich selbst reproduzierenden Zirkel (vgl. Kapitel 1d): Jeder sieht sich genötigt zu fressen, um nicht gefressen zu werden. In der nachkapitalistischen Gesellschaft geht es um Wettbewerb und um Kooperation (auch in Bezug auf Optimierung und Innovation). Andere Unternehmen sind Trainingspartner. Vor dem Hintergrund von Konkurrenz, Privateigentum und dem starken Gewicht extrinsischer Interessen kommt es im Kapitalismus zum Zirkel der *gegenseitigen Instrumentalisierung*[50] und zu *Zusammensetzungsfehlschlüssen*.[51] Auf beiden Teufelskreisen baut der

50 „Meine Instrumentalisierung des anderen impliziert notwendig, dass auch der andere mich instrumentalisiert. Indem ich mich von ihm isoliere, isoliert er mich von sich. Damit bin ich, im Versuch, mich durch die Kontrolle anderer abzusichern, immer mehr auf mich selbst zurückgeworfen, also immer ohnmächtiger den von mir unverfügbaren Lebensbedingungen ausgeliefert" (Holzkamp 1983, 377).

51 Der Maxime, es sei für die Gesellschaft als ganze vorteilhaft, was auch für den einzelnen vorteilhaft ist, stehen unvorteilhafte Resultate bei einer Verallgemeinerung individuell vorteilhafter Handlungen entgegen. Wenn viele einzelne gegen die Inflationsgefahr Abhilfe in Sachwerten suchen, so wird die Inflation dadurch

Marktzirkel auf. Märkte schwächen bestimmte soziale Motive, Fähigkeiten und Zusammenhänge (vgl. dazu das Ende von Kapitel 18a.). Diese Schwäche erscheint als unabhängig vom Markt existierende Bedingung, der er Rechnung zu tragen habe. Der vorliegende Band macht Vorschläge, durch welche Veränderungen diese Teufelskreise unnötig werden können. Die Chancen für eine Überwindung der modernen kapitalistischen Gesellschaftsstrukturen steigen, wenn in der Bevölkerung ein kritisches Bewußtsein für die genannten Teufelskreise wächst.

---

gerade gefördert. Wenn viele einzelne gegenüber der städtischen Lebenswelt das Einfamilienhaus im Grünen vorziehen, so resultiert Zersiedelung. Die zunächst bei einer individuellen Handlung als vernachlässigbar erscheinenden und auch erst verzögert auftretenden Nebenwirkungen der Interaktion vieler solcher unbekümmerter individueller Handlungen fügen sich zu einem unvorteilhaften Gesamtmuster. Zusammensetzungsfehlschlüsse führen aber nicht nur zu Markt-, sondern auch zu Demokratieversagen. Ebenso wie der Zeithorizont am Markt kurzfristig ist (Interesse am kurzfristigen Nutzen), so auch bei politischen Wahlen. Wahlen und Märkte sind unsensitiv für die „Optionsnachfrage“ (Weisbrod 1964). Beide Institutionen drücken unmittelbare Präferenzen aus, nicht aber Zahlungs- oder Zustimmungsbereitschaft „für die Güter eines möglichen zukünftigen Konsums“ und befördern den „Zusammensetzungsfehlschluss, wenn aus den getätigten Käufen der Einzelnachfrage auf die tatsächliche Gesamtnachfrage geschlossen und die Optionsnachfrage vernachlässigt wird“ (Koslowski 1994, 216).

18) Wird die nachkapitalistische Gesellschaft eine Marktwirtschaft sein?

„Sozialistische ökonomische Arrangements sollen kooperatives Verhalten eher ermutigen, als feindliche konkurrenzhafte Beziehungen. Schließlich bleibt die Überzeugung stark, und dies mit guten Gründen, dass Marktkräfte Entfremdung und ein Gefühl von Hilflosigkeit verstärken, Objekt von Kräften außerhalb der eigenen Kontrolle zu sein, statt Partizipation in einem Prozess individueller und kollektiver Selbstbestimmung zu fördern."

Adaman, Devine 1997, 72

„Marx wollte die Welt nicht allein von den mit dem Privateigentum verbundenen Ungleichheiten befreien, sondern von der mit dem Marktsystem verbundenen Entfremdung und dem Warenfetischismus."

Weisskopf 1992, 12

a) Was sind Probleme des Marktes?

Märkte sehen erstens ab von Bedürfnissen, die nicht als zahlungsfähige Nachfrage auftreten.

Zweitens wird die Preisbildung zum Problem, wo sie auf unbepreisbare Güter trifft. Wie wollen wir den Preis einer verschwundenen Tierart oder von Schädigungen der menschlichen Gesundheit bestimmen? Die Schäden, die Marktteilnehmer durch die Produktion und durch den Konsum verursachen, lassen sich in Marktpreisen nicht angemessen darstellen. Insofern stellt die Marktwirtschaft eine Wirtschaft dar, die durch mangelnde praktische Aufmerksamkeit für die von ihr ausgehenden Schäden die Schadensverursachung begünstigt. Drittens reagieren Marktpreise (z.B. beim Erdölpreis) auf aktuelle Knappheitsverhältnisse i.U. zur Berücksichtigung zukünftiger Knappheiten. Eine reine Marktwirtschaft tut sich viertens schwer, öffentliche Güter zu produzieren. Sie zeichnen sich aus durch Nichtausschließbarkeit vom Konsum. Der Leuchtturm leuchtet für alle. Eine reine Marktwirtschaft wird öffentliche Güter nicht produzieren. Privateigentümer bezahlen von sich aus nicht für etwas, das sie sich nicht als andere ausschließendes Eigentum aneignen können.

Fünftens ist die Annahme mit Fragezeichen zu versehen, derzufolge der Markt als wirkungsvoller Auslesemechanismus gilt, in dem sich das beste Produkt durchsetzt. Dieser Vorstellung stehen empirische Fallstudien entgegen. Sie belegen (am Beispiel der Schreibmaschinentastatur, der Reaktortechnik und der Videokassetten), dass jeweils verschiedene Varianten existierten, sich aber *nicht* die produktivste oder technisch ausgefeilteste durchsetzen konnte. Historische Zufälle, Marktmacht und Netzwerkeffekte (passt eine Technik besser zu anderen, obwohl sie qualitativ unterlegen ist?) charakterisieren die real existierenden Märkte im Unterschied zu ihrem modellplatonischen Lob. Es kommt zu Pfadabhängigkeiten: Dem gebahnten Weg wird eher gefolgt als Innovationen, die mit hohem Veränderungsaufwand einhergehen. Darüber hinaus existieren Prognoseprobleme. Neue Produkte leiden zumeist an „Kinderkrankheiten“. Letztere lassen sich erst mit der massenhaften Durchsetzung des jeweiligen Produkts überwinden. Häufig stellt sich die Situation ein, dass „eine schlechtere Technologie *ohne* 'Kinderkrankheiten' anscheinend besser funktioniert als die bessere *mit* 'Kinderkrankheiten' und sich das schlechtere Produkt durchsetzt“ (Beigewum 2005, 105). Was ein Produkt wirklich zu leisten vermag, das ist in der Anfangsphase auch für Fachleute schwer abschätzbar. Es „wird die Entscheidung über die Verwendung einer neuen Technologie zumeist auf der Basis unvollständiger Informationen getroffen, wodurch die Irrtumswahrscheinlichkeit sehr hoch ist“ (Ebd.).

Sechstens ist der Markt als Regulationsweise im Kapitalismus mit Problemen verbunden. In Wirtschaftskrisen wird auf kapitalistischen Märkten die Aufgabe des Wirtschaftssystems verfehlt, Angebot und Nachfrage effizient zu koordinieren. Der kapitalistischen Marktwirtschaft ist nicht zuletzt infolge der Konkurrenz eine Bewegungsform eigen, bei der der Trieb zur (Über-)Mobilisierung aller Kräfte kein Halten kennt. Alle müssen fressen, um nicht selbst gefressen zu werden. Alle fahren die Produktionskapazitäten hoch und daraus resultiert so sicher wie das Amen in der Kirche Verstopfung bzw. ein massiver Überschuss des Angebots im Verhältnis zur zahlungsfähigen Nachfrage. Auf dieses Missverhältnis folgt die Entwertung des Kapitals (Firmenbankrotte). Dieser Bewegungsmodus ähnelt natürlichen Prozessen: Eine Tierart vermehrt sich exponentiell, bis sie ihre Nahrungsquellen so dezimiert hat, dass erst durch das Absterben einer hohen Zahl von Tieren dieser Art deren Überleben gesichert ist. Effiziente Prozessregulation sieht anders aus. Die der kapitalistischen Marktwirtschaft eigene Regulation beinhaltet eine Art der Steuerung, die „zu spät, zu brutal und mit zu hohen Sozialkosten“ stattfindet (Jänicke 1987, 165). Die Aufgabe des Wirtschaftssystems, eine möglichst effiziente und kostensparende Regulation zu ermöglichen, ist mit der der kapitalistischen Ökonomie arteigenen Verjüngungskur durch Vernichtung von Kapital nur sehr eingeschränkt erfüllt. Oft lassen sich Krisen nur durch massive und kostspielige Staatsintervention bewältigen.

Die mit Märkten verbundene Atomisierung der Nachfrage bzw. die Isolation der Beteiligten voneinander habe ich bereits in Teil I angesprochen (s. Abschnitt n). Vom Markt als gesellschaftlicher Verkehrsform zwischen „Ungenossen" (Weber) gehen negative Effekte aus, selbst wenn er als sozialtechnologische Synthesis funktionieren würde. Eine Negativauslese wird zum Problem. Märkte belohnen bzw. bestrafen „bestimmte Typen der Persönlichkeitsentwicklung. Das, sagen nun manche, ist ja gerade das Schöne an einem Markt: Er funktioniert auch dann, wenn die Leute einander völlig gleichgültig sind. Weder komplexe Kommunikation unter den Teilnehmern noch gegenseitiges Vertrauen sind nötig. Doch da liegt gerade das Problem. Die Wirtschaft ... ist eine riesige Schule. Sie belohnt die Entwicklung bestimmter Fähigkeiten und Haltungen und lässt andere Potenziale brachliegen oder ganz verkümmern. Indem wir lernen, in so einer Umgebung zu funktionieren, werden wir zu jemandem, der wir unter anderen Umständen nicht geworden wären. Wenn die Märkte an den wertvollen Eigenschaften sparen – z.B. an Solidaritätsgefühlen, an Empathie, an der Fähigkeit zu komplexer Kommunikation und kollektiver Entscheidungsfindung – dann geschieht das angeblich gerade, weil diese Eigenschaften so dünn gesät seien. Auf lange Sicht tragen die Märkte aber zu deren Verfall und letztlichem Verschwinden bei. Was aussieht wie eine knallharte Anpassung an die Schwächen der menschlichen Natur, könnte tatsächlich Teil des Problems sein" (Bowles, zit. n. Albert 2006, 70).

b) Wie unterscheidet sich die wirtschaftliche Realität von marktwirtschaftlichen Vorstellungen?

Zum Konzept der Marktwirtschaft gehört die Vorstellung, produziert werde für einen unbekannten Bedarf anonymer Kunden. Für den Markt seien flüchtige und ständig wechselnde Kontakte charakteristisch. Faktisch werden große technische Anlagen allerdings meist erst auf Bestellung hin produziert. S-Bahn-Wagen sind ein Beispiel dafür. Die Ausschreibung eines Wettbewerbs zur Ermittlung des kostengünstigsten und qualitativ besten Anbieters unterscheidet sich von den üblichen Interaktionen auf Produktmärkten.[52] Hersteller-Zulieferer-Bezie-

52 Die *Vorstellung vom Markt als Produktion von Waren für unbekannten Bedarf* hat bereits heute mit der gewachsenen Wirklichkeit sowohl der Verbundwirtschaft (vgl. Anm. 37) als auch der Interaktionen zwischen Anbietern und Nachfragern nur eingeschränkt etwas zu tun. „Die Produktion der meisten Produktionsmittel, aber auch eines großen Teils der Mittel für den individuellen und erst recht für den öffentlichen Konsum ist Produktion für einen quantitativ und qualitativ genau spezifizierten Bedarf, die vorherige Abstimmung und Vereinbarungen zwi-

hungen, Kooperationsnetzwerke[53] zwischen unabhängigen Unternehmen und Entwicklungspartnerschaften stellen Beispiele dafür dar, dass die faktischen Wirtschaftsbeziehungen sich z.T. stark vom Markt*modell* unterscheiden.[54] Lebensmittelkonzerne bspw. wissen aus Erfahrung, welche Mengen Supermärkte nachfragen und kalkulieren die Mengen nach diesen Erfahrungswerten. Bereits innerhalb der Marktwirtschaft existieren starke Einschränkungen der „Anarchie" des Marktes.

Das Marktmodell schreibt Märkten die Allokationsfunktion zu mit dem Argument: „Preise sind es, die die wirtschaftlichen Aktivitäten der einzelnen wirtschaftenden Einheiten, der Haushalte und der Unternehmungen, in gesellschaftlich erwünschte Bahnen lenken. Sie verhindern damit, dass knappe Ressourcen für die Produktion von Gütern verwendet werden, die nicht erwünscht sind und daher keinen Nutzen stiften. Preise stellen wichtige, hoch komprimierte Informationen dar, sie signalisieren relative Knappheiten und lenken damit die

---

schen Auftraggebern und -nehmern voraussetzt und laufende Qualitätskontrollen erfordert; Formen der Kooperation also, die die private Form des Produktionsprozesses teilweise aufheben. Darüber hinaus sind in vielen Bereichen der Industrie zwischen- und überbetriebliche Kooperationen gang und gäbe, die bis zur gemeinsamen Produktentwicklung und Produktionsplanung reichen können; Beispiele sind die Hersteller-Zulieferer-Beziehungen in der Autoindustrie, Cooperative commerce oder auch jede Großbaustelle" (Imhof 2004, 64).
Niemand geht „in den Supermarkt, um dort hydroelektrische Turbinen für eine Talsperre zu kaufen; diese werden unter Angabe sehr genauer, bis ins kleinste Detail gehender Präzisierungen bestellt. Sogar wenn das durch eine öffentliche Ausschreibung geschieht, ist es doch nicht das gleiche wie die 'Zuteilung über den Markt'. Die verschiedenen Kostenvoranschläge bedeuten doch nicht, dass tatsächlich verschiedene Produkte hergestellt werden, unter denen man dann eine Auswahl treffen kann. Sie führen doch dazu, dass nur ein Produkt wirklich hergestellt wird, das dann automatisch gebraucht wird" (Mandel o. J., 15).

53 Kooperationsnetzwerke zwischen unabhängigen Unternehmen und Entwicklungspartnerschaften stehen allerdings in der kapitalistischen Marktwirtschaft unter einem Vorbehalt: Das Wahrnehmen günstigerer Angebote, die Konkurrenz und die „schöpferische Zerstörung" gehen mit Flexibilität und „Partnerwechsel" einher.

54 Das marktwirtschaftliche Konzept versteht Wirtschaft als „offenes, fluides Feld von stets reversiblen und ad hoc initiierbaren Interaktionsverhältnissen" (Geser 1983, 113). Es „haben häufig sich wiederholende (und entsprechend zukünftig voraussehbare) Austauschhandlungen mit denselben Komplementärpartnern zur Folge, dass die arbeitsteilige Beziehung mit Elementen diffuser Bindung (Loyalitätsgefühl, persönliche Bekanntheit, 'Goodwill') angereichert und die einseitige Verfolgung autozentrierter Interessen moderiert wird durch den Wunsch, das zur Fortsetzung der Kooperation notwendige 'Vertrauensklima' zu erhalten" (Ebd.).

knappen Ressourcen in jene Verwendungsrichtungen, in denen sie, signalisiert durch die jeweilige Nachfrage der Haushalte, am dringendsten benötigt werden“ (Stocker 1994, 112f.). Wie in Kapitel 1 gezeigt, findet die in Bezug auf das Gemeinwohl optimale Lenkung der Ressourcennutzung durch Märkte nur sehr eingeschränkt statt.

c) Wie verändern sich die Märkte?

Würde ökologische Nachhaltigkeit an Relevanz gewinnen, gäbe es bereits infolgedessen mehr außerwirtschaftliche Ziele und Vorgaben für die Wirtschaft. Nachhaltiges Wirtschaften erfordert die „Gestaltung von Stoffkreisläufen mit Wiedereingliederung und Mehrfachnutzung desselben Stoffs“ (Thie 2013, 83). Die Durchwirkung der Märkte mit marktexternen Vorgaben und Maßverhältnissen[55] betrifft auch die in Abschnitt a (1-5) dieses Kapitels benannten Probleme.

Es gibt zweitens nicht *den* Markt, sondern verschiedene Märkte. In der nachkapitalistischen Gesellschaft fallen Kapitalmärkte weg. Auf ihnen bewegen sich Kapitale durch die Wirtschaftsbranchen auf der Suche nach den profitabelsten Anlagemöglichkeiten. In nachkapitalistischen Unternehmen ist der Gewinn ein, aber nicht *das* Ziel. Der Gewinn bildet dann ein Ziel unter anderen. Die Aufhebung des Warencharakters der Arbeitskraft beinhaltet, eine Wirtschaftsweise zu überwinden, die sich auf die Vergrößerung einer bestimmten Differenz fokussiert. Es handelt sich um den Unterschied zwischen dem Betrag, der zur

---

55 Maßverhältnisse betreffen in der nachkapitalistischen Gesellschaft bspw. die Proportionen zwischen den Bedürfnissen der Arbeitenden nach einer „guten Arbeit“ und den Bedürfnissen der Konsumenten nach guter Versorgung mit Produkten. Hegel bezieht den Begriff des Maßes auf die Einheit von Qualität und Quantität eines Inhalts. „Die Größe aber und deren Änderung als bloße Größe ist eine für das Qualitative gleichgültige Bestimmtheit, wenn sie sich nicht als Maß geltend macht. Das Maß nämlich ist die Quantität, insofern sie selbst wieder qualitativ bestimmend wird, so dass die bestimmte Qualität an eine quantitative Bestimmtheit gebunden ist“ (Hegel 13, 181). Ein anschauliches Beispiel für das qualitative Maß ist die Kunst. „Ein lyrisches Gedicht hat in seiner Beschaffenheit das Maß seiner Größe. Wenn die Empfindung sich breit macht, so wird sie langweilig. Nichts ist weniger poetisch als das Langweilige. Wenn ein lyrisches Gedicht lang ist, so hört es auf, poetisch zu wirken und zu sein, oder es verliert wenigstens an seiner poetischen Geltung. Umgekehrt braucht ein erzählendes Gedicht, um anschaulich darzustellen, eine gewisse Fülle des Spielraums, die ein ausgedehntes und bequemes Größenmaß fordert. Man kann nicht in derselben Kürze erzählen als empfinden. Ein anderes qualitatives Maß hat die lyrische Poesie, ein anderes die epische“ (Fischer 1865, 315).

Reproduktion der Arbeitskraft notwendig ist, und dem Betrag, der sich durch Nutzung der Arbeitskraft erwirtschaften lässt.

Drittens wird sich die Konkurrenz auf Warenmärkten verringern. Ursachen dafür liegen in der Überwindung künstlicher Produktdiversifizierung (Brauchen wir 30 verschiedene Sorten Fruchtjoghurt?) und in der Verringerung der Zahl der Konkurrenten. (Gegenwärtig gibt es 132 verschiedene Krankenversicherungen.)

Viertens führt die Regionalisierung der Wirtschaft zur Bevorzugung von ortsnahen Anbietern.

Fünftens vergrößert sich der Anteil des öffentlichen Konsums oder der kollektiven Daseinsvorsorge. (Vgl. bspw. den öffentlichen Personenverkehr.) Infolgedessen müssen weniger Güter auf Warenmärkten von Käufern individuell eingekauft werden. Viele Produkte und nachgefragte Dienstleistungen sind dann keine Waren mehr („Dekommodifizierung").

Sechstens passt zum Leitbild der hier skizzierten nachkapitalistischen Gesellschaft, dass sie bestimmten Rückmeldewegen den Vorzug gibt. Kunden ziehen dann die direkte Rückmeldung an den Anbieter dem Wechsel zu einem anderen Anbieter vor. Voice statt exit. Verbraucherverbände können direkt Einfluss auf Betriebe nehmen.

In Marktwirtschaften sollen Gewinne zu wirtschaftlichen Aktivitäten motivieren. In nachkapitalistischen Gesellschaften stehen demgegenüber andere Gründe für das Arbeiten und für die Arbeiten im Vordergrund.

Als zentraler Vorteil des Marktes wird die Leistung des Preismechanismus angesehen, „jeder Art von knappen Mitteln" einen „numerischen Index" zuzuordnen, „der nicht von irgend einer physischen Eigenschaft abgeleitet ist, die das einzelne Ding besitzt, sondern der seine Bedeutung im Hinblick auf den ganzen Komplex von Mittel-Zweck-Verhältnissen wiedergibt oder in dem diese sich ausdrückt" (Hayek 1976, 113). Der Marktteilnehmer braucht nun „bei jeder kleinen Veränderung nur diese quantitativen Indices (oder 'Werte') zu betrachten ..., in denen alle relevanten Informationen enthalten sind" (Ebd.). All dies mag für die Aufgaben gelten, die gesellschaftlich durchschnittliche notwendige Arbeit zu erfassen und diesbezügliche Informationen über Veränderungen in den Ketten der Vor- und Hilfsprodukte einer Ware schnell weiterzuleiten. Etwas anderes ist eine Wirtschaft, in der qualitative Indizes zunehmend eine maßgebliche Rolle spielen. Dann stellt sich die Frage, ob vom Wirtschaften betroffene und im Wirtschaften auf bestimmte Weise aufgebaute oder verkümmerte Qualitäten in Preisen sich zusammenfassen lassen. Preise vergegenwärtigen die materiellen und immateriellen „Kosten" des Wirtschaftens unzureichend. Damit steht der Vorteil des Preismechanismus infrage. Als problematisch erweist sich die Behauptung, *alle* relevanten Hinsichten des Wirtschaftsgutes in *einem* numerischen Index darstellen und alle einschlägigen Sachinformationen in einem leicht handhabbaren quantitativen Informationsinhalt bündeln zu können.

d) Machen moderne Informations- und Kommunikationstechnologien Märkte unnötig?

Angesichts der vielen mit dem Markt verbundenen Probleme wird vorgeschlagen, ihn durch die vermeintlich mit der entwickelten Informations- und Kommunikationstechnologie mögliche Berechnung der Arbeitszeiten, die in den Produkten stecken, und durch den über diese Arbeitszeitquanten vermittelten, geldlosen Tausch zu ersetzen.[56] Dies empfehlen z.B. Cockshott und Cottrell (2006). Die Möglichkeit dieser Vorgehensweise (a) und ihre Wünschbarkeit (b) sind mit Fragezeichen zu versehen.

(a) Eine Institution, die die gesellschaftlich durchschnittlich notwendige Arbeitszeit für bestimmte Produkte ermitteln will, hat sich einiges vorgenommen. Einzubeziehen wären die Vorprodukte, die die Produktion begleitenden Dienstleistungen sowie allgemeine Voraussetzungen wie den Wissenschaftsbetrieb und Infrastrukturen. Nicht nur wäre die gesamte in der Gesellschaft geleistete Arbeit zu ermitteln. Darüber hinaus müsste berechnet werden, welcher Teil dieser Gesamtarbeit auf das jeweilige konkrete Produkt entfällt. Unklar ist, in welchem quantitativen Verhältnis höher und niedriger qualifizierte Arbeiten zueinander stehen. Die Erfassung der Bedürfnisse und der Produkte, des technischen Standes der Produzenten und ihres Arbeitsaufwandes überfordert die Planzentrale *sachlich* und *zeitlich*.[57]

---

56 Zur Auseinandersetzung damit vgl. Bischoff, Lieber 2006, Nick 2007, Tesch 2007, Ringger 2008, 74f., 79f.

57 In der Vorstellung von „unmittelbar gesellschaftlicher Arbeit“ steckt häufig nicht mehr als eine vage Gegenposition zur Verschwendung, die in der Marktsynthesis stattfindet, und zum Marktversagen. Diese Vorstellung sieht aber davon ab, dass „die Produktivität der Arbeit, sowohl nach der Seite der objektiven Produktionsbedingungen (Maschinerie) als auch nach der subjektiven Seite der Arbeitsorganisation etc. sowie die Intensität der Arbeitsbelastung als branchen- und gesamtwirtschaftliche Durchschnittsgrößen vorab nie exakt zu quantifizieren sind. Noch weniger ist es jedoch möglich, die zweite Bestimmtheit der gesellschaftlich notwendigen Arbeitszeit, gegeben durch das Maß der zahlungsfähigen Bedürfnisses nach Gebrauchswerten bestimmter Art, ex ante zu quantifizieren“ (Krüger 1990, 61f.). Der auf dem Markt ablaufende Prozess „des Ins-Maß-Setzens der individuell verausgabten Arbeiten“ setzt „keineswegs vorab bestimmbare Gleichgewichtsbe-

Nehmen wir z.B. die Frage „Soll der Produktionszweig A expandieren?“ Zur Beantwortung wird es notwendig, die Kosten dieser Expansion zu ermitteln. Um diese Frage zu beantworten, muss eine andere Frage geklärt werden: Wie kann die beabsichtigte Ausweitung durch Kürzungen in anderen Produktionszweigen B, C, D ff. bewerkstelligt werden, sodass dort Aufwendungen frei werden, die sich nun in A einsetzen lassen? Man wird dann fragen, was die Kosten von B, C, D ff. sind.[58] „Jede einzelne Entscheidung hängt in einem Prozess gegenseitiger Determinierung von allen andern ab. ... Man muss Substitutionsraten finden. Man muss Grenzwerte finden, bei denen jeweils eine bestimmte Ware oder Dienstleistung als Ersatz für die nützlichste und rentabelste Produktionsalternative dienen kann“ (Lindblom 1983, 124). Der Planer müsste „z.B. wissen, auf welche Wertmenge Stahl man verzichten muss, um das Angebot an Transportleistungen um ein bestimmtes Volumen zu erhöhen“ (Ebd., 82).

b) Selbst wenn sie die mit ihr befassten Institutionen *nicht* überfordern würde, wäre eine zentrale Planung *sozial* problematisch. Sie würde die Freiheitsgrade der einzelnen Betriebe in der Gestaltung ihrer Arbeit reduzieren. Die Annahme, es existiere ein technokratisch festlegbares Optimum der Wirtschaft, steht, vorsichtig formuliert, in einem problematischen Spannungsverhältnis zur öffentlichen Beratung, Erwägung und Entscheidung über die Proportionen zwischen den verschiedenen gesellschaftlichen Bedürfnisse und Arbeiten.[59] Die Festlegung der Preise durch die Berechnung der in den Produkten enthaltenen Arbeitszeiten sendet zudem an die Betriebe ein sozial nicht befürwortbares Signal. Bei den Belegschaften entsteht der Anreiz, möglichst viel Arbeit zu verausgaben.

---

dingungen bloß durch“ (Ebd., 62). Vielmehr werden „die Austauschverhältnisse innerhalb und zwischen den Abteilungen der Produktion in diesem Prozess erst herausmodelliert. Die Preisbewegung ist somit eine regulierte und – innerhalb gewisser Grenzen – regulierende Bewegung; eine derartige Wechselwirkung ungleicher Kräfte ist weder theoretisch mit dem Instrumentarium der Gleichgewichtsökonomie noch praktisch mit dem Instrument zentraler Planung im Sinne von ex-ante-Regulation adäquat zu erfassen“ (Ebd.).

58 Das Beispiel setzt der Einfachheit halber ein Null-Summen-Spiel voraus. In ihm verliert A, was B gewinnt – und umgekehrt. In einer expandierenden Wirtschaft können A und B wachsen.

59 „Wenn das Problem als technokratisches beschrieben wird, dann ... (ist davon auszugehen – Verf.), dass die technokratischen Eliten die Planung durchführen sollen. ... In der Technokratie aber werden Interessen nicht offengelegt, sondern mit technischen Argumenten und Methoden kaschiert. Konflikte, die nicht offen ausgetragen werden, verschwinden nicht, sondern entfalten ihre Wirkung durch die Hintertür ...“ (Ringger 2008, 75).

e) Das Spannungsverhältnis zwischen der Rechenschaft über die innerökonomisch vorhandenen Mittel und der Orientierung an qualitativen Indikatoren

Märkte sind Orte, auf denen sich herausstellt, was die gesellschaftlich notwendige Arbeitszeit ist. Mir ist bei aller notwendigen Kritik am Markt nicht bekannt, welche andere Institution dies leisten können soll. Keine Planzentrale wird wissen, welches Restaurant bei den Kunden mehr Resonanz findet oder welches Produkt den Präferenzen der Konsumenten besser entspricht als andere. Die nachkapitalistische Gesellschaft braucht (gewiss durch gesellschaftliche Vor- und Maßgaben sowie durch qualitative Indikatoren domestizierte) Märkte, insofern sich anders keine gesellschaftlich durchschnittliche Größe des notwendigen Verbrauchs an ökonomisch relevanten Faktoren herausstellen kann. Preise drücken diese Größe aus. Wirtschaft ist ohne eine genaue Rechenschaft über die anfallenden Kosten der Arbeiten und Dienstleistungen unmöglich. Das Dilemma: Ohne die so begründete Sprache der Preise kommt man nicht aus. Gleichzeitig enthält die Sprache der Preise kein Vokabular, um etwas Wesentliches auszudrücken. Gebraucht wird beides: Eine Rechenschaft über die in der Sprache der Preise abbildbaren Kosten und die Rechenschaft über die Wirkungen von Arbeiten und Produkten auf die in der Sprache der Preise nicht darstellbaren Qualitäten.

Nehmen wir z.B. an: Eine Gesellschaft strebt bestimmte Qualitäten an, die sich betriebswirtschaftlich nicht rechnen. Gewollt ist bspw. ein Krankenhaus, in dem die Pflegekräfte und Ärzte für die Patienten Zeit haben und medizinische Maßnahmen sich nicht an der betriebswirtschaftlichen Rentabilität orientieren. Ein solches Krankenhaus verbraucht mehr finanzielle Ressourcen als es erwirtschaftet. Es muss also querfinanziert oder subventioniert werden. Dafür bedarf es anderer Bereiche, die ein Mehrprodukt erbringen. Die Gesellschaft muss sich Rechenschaft ablegen können über ihre finanziellen Ressourcen, wenn sie nicht „von der Substanz leben" will. Sollen die (in diesem Absatz ausgeklammerten) Leistungen des Gesundheitswesens für die Gesellschaft angemessen beziffern werden, erhöht das die Komplexität der Problematik.

Die Betriebe in der hier skizzierten nachkapitalistischen Gesellschaft richten sich nicht allein am Verhältnis Kosten/Gewinn aus. Sie orientieren sich auch an qualitativen Indikatoren, die die ökologischen, gesundheitlichen u.a. Effekte des Arbeitens und der Produkte vergegenwärtigen. Die Betriebe müssen jedoch auch eine Ertragsrechnung durchführen können. *Eine* Dimension der Beurteilung von Betrieben bezieht sich auf sie. Die Ertragsrechnung setzt voraus, dass man vergleichen kann, wie die Betriebe mit ihren Ressourcen wirtschaften und in welchem Maße sie Bedürfnisse befriedigen. (Wohlgemerkt: In der nachkapitalistischen Gesellschaft entscheidet dieser Vergleich nicht allein über die Zukunft des Betriebs.)

Die Ertragsrechnung des Betriebs setzt eine „Preisbildung auf gesamtgesellschaftlicher Ebene" voraus. Ohne einen gemeinsamen Nenner, der allerdings die verschiedenen Qualitäten als Ausdruck von Quantitäten behandelt, „ist keine Ertragsrechnung auf einzelbetrieblicher Ebene möglich. An diesem Widerspruch sind bisher sämtliche Reformversuche des staatssozialistischen Planungssystems gescheitert, es kann die 'Tonnenideologie' nicht grundsätzlich ablegen. Der Rückfall in die Planung mit Naturalgrößen: Meter, Gewicht, Stückzahlen ist systemimmanent; Planung in Form von Natural- oder Stoffkennzeichen und effiziente Organisation eines gesellschaftlichen Produktionsprozesses schließen sich aber aus" (Bischoff, Menard 1990, 26).

Die Vorstellung, wie Märkte einzuhegen seien, bewegt sich bisweilen im Horizont des Bestellwesens von Erzeuger-Konsumenten-Kooperativen. Hier kreuzen die Konsumenten an, was sie von der Erzeugerkooperative zugestellt bekommen wollen. Der Horizont des Bestellwesens übergeht die eigentliche Problematik der wirtschaftlichen Interdependenzen – also die Frage nach dem Verhältnis zwischen verschiedenen Anbietern oder Produzenten einer Branche zueinander, dem Verhältnis verschiedener Branchen untereinander usw. Die Utopien eines Bestellwesens konzentrieren sich auf bilaterale Koordination. Multilaterale Koordination stellt andere Anforderungen.

f) Resümee

> „Es geht darum, in politischer Freiheit eine Balance zu finden zwischen der (Tausch-) Freiheit im Markt und der Freiheit vom Markt und seinen Wettbewerbszwängen."
> *Thielemann 2010, 240f.*

Märkte leisten vieles nicht. Für zentrale Aufgaben bieten sie keine Lösungen (vgl. a, b). Den Märkten in kapitalistischen Ökonomien sind bestimmte Momente eigen, die in einer nachkapitalistischen Gesellschaft wegfallen bzw. stark eingeschränkt werden (vgl. c). In Bezug auf die Ermittlung der durchschnittlich notwendigen Arbeitszeit, die auf die Waren entfällt, und in Bezug auf die Frage, ob für das einzelne Arbeitsprodukt bzw. die einzelne Dienstleistung Nachfrage existiert, ist bislang unklar, wie diese Aufgaben ohne Märkte erfüllt werden können. Auch vergleichsweise entwickelte Planungsmodelle einer partizipatorischen

Ökonomie – vgl. Albert 2006 – erscheinen als viel zu schwerfällig. Zugleich ist eine Marktwirtschaft mit problematischen Effekten gegenüber denjenigen sozialen und gesellschaftlichen Lebensformen verschwistert, die die Märkte domestizieren und mit qualitativen Maßgaben überformen und durchdringen könnten.

Insofern die nachkapitalistische Gesellschaft von den verschiedenen Funktionen bzw. Leistungen von Märkten manche nutzt, andere nicht, kann nicht vom Markt als einer kompakten („all-inclusive" oder en bloc) Substanz die Rede sein. In der nachkapitalistischen Gesellschaft werden für die Arbeiten und Dienstleistungen, für das Wirtschaften, die Organisationen und die Infrastrukturen qualitative Indikatoren maßgeblich. Sie stehen in einem Spannungsverhältnis zum für Märkte zentralen numerischen Index der Preise.

Pseudoradikale wollen in der nachkapitalistischen Gesellschaft Märkte pauschal abschaffen. Sie sind in souveräner Ignoranz erhaben über eine Aufmerksamkeit für die verschiedenen unentbehrlichen Aufgaben eines Wirtschaftssystems[60] und für die Probleme, die beim Wegfall von Märkten entstünden. Solche Marktabschaffer wollen die in den Produkten steckenden Arbeitszeiten berechnen und die entsprechenden Größen dem gesellschaftlichen Austausch zugrunde legen. Die Kritik (vgl. Kapitel 18d) an den Konstruktionsfehlern dieses Vorhabens wird von marktsozialistischen Theoretikern zu Recht formuliert. Hingewiesen wird darauf, wie die vermeintliche Zentralplanwirtschaft in der SU mit einem massiven und wachsenden Ausmaß an Schwarzmärkten einherging (vgl. Krüger 2016, 297-99). Allerdings zeigen Verfechter des Marktsozialismus ihrerseits wenig Aufmerksamkeit für die grundlegenden Trennungen und Abstraktionen, die bereits in der Warenzirkulation und im Geld stecken (gegenseitige Gleichgültigkeit von Produzenten und Konsumenten, Ignoranz gegenüber negativen externen Effekten von Produktion und Konsumtion gegenüber Dritten, Grenzen der Bepreisung, Konkurrenz, Fixierung auf das Privateigentum).

Auch die neueste und elaborierteste Fassung (Krüger 2016) des Marktsozialismuskonzepts, das von der Redaktion der Hamburger Zeitschrift „Sozialismus"

---

60 Erforderlich ist es, a) Informationen zu gewinnen über Bedürfnisse, Produktionskapazitäten, Angebote und Lagerbestände, b) sicherzustellen, dass die Informationen zu denjenigen, die sie brauchen, gelangen, c) die verschiedenen Güter und Arbeiten zueinander ins Verhältnis zu setzen (Kommensurierungsproblem), d) Angebot und Nachfrage miteinander abzustimmen, e) die effizienteste Art der Arbeiten und Dienstleistungen und die effektivste Weise, die Bedürfnisse zu befriedigen, zu ermitteln, f) auf die Wirtschaftseinheiten einzuwirken, damit sie diese Zwecke erfüllen, g) sicherzustellen, dass Steuerungssignale bzw. Anreize dort ankommen, wo sie ankommen sollen (Prozessregulation).

und ihrem Umfeld seit 25 Jahren vertreten wird (vgl. Bischoff, Menard 1990), stellt sich einem bislang ungelösten zentralen Widerspruch nicht. Gute Argumente existieren sowohl für die These, auf Märkte nicht verzichten zu können, als auch für das Plädoyer für „Institutionen und Instrumente der Wirtschaftssteuerung, die nicht subsidiär zu den einzelwirtschaftlichen Entscheidungsprozessen, sondern gleichberechtigt oder übergeordnet zu denselben erfolgt“ (Krüger 2016, 421). Die These und das Plädoyer sind jeweils für sich genommen legitim. Es macht aber einen Unterschied, ob man ein gutes Essen sowie Schokolade einzeln gern genießt oder ob man beide miteinander (zu etwas erst dann Ungenießbarem) verrührt. Krüger verwendet in seinen, dreihundert Seiten umfassenden Überlegungen zur sozialistischen Marktwirtschaft keinen Gedanken auf die Kollateralschäden, die die Marktregulation erleidet durch die von ihm favorisierte „deutliche Einschränkung und von Fall zu Fall Unterordnung der einzelwirtschaftlichen Entscheidungsautonomie unter die strukturpolitische Steuerung“ (Ebd.). Marktsozialisten fragen nicht, ob diese Einschränkung und Unterordnung dazu führen, die Vorteile der Marktregulation faktisch außer Kraft zu setzen. Der Markt ist aber keine Pferdedroschke, in die man nach Belieben ein- und aussteigen kann. Auch lenken lässt sich der Markt nicht wie ein Fahrzeug.

Der selektive Umgang der nachkapitalistischen Gesellschaft mit Momenten und Leistungen von Märkten wirft die Frage nach der systemischen Verträglichkeit einer solchen Herangehensweise auf. Marktverfechter werden argumentieren, einzelne Elemente von Märkten ließen sich sozusagen nicht außer Betrieb setzen, ohne dadurch andere, positiv bewertete Leistungen des Marktes infrage zu stellen.[61] Kapitalismuskritische Marktfeinde werden die Wiederentstehung des Kapitalismus aus den Elementen der Marktvergesellschaftung („ein bisschen schwanger ist unmöglich“) beargwöhnen.[62] Allerdings folgte aus der Existenz

61 Die Freiheit der individuellen Verfügung über Privateigentum (vgl. a. Kapitel 16) zu beschränken heiße, die Markwirtschaft zu untergraben. „Vertragliche Formen der Erwartungsbildung ... sind nur zur Interaktionssteuerung zwischen solchen Partnern geeignet, die neben der Motivation zur Optimierung ihrer autozentrierten Interessen nicht auch noch übergeordnete Kooperationsziele aufrechterhalten“ (Geser 1983, 121). Eine wesentliche Bestandsvoraussetzung einer Marktwirtschaft, in der Märkte nicht nur vorkommen, sondern die zentrale Rolle spielen, „ist umso eher gesichert, je mehr seine Umwelt Elastizitäten und Indifferenzzonen enthält.“ „Überschussressourcen und geringe normative Erwartungsdichte der gesellschaftlichen Umwelt“ bilden dafür die Voraussetzung (Ebd., 117).

62 In den 1960er Jahren gab es in der Zeitschrift „Monthly Review“ eine lehrreiche Diskussion über den Beitrag von Marktelementen bzw. Märkten zum Wiederentstehen von kapitalistischen Tendenzen in sozialistischen Gesellschaften. Vgl. Strotmann

von Märkten schon historisch nicht notwendigerweise die Existenz der kapitalistischen Geschäftsweise. Die Existenz von Märkten in der nachkapitalistischen Gesellschaft beinhaltet nicht, dass es sich um eine Marktwirtschaft oder um eine Ökonomie handelt, in der Märkte die zentrale Rolle spielen. Die Marktöffentlichkeit, die Verbindungen der Treuhänderschaft und Repräsentation, die verhandelnde Koordination und die deliberative Demokratie stellen Formen der gesellschaftlichen Vermittlung dar, die das Marktgeschehen einschränken, überschreiben und durchwirken. (Vgl. dazu Kapitel 20-22.)

Beim Zwitter „Marktsozialismus" soll „Markt" den „Sozialismus" freikaufen von Misswirtschaft. „Sozialismus" dient als Zauberwort, das dem Markt seine negativen Folgen nimmt. Im Unterschied zu solch hölzernen Eisen wie „Marktsozialismus" geht es darum, sich von den Widersprüchen Rechenschaft abzulegen und sie auszutragen. Märkte sind etwas anderes als ein neutrales Medium gesellschaftlicher Synthesis. Zugleich kann letztere auf sie nicht völlig verzichten. Das Verhältnis zwischen der nachkapitalistischen Gesellschaft und der selektiven Nutzung von Märkten bzw. Marktelementen bleibt ein (nicht voluntaristisch überwindbarer) Widerspruch und ein offenes Problem.

19) Wie verändern sich die Bilanzen und welche Bedeutung hat das für die gesellschaftliche Steuerung der Wirtschaft?

Ein zentrales Auskunftsmittel und eine wesentliche Voraussetzung für gesellschaftliche *Steuerung und Lenkung* bilden die *Bilanzen* von Betrieben und Organisationen, die dokumentieren, wie letztere allgemein verbindliche Kriterien bzw. Indizes erfüllen (vgl. Kapitel I.j). Qualitative Indikatoren ermöglichen es,

---

1972. Die KP Chinas kritisierte zeitweilige Experimente mit der größeren Unabhängigkeit der Betriebe in der SU: „So wird die kommunistische Zusammenarbeit zwischen Betrieben durch kapitalistische Methoden, sich gegenseitig zu übervorteilen und das Feld des Nachbarn als Abflussgraben zu betrachten, ersetzt" (Sozialistischer Aufbau und Klassenkampf im Bereich der Ökonomie, in: Peking-Rundschau 16/1970). Kritisiert wird das wirkliche oder vermeintliche Bestreben, „das einheitliche sozialistische gesamtgesellschaftliche Volkseigentum in einzelne unabhängige Königreiche ... zu verwandeln" (Ebd.). Die Bezeichnung der Gesellschaften sowjetischen Typs als kapitalistisch sieht allerdings davon ab, dass es in ihnen keine Konkurrenz, keine freie Anlage des Kapitals (Wechsel von einer stofflichen Anlagesphäre in eine andere), keinen Kapitalmarkt und keinen Warencharakter der Arbeitskraft gab. Der Erkenntnisgewinn der Debatte lag darin, negative Wirkungen von Märkten auf eine nachkapitalistische Gesellschaft aufzuzeigen.

die Abstraktionen, die in der Sprache der Preises stecken, zurückzudrängen (vgl. I.i). Auf der Grundlage dieser Bilanzen lässt sich das Handeln von wirtschaftlichen Akteuren auch durch positive oder negative Sanktionen beeinflussen. Auftragsvergabe, Kredite, Steuern und Subventionen bilden die Mittel dafür .

Im Horizont einer weit gefassten, sozialen und ökologischen Nachhaltigkeit werden „die Besteuerung und die Unterstützung der Unternehmen durch staatliche Aktivitäten abhängig von den Werten der Nachhaltigkeitsbilanz. Aggressive Unternehmenspolitik, die den anderen Marktteilnehmern Schaden zufügt, bewirkt eine Verschlechterung der Nachhaltigkeitspunkte. Anders ausgedrückt, auf individuelle Konkurrenz ausgerichtete Unternehmenspolitik bringt erhebliche ökonomische Nachteile mit sich, während auf Kooperation ausgerichtetes Verhalten Vorteile bringt" (Bender, Bernholt, Winkelmann 2012, 73). Zugrunde liegt das Votum für einen kooperativen Wettbewerb. In ihm ringen die Beteiligten um die beste Lösung. Im Unterschied dazu könnte bspw. ein Bäcker „durch eine besonders billige Brötchenvariante und Verwendung entsprechender Materialien und ggf. auch durch schlechte Bezahlung der Beschäftigten versuchen, einen größeren Marktanteil zu erobern. Dieses Verhalten steht ihm natürlich zu, er wird aufgrund dieser Unternehmensstrategie allerdings durch die Nachhaltigkeitsbilanz mit höheren Steuersätzen rechnen müssen. Es ist fraglich, ob diese Strategie dann noch für ihn vorteilhaft ist. Handelt es sich um eine Großbäckerei mit 30 oder mehr Beschäftigten, muss diese Politik zudem von den innerbetrieblichen, partizipatorisch besetzten Aufsichtsgremien beschlossen werden" (Ebd., 74f.).

Der jeweilige Betrieb unterliegt Einwirkungen durch die „Marktöffentlichkeit" (vgl. Kapitel Ik) und durch den Verbraucherverband, den Umweltverband u.a. Zudem „muss der Staat durch einen entsprechenden gesetzlichen Rahmen Sorge tragen, dass Unternehmen im Sinne des Gemeinwohls handeln. Der Staat kann dies v.a. durch Anreizsysteme und ggf. auch durch Bestrafungen oder Verbote tun. Um die hierfür notwendigen Daten zur Verfügung zu haben, verpflichtet der Staat die Unternehmen zu einer umfangreichen Bilanzierung des unternehmerischen Erfolgs. In einer solidarischen Ökonomie geht es dabei nun weniger um den erwirtschafteten Gewinn, sondern ... um die soziale und ökologische Nachhaltigkeit des Unternehmens. Die Erfolgsmessung eines Unternehmens muss also um diese Kriterien ausgeweitet werden. Die daraus entstehende Bilanz nennen wir Nachhaltigkeitsbilanz. Sie erfasst den unternehmerischen Erfolg aus wesentlich mehr Perspektiven als die herkömmliche Finanzbilanz und lässt sich unseres Erachtens am besten mit Hilfe der in der Betriebswirtschaftslehre bereits bekannten und von vielen Unternehmen eingesetzten Balanced Scorecard erstellen" (Bender, Bernholt, Winkelmann 2012, 137). Zur konkreten Ausformulierung der „Nachhaltigkeitsbilanz" vgl. Ebd., 137-143. Bei Felber (2012) heißt sie „Gemeinwohlbilanz". Dass es in der nachkapitalistischen Gesellschaft mit sozialer und ökologischer Nachhaltigkeit nicht getan ist, sondern eines grundlegenderen Paradigmenwandels bedarf, ändert nichts am Wert der (dann eben inhaltlich modifzierten) Bilanzierung betrieblicher Aktivitäten nach Kriterien des gesamtgesellschaftlichen Leitbildes.

Im Unterschied zur verselbständigten Konkurrenz existieren Institutionen, die die Arbeit von Betrieben und Organisationen bewerten und bei anhaltenden Leistungsschwächen bzw. Minderleistung intervenieren. Ein zugrunde liegendes Problem bildet das *principal-agent-Verhältnis.* Der 'agent' oder der Beauftragte arbeitet für den 'principal' oder den Auftraggeber. Oft vermag letzterer wenigstens nicht vollständig zu beurteilen, inwieweit die von ihm Beauftragten so effizient und effektiv wie möglich handeln. Letztere können ihrerseits aus dieser Ungleichheit von Informationen Vorteile gewinnen und eigene Interessen verfolgen. Allein unabhängige dritte Institutionen, als deren Vorläufer manche die kapitalistischen Banken ansehen (Adaman, Devine 1997, 58 f.), wären in der Lage, ein Monitoring und eine Kontrolle der Handlungen der Agenten zu erreichen. Oder es existieren Holding-Gesellschaften (Estrin 1989, 187ff.) bzw. Investitionsagenturen (Miller 1989, 310f.), die den selbstverwalteten Betrieben Geld leihen und über die Kapazität verfügen, „soziales Kapital aus der Nutzung mit niedriger Produktivität heraus zu transferieren, selbst gegen den Widerstand der expliziten Opposition der betroffenen Werktätigen" (Estrin 1989, 189). Elson (1990) spricht von einem „Amt für die Regulierung der öffentlichen Unternehmen" (vgl. Teil I, Abs. l.). Im Falle der Zahlungsunfähigkeit von Unternehmen und der Notwendigkeit, sie zu sanieren, handelt der Regulator der öffentlichen Unternehmen. Bei der Schließung von Betrieben bzw. Organisationen sind „den Angestellten vergleichbare Arbeitsplätze in anderen Unternehmen anzubieten oder ihnen nach einer Umschulung neue Arbeitsplätze zu verschaffen. Angestellte hätten in diesem Prozess klar definierte Rechte und könnten sie vor Gericht durchsetzen" (Ebd., 90).

20) Was heißt „Treuhänderverhältnis" und „gegenseitige Repräsentation"?

Die verschiedenen Branchen, gesellschaftlichen Bereiche und Lebensalter legen eine jeweils besondere Perspektive auf die Gesellschaft nahe. Letztere wird erst im Zusammenspiel dieser verschiedenen Perspektiven auf sie multiperspektivisch deutlich. Das Anliegen ist, die Grenzen nicht von außen zu überschreiten, sondern von innen zu öffnen (vgl. Kapitel 34, 45).

Die traditionelle liberale Marktauffassung bedeutet:

> „Es entsteht soziale Ordnung, ohne dass der Mensch mit einer sozialen Motivation in die sozialen Beziehungen hineinzugehen braucht. Das Resultat ist, der Marktprozess bleibt gegenüber vielen Fragen völlig blind. ... Arbeitsteilung bedingt Koordination und Ordnung. Dies leistet der Markt. Aber ein entsprechendes Gemeinschaftsbewusstsein und eine Verantwortung über die Eigeninteressen hinaus kann nicht entstehen. Denn es fehlt in den Markt hinein ... ein Verhandeln über gesellschaftliche Bedarfe, Preise, Lebensbedingungen anderer Menschen und Regionen, ökologische und soziale Folgen der Produktionsweise, Ausmaß und Richtung der Produktion etc. mit dem Ziel, externe soziale Kosten aus der Wirtschaft nicht anfallen zu lassen. Es würde dann eine Position gewonnen, in welcher wirtschaftliche Prozesse selbst zu Prozessen der Gesellschaftsbildung werden. Heute dagegen sind sie ein anonymer und statistischer Prozess ... Das soziale Bewusstsein kann den zentralen Sozialprozess unserer Gesellschaft nicht mehr erreichen und steuern. Dieser wird mechanisch abgewickelt auf der Basis eines verkürzten anthropologischen Bildes von der ausschließlich privaten Interessenbezogenheit des wirtschaftlich handelnden Menschen. Die Vergesellschaftung des Menschen in den Markt hinein bleibt unentwickelt. ... Die reine Gegenstruktur zum Individualismus, der das Individuum aus allen Bindungen herauslöst und die Gesellschaft aus dem natürlichen Eigeninteresse aufbaut, ist nicht der Kollektivismus, denn der löscht das Individuum aus, sondern eine vom Individuum ausgehende, frei gewollte Sozialität, die sich ihre sozialstrukturellen Grundlagen selber schafft" (Heyder 1994, 123f.).

Bereits in der gegenwärtigen Gesellschaft erweist es sich als notwendig, bestimmte Arbeiten nicht nach ihrem unmittelbaren Marktwert zu bezahlen, sondern nach ihrer Leistung für übergreifende Anliegen. Um z.B. die Erosion von Berghängen zu verhindern gilt es Wiesen in Hanglage zu bewirtschaften, auch wenn sich dies betriebswirtschaftlich nicht lohnt. Will das Gemeinwesen Biodiversität fördern, müssen Hecken und Hochstamm-Obstbäume gepflegt werden.

Ein weiteres Beispiel: Eltern, Erzieher und Lehrer als Repräsentanten und Treuhänder des gesellschaftlich zentralen Anliegens einer gedeihlichen Entwicklung von Kindern und Jugendlichen aufzufassen heißt praktisch, diese ermöglichende und befördernde gesellschaftliche Voraussetzungen zu schaffen. Bspw. hat eine gelingende elterliche Erziehung gesellschaftliche Grundlagen. Von ihnen sieht ab, wer es auf die individualisierende Zuschreibung von Verantwortung und auf die Einengung der Zuständigkeit absieht.[63] Pflegekräfte, Ärzte und

63 Eltern wird faktisch gegenwärtig eine Aufgabe aufgebürdet, die an vielen anderen Stellen mitgeleistet werden muss und nur so, als auf viele Schultern verteilt,

Physiotherapeuten werden zu Repräsentanten oder Treuhändern von Wissen und Kompetenzen, die das Thema Gesundheit betreffen. Ihre Qualifikationen bilden einen Aktivposten der Gesellschaft, die die umfassende Verbesserung des Gesundheitszustandes zu einer ihrer zentralen Querschnittaufgaben macht (vgl. Kapitel 4 b). Kommt es nicht dazu, tragen auch gestiegene ökonomische und technologische Leistungseffekte nicht zur Erhöhung des insgesamt feststellbaren „Psychosozialprodukts" bei. Das Ziel ist, in den verschiedenen gesellschaftlichen Bereichen die Ursachen von Schädigungen der Gesundheit zu überwinden. Die im weiten Sinn mit Gesundheit professionell Befassten missverstehen die Arbeit für Gesundheit, wenn sie so tun, als sei ein autonomes Medizinsystem jenseits und getrennt von den anderen, im Wesentlichen unveränderten gesellschaftlichen Bereichen exklusiv zuständig.

Repräsentations- oder Treuhandverhältnisse etablieren sich zwischen den verschiedenen gesellschaftlichen Gruppen und Bereichen. „Repräsentation" ist zu verstehen „in dem Sinne, wie jede Funktion repräsentativ ist, wie z.B. der Schuster, insofern er ein soziales Bedürfnis verrichtet, mein Repräsentant ist, wie jede bestimmte soziale Tätigkeit als Gattungstätigkeit nur die Gattung, d.h. eine Bestimmung meines eigenen Wesens repräsentiert, wie jeder Mensch der Repräsentant des anderen ist. Er ist hier Repräsentant nicht durch ein anderes, was er vorstellt, sondern durch das, was er ist und tut" (MEW 1, 325). „Wer in mir repräsentiert ist, hat Sitz und Stimme in mir. Draußen ist er gegenwärtiger, körperlicher Mensch: reell und leibhaftig. Drinnen in mir hat er nur einen symbolischen Repräsentanten: unkörperlich und von eher 'ideeller' Natur. Wer nicht in mir repräsentiert ist, hat weder Sitz noch Stimme in mir. Es mag zwar sein, dass ich ihn wahrnehme, wenn er vor mir steht. Aber im Übrigen existiert er für mich nicht" (Suhr 1975, 292). Es handelt sich bei *dieser* Repräsentation (vgl. zu ihr auch Suhr 1981) um ein solches „Zutrauen zu einem Menschen", das „seine Einsicht dafür ansieht, dass er meine Sache als seine Sache, nach bestem Wissen und Gewissen, behandeln wird" (Hegel 7, 478).

Gesellschaftliche Bedingungen und Strukturen sind gefragt, die Urteilskraft ermöglichen und fördern, um in den verschiedenen Bereichen herauszufinden, wie das allgemein herrschende gesellschaftliche Paradigma (das gute Leben im

---

gelingen kann. Es nimmt „kaum jemand daran Anstoß, dass grobe Verstöße gegen das Wohl des Kindes, wie sie zum Beispiel bei der Verkehrsplanung oder im Wohnungsbau vorkommen, nicht geahndet werden, während gleichzeitig selbst geringfügige Schwächen und Fehler der Eltern erbarmungslos angeprangert werden" (Szszesny-Friedmann 1994, 152f.).

Sinne von emphatisch verstandener „Praxis", vgl. Kapitel 32) erst *in* bzw. *durch* die besonderen Bereiche und *mit* ihrem Zusammenspiel Wirklichkeit erlangt. Die Internalisierung der umsichtigen Wahrnehmung konstitutiver Voraussetzungen und Effekte des eigenen Tuns in es selbst bildet ein integrales Moment der anzustrebenden Lebensweise. Sie überwindet die Identitätsstiftung qua Status oder Einkommen, die Fixierung auf Fachidiotentum sowie die Weltlosigkeit aufgrund von Besitzindividualismus, Lebensstilkleinstaaterei und selbstwertdienlicher Selbststilisierung.

21) Was sind die Aufgaben der öffentlichen Beratung, Erwägung und Auseinandersetzung unter Bedingungen divergierender Interessen und Perspektiven?

Wären mit dem Privateigentum verbundene Interessengegensätze, die Konkurrenz und die Imperative der Kapitalverwertung überwunden, selbst dann würden Interessen zwischen verschiedenen sozialen Gruppen einander widerstreiten. Die Aufwendungen, die bspw. der einzelne Betrieb oder das Arbeitskollektiv einsetzen – zwecks Verringerung ihrer Arbeitsmühe, Einsparung von Kosten oder Investitionen in die Technologie –, stehen anderen Betrieben oder Arbeitskollektiven nicht zur Verfügung. Divergenzen existieren zwischen

- den Interessen von Betrieben, Haushalten, öffentlichen Diensten,
- lokalen, regionalen und nationalen Belangen,
- verschiedenen Professionen und gesellschaftlichen Bereichen.

Die Abschöpfung von Mehrprodukt aus Betrieben oder Regionen zur Hilfe für weniger „produktive" Betriebe und Regionen sorgt für Interessenunterschiede und -gegensätze. Ebenso die Finanzierung der öffentlichen Daseinsvorsorge durch Abgaben des gesellschaftlichen „Leistungskerns".

„Es wäre naiv anzunehmen, Interessengegensätze würden in einer postkapitalistischen Wirtschaft einfach verschwinden. Das Gegenteil wird der Fall sein: Interessen und Interessenkonflikte sind offensichtlicher, weil keine scheinbar objektiven Marktmechanismen zwischen die Akteure treten" (Ringger 2008, 84). Nicht nur Interessengegensätze spalten die Bevölkerung, sondern auch verschiedene und nur schwer übersetzbare Wahrnehmungsweisen und Mentalitäten. Mit der Ausdifferenzierung professioneller und semiprofessioneller Tätigkeiten in der modernen Gesellschaft ist eine große Bandbreite und Verschiedenheit von Themen und Qualifikationen, Erfahrungen und Kompetenzen verbunden. Dies geht mit partikularen Welt- und Selbstsichten, Mentalitäten und Habitusformen einher. In

Wirtschaft und Technik Tätige unterscheiden sich in ihrer Herangehensweise von mit Care-Tätigkeiten (für Kinder, Kranke und Senioren) Befassten. Auf Probleme der jeweiligen professionsspezifischen Sonderkulturen weisen Begriffe wie Technizismus, Szientismus oder Pädagogismus hin. Der Blick auf andere Bereiche ist häufig gefiltert durch die Welt- und Selbstsicht der jeweiligen Sonderperspektive. Techniker und Pädagogen bspw. nehmen in der Welt überproportional viel als technisch bzw. als pädagogisch oder als nicht-technisch bzw. als nicht-pädagogisch wahr. Die jeweilige déformation professionelle verdirbt die Auseinandersetzungen darüber, was in der Gesellschaft welche Relevanz hat, zu Kulturkämpfen. Ein weiteres Beispiel dafür, wie das gesellschaftliche Sein das Bewusstsein verstimmt.

Aus diesen Erfahrungen lassen sich Anforderungen an das Leitbild der nachkapitalistischen Gesellschaft formulieren (vgl. Kapitel 32). Es soll einen in sich differenzierten und integrierten Zugang zur Welt eröffnen, der sich zur babylonischen Sprachverwirrung anders verhält als Esperanto oder Pidgin-Englisch zur Vielfalt der Sprachen. Erforderlich sind gesellschaftliche Strukturen und soziale Beziehungen, die es ermöglichen, das für die kapitalistische und moderne Gesellschaft charakteristische Wegdiffundieren negativer Effekte und die Schwäche entsprechender Rückmeldungen zu überwinden.

In der nachkapitalistischen Gesellschaft stehen die öffentliche Auseinandersetzung, Beratung und Entscheidungsfindung an über die Verteilung der Ressourcen auf die verschiedenen gesellschaftlichen Anliegen. Für diese kollektive Erwägung und Reflexion sind die inneren Beziehungen und das Gefüge der verschiedenen Zwecke zu vergegenwärtigen. Ohne Anspruch auf die Vollständigkeit der Aufzählung handelt es sich bei diesen Anliegen um

- die Bedürfnisse verschiedener Fraktionen der Bevölkerung: z.B. Kinder, Jugendliche, Senioren, Arbeitende,
- verschiedene Bereiche der Gesellschaft: Produktion, Zirkulation, Konsumtion, Infrastrukturen, Gesundheits- und Bildungswesen,
- die Qualität des Arbeitens, der Gegenstandswelt, des Konsums, der Sozialbeziehungen, der Gesellschaftsgestaltung.

Die Emanzipation von den dominierenden Profitimperativen ermöglicht allererst die gesellschaftliche Auseinandersetzung darüber, wie „die widerstreitenden Zwecke (technisches Arbeitsethos gegen materiellen Ertrag, subjektives Arbeitsausleben gegen objektive Forderungen der Produktivität, individuelle Entfaltung gegen gemeinschaftliche Bindung) gegeneinander ausgeglichen und ausgewogen werden müssen“ (Hardensett 1932, 84).

Kommen die Verhältnisse zwischen den verschiedenen Anliegen in den Blick, greift die Perspektive von Kompromissen zu kurz. Das höhere Lebensalter und die Kindheit verdeutlichen diese Problematik. Sie werden nicht additiv und vollständigkeitshalber zum Thema. Die Arbeits- und Wirtschafts„welt" zeigen ihr „wahres Gesicht" mit den von ihnen ausgehenden indirekten Effekten. Sie betreffen in besonderer Weise die Lebensphasen der Kindheit und Jugend sowie des höheren Alters.[64] Erst die Vergegenwärtigung des inneren Zusammenhangs zwischen den Problemen dieser Lebensphasen und den herrschenden Strukturen des Erwerbs- und Geschäftslebens offenbart deren wirkliche Bilanz.[65] Entsprechendes gilt auch für das Geschlechterverhältnis in der modernen kapitalistischen Gesellschaft.

Soziale Normen zu beschwören, darum handelt es sich nicht. Um die „Schaffung neuer sozialer Elementarbeziehungen" geht es, „in denen sich Gemeinsinn entfalten kann, sodass die Entwicklung des Gesellschaftsganzen aus gemeinsamen Lernprozessen auf dieser Grundlage hervorgeht" (Heyder 1994, 134). Erforderlich werden die öffentliche Beratung und Erwägung, Auseinandersetzung und Entscheidungsfindung

- zwischen Arbeitenden und Konsumenten (bspw. mit der Frage, wie viel Konsumgüter angeboten und wie viel Ressourcen aufgewendet werden für die Erhöhung der Qualität des Arbeitens als Lebenszeit);
- zwischen Produzenten und Konsumenten einerseits, den von Produktion und Konsumtion mittelbar Betroffenen andererseits. Es handelt sich bspw. darum, eine Koalition der Bereiche Arbeit und Konsum zulasten von Belangen der Care-Tätigkeit (Beziehung zu Kindern, Kranken und Alten) oder der Ökologie abzuwenden. Zugleich gehen z.B. von der Aufmerksamkeit der mit Care-Tätigkeit Befassten eigene Maßgaben aus, die einer innerorganisatorischen und innerökonomischen Betriebsblindheit und Monokultur entgegenwirken;

---

64 „Der Sinn oder Nicht-Sinn, den das Alter innerhalb einer Gesellschaft hat, stellt diese insgesamt in Frage, denn dadurch enthüllt sich der Sinn oder Nicht-Sinn des ganzen vorhergegangenen Lebens. ... Durch die Art, wie sich eine Gesellschaft gegenüber ihren Alten verhält, enthüllt sie unmissverständlich die Wahrheit – oft sorgsam verschleiert – über ihre Grundsätze und Ziele" (Beauvoir 1977, 12, 74).

65 „Der Zwang der Warenform und die bürgerliche Konkurrenz machen die vom Standpunkt herrschender Effektivitätskriterien aus Untüchtigen und Verschlissenen minderwertig und entbehrlich. ... Im Laufe einer mehrtausendjährigen Entwicklung hat sich in die Figur des weisen und wichtigen Alters die Farbe der Torheit und Nutzlosigkeit geschoben" (Armanski 1990, 30).

- zwischen Experten und Laien (bspw. mit der Frage, wie viel Spezialisierung notwendig ist, und welche Verluste an alltäglicher Urteilskraft und Kompetenz mit ihr einhergehen und wie sich dem entgegenwirken lässt);
- zwischen verschiedenen Altersgruppen, um deren verschiedene Perspektiven zueinander ins Verhältnis zu setzen.

Diese Auseinandersetzungen und Vergegenwärtigungen gelten in der nachkapitalistischen Gesellschaft nicht als notwendiges Übel und notgedrungenes Miteinanderzurechtkommen von partikularen Interessengruppen. Vielmehr gewinnt das *„Konzept verhandelnder Koordination“* an Bedeutung. „Anders als Koordination durch staatlichen Zwang oder Marktkräfte setzt verhandelnde Koordination voraus, dass die Menschen sich bewusst mit ihren Abhängigkeiten und den Konsequenzen ihres Handelns für andere auseinandersetzen. Sie ermutigt Menschen, über ihre sektionalen oder Teilinteressen hinauszugehen und die Lage ihrer Mitmenschen mitzubedenken. ... Das würde nicht heißen, dass jeder an jeder Entscheidung beteiligt wäre und keine Zeit mehr für irgendetwas anderes hätte. Es würde eher bedeuten, dass die Menschen im Laufe ihres Lebens abwechselnd an direkter demokratischer Entscheidungsfindung und an demokratischer Repräsentanz beteiligt wären, indem sie als Vertreter anderer agieren würden. Im Rahmen des politischen Prozesses ... würden die Menschen über die Prioritäten ... entscheiden. Dazu würde das Verhältnis zwischen sozialen und wirtschaftlichen Investitionen, zwischen gesellschaftlichem und persönlichem Konsum ebenso zählen wie Entscheidungen über große strukturelle Entwicklungen in der kulturellen, städtischen, Umwelt- und Transportinfrastruktur, sowie über die geographische Verteilung wirtschaftlicher Aktivität, Prioritäten für den Ressourceneinsatz für Forschung, Entwicklung und Innovation usw.“ (Devine 2009, 19f.).[66]

Technokratische Sozialismusmodelle sehen nicht nur von der Abstimmung zwischen verschiedenen Interessen und Belangen sowie von der wünschenswerten demokratischen Entscheidung über sie ab (vgl. Anm. 59). Ausgeblendet bleibt zudem die im emphatischen Sinne *bildende* Dimension der öffentlichen Erwägungen und Auseinandersetzungen, der Beratung und Entscheidungsfindung. „Das Ganze der sozialen Bezüge lässt sich selbst nur sozial herstellen, nämlich dadurch, dass sich die verschiedenen Kräfte des sozialen Lebens im Gespräch zusammenfinden und ihre Teilwirklichkeiten in das Bild des Ganzen einfügen.

---

66 Vgl. a. Heyder 1994, 123f. (s. 2. Absatz von Kapitel 20), 139 und Barber 1994, 126-128.

... Es geht nicht um Regieren und Anordnung, sondern um Bewusstsein schaffende Verbindungen zwischen den verschiedenen Organen und Funktionen des Wirtschaftslebens" (Heyder 1994, 139).

22) Was sind zentrale Anforderungen an die politischen Formen der gesellschaftlichen Willensbildung?

Für die Formen der gesellschaftlichen Willensbildung ist der „Stoff" maßgeblich, über den verhandelt wird. Er hat in der nachkapitalistischen Gesellschaft einen anderen Inhalt als in der kapitalistischen Gesellschaft. In ersterer bekommen die qualitativen Indikatoren ein ganz anderes Gewicht. Die maßgebliche Frage in der nachkapitalistischen Gesellschaft ist, wie die verschiedenen Momente von 'Praxis' (das Arbeiten, der Konsum, die Objekte, die Sozialbeziehungen) die Lebensweise aufbauen. Eine zentrale Anforderung für Institutionen der Willensbildung und Entscheidungsfindung lautet: Die verschiedenen Momente, die für die Entwicklung des „Menschentums" (M. Weber) und des guten Lebens maßgeblich sind, sollen in der Öffentlichkeit die ihnen angemesse Aufmerksamkeit erlangen.

Notwendig werden erstens Institutionen, in denen gesamtgesellschaftlich entschieden wird über Proportionen (z.B. zwischen privatem Konsum und gesellschaftlicher Daseinsfürsorge) und Prioritäten (z.B. in Bezug auf den Ressourceneinsatz für Forschung, Entwicklung und Innovation). Bereits in der Wirtschaft stellen sich Fragen nach der Verteilung der Ressourcen auf verschiedene, miteinander rivalisierende Zwecke:

- Welche Anteile des gesellschaftlichen Sozialprodukts sollen auf Verbrauch, Produktion im weiten Sinne, Ersatz-Investition, Neu-Investition oder Sparen verwendet werden?
- Wie fällt die Proportion zwischen öffentlichem und privatem Verbrauch aus?
- In welchem Verhältnis stehen die Aufwendungen für Produktivität und Effizienz zu denen für die Lebensqualität (auch und gerade in der Arbeit)?
- In welchem Verhältnis stehen die Aufwendungen für Nachhaltigkeit und Wirtschaftlichkeit sowie für die Konvivialität der modernen gesellschaftlichen Zivilisation mit dem Leitbild der nachkapitalistischen Gesellschaft (s. Kapitel 32)?

Notwendig werden zweitens Institutionen, die es ermöglichen und unterstützen, dem Handelnden die indirekten Wirkungen seines Handelns rückzumelden und den Kunden zu vergegenwärtigen, was das Arbeiten mit den Arbeitenden macht.

Erforderlich sind Institutionen, die die Kommunikation zwischen Arbeitenden und Konsumenten über Preise hinaus zustande bringen. Die weniger mächtige Seite in solchen Beziehungen gilt es zu stärken. Das bedeutet z.B., dass der Konsumentenverband eigene Anforderungen an die Produzenten bzw. Dienstleister formulieren kann, über die Produkte bzw. Dienstleistungen mitentscheidet und eigene Forschungs- und Entwicklungsarbeiten zu initiieren vermag.

Drittens werden öffentliche Foren bzw. Institutionen notwendig, in denen die verschiedenen Aufgaben in der Gesellschaft (also bspw. die Industrie, die Erziehung, das Wohnen) zur Darstellung kommen.[67] Letztere soll vergegenwärtigen, was die Voraussetzungen, Leistungen und Effekte der qualitativ verschiedenen Bereiche und Ziele sind. Es geht um die Aufmerksamkeit für die Relevanz der verschiedenen Momente und für ihre Wechselbeziehungen. Aus der Vogelperspektive lässt sich das nicht verstehen. Die Bildung der Urteilskraft ist ein sozialer und gesellschaftlicher Prozess. In ihm setzen sich die verschiedenen sozialen Bereiche mit ihren jeweiligen Perspektiven auseinander. Eingeübt werden der Perspektivenwechsel sowie die Aufmerksamkeit für die Konsequenzen und Prämissen des eigenen Handelns. Themen dieser Auseinandersetzung sind die Proportionen zwischen den verschiedenen Aufgaben sowie deren Vernetzungen und Maßverhältnisse. (Zu letzteren vgl. Anm. 55.)

In der nachkapitalistischen Gesellschaft lautet ein zentraler Auftrag für die Architektur der demokratischen Institutionen, sie solle die Aufmerksamkeit für die eben beschriebene Thematik fördern. Das schließt die Kompetenzen für Urteilsvermögen in komplex vernetzten gesellschaftlichen Situationen mit ein.[68] Demokratische Institutionen, die diesen Aufgaben gewachsen sind, leisten ihren

67 Diese Institutionen sind nicht zu verwechseln mit einem Verbändegremium, in dem die Beschäftigten des jeweiligen Bereichs ihre Arbeitsplatz- und Einkommensinteressen vertreten. Die Orientierung an Budgetmaximierung entspricht der Abstraktion, die diesen Interessen eigen ist.

68 Dietrich Dörner beschreibt, wie Ungeschulte zu unterkomplexen Lösungsvorschlägen bei vernetzten Problemen neigen. In einem Entwicklungshilfeprojekt in einem afrikanischen Dorf setzt man sich das Ziel, die Erträge von Äckern und Gärten dadurch zu steigern, dass man Mäuse, Ratten und kleine Affen bekämpft – durch Jagd, Fallen und Gift. Zwar steigen die Acker- und Obstbauerträge zunächst. „Zugleich aber können sich nun Insekten, die auch eine Beute der Kleinsäuger darstellten, ungehemmter vermehren. Und zugleich wird den großen Raubkatzen ein Teil ihrer Beute entzogen, worauf sich diese dem Viehbestand 'zuwenden'. Es ist also demnach möglich, dass die Dezimierung der Kleinsäuger und der Affen 'unter dem Strich' nicht nur nichts nützt, sondern schadet" (Dörner 1992, 27).

eigenen Beitrag zur Bildung des Bewusstseins und Willens der Bevölkerung.[69] Maßgeblich ist die Frage, welche institutionellen Arrangements es erlauben,

- weit in die Zukunft reichende Folgen gegenwärtigen Handelns zu antizipieren und ihre Berücksichtigung gegenüber dem Vorrang des Kurzfristigen zu fördern und durchzusetzen;[70]
- die sachlichen Zusammenhänge von Entscheidungen den Wählern aufzubereiten. Mit der Komplexität der Probleme wachsen die für Entscheidungen notwendigen kognitiven Voraussetzungen.

Die eigene Logik der Emergenz (das „Ganze" ist mehr – oder weniger – als seine „Teile") wird zum Thema. Dörner (1992) zeigt die Schwierigkeiten für Gesellschaftsmitglieder, dieser Dimension gewachsen zu sein. Gemäß dem Paradigmenwechsel von der Produktion isolierter Güter zur Gestaltung der Gesellschaft und der Lebensweise kommt der Qualität des Bewusstseins und der öffentlichen Diskurse eine ganz andere gesellschaftliche Aufmerksamkeit zu als beim gegenwärtigen Wildwuchs. Erst wenn sich gesellschaftliche Formen und Institutionen herausbilden, die die Gestaltung der Gesellschaft durch ihre Mitglieder nicht einem fallweise spontan sich einfindenden Publikum überlassen, erst dann wird diese Praxis „zu ihrer eigenen Universität, Bürgerschaft zu ihrer eigenen Lehranstalt und Partizipation zu ihrem eigenen Lehrmeister. Freiheit ist das, was diesem Prozess entspringt, nicht was in ihn eingeht" (Barber 1994, 149).

Überlegungen zu einer entsprechenden institutionellen Ordnung motivieren sich auch aus dem Ungenügen am gegenwärtigen parlamentarischen System. Massarrat (1995, 693) schlägt „Dritte Kammern neben Bundestag und Bundesrat für die wichtigen gesellschaftlichen Themenbereiche wie Umwelt und Entwicklung, Friedenssicherung, Arbeitslosigkeit, Gleichstellung etc." vor.[71] Er

69 „Der 'Wille' des Volkes (ist – Verf.) ein Artefakt derjenigen institutionellen Verfahren, die wir vorgeblich nur in seiner *Messung* verwenden. Der Volkswille *besteht* nicht *vor* diesen Verfahren und unabhängig von ihnen, sondern er *entsteht* in ihnen" (Offe 1992, 129).

70 Zu den „Zusammensetzungsfehlschlüssen" (Koslowski 1994, 212ff.) im Markt und in der Demokratie vgl. Anm. 51.

71 „Durch die Einrichtung einer zusätzlichen und auf Einspruchskompetenz und Gesetzesinitiative beschränkten Kammer für Einzelanliegen wird erstmalig die Möglichkeit eröffnet, sich in Einzelfragen nach sachlichen und ethischen Gesichtspunkten zu entscheiden, ohne gezwungen zu werden, die eigene Weltanschauung zu verleugnen bzw. sich deshalb gegen tiefe Überzeugung für eine andere Partei zu entscheiden. Konservative Gegner der Atomenergie wären dann bspw. nicht gezwungen, grün zu wählen, denn sie könnten ja ihre Opposition in dieser Frage unabhängig von ihrer Parteipräferenz durch die Dritte Kammer zur Geltung bringen.

stellt Konzepte für an die NGOs anknüpfende „themen- und gruppenspezifische Foren" vor und Vorschläge für deren Rückkopplung mit der Parteiendemokratie (Massarrat 2006, 257ff.). Felber (2012, 134) spricht von einem nationalen „Wirtschaftskonvent". Ich weise auf diese Überlegungen nicht hin, um ihre konkreten Vorschläge zu bejahen. Diese Konzepte helfen jedoch dabei, die Fragen nach der institutionellen Ordnung einer „'postliberalen' Demokratie" (Schmitter 2003) nicht im Prokrustesbett des bisherigen Parlamentarismus zu formulieren.

Umgekehrt bliebe liberalen Gegnern der Abtreibung nicht als einzige Möglichkeit, sich bei Parlamentswahlen auf die Seite der Konservativen zu schlagen" (Massarrat 1995, 694).

V Die Veränderung der Lebensweisen

23) Warum ist die Veränderung der Lebensweisen notwendig und zentral?

Die Anforderungen an die Lebensweisen in der nachkapitalistischen Gesellschaft entstammen keiner vorweihnachtlichen Wunschliste. Die Analyse der modernen kapitalistischen Gesellschaft zeigt: Ihre ökonomischen Strukturen haben grundlegende Effekte auf die Lebensweisen. Das Wissen um den notwendigen Zusammenhang zwischen den kapitalistischen Grundstrukturen und deren psychosozialen Auswirkungen führt zu drei eng miteinander verbundenen Schlussfolgerungen: Erstens steht eine Ökonomie infrage, die um den Preis problematischer Sozialbeziehungen der Individuen und ebensolcher Verhältnisse der Individuen zu sich selbst gesundet. Zweitens: Nicht länger kann die Ökonomie als *äußere* Voraussetzung oder Bedingung der Lebensweise gelten. Letztere erscheint dann als über die ökonomischen Verhältnissen erhabene Sphäre. Mit dieser Vorstellung von der Autonomie des Sozialen gegenüber dem Ökonomischen ist eine kritikwürdige Handlungsaufforderung und die Zuweisung einer Zuständigkeit verbunden. Die sozialen Beziehungen zwischen den Menschen sollen die negativen Effekte der Ökonomie subjektiv bewältigbar machen. Drittens steht eine Gesellschaft infrage, in der die Lebensweise der Menschen das indirekte Nebenprodukt ökonomischer Strukturen bildet.

In der nachkapitalistischen Gesellschaft haben die menschlichen Sinne und Fähigkeiten sowie Sozialbeziehungen und Reflexionsvermögen einen anderen Stellenwert als in der kapitalistischen Ökonomie. Die nachkapitalistische Gesellschaft wird die gesellschaftlichen Ursachen aufheben, die die Unterordnung der Arbeitenden unter den Profit (vgl. Kapitel 2, 3) und die gesellschaftliche Nachrangigkeit der Care-Tätigkeiten notwendig machen (Kapitel 24). Der „Objektivismus" einer gegenüber der „subjektiven Kultur" abträglichen modernen gesellschaftlichen Zivilisation wird überwunden. Ebenso die mit dem Kapitalismus verbundene Tendenz zur Reduktion der Sozialität auf die Addition der Einzelvorteile.[72]

---

72 Privateigentum, Konkurrenz und Verwertung des Kapitals als herrschende Imperative verhindern tendenziell, dass die Menschen den Umstand, aufeinander ange-

Die Externalisierung von Kosten, das anonyme Wegdiffundieren negativer Effekte in die Umwelt, der Raubbau an Voraussetzungen und die Rücksichtslosigkeit ihnen gegenüber – all diese Unsitten sind der kapitalistischen Ökonomie immanent. Bei den negativen Effekten der kapitalistischen Art des Erwerbs- und Wirtschaftslebens auf die psychische Konstitution der Individuen kommt noch ein Moment hinzu. Es erschwert die Erkenntnis des Zusammenhangs. Die Partikularisierung von Problemen bildet in der kapitalistischen Gesellschaft eine weit verbreitete Form des Bewusstseins.[73] Ebenso die Versubjektivierung: Probleme der Individuen gelten häufig als Probleme, die die Individuen mit ihrer Subjektivität haben. Das, was erscheint – das jeweilige Problem –, und die Ursache des Problems erscheinen als ein und dasselbe. Probleme der Subjektivität gelten zugleich als Probleme, die *aus* der individuellen Subjektivität resultieren, und als Probleme *mit* ihr. In gesteigertem Maße passiert dies bei psychischen Problemen. Sie erscheinen ihres konstitutiven Hintergrunds – den in der Gesellschaft reichlich vorhandenen Überlastungen, Gegensätzen und problematischen Formen der Lebensweise – beraubt. Das dem bürgerlichen Subjekt (vgl. Kapitel 26) verpflichtete Bewusstsein verkennt, dass das Allgemeine, die gesellschaftlich übergreifenden Verhältnisse und Formen, „kein der Individualität bloß Übergestülptes, sondern ihre inwendige Substanz" bildet (Adorno 1975, 344).

Eine zentrale Aufgabe und Leistung der nachkapitalistischen Gesellschaft besteht darin, die Arbeit nicht nur in Bezug auf ihre Effizienz, sondern ebenso im Hinblick auf das „Psychosozialprodukt" einzurichten. Zu verringern oder aufzuheben sind zentrale Probleme in der Arbeit. Es handelt sich um die Gegensätze zwischen Gleichgültigkeit und Identifikation, gefordertem Engagement und subjektiv nicht fordernder Tätigkeit, zwischen Verausgabung und Erhaltung von Arbeitskraft, Unterordnung und Selbständigkeit, Wahrnehmung

---

wiesen zu sein, als „anregende, belebende, verbindende Gemeinsamkeit erleben" (zur Lippe 1991, 56). Diese Imperative verstellen Situationen, innerhalb derer „das gemeinsame Erleben der einander anspornenden und ansteckenden Anstrengungen so erfahren (wird – Verf.), dass sich die Beziehungen der Menschen zueinander vertiefen sowie zu einer Sache, um die es geht. ... Entsprechendes lässt sich durchaus auch von anderen Leistungen sagen oder vorstellen, etwa wenn ein Volk aus eigenem Antrieb einen Tempel errichtet oder eine Familie einen Garten bebaut. Auch dabei kann um die Wette gearbeitet werden, und das Ergebnis wird nach seinem Sinn fürs Ganze geschätzt" (Ebd., 55f.).

73 Unter Voraussetzung der Abwesenheit einer Erklärung von beanstandeten Erscheinungen aus der gesellschaftlichen Aufbauordnung werden nurmehr miteinander unvergleichbare „Einzelfälle" wahrgenommen. Aus ihnen lässt sich wenig für andere Probleme lernen.

von Interessen und Anpassung, Konkurrenz und Kooperation, Unabsehbarkeit der gesellschaftlichen Entwicklung und langfristiger individueller Planung (vgl. Kaplonek, Schroeter 1979). Andere Gegensätze existieren zwischen den Anforderungen der Produktions-, Konsumtions- und Zirkulationssphäre sowie zwischen den gesellschaftlichen Sphären des Erwerbs- und Geschäftslebens, der Politik, der Moral, der Zwischenmenschlichkeit und der Kultur. Ein zentrales Anliegen der nachkapitalistischen Gesellschaft besteht darin, die Selbstfeindschaft der Individuen zu überwinden. Sie entsteht auch dadurch, dass Mitglieder der bürgerlichen Gesellschaft in der Erziehung aus Sorge für ihre Kinder diese zur Realitätstüchtigkeit in einer Gesellschaft erziehen müssen, deren zentrale Imperative dem Wohl der Individuen entgegenstehen (vgl. Creydt 2013).

Erst die Wahrnehmung des konstitutiven Zusammenhangs von Problemen in der Privatheit und Subjektivität der Individuen zu den für sie konstitutiven Formen gesellschaftlicher Strukturen erlaubt die vollständige Bilanz des Kapitalismus. Sie nimmt seine Effekte in Bezug auf die Lebensweise der Individuen wahr. Der konstitutive Zusammenhang kapitalistischer Imperative zur Umweltverschmutzung wird von vielen bemerkt. Beim konstitutiven Zusammenhang zwischen kapitalistischen Strukturen und der Innenweltverschmutzung ist dies bislang weit weniger der Fall.[74] Die individualisierende Schuldzuweisung fördert die Selbstfeindschaft, die missgünstige Wahrnehmung anderer und den neurotischen Kleinkrieg.

Sogenannte Nebenfolgen wiegen oft schwerer als die offiziellen Zwecke. Die positiven Leistungseffekte haben auch insofern eine gute Presse, als die mit ihnen untrennbar verbundenen negativen psychosozialen Effekte sich weniger exakt abgrenzen und zurechnen lassen. Lässt sich der Zusammenhang zwischen der kapitalistischen Ökonomie und psychischen Problemen begreifen und werden ihre Verbreitung sowie ihre massiven negativen Effekte angemessen bewusst, so resultieren daraus zentrale Anforderungen an die Gestaltung der Gesellschaft, die diese Nöte überwinden will.

Mit der nachkapitalistischen Lebensweise wird nicht nur der Objektivismus kritisch zum Thema, sondern ebenfalls die zu ihm komplementäre Subjektivität. Die Vergegenwärtigung der individuellen Existenz krankt nicht zuletzt daran, dass die sich in sich eindrehende und verselbständigende Subjektivität sich den Vorrang vor der „Außenwelt“ gibt. Dann erscheinen negative Effekte der Objektivität auf die Individuen nach Maßgabe der eigenen Verkehrung der Subjektivität.

---

74 Vgl. dazu meine Artikelserie (2012–2014) in der Wiener Zeitschrift „Streifzüge“ (Nr. 55-60). Sie findet sich auch unter www.meinhard-creydt.de.

Sie meint dadurch zu gelingen, dass sie den Umgang mit dem ihr gegenüber Heteronomen dem eigenen Selbstbezug und der vorgestellten Selbstverwirklichung imaginär ein- und unterordnet. Diese Subjektivität stilisiert diejenigen Mängel der gesellschaftlichen Objektivität, die der Subjektivität auffallen, zur Kontrastfolie, vor der die Subjektivität glänzt.[75]

Die Inhalte des allererst durch die nachkapitalistische Gesellschaft möglichen guten Lebens werden nicht wahrgenommen, solange die Paradigmen des bürgerlichen Materialismus und die bürgerliche Lebensweise vorherrschen. Diese beiden, gegenwärtig dominanten Formen des Selbst- und Weltverständnisses habe ich andernorts systematisch analysiert (Creydt 2015 bzw. Creydt 2014, 216-261). Im vorliegenden Band will ich es bei einer lockereren Darstellung belassen und präsentiere einige prominente Stimmen, die auf diese Problematik aufmerksam machen.

Wenn Ernesto „Che" Guevara sagt: „Der Sozialismus als ein System für die Umverteilung der materiellen Güter interessiert mich nicht" (zit. n. Boron 2010, 85), dann ist damit einerseits eine heroische Abstraktion von den materiellen Lebensbedingungen der Bevölkerung verbunden.[76] Strategien des „materiellen Anreizes" galten Guevara und der KP Chinas als Bestreben, die Menschen für den Sozialismus zu „kaufen". Die komplementäre Antwort von Guevara und Mao – eine Strategie der moralischen und politischen Erziehung – geht leicht mit dem Tugendterror einher. Allerdings ist mit diesem Einwand nicht die Kritik an der Mainstream-Linken erledigt. „Ein Proletariat, dem nicht mehr einfällt als die Senkung der Arbeitsstunden und der Erhöhung der Gehälter, wird niemals dazu in der Lage sein, den Gang der Geschichte zu verändern" (Mariátegui 1969, 116). Schon in massive Kämpfe um Arbeitslohn und Arbeitsplatz spielt etwas hinein, das das Interesse des einzelnen Streikenden an materieller Besserstellung bzw. Abwehr der Verschlechterung seiner materiellen Lage übersteigt. Dabei handelt es sich – emphatisch formuliert – um: „Empörung gegen ein als unmenschlich empfundenes Abhängigkeitsverhältnis, innere Auflehnung des Wesens gegen eine Arbeitsart, die die edelsten Triebe des tätigen Menschen verkümmern lässt, der Wunsch nach einem menschenwürdigen Dasein nicht bloß für sich selbst,

---

75 „Die Undurchsichtigkeit der entfremdeten Objektivität wirft die Subjekte auf ihr beschränktes Selbst zurück und spiegelt dessen abgespaltenes Für-sich-sein, das monadologische Subjekt und dessen Psychologie, als das Wesentliche vor" (Adorno 1979, 54).

76 Zum sowjetischen „Heroismus der Träumer", der sich an der großen Mission begeistert und die Opfer ausblendet, vgl. Zipko 1989. Zur Auseinandersetzung mit Guevara vgl. Mansilla 1973.

sondern auch für die anderen und für die Nachkommenschaft" (de Man 1926, 21). Der Zusammenschluss „in Klassenorganisationen" wird dann mehr sein als „nur ein Mittel, sich persönlich materielle Vorteile zu sichern, eine Lebenslage zu erobern, die der Lage der 'oberen' Klassen möglichst ähnlich sieht" (Ebd., 22f.). Im Gegensatz zur Anpassung an die herrschenden Klassen und zu ihrer Nachahmung steht „der Sozialismus als Kulturprinzip, als Wille zu einer grundsätzlich anderen Lebensgestaltung" (Ebd., 27). Die Arbeiterbewegung müsse sich erweitern „vom Interessenkampf gegen den äußeren Feind zu einem Gesinnungskampf gegen den inneren Feind, zu einem Kampf zwischen der kapitalistischen und der sozialistischen Seele in einem jeden von uns, in der Arbeiterbewegung überhaupt" (Ebd., 37). Erforderlich wird „die Auflehnung" „gegen die ganze bürgerliche Kulturumgebung" (Ebd., 32) und die „Richtung auf eine neue Bedürfnisart" (Ebd., 42). Holzkamp-Osterkamp (1976, 17ff.) formuliert eine analoge Unterscheidung zwischen „sinnlich-vitalen" und „produktiven Bedürfnissen". Auf andere Weise arbeitet sich Agnes Heller (1976) an einem ähnlichen Unterschied ab. Ebenso der Situationist Raoul Vaneigem mit seiner Unterscheidung zwischen „Leben" und „Überleben" in seinem wirkmächtigen „Handbuch der Lebenskunst für die jungen Generationen" (Paris 1967).

Die Lebensweise der nachkapitalistischen Gesellschaft lässt sich nicht konzipieren im Horizont des „bequemen Nützlichkeitsglücks der größten Zahl", wie Hermann Heller 1925 formuliert (Heller 1992, 444f.). „Nicht in einer geruhigen Sattheit sieht er (der Sozialismus – Verf.) die diesseitige Bestimmung des Menschen, sondern in der individuellen und gesellschaftlichen Steigerung der kulturgestaltenden Kräfte. ... Gesteigerte Lebendigkeit der Seele und des Geistes fließen aber nur aus einer tiefen Verbundenheit des Menschen mit dem Menschen" (Ebd.), die unter der Herrschaft der kapitalistischen Ökonomie nicht oder nur sehr eingeschränkt und gebrochen zustande kommt.

Linke stellen oft die Verstärkung von Interessenkämpfen und die Grund- und Menschenrechte ins Zentrum ihrer Politik (vgl. Creydt 2015). Viele Forderungen aus diesem Horizont sind legitim. Etwas anderes aber ist „eine neue Haltung, die alle die ökonomischen wie nichtökonomischen Lebensfragen aus einem anderen Geiste und Seelentum heraus beantwortet als der kapitalistische Mensch. Deshalb, und nur deshalb, ist der revolutionäre Klassenkampf berechtigt und die Wohlmeinung jener guten Menschen abzulehnen, die der Arbeiterschaft zumuten, sich der gegebenen Unform und ihren Verteidigern anzupassen, statt auf die eigene Kraft zu bauen und eine eigenständige neue Lebensform zu erringen" (Heller 1992, 470-72). „Der Sozialismus vieler sog. Sozialisten ist nichts als verdrängter Kapitalistenhass. Solche Antwortgefühle, die nicht aus der Kraft der eigenen Zielsetzung, sondern lediglich aus der Reaktion auf ein Fremdes kommen, sind nur zersetzend, nicht schöpferisch" (Ebd., 487f.). Während der bürgerliche Staatszweck darin bestehe, „die persönliche Freiheit des einzelnen und sein Eigentum zu schützen", ist „die sittliche Idee des Arbeiterstandes dagegen die, dass die ungehinderte und freie Betätigung der individuellen Kräfte durch das Individuum noch nicht ausreiche, sondern dass zu ihr in einem sittlich geordneten Gemeinwesen noch hinzutreten müsse die Solidarität der Interessen, die Gemeinsamkeit und die Gegenseitigkeit der Entwicklung" (Lassalle 1919, 195). „Wir kämpfen gegen das Elend, aber wir kämpfen auch gegen die Entfremdung. ... Marx beschäftigte sich mit den ökonomischen Faktoren und mit ihren Auswirkungen auf den Geist. Wenn der Kommunismus nicht auch daran interessiert ist, mag er eine Methode der Güterverteilung sein, aber er wird niemals eine revolutionäre Form des Lebens sein" (Guevara, Interview 1963, zit. n. Strotmann 1972, 6). So problematisch manches an den Positionen von Lassalle, Heller, de Man und Guevara ist und so sehr sie sich voneinander unterscheiden, so argumentieren sie doch bereits früh für die grundlegende Veränderung der Lebensweise als zentralen Inhalt der nachkapitalistischen Gesellschaft.

Gesellschaftliche Institutionen und Strukturen sowie die Gesellschaftsgestaltung sind für die Subjektivität nicht nur objektiv von Bedeutung. Das Aufmerksamkeits- und Betätigungsfeld der Individuen kann sich über die engen Horizonte ihrer vorfindlichen Befindlichkeiten und Privatinteressen hinaus erweitern. Im Unterschied zum pragmatisch-situativ angemessenen Tun wie zum individuellen Identitätsbewusstsein entsteht dann ein „Selbstbewusstsein im emphatischen Sinne", das die „eigene gesellschaftliche Vermitteltheit (in den aktuellen Bezügen und in der historisch-biographischen Dimension) reflektiert" (Ottomeyer 1980, 183). Not-wendig und möglich wird die „Herausbildung eines anderen Individuums, eines Individuums, das nicht länger aus der Matrix des Besitzindividualismus konstruiert wird" (Laclau, Mouffe 1991, 228). Zur Lebensweise in der nachkapitalistischen Gesellschaft gehört die Teilhabe der Individuen an der Gesellschaftsgestaltung. Sie hat nicht nur instrumentelle Funktionen, sondern erweitert den Horizont der Individuen. Die „starke Demokratie" „entwickelt eine Politik, die Uneinigkeit durch Bürgerbeteiligung, öffentliche Beratung und Erziehung ... in Kooperation zu verwandeln vermag. Starke Demokratie beginnt mit Uneinigkeit, aber endet nicht dort: sie erkennt Uneinigkeit an, verändert sie aber letztlich, ohne die Konflikte dabei verschwinden zu lassen oder herunterzuspielen" (Barber 1994, 126).[77] Gefragt sind öffentliche „anhaltende Gespräche.

77 Vgl. a. Devine (s. Kapitel 21) und Heyder (s. Kapitel 20).

Wählen ist ein statischer Akt, in dem sich die jeweiligen Vorlieben einer Person äußern, wohingegen Partizipation ein dynamischer Akt der Vorstellungskraft ist, der von den Teilnehmern eine Veränderung ihrer Weltsicht verlangt. Der Akt des Wählens lässt uns an eine Gruppe von Menschen in einem Selbstbedienungsrestaurant denken, die darüber verhandeln, was sie als Gruppe kaufen können, um ihre je persönlichen Geschmacksrichtungen zu treffen; in einer starken Demokratie würde dieselbe Gruppe neue Menüs ersinnen, neue Rezepte erfinden und mit neuen Ernährungsplänen experimentieren" (Ebd., 127f.).

24) Was sind problematische Doppelgänger der zu befürwortenden Lebensweisen?

Die Veränderung der Lebensweisen, die mit der hier skizzierten nachkapitalistischen Gesellschaft einhergeht und zu ihrem Inhalt gehört, kann nur begreifen, wer einschlägige Verwechslungen durchdenkt. Erforderlich ist es,

a) befürwortenswerte und problematische Varianten von Solidarität und Kooperation auseinanderzuhalten,
b) Verantwortung i. S. von Systemverantwortung sowie die zu befürwortende Ausweitung der Aufmerksamkeit der Individuen über ihre partikularen Anliegen und ihren Egozentrismus hinaus vom Moralismus zu unterscheiden,
c) gesellschaftliche Verhältnisse so einzurichten, dass die Über- und Unterforderung der Individuen überwunden wird, und zugleich die problematischen Varianten der Selbstwirksamkeit des Individuums abzuwenden,
d) das Bedürfnis nach intrinsisch motivierter Tätigkeit und „Selbstverwirklichung" zu unterscheiden von den Angeboten, es auf egozentrische Weise zu befriedigen.

a) In der nachkapitalistischen Gesellschaft lösen Solidarität und Kooperation den individuellen Kampf ums Dasein und die Konkurrenz ab. Nicht gemeint ist die Sicherung einer kollektiven Insel (einer Gruppe oder eines gesellschaftlichen Bereichs) gegen die „feindliche Umwelt".[78] Auch ist im Unterschied zum

78 Die Sowjetunion war faktisch „nach Kollektiven organisiert. ... Das Betriebskollektiv, die Sowchose, Kolchose oder das Institut sind die sozialen Einheiten, innerhalb derer gelebt wird. Die paternalistischen, exklusiven Organisationen versorgen ihre Mitglieder materiell, begleiten sie ideologisch und regeln selbst alltagspraktische Dinge. ... Nicht Individuen beziehen sich im gesellschaftlichen Austausch aufeinander, die Gesellschaft lebt vielmehr in der Beziehung von Kollektiven zueinander.

pauschalen Lob der Kooperation darauf hinzuweisen, dass sie abgleiten kann in „Konformismus, Kollusion, Feigheit und Unterwerfung unter mafiose Machtverhältnisse“ (Bühl 2000, 63).

b) Appelliert wird in der nachkapitalistischen Gesellschaft nicht an die vereinzelten Einzelnen, mit Spenden und guten Taten Schädigungen zu kompensieren, die aus strukturellen Ursachen erfolgen. „Man wird keinen einzelnen Akteur dafür verantwortlich machen können, dass er ein genuin kollektives oder systemisches Problem nicht gelöst hat“ (Bühl 1998, 25). Bei „Systemverantwortung“ gilt die Aufmerksamkeit der „Architektonik des Systems“ (Ebd., 27). Es geht darum, „das ‘Gesamtsystem der Verantwortungen’ (Birnbacher) daraufhin zu beobachten, ob die Belastbarkeit der Verantwortungssubjekte nicht überschritten wird“ (Ebd. 29). „Das Verantwortungsproblem“ verschiebt sich „zunehmend von der unmittelbaren Handlungsverantwortung zur vorgelagerten Designverantwortung“ (Ebd.). Statt um ein moralisches job enlargement geht es um die Veränderung der sozialen Strukturen oder Schnittmuster von Arbeitsteilung, Größenverhältnissen und gesellschaftlicher Synthesis. Ethikdebatten *neben* den bestehenden Strukturen lassen Verantwortung zu einer „speziellen Dienstleistung“ missraten „und damit zu einer Ware, für die es eben auch entsprechende Warenzeichen gibt“ (Hack 1994, 7). „Man sollte Verantwortung nicht an den Alleskleber ETHIK binden, sondern an die Handlungs- und Organisationsstrukturen koppeln ..., die die Möglichkeit verantwortlichen Handelns entweder verbessern bzw. unterstützen“ (Ebd., 8). Entscheidungen unter Bedingungen von Komplexität und Unsicherheit, von mangelnder Abstimmung, von unzureichender Kommunikation und Kooperation der Beteiligten führen oftmals zu suboptimalen Ergebnissen. Kooperation, intersubjektive Verlässlichkeit und kollektive Lernfähigkeit bedürfen geeigneter institutioneller Abstützung. Eine so gestaltete Gesellschaft ist nicht auf olympiareife Moralleistungen einzelner Individuen oder auf Moralchampions angewiesen. Brecht vergegenwärtigt dies mit plastischen Beispielen. „Wenn ich höre, dass ein Schiff Helden als Matrosen benötigt, frage ich, ob es morsch und alt ist. ... Wenn der Kapitän ein Genie sein muss, sind seine Instrumente wohl unzuverlässig“ (Brecht 1971, 106).

So kommt es, dass etwa den einfachen ArbeiterInnen ein gutes Verhältnis zum eigenen Betriebsdirektor wichtiger ist, wichtiger sein muss, als das zu ArbeiterInnen anderer Betriebe“ (Ehlers 1993). Mit sozialen Leistungen, die Wohnungen, Erholungsheime, Betriebskindergarten usw. betreffen und bei einem Betriebswechsel verloren gehen, versuchen Betriebe die Arbeiter an sich zu binden.

Aus der moralischen Perspektive betrachtet, kommen in der Welt vorrangig Individuen vor. Demgegenüber wird eine „Durchbrechung der Unmittelbarkeitsbeziehung" (Holzkamp-Osterkamp 1984, 51) notwendig. „Das bewusste Verhalten zu den Lebensbedingungen ist identisch mit der Überwindung der personalisierenden Sichtweise, der Tendenz, die Menschen unmittelbar für ihr Verhalten verantwortlich zu machen bzw. die Schuld an den miesen Beziehungen sich gegenseitig in die Schuhe zu schieben" (Ebd.). „Egoismus" *individuell* zu verringern oder einzudämmen, darum geht es nicht. Die Frage ist vielmehr, welche gesellschaftlichen Strukturen die Handlungsperspektive der Individuen begünstigen und nahelegen, sich Vorteile auf Kosten anderer zu verschaffen, und wie diese Strukturen überwunden werden können (vgl. Creydt 2009). Die Ausweitung der Aufmerksamkeit und Handlungsfähigkeit über den Horizont des Privatinteresses sowie des auf seinen kleinen Nahbereich bornierten Individuums hinaus bildet ein zentrales Moment der hier favorisierten Lebensweise. Mit einem moralischen Selbstverständnis ist es nicht zu verwechseln. Letzteres legt „die objektiven Fehler einer Institution den Individuen zur Last" (MEW 1, 54). Dem Vorgehen, „alles aus dem Willen der handelnden Person zu erklären", entziehen sich „Verhältnisse, welche sowohl die Handlungen der Privatleute, als der einzelnen Behörden bestimmen und so abhängig von ihnen sind als die Methode des Atemholens. Stellt man sich von vornherein auf diesen sachlichen Standpunkt, so wird man den guten oder den bösen Willen weder auf der einen noch auf der anderen Seite ausnahmsweise voraussetzen, sondern Verhältnisse wirken sehen, wo auf den ersten Anblick nur Personen zu wirken scheinen" (Ebd., 177; vgl. a. Anm. 124).

c) Das vor dem Hintergrund von sozialer Abhängigkeit und Unsicherheit wertzuschätzende Gefühl der eigenen Selbstwirksamkeit sagt noch nichts aus über den Inhalt der Tätigkeit. Die Vorstellung von der eigenen Selbstwirksamkeit kann damit einhergehen, von der Beurteilung der Arbeitsinhalte abzusehen. Selbstwirksamkeit genießt auch der Pyromane.

d) Ein nur extrinsisch motiviertes Handeln stellt ein Problem dar. Daraus folgt aber nicht, dass intrinsisches Handeln problemlos ist. Beobachten lässt sich bspw., wie Ingenieure sich gleichgültig gegenüber Zweck und Grund des Produktes und der sozialen Abwicklung der Produktion (z.B. Entlassungen) verhalten, wenn es ihnen nur gelingt, sich in ihre Tätigkeit „einbringen" zu können. Die Konkurrenz um die interessanten Arbeitsaufgaben vergiftet die Atmosphäre im Betrieb. Im Film „12 ich liebe Dich" sagt der von Devid Striesow gespielte Vernehmer im Stasiknast: „Ich bin gern Vernehmer. Man kommt mit vielen unterschiedlichen Menschen zusammen und hat Zeit, sie kennen zu lernen. Gerade in extremen

Situationen lernt man sich besonders gut kennen." Auch bei der Entwicklung von Massenvernichtungswaffen schafften es die sie entwickelnden Techniker und Wissenschaftler, sich auf den Reiz ihrer Arbeit zu konzentrieren.[79] Wer es *auf* die subjektive Befriedigung an der Tätigkeit absieht, sieht leich *von* ihren anderen Voraussetzungen, Wirkungen und Kontexten ab. Die Tätigkeit missrät tendenziell zur intransitiven Betätigung. Was an der gesellschaftlichen Realität Interesse erweckt, sind die Gelegenheiten dafür, sein „eigenes Ding machen" zu können. Die Arbeit oder Tätigkeit wird wahrgenommen aus der Perspektive der subjektiven Vorstellung von einer nicht unmittelbar, wohl aber indirekt egozentrischen Selbstverwirklichung.

25) Wie verändert sich das Geschlechterverhältnis?

> „Wer Schweine erzieht, ist (nach Meinung der klassischen Schule der Nationalökonomie – Verf.) ein produktives, wer Menschen erzieht, ein unproduktives Mitglied der Gesellschaft." *List 1959, 151*

Profitable Arbeit steht in der kapitalistischen Ökonomie im Vordergrund. Die Sorgetätigkeit in der Erziehung von Kindern, in der Pflege von Kranken und in der Betreuung von Senioren hat insofern gesellschaftlich das Nachsehen. Die faktisch vorfindliche Bewertung von Erziehungs- und Hausarbeit bildet eine Teilmenge der Hierarchie zwischen den Arbeiten, die sich aus den Verwertungserfordernissen der Kapitale ergibt. Für sie stellen viele gesellschaftliche Bereiche (Bildung, Gesundheit, Ökologie) zwar notwendige Bedingungen, aber kostspielige Abzüge dar, an denen nach Möglichkeit gespart wird.

Insofern, jedenfalls bislang, faktisch v.a. Frauen kleine Kinder umsorgen, wirkt sich das nachteilig auf ihre Stellung im kapitalistischen Erwerbsleben aus. „Solange das Erwerbsleben zugeschnitten ist auf den Vollzeiterwerbstätigen, der weitestgehend frei von Familienverpflichtungen dem Betrieb mit ganzer Arbeitskraft zur Verfügung steht, werden Personen, die dies nicht können oder

79 „Die glückhafte Erregung über die neuen Dimensionen menschlichen Wissens und Könnens, die sich da auftaten, ließ diese Männer meist ganz vergessen, dass sie ja eigentlich hier zusammengekommen waren, um ein Todesinstrument zu entwerfen" (Jungk 1963, 466).

nicht wollen oder von denen nur erwartet wird, dass dies irgendwann der Fall sein könnte, Nachteile im Beruf in Kauf nehmen müssen" (Krombholz 1991, 226).

Bei Schwangerschaft ist eine neue Arbeitskraft zu suchen und einzuarbeiten. Kleine Kinder sind für Krankheiten anfällig. Arbeitskollegen haben dann (extra zu vergütende) Überstunden zu machen. „Eben mal" Überstunden oder eine plötzlich anberaumte Zusatzarbeit sind für Mütter häufig nicht möglich. Bei ihnen können leichter Störungen des effizient geregelten Arbeitstages anfallen, insofern der Kindergarten plötzlich anruft, weil das Kind fiebert, oder die Tagesmutter überraschend absagt. Mütter kleiner Kinder unterliegen Einschränkungen in der Verfügung über ihre Arbeitskraft. Frauen stellen insofern ein „unternehmerisches Risiko" dar, solange sie gebärfähig sind. Auch Frauen, die sich aktuell keine Kinder wünschen, könnten es sich ja noch anders überlegen. Die Einstellungskriterien beziehen sich auf Maßstäbe, die nicht daraus resultieren, dass die Unternehmer Männer sind, sondern dass sie Kapitalfunktionen ausüben. Auch Unternehmer*innen* müssen so handeln, um ihr Kapital zu erhalten, und das heißt, es zu vermehren. Ein Kreislauf bildet sich dann heraus, in dem ihre, die Erwerbsarbeit betreffende Schlechterstellung Frauen auf die häusliche Arbeit verweist. Wenn jemand bei der Versorgung des Nachwuchses die Arbeit aufgibt, so eher die Person, die weniger an Einkommen nach Hause bringt. Der geringere ökonomische Wert der Hausarbeit stellt keinen Verstoß gegen das Wertgesetz dar, sondern seine Konsequenz.[80]

Zu dem, was für die Kapitalverwertung nicht zählt, gehört das Interesse von Frauen, Erwerbsarbeit und Mutterschaft auf eine Weise zu verbinden, die sie gegenüber den Männern nicht schlechter stellt.[81] Geschädigt wird auch das Interesse von Männern an einer Erwerbsarbeit, die einen intensiven Umgang mit Kindern nicht behindert.[82]

---

80 Zur kritischen Auseinandersetzung mit der Kritik an Marx' Bestimmung des Werts der Ware Arbeitskraft in Bezug auf die Hausarbeit vgl. Müller 1976, Beer 1983, insbes. S. 30f., und Rohwer 1985.

81 Vgl. zu Frankreich als vermeintlichem Gegenbeispiel Creydt 2014, 102.

82 Väter sind in der Rolle des Haupternährers der Familie infolge langer Arbeits- und Wegezeiten den größten Teil der wachen Zeit ihrer Kinder abwesend, kennen ihren Alltag weniger und sind mit ihnen weniger in Kontakt. Das verstärkt eine Unsicherheit den Kindern gegenüber, die bereits beim eigenen Vater existierte. Man kann den Vater „mit Recht lieblos und desinteressiert finden; in seiner eigenen Geschichte erscheint er hingegen als ein Mann, der um seine Liebe betrogen worden ist." Die Vereinbarkeit von Familie und Beruf stellt nicht nur für Frauen, sondern auch für Männer ein Problem dar. „Mütter sind in der Gefahr, die Verankerung im

Praktische Schritte, deren Durchsetzung die Vereinbarkeit von Erwerbsarbeit und Care-Tätigkeiten ermöglichen würde, wären:

- eine Arbeitszeitverkürzung, die es den Arbeitenden erlaubt, neben der Erwerbsarbeit sich um Kinder sowie kranke und alte Verwandte und Freunde zu kümmern,
- mehr Mittel für Kindertagesstätten, Horte und Ganztagesschulen,
- die Gestaltung von Erwerbsarbeit nach Maßgabe ihrer Vereinbarkeit mit den Wechselfällen des Zusammenlebens mit Kindern und Senioren,
- eine Gestaltung der Erwerbsarbeit, in der die diskontinuierliche Teilnahme an ihr nicht auf Stellen mit weniger Arbeitseinkommen verweist,
- die Überwindung jener Erwerbsarbeit, in der aus jungen Arbeitskräften besonders viel herausgeholt wird, sodass sie hohen Leistungsanforderungen gerade dann unterliegen, wenn sie am dringendsten Zeit bräuchten für das Zusammensein mit Kindern,
- die gesellschaftliche Kompensation der mit Kindern verbundenen Mehrausgaben, sodass sie nicht mit Überstunden und Nebenjobs auf eine Weise aufgefangen werden müssen, die die „Erwerbsperson" der Familie zusätzlich entfremdet und Opfer erfordern, die allen Beteiligten nicht gut tun.

Wenn man sich diese massiven Umgestaltungen vergegenwärtigt, so zeigt sich, wie weit sich ihr Resultat von der kapitalistischen Ökonomie und ihren Imperativen unterscheidet.

Beim Geschlechterverhältnis konzentriere ich mich aus zwei Gründen auf seine mit der Existenz von Kindern verbundene Dimension. Erstens: „Das größte Hemmnis für mehr Geschlechtergerechtigkeit ist nach wie vor die Vereinbarkeit von Karriere und Familie" (Allmendinger u.a. 2008, 25). Zweitens: Die sonstige Lastenverteilung zwischen den Geschlechtern scheint mir nicht so eindeutig, wie es manche Feministinnen und Feministen annehmen. Eine Zeitdiagnose, die es darauf absieht, alle Nachteile des Geschlechterverhältnisses im modernen Kapitalismus bei den Frauen zu verorten und „die Männer" als „faules Geschlecht" aufzufassen (Pinl 2000), muss von einigem absehen. Zur Problematik der un-

---

Berufsleben zu verlieren. Väter sind in der Gefahr, die Verankerung in ihrem eigenen Privatleben zu verlieren" (Gesterkamp, Schnack 1998, 107). „Die wenigsten Männer trauen sich zuzugeben, dass die alltägliche Erziehungskompetenz weitgehend in den Händen ihrer Frau liegt. Sie kennen sich in den vielfältigen Netzwerken und Kontakten nicht aus, die Mütter herstellen, um den Alltag mit Kindern zu organisieren. Sie ... wissen nicht, welche Konflikte in der Schulklasse ihres Kindes bestehen. Sie kennen sich einfach zu wenig aus, um qualifiziert mitsprechen zu können" (Ebd., 108).

gleichen Lasten, die Frauen *und* Männern durch das gesellschaftliche Geschlechterverhältnis aufgebürdet werden, gehört *erstens* die Einkommensungleichheit zwischen Mann und Frau. Lohn- und Gehaltsunterschiede resultieren aus den verschiedenen Branchen, in denen Männer und Frauen tätig sind, aus der mit Kinderbetreuung einhergehenden häufigeren Teilzeitarbeit, aus längeren Auszeiten, aus „Karrierepausen" und daraus resultierender geringerer Wahrscheinlichkeit, in hohe Hierarchiestufen aufzusteigen. Auch wenn man all diese Momente berücksichtigt, bleibt ein Unterschied der durchschnittlichen Bezahlung zum Nachteil der Frauen. In seiner am 25.10.2010 veröffentlichten Studie beziffert das Statistische Bundesamt den Verdienstunterschied zwischen Frauen und Männern bei gleicher Qualifikation und Tätigkeit auf 8%. Wörtlich heißt es: „Dieser Wert stellt insofern eine Obergrenze dar, als einige weitere Faktoren, die zur Erklärung des Verdienstunterschieds beitragen könnten, in der Analyse nicht berücksichtigt werden konnten, da die entsprechenden Angaben nicht vorlagen." (Männliche Arbeitnehmer leisten z.B. durchschnittlich mehr unbezahlte Überstunden als weibliche.) Es fragt sich, ob in modernen kapitalistischen Gesellschaften sich nicht substanziell etwas am Unterschied der Arbeitseinkommen zwischen Mann und Frau verändern wird bzw. sich schon verändert.[83] Ein *zweites* Moment der ungleichen Lastenverteilung besteht darin, dass Männer im Vergleich zu Frauen bislang meist die körperlich schwereren und für die Gesundheit schädlicheren Berufe ausüben. *Drittens* ist zu berücksichtigen, dass Zeitbudgetuntersuchungen bei Männern und Frauen eine durchschnittlich gleiche Zahl von (bezahlten plus unbezahlten) Arbeitsstunden ausweisen.[84] Die durchschnittlich geringere Lebenszeit von Männern in modernen kapitalistischen Ländern bildet ein *viertes* Moment, das bei der Frage nach den unterschiedlichen Lasten, die Frauen und Männer zu tragen haben, eine Rolle spielt. Die feministischerseits beliebte Erklärung dieser Tatsache aus männlicher „Unvernunft" greift zu kurz. Sie

83 Im New York der Gegenwart haben „die Frauen im Alter von 20 bis 30 die gleichaltrigen Männer abgehängt. Sie haben häufiger ein College besucht, öfter eine Uni abgeschlossen. Sie machen schneller Karriere und verdienen besser. Ihr Durchschnittseinkommen liegt um 17% über dem gleichaltriger New Yorker Männer, hat der Soziologe Andrew Beveridge ausgerechnet" (Süddeutsche Zeitung 2.6.08, S. 17).

84 Vgl. die vom Statistischen Bundesamt erarbeitete Zeitbudgeterhebung „Wo bleibt die Zeit? Die Zeitverwendung der Bevölkerung 2001/02". Vgl. Pressemitteilung 115/2003 des Bundesministeriums für Familie, Senioren, Frauen und Jugend vom 2.12.2003. Vgl. www.bmfsfj.de, vgl. www.destatis.de/Presse/Veranstaltungen/2.12.03/.

sieht von Kontexten ab, die diese „Unvernunft" als habituelle Verarbeitung und Verfestigung der zugrunde liegenden gesellschaftlich zu erklärenden Arbeitsteilung zwischen den Geschlechtern hervorbringen. Zudem sind die größeren gesundheitlichen Risiken, denen Männer unterliegen, zum großen Teil nicht selbstgemacht, sondern hängen mit längeren Arbeitszeiten in der Erwerbsarbeit[85], gefährlicheren Arbeitsaufgaben und höherem Arbeitsstress zusammen (vgl. Brandes 2002, 227f.). „In den USA hat sich der weibliche Vorsprung (an Lebenserwartung – Verf.) seit dem Jahr 1900 vervierfacht: von damals zwei auf heute rund acht Jahre. In Deutschland ist er nicht ganz so stark gewachsen, aber immer noch von knapp drei Jahren zum Zeitpunkt der Reichsgründung 1871 auf gegenwärtig annähernd sieben. Die Kluft ist also großenteils das Werk des 20. Jahrhunderts und hat insofern eher gesellschaftliche als natürliche Ursachen" (Traub 1997, 23).

Einkommensnachteile von Frauen sind zu überwinden. Die gesellschaftlichen Ursachen für die schlechten Bedingungen der Care-Tätigkeiten aufzuheben geht darüber hinaus. Hier zeigt sich auch die Grenze einer auf „Geschlechtergerechtigkeit" fokussierten Aufmerksamkeit. Sie spielt häufig die Vor- und Nachteile der Geschlechter gegeneinander aus (vgl. dazu Creydt 2001).

26) Worin bestehen die Grenzen des bürgerlichen Subjekts?

> „Die Menschen wurden 'frei' gedacht, um gerichtet, um gestraft werden zu können – um schuldig werden zu können: folglich musste jede Handlung als gewollt, der Ursprung jeder Handlung als im Bewusstsein liegend gedacht werden." *Nietzsche II, 977*

Zum modernen bürgerlichen Subjekt gehört die Vorstellung, sein Leben ausgehend von eigenen Werten und Überzeugungen zu *führen*. Vermeintliche Werte*fundamente* aber bilden hochverdichtete *Resultate*. Es handelt sich um eine Variante der „Interiorisierung der Exteriorität" (Bourdieu 1979, 147). Die Bürger meinen *ihr* Selbst- und Weltverständnis zugrunde zu legen und ausgehend von

85 Einer Untersuchung des Instituts für Arbeitsmarkt- und Berufsforschung vom Juni 2012 zufolge arbeiteten 2010 weibliche Erwerbstätige im Durchschnitt 30,6 Stunden und damit 9,5 Stunden weniger als ihre männlichen Kollegen. 1991 betrug die Differenz knapp sieben Stunden.

ihm ihren Handlungen Sinn zu geben. Faktisch handelt das bürgerliche Subjekt innerhalb der von kapitalistischen Strukturen geformten Welt. Es vermag diese Strukturen in ihrer Eigengesetzlichkeit (vgl. Anm. 124) nicht zureichend zu begreifen. Sein Sein in der Welt interpretiert es anthropozentrisch.[86] Ebenso das, was es von den objektiven gesellschaftlichen Strukturen wahrnimmt. Allerhand „soziale Tatsachen" erscheinen ihm als Angebot zu seiner Entfaltung oder als Bedingung und Mittel für sie.[87] Das Individuum will als bürgerliches Subjekt in der gesellschaftlichen Wirklichkeit seine Gegenwart finden. Es bejaht das Gegenwärtige um seiner eigenen Gegenwart willen. Die Interpretation, in der das Subjekt die gesellschaftliche Wirklichkeit zu seiner macht, koexistiert mit seiner Unterordnung unter die hinter seinem Rücken existierenden und den Individuen abträglichen kapitalistischen Strukturen. Sie erscheinen als sachlich und als so natürlich wie die Natur. Im Sich-Einstellen auf diese Strukturen als vermeintlich bloße Randbedingungen des eigenen Willens sieht das bürgerliche Subjekt ebenso wenig ein Problem für seine Freiheit wie beim Sich-Einrichten aufs Wetter.

Mit der gesellschaftlichen Individualitätsform des bürgerlichen Subjekts gehen hohe Fremd- und Selbsterwartungen einher. Sie betreffen das Ausmaß an individueller Unabhängigkeit[88] und den Grad, in dem sich Handeln an Wertmaßstäben

86 Es entsteht eine „anthropozentrische Atmosphäre, die ... jedem Ding seine angebliche Bedeutung verleiht, d.h. es von innen mit einem mehr oder weniger heimlichen Gefüge von Gefühlen und Ideen versieht" (Robbe-Grillet 1965, 53).

87 Die ihrem Nutzen gemäß Handelnden bedienen sich vermeintlich „der Verhältnisse, in die sie als Dienende eintreten. Sie benutzen die Bedingungen, die ihnen fremd gegenübertreten. Ihre Anpassung ist hier eine Funktion ihres partikularen Interessenkalküls, ihre Heteronomie das Medium ihrer Disposition als autonome Utilitaristen, ihre Unterwerfung das Instrument zur Verwirklichung ihrer Souveränität als nutzenmaximierender Subjekte. In dieser Hinsicht synthetisiert die utilitaristische Praxis den Zwang zur Anpassung mit der Souveränität einer Funktionalisierung aller Umweltbezüge für privatisierte Interessen und markiert somit eine spezifische Form der Verschränkung von Heteronomie und Autonomie" (Prodoehl 1983, 131).

88 „Wir sind alle grundsätzlich in unserer Selbstsicherheit in der Art der Angstneurotiker gefährdet und benötigen eine permanente Zufuhr von äußerer Stärkung, um uns leidlich im Gleichgewicht zu halten und den Durchbruch massiver Ängste zu vermeiden. Nur ist unser Ich im Durchschnitt etwas mehr gefestigt und nicht ganz so stark von Desintegration bedroht wie jenes der Angstneurotiker. Deshalb fühlen wir sog. Normalen uns bewusst relativ selbständiger. Man kann sogar in gewissem Sinne sagen: zu selbständig." Das „weitgehend undurchschaute Verhält-

orientiert. Das Individuum sei für „seine“ Lebensweise verantwortlich.[89] Diese Fremd- und Selbsterwartung existiert unter Bedingungen der Naturwüchsigkeit und Widersprüchlichkeit der kapitalistischen Ökonomie sowie der mit ihr verbundenen, untereinander nur schwer oder nicht zu vereinbarenden Anforderungen an das Individuum (vgl. Kapitel 23, 4. Abs.). Als *Identität* wird gesucht und gepflegt, was unter diesen Voraussetzungen zugleich den Zwang darstellt, die individuelle Existenz als „eigenes“ Leben zu verstehen, wenn nicht sogar zum eigenen 'Entwurf' umzudeuten.[90] D.h. „Verantwortung für ein Tun oder Lassen zu übernehmen, dessen Voraussetzungen so wenig durchsichtig wie dessen Konsequenzen absehbar sind“, und ein Leben „als eigenes frei gewähltes und gestaltetes zu leben, das man so vielleicht gar nicht gewollt hat“ (Schubert 1983, 71f.). Die Selbstsorge sowie das selbstwertdienliche „Frisieren“ der eigenen „Bilanz“ tragen dazu bei, dass im Verhältnis zwischen Bewusstsein und Selbstbewusstsein letzteres tendenziell dominiert. „Für das Individuum wird die Selbsterfahrung realer als seine Erfahrung der objektiven sozialen Welt. Es sucht deshalb seinen Halt in der Wirklichkeit mehr in sich selbst als außerhalb seiner selbst“ (Berger, Berger, Kellner 1975, 71). Das „subjektive Reich der Identität“ bildet dann den „hauptsächlichen Halt des Individuums in der Wirklichkeit“ (Ebd.).

Der „qualitative“ Individualismus (Simmel 1957, 267) entsteht unter Voraussetzung der rechtlichen Gleichheit der Bürger. „Sobald das Ich im Gefühl der Gleichheit und Allgemeinheit hinreichend erstarkt war, suchte es wieder die Ungleichheit, aber nur die von innen heraus gesetzte“ (Ebd., 265). Die subjektive Fokussierung auf die individuelle Besonderheit und die Distinktion sollen mit der Aufmerksamkeit für die vermeintliche „unbestreitbare Eigenheit“ das Individuum „für alle Leiden entschädigen“ (MEW 3, 296). Der Widerspruch des Individuums,

---

nis von illusionärer Selbstsicherheit einerseits und faktischer Außenabhängigkeit andererseits“ bildet „das fatale Problem des Normalen“ (Richter 1976, 51).

89 „Beruflichen Erfolg ebenso wie privates Glück verdanken wir persönlichen Eigenschaften, die – obwohl im Verkehr mit unserer Umwelt (und häufig absichtslos) erworben – unserer Verantwortung unterstellt sind. Die Eigenverantwortlichkeit der Persönlichkeit ... gründet in der Vermutung, dass der einzelne an seiner Charakterbildung sowie an der Entfaltung und Verwertung seiner Fähigkeiten maßgebend beteiligt ist“ (Ferber 1965, 8).

90 „Das Ziel der 'gut integrierten Persönlichkeit' ist verwerflich, weil es dem Individuum jene Balance der Kräfte zumutet, die in der bestehenden Gesellschaft nicht besteht und auch gar nicht bestehen sollte, weil jene Kräfte nicht gleichen Rechtes sind. Man lehrt den einzelnen die objektiven Konflikte zu vergessen, die in jedem notwendig sich wiederholen“ (Adorno 1979, 65f.).

einerseits Subjekt sein zu müssen, die Form des bürgerlichen Subjekts aber nicht überzeugend ausfüllen zu können, führt zu problematischen Persönlichkeitsstilen und Sozialbeziehungen. Sie tragen ihrerseits zu einem Gemeinwesen bei, in dem die Menschen eine schlechte Meinung voneinander haben. Die sich beweisende oder aggressiv-entwertende Mentalität zeigt Gefallen am Machtgefälle und versucht die Fiktion von Subjektautonomie in Kontrastprofilierung zu „schwachen" Persönlichkeiten zu erreichen. Der dependenten Verhaltens- und Erlebensweise gilt das Scheitern an der Aufgabe, ein „starkes" Subjekt zu sein, als Motiv dafür, angesichts der eigenen „Schwäche" die Dienste „starker" Mitmenschen für sich in Anspruch zu nehmen. Der distanzierte Lebensstil orientiert sich an subjektiver Unbetroffenheit und Unabhängigkeit. Die histrionische Mentalität (von englisch *histrionic* „schauspielerisch, theatralisch, affektiert" und lateinisch *histrio* „Schauspieler") sucht dem Erleben von Divergenzen zwischen der Anforderung, ein Subjekt zu sein, und der eigenen individuellen Existenz durch Inszenierungen zu entgehen. Zu diesen vier Varianten von Subjektivität vgl. Creydt 2013b.

Zum Problem wird, wie die „individualistische Organisationsform der Gesellschaft kollektive Verhaltensweisen ausschließt, die vielleicht subjektiv dem Stand der objektiv-technischen Produktivkräfte gewachsen wären" (Adorno 1958, 145). In der Lebensweise der nachkapitalistischen Gesellschaft geht es darum, dass die objektiv existente Verwobenheit[91] des eigenen individuellen Lebens mit dem Leben anderer Individuen nicht nur als faktisch notwendig erachtet und gesellschaftlich „vernünftig" gestaltet, sondern selbst wertgeschätzt werden kann. „Die Emanzipation des Individuums ist keine Emanzipation von der Gesellschaft, sondern die Erlösung der Gesellschaft von der Atomisierung" (Horkheimer 1974, 130). Die Lebensweise der nachkapitalistischen Gesellschaft überwindet die Individualitätsform des bürgerlichen Subjekts. „Nur die Überwindung des Ich, die eine Überwindung sowohl der Ichlosigkeit als auch der Ichhaftigkeit ist, stellt uns in die Ichfreiheit. ... Ichfreiheit ist Freisein vom Ich, ist nicht Ich-Verlust oder -verzicht, ist nicht Ich-Mord, sondern Ich-Überwindung" (Gebser 1973, 677).

---

91 „In Wahrheit ist aber das persönliche Glück (oder Gleichgewicht, Zufriedenheit oder wie immer man das automatische innerste Ziel der Person nennen mag) nur soweit in sich selbst abgeschlossen, wie es ein Stein in einer Mauer oder ein Tropfen in einem Fluss, durch die Kräfte und Spannungen des ganzen gehen. Was ein Mensch selbst tut und empfindet, ist geringfügig im Vergleich mit allem, wovon er voraussetzen muss, dass es andere für ihn in ordentlicher Weise tun und empfinden. Kein Mensch lebt nur auf sein eigenes Gleichgewicht, sondern jeder stützt sich auf das der Schichten, die ihn umfassen ..." (Musil 1981, 523f.).

Wer das autonome Subjekt als Leitbild begrüßt, übergeht den für es konstitutiven „Entwicklungsverzug des kollektiven Bewusstseins einer ganzen Gesellschaft" (Kilian 1971, 7). „Eine dauerhafte 'Ordnung' und ein relatives Gleichgewicht werden in Zukunft nur noch in dem Maße zu begründen und zu bewahren sein, wie der Mensch eine prozessgerechte Selbststeuerung der individuellen und kollektiven Entwicklung erlernt" (Ebd., 21). „Das egozentrische Weltbild ist angesichts der Amplifikation des gesellschaftlichen Feldes tatsächlich zum Weltbild eines 'unterentwickelten' Bewusstseins abgesunken, welches angesichts seines Mangels an integrativer Kompetenz und systemtranszendierender Potenz eher als das herrschende 'Unbewusstsein' denn als das herrschende 'Bewusstsein' der Gegenwart bezeichnet werden sollte" (Ebd., 171).

27) Was heißt „Überwindung der Subalternität"?

> „Um akzeptiert zu werden, muss die Sklaverei jeden Tag so lange dauern, dass sie etwas im Menschen zerbricht." *Simone Weil*

Auch die, die sich großtun, vermögen nicht darüber hinwegzutäuschen, dass die kapitalistische Geschäftsweise Menschen klein macht. Zentrale Momente von Subalternität sind:

- enge Aufgaben und geringe Fähigkeiten, ein hoher Anteil an repetitiver, belastender und unattraktiver Tätigkeit,
- die Isolation von anderen sowie das Unterworfensein unter gesellschaftliche Verhältnisse, die Beziehungen zu anderen Menschen durch Ausschluss (Privateigentum) und Konkurrenz formen,
- Belastungen in der Arbeit und im Alltag, die das Individuum erschöpfen, absorbieren und ihm wenig Raum für eigene Initiativen und Reflexion erlauben,
- starker Zeitdruck. „Es wird nichts erwogen, sondern sofort entschieden. Immer ist das Rasche auch das Einförmige, welches sogleich am Ende ist, eben an der nahen Grenze der Enge; das Vielgestaltige braucht Zeit sich zu entwickeln und Raum, sich mannigfaltig in Beziehung zu setzen" (Kuhn 1951, 57),
- der geringe Grad der Möglichkeit von individueller Teilnahme an der gesellschaftlichen Gestaltung von Gesellschaft sowie deren unentwickelter Zustand.

Unter diesen Bedingungen machen viele das, was sie wollen, von der Einschätzung ihrer Fähigkeiten durch ihre „Arbeitgeber" bzw. Vorgesetzten abhängig. Wo sich Sinne, Fähigkeiten und Reflexionsvermögen der Arbeitenden mangels Gelegenheit nur sehr begrenzt entfalten, kann auch nur wenig realistisches Selbstbewusstsein entstehen. Ohne Gelegenheit der Betätigung bestimmter Fähigkeiten kommen die Menschen erst gar nicht auf die dann von interessierter Seite „dumm" genannten Gedanken.

Sich an fremdbestimmte und sinnarme Arbeit zu gewöhnen fällt nicht leicht. „Diese Anpassungsleistung kostet Kraft; viele sind sich dessen bewusst und ... ein bisschen stolz darauf. Nicht so bewusst sind zumeist die emotionalen Kosten, die vielfach in einer Senkung des Anspruchsniveaus und der allgemeinen Aktivitätsbereitschaft bestehen. Man regt sich nicht mehr auf, aber der Schwung von früher fehlt" (Girschner-Woldt u.a. 1986, 149). Arbeiten, die eines inneren, das Individuum entwickelnden Arbeitsertrags entbehren, fördern „eine allgemeine Interessenlosigkeit – und diese erleichtert es wiederum ..., die uninteressante Arbeit auf Dauer zu ertragen" (Döhlemann 2000, 19f.). Zu den Kosten der Anpassung gehört auch das mit der Gewöhnung an sie schwindende Bewusstsein von ihr. Wir haben es zu tun mit einer „kreisförmigen Wechselbeziehung zwischen Machen und Erkennen. Wenn man nicht macht, was man als notwendig, wenn auch mit persönlichen Unannehmlichkeiten behaftet, erkannt hat, dann kann man auch irgendwann nicht mehr erkennen, was zu machen ist. Wer Anpassungszwängen taktisch nachgibt ..., wird nach und nach die Unzumutbarkeit von Anpassungsforderungen gar nicht mehr wahrnehmen, das heißt die eigene Gefügigkeit auch nicht mehr als Fluchtreaktion durchschauen. Alles erscheint normal: die Verhältnisse, denen er sich ergibt, und der Verzicht auf Gegenwehr, den er eben gar nicht als Verzicht erlebt" (Richter 1995, 7).

Hängen die Reproduktionschancen der Lohnabhängigen, sozialstaatliche Transferzahlungen einmal ausgeklammert, von der Vermietung der Nutzungsrechte an der eigenen Arbeitskraft ab, so ergibt sich eine politisch folgenreiche Hierarchie der Lohnabhängigen-Interessen. In ihr ist das Arbeitsplatzinteresse dem Lohninteresse, dieses wiederum den Belangen der Umwelterhaltung übergeordnet. Not-wendig wird demgegenüber eine Wirtschaft, in der die Arbeitenden nicht aufgrund der Angst vor Arbeitslosigkeit tendenziell alles vermeiden müssen, was das Einvernehmen mit Arbeit- und Auftraggebern stören könnte. Im Horizont dieser restringierten Handlungsfähigkeit dominieren die „Anpassung an die vorgegebenen Erwartungen" und das „Sich-Einrichten in den zugestandenen Freiräumen", inklusive der „aktiven Weitergabe der Unterdrückung an andere: Indirekt, indem man die Mitmenschen gemäß den individuellen Vorteilen zu nutzen oder an die Wand bzw. aus der Konkurrenz zu drängen sucht. ... Angesichts der Anstrengungen und Skrupellosigkeit, die es kostet, selbst nach oben zu kommen oder oben zu bleiben, wird man im allgemeinen an diejenigen, die auf der Strecke bleiben, keine Gedanken verschwenden" (Holzkamp-Osterkamp

1984, 47f.). Erforderlich werden gesellschaftliche Verhältnisse, in denen „man es sich leisten kann, Rücksicht auf andere zu nehmen, sich auf deren Situation einzulassen, ohne fürchten zu müssen, von diesen ausgenutzt und mit Haut und Haaren verschlungen zu werden" (Ebd., 51).

Angesichts der „alltäglichen Verschwendung von Humanpotenzial" ist von „Institutionenversagen" zu sprechen (Klages 2002, 82). Die Widersprüche der kapitalistischen Arbeitsorganisation sorgen dafür, dass die Forderung, den „Faktor Arbeit" „nicht als Kostenfaktor, sondern als Aktivum" (Ebd., 124) wahrzunehmen, zwar dauernd erhoben wird, sich aber nicht einlösen lässt. Dem stehen schon die „Objektstellung und Instrumentalfunktion des Personals" (Staehle 1994, 736f.) und die „Abhängigkeitsverhältnisse der Beschäftigten im Rahmen hierarchischer Weisungssysteme" (Klages 2002, 125) entgegen. „Humanpotential" aber ist anders als „Human Capital" nicht instrumentell aktivierbar. Die in Unternehmen feststellbaren Bemühungen, per materiellen Anreizen, Motivationstraining, Firmenkultur u.ä. Leistung und Kreativität der Mitarbeiter zu steigern, verfehlen mit ihrem technokratischen, ködernden und bestenfalls verführenden Zugriff (vgl. Sprenger 1991, 18f., 50ff.) die Tiefendimensionen menschlicher Bereitschafts- und Fähigkeitspotentiale (vgl. a. Klages 2002, 123ff., 139f.). Zugrunde liegen oft „sehr schlicht anmutende Vorstellungen über Input-Output Beziehungen" oder „Äquivalenzvorstellungen übervereinfachender Art", „wo Bemühungen unternommen werden, das Leistungsverhalten mit Hilfe materieller Leistungsanreize zu aktivieren" (Klages 2002, 139). Eigenmotivation lässt sich nur in engen Grenzen nutzen, solange „die Notwendigkeit außer Acht gelassen" werden muss, „auf Menschen mit Selbstentfaltungsbedürfnissen und -interessen in angemessener Weise einzugehen, um ihr Potenzial zu erschließen" (Ebd., 128). Dies unterbleibt weniger infolge eines suboptimalen Führungsverhaltens als aus Imperativen der Mehrwertproduktion.[92]

Klages (2002, 150ff.) beschreibt Merkmale von „Verantwortungsrollen", die es erlauben würden, „die alltägliche Verschwendung von Humanpotenzial" zu überwinden. Es handelt sich dabei u.a. um „Spielraum für selbständiges und eigenverantwortliches Handeln und Entscheiden", die „Chance zur Entfaltung intrinsischer Motivation", die „Chance, etwas subjektiv Sinnvolles zu tun", „Verfügung über die erforderlichen Mittel und Bedingungen", die „Chance zur Beteiligung

---

92 Zur Frage, ob „neue Produktionskonzepte" ein hoffnungsvolles Anzeichen für die Überwindung der Unterordnung der Arbeitenden im kapitalistischen Betrieb sind, vgl. Pocarno 2015, 72ff., Creydt 2014, 276f.

an der Festlegung von Tätigkeitszielen" sowie „die Chance zur sozialethischen Reflexion eigenen Verhaltens."

Die nachkapitalistische Gesellschaft ermöglicht

- die Überwindung der Ursachen dafür, dass in kapitalistischen Betrieben teilautonome Arbeitsgruppen bzw. eine hohe Selbstorganisation und Qualifikation der Arbeitenden aus Sorge vor deren Stärke gegenüber dem Kapital nur sehr begrenzt wirklich werden können (vgl. Kapitel 3),[93]
- die Überwindung der aus der kapitalistischen Geschäftsweise resultierenden Blockade gegenüber einer anthropozentrischen Produktionstechnologie und -organisation (vgl. Kapitel 3),
- die Überwindung derjenigen Ursachen für die Subalternität, die aus der Vermietung der Nutzungsrechte an der eigenen Arbeitskraft an das Kapital resultieren,
- die Überwindung der Trennung der Arbeiten voneinander (wg. Privateigentum, Konkurrenz), die Kooperation und Erfahrungsaustausch begrenzt.

---

93 Der Konflikt im Arbeitsprozess zwischen entstehenden Kompetenzen einerseits, den ihnen auferlegten Schranken andererseits wird prägnant vom früheren Bochumer Opel-Betriebsrat Wolfgang Schaumberg vergegenwärtigt. Gruppenarbeit macht Gruppengespräche notwendig. Diese finden zuerst wöchentlich einstündig statt, später werden alle 14 Tage 30 Minuten angesetzt. „Den Leuten wird vorgegaukelt: Ihr habt jetzt etwas zu sagen, Ihr lernt Kommunikation und soziale Kompetenz, und wenn sie wirklich mal – sozusagen – diese Fähigkeiten anwenden wollen, dann wird ihnen sehr schnell gesagt, da und da sind aber die Grenzen. Auch mit dem, was die Leute sonst noch lernen: über den Arbeitsplatz hinauszugucken und Zusammenhänge in den Blick zu nehmen, das muss das Kapital beschneiden. Also irgendwie ist Wissen etwas Explosives, und die haben dann auch Mühe, den Leuten zu sagen: Wenn du jetzt am PC das und das machst, darfst Du bis dahin, und dann brauchst Du ein Passwort, und dann macht der Abteilungsleiter weiter. Unsere Diskussion dazu ist: Können wir denn nicht mehr, als man uns lässt? Hat nicht die Form der Automatisierung heute auch uns neue Möglichkeiten gegeben, einfach mehr vom Produktionsprozess und den Zusammenhängen und Hintergründen zu kapieren und zu lernen und uns vorzustellen: Mensch, könnten wir das nicht auch in eigener Regie?" (Schaumberg 2002).

VI Zu einigen anderen Modellen und Vorschlägen

Aus Platzmangel muss ich hier auf Auseinandersetzungen verzichten, die bereits andernorts vorliegen. Sie betreffen die Produktionsweise der Sowjetunion (vgl. Creydt 2014b), die Kritik der sog. Freiwirtschaftslehre (Gesells Zinstheorie) (vgl. Creydt 2015b), die „Corporate Social Responsibility" (zur Kritik vgl. Felber 2008, 221-238) und die Beurteilung von Corneos Modell eines „Aktienmarktsozialismus" (2014) (vgl. Creydt 2015a). Problematische Erwartungen in Bezug auf die vermeintlich emanzipatorischen Effekte von Netzwerken im Kapitalismus kritisieren zu Recht Fischbach 2005 und 2016 sowie Pocarno 2015, 44ff. Zum jugoslawischen „Praxisdenken" der 1960er und 70er Jahre vgl. die kritische Auseinandersetzung bei Conert 1974, Fritzsche 1976 und Stojakovic 2013. Zu Horst Müllers „Praxisphilosophie" vgl. Creydt 2014, 165, 104-109.

Christian Felbers Plädoyer für „Gemeinwohlökonomie" durchzieht eine tiefe Ambivalenz. Einerseits formuliert er treffende Argumente für deren notwendige gesamtgesellschaftliche Strukturvoraussetzungen. Andererseits meint er, Betriebe könnten bereits heute im Sinne einer Gemeinwohlbilanz (vgl. zu ihr Kapitel 19) arbeiten. Als Paradebeispiel führt Felber gern an, die große Sparda-Bank stelle bereits eine Gemeinwohlbilanz auf. Deren Chef, Helmut Lind, distanziert sich aber von Felbers Maßgaben in puncto Dividende, Einkommen und Vermögen. „In letzter Konsequenz würden sie bedeuten, dass wir auf einen Sozialismus zusteuern sollten. Allen gehört alles. Das ist mir zu extrem, zu dogmatisch" (Lind, zit. n. Winkelmann 2016, 36f.). Felber plädiert für die Umsetzung der seines Erachtens eigentlich von allen akzeptierten Werte (zur Kritik an der Werteorientierung vgl. Kapitel 40): „Es gibt so etwas wie ein ungeschriebenes 'Weltethos'. Alle Geistesschulen und Religionen der Welt empfehlen: Helft einander, seid großzügig und teilt!" (Felber 2012, 175). Er nimmt die soziale Bändigung des deutschen Kapitalismus in den Nachkriegsjahrzehnten an. Die Misere beginnt laut Felber erst mit der Globalisierung. Die „Vereidigung aller Unternehmen unter einem strengen Ethik-Kodex, der wie ein gesetzlicher Zügel wirkte, funktionierte nur in einer überschaubaren, sozialpartnerschaftlich und kirchlich eingebetteten Aufbaugeneration; das Familienunternehmen, in dem sich der Patriarch für das Wohl aller verantwortlich fühlte, war das Modell in einer lokalen Ethik-

Gemeinschaft; in der globalen Konkurrenz des 21. Jahrhunderts gibt es diese Ethik-Gemeinschaft nicht" (Felber 2008, 63). Diese Äußerung widerspricht Felbers richtiger Kritik an den Appellen zur Mäßigung der Gewinne und der Kapitalverwertung (Ebd., 62).

28) Was lässt sich vom Kibbuz lernen?

„die weltgrößte kommunitäre Bewegung"
Feindgold-Studnik 2002, 35

Zu dem Dogma, Alternativen zu Konkurrenz, Hierarchie und Privateigentum seien unpraktikabel, bildet der israelische Kibbuz ein lehrreiches Gegenbeispiel. Es zeigt: „Anders arbeiten – anders leben" ist möglich. Ein an Gemeinschaftsbesitz und -leben und an Gleichheit des realen Pro-Kopf-Einkommens orientiertes Projekt und eine deutlich weniger hierarchisch strukturierte und auf Rotation möglichst vieler Personen auf Leitungspositionen orientierte Organisation führen nicht zu organisatorischem Chaos und nicht zu massiven Einbußen in puncto Produktion und Konsumtion. 1949 gab es 63.500 Kibbuzmitglieder, 1966 81.900, 1986 127.000 (Busch-Lüty 1989, 36), 2001 127.000 (Feingold-Studnik 2002, 6). Allerdings verbleibt der Kibbuz mikrosozialistisch. Die Verhältnisse zwischen den Kibbuzim und ihren Geschäftspartnern „draußen" unterscheiden sich nicht von sonstigen kapitalistischen Strukturen.

Zentral für den Kibbuz ist der Vorrang der Versorgung der Kibbuzmitglieder mit öffentlichen Gütern vor ihrer Ausstattung mit privaten Gütern. Die Sicherung des Lebensunterhalts wird von der individuellen Arbeitsleistung entkoppelt. Der Anteil des gemeinschaftlichen Konsums (Ernährung, Erziehung, Bildung, Wohnen und Einrichtung, Transportmittel, soziale Hilfen, medizinische Versorgung) betrug im Durchschnitt der Kibbuzim 80 % des Konsumbudgets. Nur 20% wurden an das Kibbuzmitglied in Geld ausgezahlt (Busch-Lüty 1989, 64). Der Verzicht auf differenzierte Entlohnung korrespondiert mit einer hohen Bedeutung der Bedürfnisse nach gemeinsamer Gestaltung des Gemeinsamen und „Verantwortungsgemeinschaft ... Das Kibbuzsystem bringt es offensichtlich zuwege, dass Übertragung und Ausübung von Autorität ohne nennenswerte Machtkonzentration und damit auch ohne Belastung der zwischenmenschlichen Beziehungen funktionieren kann" (Ebd., 140). Ein wesentliches Moment der Kibbuzim ist die Rotation der Tätigkeiten und das Vorhaben, die Trennung von Hand- und Kopfarbeit zwar nicht gänzlich aufzuheben, wohl aber zu verflüssigen. Im Kibbuz herrscht die gleichrangige Bewertung jeglicher Arbeit. „Intellektueller Scharfsinn" wird nicht höher eingeschätzt als „handwerkliches Geschick", „physische Kraft nicht höher als Organisationstalent etc." (Rosner 1982, 61).

Günstige Startbedingungen für die Enthierarchisierung[94] und die egalitäre Bezahlung in den Kibbuzim fanden sich in einer normativen Orientierung, die aus spezifischen, historisch einmaligen Faktoren resultierte. Das Projekt einer „Eroberung der Arbeit" reagierte auf den Jahrhunderte währenden Ausschluss der Juden von landwirtschaftlicher und gewerblicher Betätigung. Der Einfluss von Jugendbewegung und Sozialismus sowie die Armut der jüdischen Pioniere in Palästina trugen zu einer egalitären und auf ein Ideal körperlichen Arbeitens ausgerichteten Perspektive bei. Die Kibbuzim hatten lange Zeit eine gesamtgesellschaftlich anerkannte Pionierrolle inne. Bei eher isolierten Versuchen von Enthierarchisierung und egalitärer Bezahlung in Projekten in der deutschen Alternativbewegung („Arbeiten ohne Chef") fehlte oft die in den Kibbuzim anzutreffende normative Einbettung der Selbstverwaltung in eine übergreifende Orientierung.[95] Es fragt sich, wie die Errungenschaften des Kibbuz außerhalb Israels verwirklicht werden können *ohne* die unübertragbaren historischen Voraussetzungen. Diese Frage stellt sich auch für die Kibbuzim selbst, insofern sie selbst durch ökonomische Rahmenbedingungen und durch die Erosion der für sie anfangs prägenden normativen Voraussetzungen in die Krise gekommen sind. Die unübertragbare Schubkraft, die ursprünglich hinter den Kibbuzim stand,

---

94 „Irgendein materieller Anreiz zur 'Sesselkleberei' besteht im Kibbuz ja wahrlich nicht. Im Gegenteil: Leitende Positionen (auch die vollamtlichen) bringen immer beträchtliche Mehrarbeit mit sich: Die private Mußezeit wird stark beschnitten; selbst für das Familienleben kann eine zentrale Funktion unter Umständen eine Belastung darstellen" (Pallmann 1966, 154f.).

95 Ein gravierender Unterschied von Alternativprojekten der letzten 40 Jahre in (West-)Deutschland zu alten Genossenschaften war die „weitgehende Herauslösung der Kooperationsidee aus weltanschaulichen Einbindungen, die – bei den 'alten' Bewegungen –, den konkreten, alltäglichen Kommunikationsprozess entlasteten" (Opielka 1990, 231). Daraus resultiert die Anforderung, den Konsens – bei Mangel an gemeinsamer Weltanschauung – immer wieder kommunikativ herzustellen. Angesichts dieser Überforderung profiliert sich der Status quo: „Das Marktleben übt – schlicht empirisch betrachtet – auf die überwiegende Mehrheit der (Welt)Bevölkerung ... eine außerordentliche Anziehungskraft aus: es verspricht Freiheit – auch vom Kollektiv. Freiheit von einer ständigen kommunikativen Vermittlung und Konstruktion der Wirklichkeit" (Ebd., 232). Die Orientierung an 'Praxis' beinhaltet eine Herangehensweise, die dieses disjunktive Urteil (gesellschaftliche Synthesis ist *entweder* selbstregulativ bzw. findet hinter dem Rücken der Menschen statt *oder* sie wird ständiger Kommunikation überantwortet) überwindet.

resultierte nicht zuletzt aus dem Projekt der Gründung der israelischen Nation, der Integration von Emigranten und der Siedlungstätigkeit in Entwicklungs- und Grenzgebieten.

Die Kibbuzim orientierten sich nicht an der Vorstellung von einer gleichmäßigen Beteiligung aller an den Entscheidungsprozessen. Die Beteiligung sollte ein Ausmaß erreichen, das sie als sozial dominant durchsetzt. Zwar vermag das Prinzip der Ämterrotation nicht, „die Gesamtheit der Mitgliedschaft direkt zur Arbeit in den leitenden Instanzen heranzuziehen" (Pallmann 1966, 157). Aber die Rotation vergrößert „zumindest die Schicht der zur Ausfüllung der Führungspositionen geeigneten Siedlungsgenossen, von denen zu jeder Zeit ein bestimmter Prozentsatz vorübergehend ohne spezielle Funktion ist und damit als Führer der 'laienhaften' Teile der öffentlichen Meinung fungieren kann. Diese, wie man sie nennen könnte: 'intra-elitäre Kontrolle' funktioniert natürlich nur unter der Bedingung, dass die 'Elite' nicht zur primären Solidaritätsgruppe ihrer Angehörigen wird" (Ebd.).

Im Unterschied zu den Gefahren, die von Hierarchien und Machtzusammenballungen ausgehen, kam es in der Vergangenheit in den Kibbuzim zu einer Art „Ämterscheu". Die Zurückhaltung, höhere Ämter zu übernehmen, resultierte aus einem „negativen 'Ertrags-Saldo' ...: die 'Gewinne' – in Gestalt von sozialem Status, Einfluss, Selbstverwirklichung – aus solchen Ämtern wiegen die 'Verluste' (zusätzliche Arbeit, Belastung, Ärger) nicht auf" (Busch-Lüty 1989, 106). Interessant ist, wie sich das Sozialprestige in Kibbuzim im Vergleich zu modernen kapitalistischen Gesellschaften verlagert hat: Auf den obersten Rängen von Ansehen und Sympathie stehen hervorragende Arbeiter und loyale Mitglieder. Leitende Amtsträger nehmen in der Beliebtheit die vorletzte von sieben Positionen ein (Rosner 1982, 98f.).

Für das emphatische Selbstverständnis des Kibbuzlebens war die Betonung des Alltags wesentlich – im Unterschied zu außerordentlichen Heldentaten oder zu „events". „Wir erwarten uns Erneuerung nicht von einer neuen Lehre, sondern von einer bestimmten Art zu leben. Offenheit gegenüber dem Geschehen scheint uns ein entscheidend wichtiges Element dieser Haltung zu sein. Die meisten Menschen haben sich ja nicht nur einen Schutzpanzer gegen die anderen Menschen angezogen; sie stecken auch in einer Isolierschicht, die sie vor der Berührung durch die Lebensenergie bewahren soll. Offenheit – damit meinen wir die Fähigkeit, sich treffen, sich vom Geschehen etwas sagen zu lassen. ... Die Fähigkeit, einem Menschen richtig zuzuhören; die Kraft zur Hingabe an eine Arbeit, die gerade geleistet sein will; die Nüchternheit ruhigen Vorwärtsschreitens, die nicht zwischen beglücktem Aufschwung und trostloser Leere hin- und hertaumelt, sondern fest gegründeten Sinns sich den geraden Weg bahnt, – das ist die Art, der wir vertrauen" (Gerson 1982, 193f.).

Regressiv kann der Konformitätsdruck wirken. Der Kibbuz ist eine Gemeinschaft, in der es „eigentlich keinen wesentlichen Unterschied (gibt) zwischen den Beziehungen am Arbeitsplatz und nach der Arbeit. Man lebt und arbeitet gemeinsam. Dies drückt sich darin aus, dass man am selben Ort wohnt, kulturelle Veranstaltungen gemeinsam besucht, gemeinsame soziale Aktivitäten hat, die Kinder werden gemeinsam erzogen. Der Kibbuz ist quasi für alle Lebensbereiche zuständig: Gesundheitswesen, Kindererziehung, Lebensstandard, Wohnmöglichkeiten, kulturelles und soziales Leben" (Feingold-Studnik 2002, 56).

Eine Grenze des Kibbuz besteht darin, dass er innerhalb einer anders strukturierten Gesellschaft existiert. Die positiven Inhalte sind auf eine Gemeinschaft bezogen, die sich von der Außenwelt abgrenzt. Insofern der Kibbuz eine Gemeinschaft ist und sie durch ihre Mitglieder getragen wird, die sich in freier Entscheidung für sie entschieden haben, liegt ein problematischer Begründungszusammenhang zwischen Individuen und Sozialgebilde nahe. Ihm zufolge verweisen Probleme der Gemeinschaft auf die Charaktere der Individuen. Dann fällt es schwer, ein Drittes als den Zustand der Gemeinschaft verursachend aufzufassen und sich in eine reflexive Distanz zum Kibbuz zu begeben. Denn immer, wenn von ihm die Rede ist, ist scheinbar auch zugleich unmittelbar von den es tragenden Individuen die Rede. Dies unterscheidet das Verhältnis der Mitglieder des Kibbuz zum Kibbuz von dem Verhältnis der Mitglieder der Gesellschaft zur Gesellschaft.[96] Gemeinschaften neigen dazu, das Problem der Individuen mit ihnen als Problem des Spannungsverhältnisses zwischen Ego und Gemeinschaftssinn aufzufassen, bspw. als Mangel an Identifikation mit dem Projekt.

Zu beobachtende problematische Veränderungen ändern nichts an der These: Kibbuzim haben jahrzehntelang den Beweis für effiziente und vergleichsweise human gestaltete Arbeit unter der Voraussetzung von Gemeinschaftsbesitz und -leben sowie Ämter- und Arbeitsrotation erfolgreich erbracht. Die Kibbuzim sind ein Gegenbeispiel zum Dogma, nur durch materielle Stimuli, Konkurrenz und wirtschaftliche Ungleichheit sei Leistung und Effizienz möglich. Und dieses praktische Beispiel zählt umso stärker, insofern es unter gesamtgesellschaftlichen Verhältnissen existiert, die vom Kibbuzmodell abweichen bzw. ihm entgegenstehen. Dessen Aushöhlungserscheinungen bilden dann keinen Beleg *für* die Un-

---

96 Zu den „nichtnormativen", nicht auf die Individuen zurückführbahren Gesellschaftsstrukturen vgl. Anm. 124 und Creydt 2000, 215, 217ff.

verträglichkeit von sozial sinnvoller Arbeit mit Gemeinschaftsbesitz und -leben sowie gegen den Machtgefälle abbauenden Umgang mit Hierarchien und gegen Arbeitsrotation, sondern bilden ein Argument *gegen* eine isolierte Maximierung von Effizienz, Spezialisierung und Wirtschaftswachstum. Die Veränderungen in den Kibbuzim in puncto Gleichheit und Hierarchie weisen auf einen Umschlagpunkt hin. Die isolierte Maximierung von Effizienz, Spezialisierung und Wachstum erreicht einen Grenzwert, jenseits dessen ihre sozial abträglichen Effekte überwiegen. Der Kibbuz verdeutlicht, dass nachkapitalistische Sozialformen nicht mit Steinzeitkommunismus gleichzusetzen sind. Es verweist auf einen Zielkonflikt. Er existiert auf vergleichsweise hohem Produktivitätsniveau zwischen Effizienzkriterien des Wirtschaftens und Kriterien der Arbeits-, Lebens- und Gestaltungsqualität. Aus Platzgründen klammere ich hier die Diskussion der Ursachen für die Verringerung der Bedeutung von Kibbuzim in Israel aus (vgl. dazu Creydt 2005a).

29) Soll es in der nachkapitalistischen Gesellschaft ein bedingungsloses Grundeinkommen geben?

Das bedingungslose Grundeinkommen (BGE) unterscheidet sich von einer sozialen Sicherung, die Nicht-Arbeitsfähige und Kranke betrifft. In der nachkapitalistischen Gesellschaft steht die Umgestaltung der Arbeit oben auf der Tagesordnung. Den Arbeiten soll, soweit irgend möglich, ihr subalterner und einseitiger Charakter genommen werden. Diese Umgestaltung der Arbeit ist im Horizont des BGE kein Anliegen. Die BGE-Befürworter unterstellen schlecht bezahlte, dürftig sozial abgesicherte und infolge ihrer Bedingungen und Inhalte unattraktive Arbeiten. Nicht *sie* sollen *gesellschaftlich* verändert werden, sondern das Individuum soll als vereinzelter Einzelner ein finanzielles Polster erhalten. Es soll ihm ermöglichen, Arbeiten mit schlechter Bezahlung und schlechter sozialer Absicherung ablehnen zu können. In einer nachkapitalistischen Gesellschaft geht es demgegenüber um die Befreiung der Arbeit von ihren negativen Effekten und nicht um „die Befreiung von der Arbeit“. Gesellschaftlich wird von allen arbeitsfähigen Individuen gefordert, auch für einige Monate unangenehme Arbeiten zu leisten (im Rahmen einer mit dem Wehr- und Zivildienst vergleichbaren Dienstpflicht), insofern diese sich nicht oder *noch* nicht abschaffen lassen. Dies widerspricht einem BGE. Zwar fallen in einer nachkapitalistischen Gesellschaft nutzlose und schädliche Arbeiten weg (vgl. Kapitel 1), aber dafür werden andere, bislang aschenputtelartig behandelte Bereiche mehr Gewicht bekommen. Bspw. steigt der Bedarf nach Reparaturarbeiten, wenn man sich von der Wegwerfmentalität verabschiedet. Die Vorstellung, die Gesellschaft könne es ins Belieben der Individuen stellen, ob sie sich an den gesellschaftlich sinnvollen Arbeiten beteiligen wollen oder nicht, erscheint undurchdacht. Eine Gesellschaft, in der ein großer Teil der Bevölkerung sich mit dem BGE begnügt und nicht an den gesellschaftlich sinnvollen Arbeiten teilnimmt, wird diese Arbeiten nicht erbringen können und kein ausreichendes Sozialprodukt erstellen. „Die Freiheit des einen, nicht am Erwerbsleben teilzunehmen, auch wenn er dazu in der Lage wäre, führt zum Zwang für andere (daran teilnehmen zu müssen)" (Flassbeck u.a. 2012, 38). Wer abgesichert durch BGE nicht arbeiten will, macht Gebrauch von einer Freiheit, die zerstört würde, nähmen alle sie in Anspruch.

30) Wie unterscheidet sich das vorliegende Konzept von sozialtechnokratischen Positionen in der Linken?

Auch bei Linken erfreuen sich sozialtechnokratische Positionen großer Beliebtheit. Für sie bildet Stephan Krügers Band „Wirtschaftspolitik und Sozialismus" ein prägnantes Beispiel. Eine Rezension, die der Vielfalt der in diesem Band enthaltenen, teilweise informativen Beschreibungen (z.B. des „jugoslawischen Sozialismus") gerecht würde, wird hier nicht beansprucht. Pauschal erscheinen „Wachstum" (Krüger 2016, 385f.), „höhere Arbeitsproduktivität und Effektivität" (Ebd., 436) als ebenso zentrale wie anstrebenswerte Ziele. Diese Orientierung sieht es ab „auf Gebrauchswertwachstum, Steigerung des Anteils freier Güter und Dienstleistungen sowie Erhöhung der 'disposable time' für die Gesellschaft und jeden Einzelnen. Dies heißt letztendlich: die ideologischen Verheißungen der 'Sozialen Marktwirtschaft' lassen sich erst realisieren nach Überwindung der Dominanz kapitalistischer Produktionsverhältnisse und ihrer Transformation in eine sozialistische Marktwirtschaft; in diesem Sinne ist die Letztere das legitime Erbe der Ersteren" (Ebd., 436). Die Analyse und Kritik der Abstraktionen und Verkehrungen, die mit dem Inhalten des bürgerlichen Reichtums (vgl. Kapitel 1, 5), des Arbeitens (vgl. Kapitel 2), der Produktionstechnologie (Kapitel 3) und mit der bürgerlichen Lebensweise (vgl. Teil V) verbunden sind, spielen im sozialtechnokratischen linken Horizont keine Rolle. Man plädiert für „die Orientierung auf eine Ausweitung kollektiver gegenüber individuellen Konsumtionsformen aus Gründen der Egalisierung des Zugangs zum Konsum" (Krüger 2016, 405). Dass das Privateigentum z.B. am Eigenheim und am Pkw den vereinzelten Einzelnen auf ein gegenüber seinesgleichen kompetitives, gleichgültiges oder abträgliches

Handeln orientiert, ist für Krüger kein Thema. Wie einst in der DDR („Einholen und Überholen") möchten linke Sozialtechnokraten die bürgerlichen Maßstäbe nicht kritisieren, sondern überbieten. Die nachkapitalistische Gesellschaft avanciert dann zum „legitimen Erbe" der „ideologischen Verheißungen der 'Sozialen Marktwirtschaft'". Kritik an denjenigen Gebrauchswerten, die für die moderne bürgerliche Gesellschaft charakteristisch sind (vgl. Teil I.h, n, vgl. Kapitel 1f, l, 16),[97] gilt als Plädoyer für „eine asketische Begrenzung der Bedürfnisbefriedigung" und als „individualitätsfeindlich" (Ebd., 381). Grundlegende kritische Überlegungen dazu (z.B. von Lothar Kühne) werden ignoriert. Krüger zufolge „ist ausweislich langfristig positiver, wenn auch abnehmender Zuwachsraten des gesamtwirtschaftlichen Produkts die Gesellschaft als Ganze immer reicher im Sinne der Verfügung über Güter und Dienstleistungen geworden" (Ebd., 383). Souverän ignoriert Krüger die bereits in der bürgerlichen Wirtschaftswissenschaft seit Jahrzehnten geführte Debatte über Defensivausgaben. Er plädiert für einen „schonenden Umgang mit den natürlichen und menschlichen Ressourcen" (Ebd., 393), als ginge es um artgerechte Tierhaltung. Die Entfaltung menschlicher Sinne, Fähigkeiten, Reflexionsvermögen und Sozialbeziehungen in der Arbeit bildet dann keinen Anspruch an sie. Vielmehr befürworten linke Sozialingenieure „Regulierungen der 'industrial relations', die sowohl den Flexibilitätsanforderungen der modernen Produktivkräfte für die Produzenten genügen als auch die Schutzfunktion für die lebendige Arbeit gewährleisten" (Ebd., 396). Die lebendige Arbeit gerät damit nur negativ in den Blick (durch den Imperativ des Schutzes). Sozialtechnokraten ignorieren zudem die von Georg Simmel thematisierte Problematik der sich öffnenden Schere zwischen objektiver und subjektiver Kultur (vgl. Anm. 146): „Die Überwindung der 'unmittelbaren Arbeit' zugunsten der Arbeit der Steuerung und Kontrolle eines automatisierten Systems sowie Umsetzung der Resultate wissenschaftlicher Arbeit in neue Produkte und Produktionsverfahren verwandelt die lebendige Arbeit in 'travail attractif'" (Ebd., 245). So sieht die Perspektive einer „durch fähige Manager und kompetente Leiter geführten Betriebswirtschaft" (Ebd., 395) aus.

Zwar verheißt Krüger für eine ferne Zukunft, die „Balance" zwischen dieser Leitung sowie der „Produzentenselbstverwaltung" könne sich „mit einer in der Zeit zunehmenden Erweiterung der Kompetenzen der Masse der Produzenten zugunsten der Letzteren verschieben" (Ebd.). In der sozialtechnokratischen Perspektive steht aber etwas anderes im Vordergrund: Das Wachstum von Produktivität und Effizienz. Diesem Maßstab zufolge „stellen" die „massenhafte krimi-

97 Zur Kritik der „Autokultur" vgl. Creydt 2009a.

nelle Aneignung ehemaligen Volkseigentums, blühende Korruption, Zerstörung wirtschaftlicher Verflechtungszusammenhänge und politische Unterordnung der ehemaligen Weltmacht unter den US-Imperialismus" während der „dunkelsten Jahre der Jelzin-Ära" „den absoluten Tiefpunkt der russischen Entwicklung im gesamten 20. Jahrhundert" dar (Ebd., 300). Verglichen mit den Phänomenen, die Krüger als negatives Extrem gelten, sei es ihm zufolge unter Stalin jdf. ordentlicher, weil produktiver zugegangen. Die Jelzin-Ära, nicht die Stalinzeit, bildet für Krüger „den absoluten Tiefpunkt der russischen Entwicklung im gesamten 20. Jahrhundert". In Bezug auf die DDR äußert Krüger sein Missfallen darüber, dass „es nach wie vor Opfer des damaligen Systems und überzeugte Antikommunisten als ihre vornehmste Aufgabe betrachten, die Defizite und Verletzungen sozialistischer Gesetzlichkeit zum Teil in maßlos übersteigerten Formen und in vereinseitigter, aus jeglichem Zusammenhang gerissener Weise zu propagieren" (Ebd., 227). Für Sozialtechnokraten steht die Steigerung von Produktivität und Effizienz an erster Stelle. Als ob es sich bei der Verweigerung von Meinungs-, Presse-, Versammlungsfreiheit sowie bei der systematischen Bespitzelung, Diskriminierung und Inhaftierung politisch Missliebiger nicht um konstitutive Momente des politischen Systems der DDR gehandelt habe, möchte Krüger sich und dem Leser einreden, es hätten nur einzelne und kontingente „Defizite und Verletzungen sozialistischer Gesetzlichkeit" existiert. Wer so spricht, zeigt, worauf es ihm bei der nachkapitalistischen Gesellschaft ankommt und worauf nicht. Krüger plädiert in einem kurzen Artikel (2016a) gleich drei Mal für den „produktivistischen Konsens". Wer es darauf absieht, der muss schon von allerhand absehen.

31) Schließt der positive Bezug auf qualitative Indikatoren auch die „Glücksökonomie" ein?

> „Froh ist wer vergisst, was doch nicht zu ändern ist."

Die Immunisierung gegen alle gründlicheren Fragen nach Lebensqualität und Glück ist für die kapitalistische Ökonomie charakteristisch (vgl. Ötsch 1999, Lepenies 1997, 74ff.). „An die Stelle von normativen Bewertungen des Verhältnisses von wirtschaftlichem Wachstum und Wohlbefinden rückte das Sozialprodukt. Es wurde, imprägniert mit der Aura der Objektivität, zum Surrogat für Fragen nach dem Glücks- bzw. Wohlstandsniveau" (Lange 2004, 330). Eine nachkapitalistische Gesellschaft orientiert sich demgegenüber an qualitativen

Indikatoren (vgl. Kapitel Ii). Gehört die Bemessung menschlichen Glückes in der „Glücksökonomie“ zu ihnen dazu?[98]

Nach Auffassung von William James ist Glück das Ergebnis eines Zahlenbruches. Was wir erreicht haben steht im Zähler. Was wir wollen, das steht im Nenner. Wenn wir nun wenig wollen, geringe Bedürfnisse bzw. Erwartungen haben, ist der Nenner klein. Wenn wir mehr wollen, ist der Nenner groß. Wenn der Nenner klein ist, muss der Zähler nicht groß sein. Der Vergleich des „Glücks“ in verschiedenen Ländern kommt häufig zum Ergebnis, gerade in armen Ländern herrsche mehr Glück als in reichen.[99] Einer internationalen Gallup-Umfrage zufolge habe „die Aids-Epidemie kaum einen Einfluss darauf, wie zufrieden die Afrikaner mit ihrem Gesundheitszustand sind. Die Kenianer, von denen sehr viele mit HIV infiziert sind, sind im Durchschnitt mit ihrer Gesundheit zufriedener als die Briten. Inder, Iraner, Malawis und die Menschen in Sierra Leone haben eines gemeinsam: Sie sind zufriedener mit dem Gesundheitssystem ihres Landes als die US-Bürger, die in dieser Hinsicht auf Rang 81 von 115 Ländern stehen. Das Anspruchsniveau scheint sich den Umständen anzupassen“ (Häring 2007). Glück erweist sich als ein überaus pluraler Begriff. Er lässt sich auf unterschiedlichste Weise verstehen. Als Maßstab eignet er sich nicht.

98 Zur Auseinandersetzung mit der „Glücksökonomie“ vgl. a. Skidelsky & Skidelsky 2014, 136-170.

99 „Der „Happy Planet Index“ der New Economics Foundation erbrachte, dass die glücklichsten Menschen nicht da leben, wo man sie vermutet – etwa in den USA, Australien oder Europa. Sie leben auf der vom Klimawandel bedrohten, ärmlichen Insel Vanuatu im Südpazifik. Deutschland rangiert auf dem weltweiten Glücksindex mit Platz 81 im Mittelfeld“ (Focus 1.12.2006).

VII Das Leitbild

32) Was ist 'Praxis' und warum bildet sie das Paradigma der nachkapitalistischen Zukunft?

Erforderlich wird ein allgemeines Leitbild des guten Lebens bereits
- infolge der Scheuklappen, die mit der Arbeitsteilung und mit der gesellschaftlichen Ausdifferenzierung von Berufen, Disziplinen und Bereichen entstehen,
- gegenüber der Unendlichkeit des Profitstrebens und Wirtschaftswachstums, das kein Genügen und kein Ankommen kennen kann, alles Frühere am Späteren entwertet und allem Erreichten seinen Wert nimmt,
- gegenüber der Privatisierung der Frage nach dem guten Leben,
- gegenüber dem Verständnis von Gesellschaft als Evolutionsresultat von Marktprozessen und als Aggregat aus selbstbezüglichen Sonderbereichen,
- gegenüber dem Lob des Pluralismus und des Flickenteppichs der Minderheiten. Es verdrängt die mit der Fragmentierung der Lebenswelt einhergehenden Probleme (vgl. Kapitel 44).

Die Fixierung auf Recht und Markt verstellt die Aufmerksamkeit für übergreifende Gesichtspunkte einer nicht-regressiven sozialen Einheit der Bevölkerung. Existiert kein Konzept, das inhaltlich die verschiedenen gesellschaftlichen Sphären und Bereiche integriert, so dominieren nach Maßgabe der jeweils „zuständigen" Ressorts und Fachdisziplinen zugeschnittene Problemstellungen und sozialtechnokratische Verfahrensweisen.

Das Leitbild des guten Lebens muss nicht notwendigerweise einem Vorgehen entspringen, das darauf aus ist, „von außen her Ideale zu präsentieren, die nicht aus dem mündigen Bewusstsein selber entspringen, oder besser vielleicht: vor ihm sich ausweisen" (Adorno 1970, 112f., vgl. a. Adorno 1967, 7ff.). Die Renaissance des Leitbildbegriffs (vgl. u.a. Barben 1999) zeigt den Bedarf nach einem Paradigma, das als normativer Maßstab die Diskussion weiter treibt und der Suche eine Richtung gibt. Einzelne Vorschläge können dann daraufhin beurteilt werden, ob sie als Elemente zum neuen Paradigma passen. Schon in den Diskussionen um Nachhaltigkeit, um Globalisierung oder um einen erweiterten Arbeitsbegriff entstanden materialiter Vorschläge für solche Leitbilder.

Das im Folgenden skizzierte Leitbild der nachkapitalistischen Gesellschaft setzt diejenige Analyse der individuellen Existenz, der Lebensweise und der gesellschaftlichen Strukturen voraus, die nach der Entwicklung der menschlichen Sinne, Fähigkeiten und Reflexionsvermögen des Erwachsenen fragt. Der Praxisbegriff greift in diese Analyse ein, indem er sie in sieben Momente gliedert:

(a) das Subjekt-Objekt-Verhältnis in Arbeit und Tätigkeit,
(b) das Objekt-Subjekt-Verhältnis (die Bildung von Sinnen und Fähigkeiten an Gegenständen außerhalb der Arbeit),
(c) das Subjekt-Subjekt-Verhältnis (soziale Beziehungen),
(d) das Objekt-Objekt-Verhältnis (die Objektivität der Technik, der Organisationen und Infrastrukturen),
(e) die gesellschaftlichen Institutionen und Strukturen,
(f) die Subjektivität (das Verhältnis des Individuums zu sich bzw. die individuelle Bewertung und Reflexion des eigenen Seins in der Welt),
(g) die Gesellschaftsgestaltung.

a) Das Subjekt-Objekt-Verhältnis in Arbeit und Tätigkeit bildet eine „entscheidende Berührungsfläche der Sinne, des psychischen Apparates und des Denkens mit der Außenwelt“ (Negt 1984, 183). „Ohne Umgestaltung der äußeren Realität, ohne Formung und Veränderung der Gegenstände verkümmern die fünf Sinne des Menschen, bleibt sein Denken gegenstandslos. Ein solcher Gegenstandsentzug führt schon beim Kind zu schweren seelischen und geistigen, ja körperlichen Störungen“ (Ebd.). In modernen und kapitalistischen Gesellschaften bleibt die gelingende Entfaltung menschlicher Sinne und Fähigkeiten in Arbeiten und Tätigkeiten ein anderen Imperativen (Effizienz, Profitabilität) untergeordnetes Moment. Die Arbeitenden sind zumeist absorbiert vom Erledigen und Abarbeiten der Arbeit und den *dabei* zu bewältigenden Problemen. Im empirischen Faktum der Arbeit überschneiden sich das Organisieren, Verwalten und Verfertigen einerseits sowie die Entwicklung von Sinnen, Fähigkeiten und Reflexionsvermögen im Sinne von ‘Praxis’ andererseits. Beide Phänomene existieren nicht nebeneinander, sondern sind miteinander verschränkt und divergieren zugleich inhaltlich oft.

Die Reflexion darauf, wie die Arbeit und ihre Resultate auf die Arbeitenden, die Konsumenten und die von Arbeit und Konsum Betroffenen wirken, ihre Fähigkeiten, Sinne und Reflexionsvermögen bilden oder verbilden, gehört bislang selten zur Stellenbeschreibung. In der im Sinne von ‘Praxis’ verstandenen Arbeit weitet sich die Aufmerksamkeit der Arbeitenden über die Gewährleistung der immanenten Leistungserfordernisse des Arbeitens hinaus aus. Die Werktätigen bekommen die indirekten menschlich-sozialen Voraussetzungen und Effekte der Arbeiten in den Blick.[100] Arbeiten im Sinne von 'Praxis' heißt, im wohlverstandenen Sinn der Empfänger des Produkts bzw. der Dienstleistung und der von ihnen mittelbar Betroffenen tätig zu sein.

b) Zum arbeitenden Verhältnis von Menschen zu den Gegenständen tritt als zweites Moment von 'Praxis' *das Objekt-Subjekt-Verhältnis* oder die Bildung von Sinnen und Fähigkeiten an Gegenständen außerhalb der Arbeit hinzu. Im Unterschied zu einer prometheischen Fixierung auf das schöpferische Tun sind im Horizont von 'Praxis' die (weit verstandenen) Gegenstände ernst zu nehmen und zu würdigen, an denen sich menschliche Sinne und Fähigkeiten bilden können. Es geht um Objekte, die „zur Betätigung und Bestätigung seiner Wesenskräfte unentbehrliche, wesentliche Gegenstände" sind (MEW-Erg.bd. 1, 578). „Erst durch den gegenständlich entfalteten Reichtum des menschlichen Wesens wird der Reichtum der subjektiven menschlichen Sinnlichkeit, wird ein musikalisches Ohr, ein Auge für die Schönheit der Form, kurz, werden erst menschlicher Genüsse fähige Sinne, Sinne, welche als menschliche Wesenskräfte sich bestätigen, teils erst ausgebildet, teils erst erzeugt" (Ebd., 541). Die Stadtbauwelt bildet eine prominente Teilmenge der sozialen Gegenstandswelt, die die Sinne der Menschen auf zu- oder abträgliche Weise entfaltet.[101]

Die Bildung von Sinnen, Fähigkeiten und Reflexionsvermögen am durch menschliches Können Geschaffenen beschränkt sich nicht auf die individuell erwerbbaren Objekte. Der Verkauf isolierter Angebote sieht vom Zusammenhang ab, in dem diese Angebote zueinander stehen. In der Stadtbauwelt resultiert aus

---

100 „Sich mit einem Beruf zu identifizieren heißt, ihn als eine soziale Kompetenz zu begreifen, die Verantwortung einschließt, heißt Abstand zu gewinnen zur Funktion, die man in der Produktion ausübt, heißt die sozialen, ökonomischen und kulturellen Ziele dieser Produktion zu hinterfragen" (Gorz 1991, 133).

101 In der Stadtbauwelt bringen ausdruckslose Behälter „depressive Elemente in permanenter Weise in den Alltag" ein (Mitscherlich 1965, 50) und schaffen „menschenverdrängende Anblicke" (Handke, zit. n. Schimank 1983, 55). Der Architekt und Philosoph Georg Franck beschreibt die Wirkungen weiter Bereiche der gegenwärtigen Stadtbauwelt („zusammengewürfelte Zwischenstädte, Vororte und Gewerbegebiete") auf die Menschen prägnant: „Da unterscheidet die Bauweise häufig nicht zwischen den Behausungen für Menschen und Müllcontainern. ... Wer hier aufwächst, kommt mit dieser Situation am besten zurecht, indem er abstumpft und eben nicht darauf achtet, wo er ist und wo er sein will" (Franck 2009, 41, 44).

der Indifferenz zwischen den verschiedenen privat (ver)kaufbaren Waren bspw. die ästhetische Kakophonie von benachbarten Bauten.[102]

c) Ein drittes Moment von 'Praxis' sind die *Sozialbeziehungen*. Sie ermöglichen es den erwachsenen Individuen, sich mit ihren Schwächen bzw. „blinden Flecken" auseinanderzusetzen. (Die Beziehung zwischen Eltern und Kind sowie den Zusammenhang zwischen 'Praxis' und der Entwicklung des Kindes klammere ich hier aus.[103]) Menschen sind angewiesen auf die Rückmeldung, die sie von anderen erfahren in Bezug auf das, was sie tun und was sie darin für andere jeweils sind, erarbeiten und bilden. „Das Verhältnis des Menschen zu sich selbst (ist) ihm erst gegenständlich, wirklich durch sein Verhältnis zu dem andern Menschen" (MEW-Erg.Bd. 1, 519).[104] Um sich entfalten zu können bedürfen Individuen Mit- und Gegenspieler, die mit bestimmten Sinnen und Fähigkeiten, Erfahrungen und Wissen „qualifiziert" sind. In der Auseinandersetzung mit ihnen vermag der Einzelne, auf die menschlich-sozialen Inhalte seiner Sinne und Fähigkeiten reflektieren zu können. Für das Gelingen dieser Vergegenwärtigung sind Konkurrenz, Privateigentum und Hierarchie abträglich.

d) Das vierte Moment von 'Praxis' bildet die *moderne gesellschaftliche Zivilisation*. Techniken und Organisationen ermöglichen Sinne, Fähigkeiten und Reflexionsvermögen, indem sie zu einem gesellschaftlichen Reichtum beitragen, der den Kampf ums Dasein zurückdrängt und damit auch die Absorption von

---

102 Straßenräume sind mehr als eine bloße Aneinanderreihung von Häusern. Straßen leben davon, dass in ihnen nicht nur ein Nebeneinander existiert, sondern sich auch ein Gegenüber entfaltet. „Der Wert dieser Quartiere liegt oft weniger im ästhetischen Wert einzelner Häuser, als vielmehr in der Anzahl weniger bedeutender Einzelbauten, die summiert, dem Stadtraum sein Charakteristikum geben" (Warwas 1977, 8). Ungeachtet dessen werden häufig Bauten „beziehungslos und brutal in die Gesamtharmonie eines Straßenbildes geklotzt. ... Das Stadtbild wird immer undeutlicher. ... Es ist ein Stil-Mischmasch ohne inhaltliche Gesetze, ohne Anpassung, ohne Korrespondenz, ... Formen, die sich gegenseitig totschlagen, ... die Häuser stehen nebeneinander, maßlos, kontaktlos und vereinsamt" (Ebd., 12).

103 Vgl. dazu Ottomeyer 1987, 115-128, 131-137, 181f. Zu thematisieren wäre das Verhältnis zwischen den sachbezogenen und zwischenmenschlichen Entwicklungssträngen (Ebd., 126). Der kindliche Explorations- und Gestaltungsdrang bildet *auch* ein für die kindliche Entwicklung wichtiges Gegenmoment gegenüber einer zu großen emotionalen Abhängigkeit von den Eltern.

104 „Erst durch die Beziehung auf den Menschen Paul als seinesgleichen, bezieht sich der Mensch Peter auf sich selbst als Mensch" (MEW 23, 67). „Was ich nicht für andere sein kann, das bin ich nicht für mich und kann ich nicht für mich sein" (MEW 1, 73).

Energien und Aufmerksamkeiten. Techniken, Organisationen und Infrastrukturen entlasten menschliche Intelligenz und Fähigkeiten und steigern sie zugleich. Artefakte werden „intelligent". Der Airbus – so lautete ein Werbeslogan – ist ein Flugzeug, das Pilotenfehler verzeiht.

Die infolge von Fortschritten in der Produktivität und in der Effizienz und Effektivität der Organisation verbesserte Versorgung erlaubt ein an Gebrauchswerten reicheres Leben. Die Vermeidung von desorganisiertem An-einander-Vorbeihandeln macht viel vertane Zeit und Mühe sowie Ärger unnötig. Organisationen ermöglichen es, „Arbeitsabläufe und -ergebnisse von den Schwächen, Begrenztheiten, Irrationalitäten, Unterschiedlichkeiten und dem Ausmaß des Engagements einzelner Menschen" zu entkoppeln. „Wenn ein oder mehrere Organisationsmitglieder mal keine Leistung erbringen, ausfallen oder Fehler machen, fahren die Züge trotzdem weiter (das gilt allerdings nicht ausnahmslos: im Stellwerk darf es keine Fehlerhäufung geben)" (Girschner 1990, 71). Die Frage nach den in der Gesellschaft möglichen bzw. von ihr nahegelegten Verhältnissen zwischen den Menschen spitzt sich beim Thema der modernen gesellschaftlichen Zivilisation weiter zu. Diese Frage bildet einen zentralen Prüfstein für 'Praxis'. Die real vorfindliche Technologie gilt in der Perspektive von 'Praxis' nicht als sachzwänglich-neutral, sondern wird dechiffriert nicht nur als Folge, sondern auch als Materialisation gesellschaftlicher Verhältnisse sowie als Moment, das zu deren Durchsetzung und Reproduktion seinen spezifischen Beitrag leistet. In den Blick rückt, wie jede technische Konstruktion Formen der Handlungen, der Interaktion und der Aktivierung bzw. Desaktivierung von menschlichen Fähigkeiten, Sinnen und Reflexionsvermögen vorgibt. In der Produktionstechnologie zeigt sich, was die Arbeitenden in der Gesellschaft faktisch wert sind. Mit diesem Praxismoment kommen wir in der Bestimmung dessen weiter voran, was in der von 'Praxis' dominierten Gesellschaft als Reichtum gilt. Ins Verhältnis zueinander zu setzen sind das zweck-mittel-rational effiziente Hervorbringen von Produkten einerseits und die Bildung und Sozialisiation andererseits, die durch die Produktionstechnologie praktisch stattfindet.[105] Die „anthropozentrische"

105 Die Industrie wird „bisher nicht in ihrem Zusammenhang mit dem Wesen des Menschen, sondern immer nur in einer äußeren Nützlichkeitsbeziehung gefasst" (MEW-Erg.bd. 1, 542). Die Nationalökonomie versteht Produktion nur als „Erwerbsleben" (ebd., 477) und nicht als „Lebensweise" (MEW 3, 21). „Die Nationalökonomie verbirgt die Entfremdung in … der Arbeit dadurch, dass sie nicht das unmittelbare Verhältnis zwischen Arbeiter und der Produktion betrachte" (MEW-Erg.bd. 1, 513), sondern sich auf das Verhältnis zwischen Produktionskosten und -erlös fokussiert. Angesichts der meisten linken Programmatik bleibt der Hinweis

(Prekuhl) Produktionstechnologie (vgl. Kapitel 3) bildet das Resultat einer Zusammensetzung dieser beiden Momente im Sinne von 'Praxis'. Die Probleme, die durch technisch verursachte Veränderungen entstehen, sind das Thema einer umfassenden Technikfolgenabschätzung.[106] Der Umbau von Techniken und Sozialtechniken nach Maßgabe ihrer Verträglichkeit mit der Bildung menschlicher Fähigkeiten und Sinne, Sozialbeziehungen und Reflexionsvermögen im Sinne von 'Praxis' wird zur Aufgabe.

e) Das fünfte Moment von 'Praxis' besteht in den *gesellschaftlichen Institutionen und Strukturen.* Die gesellschaftlichen Verkehrsformen oder die Formen der gesellschaftlichen Synthesis sind unabhängig von den einzelnen Personen. Institutionen helfen den Individuen günstigenfalls dabei, die im Horizont ihrer Vereinzelung naheliegenden Handlungspfade und die damit verbundene eingeschränkte Handlungsfähigkeit zu verlassen. „Nur wenn hinreichend abgesichert ist, dass ein neuer Weg nicht nur erfolgversprechend, sondern auch einigermaßen sicher ist, wird er von den vorsichtigen Normalmenschen beschritten. 'Wirkliche' Innovationen sind selten, weil die Menschen ohne institutionelle Unterstützung nicht sehr wagemutig sind. Durchgreifende gesellschaftliche Neuerungen müssen daher stets von nachhaltigem institutionellem Wandel begleitet, nein: durch ihn vorbereitet und abgesichert sein. Herbert Simon erinnert nachdrücklich an die Hilfen, die gerade die Institutionen den Menschen angesichts ihrer begrenzten Vernunft bieten können: 'Institutionen nun verschaffen uns eine stabile Umwelt, die uns wenigstens ein bisschen Vernunft ermöglicht' (Simon 1993, 88)" (Esser 2000a, 17). Die Aufmerksamkeit für institutionelle und strukturelle Regelungen enthält die Absage an eine Orientierung, die dort auf „Hilfe zur Selbsthilfe" und „Eigenverantwortung" setzt, wo diese die Individuen überfordern. Gegenüber fallweise verabredeter Kooperation entsteht ein „'in sich' lebensfähiges Erhaltungssystem, das selbständiger Träger historischer Kontinuität und Entwicklung ist und das der Einzelne in seinen unmittelbaren sozialen bzw. kooperativen Beziehungen als ihn selbst überdauernde Struktur, in die er sich 'hineinentwickeln' muss, vorfindet" (Holzkamp 1983, 306).

---

aktuell, „dass in allen bisherigen Revolutionen die Art der Tätigkeit stets unangetastet blieb und es sich nur um eine andre Distribution dieser Tätigkeit, um eine neue Verteilung der Arbeit an andre Personen handelte" (MEW 3, 69f.).

106 Zur Veränderung der Sinne durch die moderne gesellschaftliche Zivilisation vgl. Hieber 1984, Jütte 2000, Werkbund Bayern 1979.

Nicht flächendeckende Vollständigkeit, sondern Profilierung einer Suchrichtung ist das Anliegen der folgenden Übersicht institutioneller Elemente einer vom Leitbild der 'Praxis' dominierten Gesellschaft. Es handelt sich um:

- eine Wissensinfrastruktur der Produktlinienanalysen, Umweltbilanzen und Umweltverträglichkeitsprüfungen;
- Szenarien, die die Effekte und Voraussetzungen von Technologien, Produkten und Dienstleistungen für die Individuen, für die allgemeine Lebensqualität und für die Einwirkungen der Gesellschaft auf sich selbst vergegenwärtigen;
- auf der Basis solcher Wissensinfrastrukturen und Szenarien lassen sich Indizes entwickeln, für die heute bereits das MIPS (Material-Intensität Pro Serviceeinheit), der DGB-Index „gute Arbeit", der Human-Development-Index oder das Corporate Responsibility-Rating stehen;
- die Bilanzierung der Aktivitäten von Betrieben und Organisationen in Bezug auf deren Wirkungen auf die verschiedenen Dimensionen von 'Praxis' (vgl. Kapitel 19);
- Institutionen, mit denen die kontinuierliche Aufmerksamkeit „Bürger beobachten die Reproduktion" und entsprechende Einwirkungen der „Marktöffentlichkeit" (vgl. Kapitel Ik) möglich werden;
- Bewältigung des „principal-agent"-Problems durch unabhängige dritte Institutionen, die die Arbeitsweise evaluieren (vergleichbar bspw. mit dem gegenwärtigen Bundesrechnungshof) (s. Kapitel 19) und eine Supervision der Handlungen der „Agenten" anbieten (vgl. Willke 1996, 135, 335f. bzw. Creydt 2014, 359);
- Regelungen, die die negativen Folgen von Hierarchien abfangen (vgl. Kapitel 28);
- Regelungen, die es ermöglichen und befördern, dass bestimmte Gruppen in ihren Arbeiten und Tätigkeiten zum Repräsentanten und Treuhänder besonderer, gesamtgesellschaftlich relevanter Belange werden;
- die Institutionalisierung der auf die Folgen der Organisation für die verschiedenen 'Praxis'-Momente ausweitbaren Reflexion in Organisationen (vgl. Kapitel 12e) sowie deren interne Demokratisierung;
- die externe Demokratisierung von Organisationen. Bspw. entsenden die von den Voraussetzungen und Effekten der Organisationen Betroffenen Vertreter in Leitungsgremien (Aufsichtsrat) der jeweiligen Organisation;
- die verhandelnde Koordination und deliberative Demokratie (vgl. Kapitel 20-22), Foren und Institutionen, die die Erwägung, Beratung, Debatte und Entscheidungsfindung zwischen den verschiedenen Gruppen organisieren;
- reflexive Institutionen (s. Kapitel 46).

f) Das sechste Moment von 'Praxis' ist die *Subjektivität*. Sie bildet im Kontext von 'Praxis' einen Gegenspieler zu den in den letzten zwei Abschnitten thematisierten 'Praxis'-Momenten. Diese Subjektivität vergegenwärtigt, wie die moderne gesellschaftliche Zivilisation und die gesellschaftlichen Institutionen und Strukturen menschliche Sinne, Fähigkeiten und Reflexionsvermögen bilden oder verunstalten. Problematische Wirkungen der Produktionen, der Organisationen, Technologien und Infrastrukturen gelten nicht länger als ins Individuelle und Private wegdiffundierende Nebenfolgen. Ebensowenig wird die „gesunde" Psyche als unendliches Bewältigungsvermögen angesehen, das imstande sein soll, mit allem umzugehen. Der Subjektivität kommt im Gefüge der 'Praxis'-Momente die Rückmeldung zu, die Wirkungen der ökonomischen, technologischen, organisatorischen und infrastrukturellen Ordnungen zu vergegenwärtigen, die im Horizont von Zweck-Mittel-Rationalität und Effizienz verborgen bleiben. Diese Rückmeldung bildet einen Beitrag dazu, diejenige Bilanzierung der Folgen dieser Veranstaltungen zu überwinden, die im Prokrustesbett von Mehrwert und Profit, von instrumenteller Rationalität und Bruttosozialprodukt stattfindet.

Die Subjektivität, also das Verhältnis des Individuums zu sich selbst, ist weder unmittelbar noch als Ursache ihrer selbst zu verstehen, sondern als individuelle Bewertung und Reflexion des eigenen In-der-Welt-Seins. Die gesellschaftliche Welt bildet „nicht nur eine äußere Begrenzung, sondern auch eine innere Ermöglichung" der Qualität der individuellen Existenz (Rombach 1994, 130f.). „Der Mensch ist nicht zuerst Subjekt und nimmt dann noch Beziehungen zu anderen Subjekten auf, sondern er lebt" in einer „ausgespannten Gesamtstruktur, aus der er auf sich 'selbst', als ein bloßes Moment dieser Struktur, zurückkommt. Nur in diesem ontologischen Geschehen von Ausspannung in eine Gesamtstruktur und Zurückkehren zu einem Bestimmungspunkt innerhalb ihrer, gewinnt sich der Mensch dergestalt, dass er immer schon auf andere angewiesen, von anderen beeindruckt, im Hinblick auf Fremdes profiliert und durch diese Profilation in der Ganzheit seines Lebens gekennzeichnet ist" (Ebd., 127).

Die Organisationen, Institutionen und gesellschaftlichen Strukturen sind im günstigen Falle so ausgelegt, dass sie helfen, Trennungen und Verkehrungen zu vermeiden oder zu überwinden, die innerhalb der individuellen Existenz nicht bearbeitbar sind. Die moderne gesellschaftliche Zivilisation (s. d) und die gesellschaftlichen Strukturen erweitern den Horizont der Individuen und überwinden günstigenfalls die Schranken und Grenzen der individuellen Handlungsfähigkeit, denen die Individuen als vereinzelte Einzelne unterliegen. Aus dieser Aufmerksamkeit für das die Individuen Übersteigende folgt aber nicht, das Individuum und seinen Selbstbezug zu etwas Sekundärem herabzustufen. Das Votum für den

Stellenwert der kollektiven Ermöglichung individueller Lebensqualität ist das eine. Etwas ganz anderes ist diejenige Wertschätzung gesamtgesellschaftlicher Institutionen, die kollektivistisch und politizistisch die Probleme individueller Existenz als nachrangige, da vermeintlich „kleine" und „private" Sorgen abwertet.

Zugleich überwindet die im Sinne von 'Praxis' verstandene Subjektivität den Subjektivismus, der sich der gesellschaftlich unbewältigten Objektivität gegenüber antithetisch einrichtet.[107] Die gegen die Individuen verselbständigten kapitalistischen Strukturen voraussetzend meint dieser Subjektivismus, die Existenz in der gesellschaftlichen Welt sei die bloß äußerliche Bedingung für das „eigentliche" Leben. Es finde in den Autonomiesphären (Freizeit, Kultur) statt. Sie suchen den kapitalismus- und modernespezifisch verursachten Mangel an Entfaltung von Sinnen, Fähigkeiten und Reflexionsvermögen mit getrennt vom Alltag existierender Kultur zu kompensieren. Im Alltagsleben dominieren instrumentelle und funktionale Aufmerksamkeiten sowie die verschleißende Verausgabung. Demgegenüber kultivieren kulturelle Sondersphären Sinne, Fähigkeiten und Reflexionsvermögen treibhausartig.[108] Die Re-Injektion von kleinen Dosen dieser Kultur in den Alltag ändert so viel an ihm wie das Musikhören per Kopfhörer am Eingepferchtsein in den überfüllten Öffentlichen Personen„nah"verkehr. Im Unterschied zur Drehtürbewegung zwischen zweck-mittel-rationaler Effizienz und Effektivität einerseits und selbstzweckhafter Kultur andererseits geht es um die „Lebenstätigkeit". „Sowohl Goethe wie Marx nennen ein tätiges Leben der Menschen, das deren Vermögen leiblich, seelisch und geistig ausbildet und etwas

---

107 „Gerade als Absolutes ist das Individuum bloße Reflexionsform der Eigentumsverhältnisse. In ihm wird der fiktive Anspruch erhoben, das biologisch Eine gehe dem Sinn nach dem gesellschaftlichen Ganzen voran, aus dem nur Gewalt es isoliert, und seine Zufälligkeit wird fürs Maß der Wahrheit ausgegeben. Nicht bloß ist das Ich in die Gesellschaft verflochten, sondern verdankt ihr sein Dasein im wörtlichsten Sinn. All sein Inhalt kommt aus ihr, oder schlechterdings aus der Beziehung zum Objekt. Es wird um so reicher, je freier es in dieser sich entfaltet und sie zurückspiegelt, während seine Abgrenzung und Verhärtung, die es als Ursprung reklamiert, eben damit es beschränkt, verarmen lässt und reduziert" (Adorno 1976, 203).

108 „Der (erscheinenden – Verf.) Objektivität des technischen Prozesses entspricht als ihre Kehrseite die Entfesselung der Subjektivität. Die Subjektivität ermächtigt sich dessen, was man ihr übrig lässt. Sie fühlt sich zugleich alleingelassen und befreit – zum Privatleben, zum Ästhetizismus, zum Moralismus. ... In der Abstraktion und im Dualismus erblickt die Subjektivität den Grund ihrer eigenen Absenz; zugleich findet sie in ihnen das Material, mittels dessen sie ihre Präsenz inmitten der Absenz anzeigt" (Lefebvre 1978, 246).

für sie selbst und andere bewirkt, Lebenstätigkeit. ... Lebenstätigkeit meint bei beiden, dass wir unsere Anlagen ausbilden, indem wir an der Welt mit uns tätig sind, also in einer wohl reflektierenden, immer neu zu gewinnenden Verbindung von sinnenhafter Wahrnehmung, von Wissen, das in Begegnungen reift, und bewusster Tätigkeit" (zur Lippe 2012, 145, 143).

g) Die *Gesellschaftsgestaltung* in einer von 'Praxis' dominierten Gesellschaft – das siebte und letzte Moment von 'Praxis' – ist nicht gleichbedeutend mit dem Primat der Politik über die anderen Gesellschaftsbereiche. Es geht nicht darum, die Ökonomie zu „politisieren". Die Perspektive besteht vielmehr darin, die in der bürgerlichen Gesellschaft herrschende Konstellation von Ökonomie und Politik zu überwinden (vgl. Creydt 2000, 261). Im Kapitalismus soll der Staat die negativen Folgen, die durch die Ökonomie entstehen, unter Voraussetzung der ihr eigenen Abstraktionen bearbeiten. Demgegenüber ist bspw. zu fragen: „Wie mache ich aus den unternehmerischen Einzelentscheidungen soziale Prozesse, an denen die Mitarbeiter des Betriebes mitwirken, und wie mache ich aus den Produktionsentscheidungen soziale Prozesse nach außen, an welchen die Konsumenten mitwirken? Was anderes kann es heißen, wenn heute die Reintegration der Ökonomie in kulturelle und soziale Bezüge gefordert wird?" (Heyder 1994, 114).

Nach der kurzen Skizze der verschiedenen Momente von Praxis – ihre eingehendere Darstellung findet sich bei Creydt 2014, 167-203 – wende ich mich ihrem Zusammenspiel zu. Mit den Prozessen der Herausbildung und individuellen Aneignung humaner Vermögen wird eine Not zum Thema, die derjenigen Linken, bei der Verteilungsfragen im Zentrum stehen, meist entgeht. Die Aufmerksamkeit gilt nicht allein der Frage, wie Arbeiten instrumentell gelingen und Bedürfnisse effizient befriedigt werden. Zum Thema wird, welches „Menschentum" (Max Weber) die Individuen in Arbeiten und Tätigkeiten und in der Bildung von Sinnen, Fähigkeiten und Reflexionsvermögen an Gegenständen außerhalb der Arbeit entwickeln. Zu fragen ist, metaphorisch formuliert, wie in indirekter, durch die genannten Momente vermittelter Weise „der Mensch den Mensch produziert, sich selbst und den andren Menschen" (MEW-Erg.bd. 1, 537).[109] Arbeit ist nicht nur Mittel zum Leben, sondern „Lebenstätigkeit" (Ebd., 516).

109 „Der Kommunismus ist nicht mehr Produktion für die Bedürfnisse, sondern eine Praxis der Veränderung dieser Bedürfnisse, die Produktion des Produzenten durch ihn selbst. Dies macht die freie Arbeit, verstanden als Mehrarbeit, aus" (Balibar 1986, 674). „Der Begriff Produktion bezeichnet hier nicht eine bloße Analogie zur materiellen Güterproduktion, vielmehr geht es um den umfassenden Begriff gesellschaftlicher Produktion, zu dem sich die materielle Güterproduktion als besondere Ausformung verhält. Wenn Marx vom 'Kommunismus als der Produktion

In den ersten beiden Momenten von 'Praxis' geht es um die Auseinandersetzung der Menschen mit der Qualität ihres Könnens, ihrer Wahrnehmungsvermögen und ihrer Reflexion. Alle drei bilden sich im Arbeiten und in Tätigkeiten sowie im Umgang mit Arbeitsprodukten, Gegenständen oder Tätigkeitsresultaten. Die Kompetenzen, Wahrnehmungs- und Reflexionsvermögen entwickeln sich in dem Maße, wie sie sich an ihrem (weit verstandenen) Gegenstand abarbeiten und verwirklichen (im Sinne von „Wirklichkeit gewinnen" im Unterschied zu „umsetzen" oder „sich durchsetzen"). Erst in diesen Prozessen werden dem jeweiligen Individuum seine Sinne, Fähigkeiten und Reflexionsvermögen zum Thema.[110] Der Abstand zu ihnen bildet ein Moment ihrer Entwicklung. Das Individuum muss nicht in einem privaten Verhältnis zu seinen Vermögen befangen bleiben, in dem es sich blauen Dunst über *seine* Selbstverwirklichung vormachen kann. Es vermag sie nun aus einer anderen Perspektive wahrzunehmen. Im Unterschied zur individuellen Selbstbespiegelung wird eine soziale Dezentrierung möglich. Sie eröffnet die Aufmerksamkeit dafür, dass die Arbeit bzw. Tätigkeit nicht im partikular-idiosynkratischen Horizont des Privatindividuums verbleibt, sondern auf übergreifenden gesellschaftlichen Prozessen der Erfahrungsverarbeitung, Wissens- und Reichtumsentwicklung aufbaut und zu ihnen auf eigene Weise, wie indirekt auch immer, beiträgt.

Dass die Individuen sich zu dem, was sie menschlich ausmacht, in ein Verhältnis setzen, findet seine erste, insofern notwendigerweise unentwickelte, soziale Gestalt in der Zwischenmenschlichkeit. Hier wird deutlich, dass das Individuum nicht kraft eigener Autonomie ist, was es ist. Im Horizont der Zwischenmenschlichkeit droht die individuelle „Erdung" sich allerdings in zirkuläre

---

der Verkehrsform selber' spricht, so bezieht er sich auf diesen allgemeinen Begriff gesellschaftlicher Produktion. ... Unter den Bedingungen der bürgerlichen Gesellschaft steht die Warenproduktion so sehr im Vordergrund, dass sie diesen allgemeinen Begriff der Produktion, der auch die Produktion der Lebensweise umfasst, verdeckt. ... Produktion als Begriff der Kritik der bürgerlichen Ökonomie muss sich eng fassen, um die kapitalistische Verwertung der Arbeitskraft im Industrieprozess zu treffen. Produktion als Begriff im Zusammenhang der Konstitution neuer Produktivkräfte und als Produktion des gattungsmäßigen Reichtums der Menschen muss dagegen weit gefasst sein und die Produktion aller Lebensbereiche umfassen" (Negt, Kluge 1972, 28,187).

110 „Die Grundfähigkeit des Geistes" besteht darin, 'sich von sich selbst lösen zu können, sich gegenüberzutreten wie einem Dritten, gestaltend, erkennend, wertend, und erst in dieser Form das Bewusstsein seiner selbst zu gewinnen" (Simmel 12, 221). „Indem ... das Ich sich im Medium des 'Stoffes' ihm selbst gegenüberstellt, gewinnt es Stand" (Fraentzki 1978, 155).

Zuschreibungen aufzulösen.[111] „Wer richtet sich nach wem?" – diese Frage ist in einer Paarbeziehung nicht einfach zu beantworten. Hier gilt dann tendenziell: „Das Tun des Einen ... hat selbst die gedoppelte Bedetung, ebensowohl sein Tun als das Tun des Anderen zu sein" (Hegel 3, 146). Demgegenüber profiliert sich die Selbständigkeit der zivilisatorischen Objektivität, in der es im Unterschied zur Zwischenmenschlichkeit „sachlich" zugehe.

Der Horizont der für die menschliche Wirklichkeit in Betracht zu ziehenden Realität erweitert sich. Nicht nur individuelle Mit- und Gegenspieler geraten in den Blick, sondern auch jene Emergenz menschlicher Erfahrungen, Qualifikationen und Wissensbestände, die sich in der modernen gesellschaftlichen Zivilisation materialisiert. Sie bildet das Resultat des Zusammenwirkens vieler und ermöglicht, dass Menschen nicht immer wieder bei null anfangen müssen, sondern in eine Welt hineingeboren werden, die Resultat menschheitsgeschichtlicher Entwicklung ist.[112]

Zum Thema wird, wie die Arbeitsmittel und die erarbeiteten Produkte die Auseinandersetzung der Menschen mit der Gegenstandswelt formen und damit bestimmte Sinne und Fähigkeiten ermöglichen und entwickeln, andere aber nicht. Wir haben es mit einem spiralförmigen Prozess zu tun. Seine beiden Pole sind die Vergegenständlichung und die individuelle Aneignung der menschlichen Potenziale. Die Sachzwänge der modernen gesellschaftlichen Zivilisation (vgl. Teil III) stehen häufig im Gegensatz zur subjektiven Kultur. Es stellt sich die Frage nach den darauf bezogenen Gestaltungsmöglichkeiten (vgl. Kapitel 12).

Bereits in der Sphäre der zivilisatorischen Objektivität, dem vierten 'Praxis'-Moment, entstehen mit Organisationen und Infrastrukturen Formen der (nun: gesellschaftlichen) Einwirkung auf gesellschaftliche Sachverhalte, die die Möglichkeiten der Individuen übersteigen. Institutionen und gesellschaftliche Strukturen im Sinne von 'Praxis' bilden eine weitere Antwort auf den Einwand, für die Realisierung von 'Praxis' bedürfe es einer Art titanischer Subjektivität, die alles überschaue und alle Energie zur Gesellschaftsgestaltung aus sich schöpfe.

---

111 „'Aufgehoben' sind sie nicht 'beim andern', sondern in dem 'Beieinander'. Oder: Sie leben nicht 'mit dem anderen', sondern im 'Beieinander'. Nicht 'auf' den anderen sind sie bezogen, sondern auf die 'Beziehung'. ... Das Individuum, das zunächst ganz auf sich selbst gestellt war, hat aufgehört, sich selber anzugehören, und ist, infolge seines Versuchs, sich seiner selbst gewiss zu werden, der Angehörige eines Verhältnisses geworden" (Boettcher-Achenbach 1984, 150).

112 Die gesellschaftlich erzeugten „Produktionskräfte, Kapitalien und sozialen Verkehrsformen" (MEW 3, 38) bilden – auf dieser Stufe formuliert – das „menschliche Wesen".

Im 'Praxis'-Moment „Subjektivität" wird erstens die Frage zum Thema, wie die Subjektivität in Spannung zur Objektivität der modernen gesellschaftlichen Zivilisation, der Institutionen und gesellschaftlichen Strukturen steht.[113] Zweitens stellt sich in und mit dem 'Praxis'-Moment der Subjektivität die Frage nach dem Verhältnis zwischen der vergegenständlichten Intelligenz bzw. dem geronnenen Geist und dem guten Leben der Menschen. Eine von 'Praxis' dominierte Gesellschaft gestaltet die moderne gesellschaftliche Zivilisation so, dass für sie die Qualität der subjektiven Kultur Ziel und Maßstab bildet.

In den gesellschaftlichen Institutionen und Strukturen materialisieren sich bereits bestimmte Standards, die eine Gesellschaft von sich selbst erwarten *kann* – in Bezug auf den gesellschaftlichen Reichtum und das gute Leben der Menschen. Im letzten 'Praxis'-Moment – der Gesellschaftsgestaltung – wird nun zum Thema, wie diese Erwartungen und Standards sowie die Möglichkeiten der gestalterischen Einwirkung der Mitglieder der Gesellschaft auf sie selbst explizit zum Gegenstand gesellschaftlicher Auseinandersetzung, öffentlicher Erwägungen und Urteilsbildung sowie kollektiver Entscheidung werden. Es geht nicht nur darum, wie die objektive Welt von Menschen für Menschen erarbeitet und strukturiert wird, um ihr „Menschentum" oder ihre Fähigkeiten und Sinne, Sozialbeziehungen und Reflexionsvermögen zu formen. Dessen Inhalte werden von den Mitgliedern der Gesellschaft reflektiert und erwogen, diskutiert und bestimmt. Dabei werden die verschiedenen Varianten in den 'Praxis'-Momenten sowie die Grenzen des Variationsspektrums zum Thema. Diese gesellschaftliche Auseinandersetzung macht die Gestaltung der Momente von 'Praxis' zum Thema und bildet zugleich einen Bestandteil von 'Praxis'.

Jedes der sieben 'Praxis'-Momente verweist aus sich heraus auf andere Momente. Im Subjekt-Objekt-Verhältnis (Arbeit bzw. Dienstleistung) und im Objekt-Subjekt-Verhältnis (Konsum bzw. Umgang der Menschen mit Gegenständen außerhalb der Arbeit – z.B. in der Stadtbauwelt) existieren bspw. bereits die objektive Dezentrierung sowie die subjektive Assimilierung. Sie werden im Kontext der gesellschaftlichen Objektivität von Zivilisation, Institutionen und Strukturen (Moment vier und fünf) sowie in der Subjektivität erneut zum Thema.

Die in der Reihenfolge der Darstellung später genannten 'Praxis'-Momente erweitern den Horizont, mit denjenigen Spannungsverhältnissen umzugehen bzw. sie aufzuheben, die „frühere" 'Praxis'-Momente enthalten. Die Gesellschaftsgestaltung enthält Foren der öffentlichen Erwägung, Beratung und Auseinander-

113 Das Zusammenspiel von Agonist und Antagonist im Muskelsystem ist etwas anderes als ein Kampf.

setzung, die das, was in den früher genannten Momenten bereits implizit präsent ist, explizit zum Thema machen. Die Gliederung der 'Praxis'-Momente ist nicht mit einer Hierarchie zu verwechseln, in der das siebte und letzte Moment das „höchste" darstellt und alles in ihm kulminiert. Vielmehr bilden die „früheren" 'Praxis'-Momente ein Korrektiv der „Erdung". Es erinnert die „späteren" Momente (gesellschaftliche Strukturen und Institutionen, Gesellschaftsgestaltung) daran, dass sie nur in dem Maße gelingen können, wie sie nicht das Alltagsleben der Individuen depotenzieren.

Keinem 'Praxis'-Moment lässt sich isoliert oder exklusiv das Kriterium guten Lebens entnehmen. Oft wird jeweils eines der 'Praxis'-Momente verabsolutiert. Die dominanten Strömungen in der früheren Arbeiterbewegung erhoben das Subjekt-Objekt-Verhältnis als Arbeit zum neuen Höchstwert.[114] Für die Dialogik (Martin Buber u.a.), für emphatische Vorstellungen von Kommunikation und Intersubjektivität sowie für manche feministische Strömung bildet das Subjekt-Subjekt-Verhältnis das analytische und normative Paradigma (vgl. kritisch dazu Creydt 2000, 284 f., Creydt 2001). Der sog. historische Materialismus in den Gesellschaften sowjetischen Typs verabsolutierte das 'Praxis'-Moment der Objektivität der Produktivkräfte.

Der Praxisbegriff erlaubt es, die Unterschiede und Spannungen zwischen den verschiedenen Dimensionen der 'Praxis' darzustellen. 'Praxis' ist kein Substanzbegriff, in dem alle Katzen grau bleiben und alle Differenzierung als peripher und akzidenziell gegenüber der substanziellen Einheit gelten muss. Es geht vielmehr darum, das Zusammenspiel und die Divergenzen der verschiedenen Praxissphären und -momente zu denken. Jedes Moment von 'Praxis' baut diese auf besondere Art mit auf und verwirklicht sie auf eigene Weise. Jedes Moment bildet einen Engpass für die anderen Momente. Ermöglichen es z.B. Arbeiten und Tätigkeit den Individuen nicht, ihre eigenen Fähigkeiten im Sinne des Bewirkenkönnens zu erfahren, dann beschädigt dies auch die anderen 'Praxis'-Momente.

Die Aufmerksamkeit für die sieben Momente der 'Praxis' gilt auch den in ihnen jeweils möglichen Verwechslungen, Versuchungen und Abwegen. Aus der gesellschaftlichen Aufbauordnung lässt sich erklären, wie bspw. die Zwischenmenschlichkeit (als Gestalt der Sozialbeziehungen) oder die Subjektivität an eine (im Sinne von 'Praxis') unangemessene Stelle rücken. Zum Thema wird, wie einzelne Momente etwas verarbeiten oder kompensieren sollen, wozu sie jeweils nicht in der Lage sind. Zu dieser Problemfamilie gehört auch das in vielen

---

114 Zur Kritik an der Ontologisierung des Arbeitsbegriffs im SED-Marxismus vgl. Deutschmann 1974.

Feminismen beliebte Ausspielen des vermeintlich weiblichen Subjekt-Subjekt-Verhältnisses gegen das angeblich männliche Subjekt-Objekt-Verhältnis. Meine Auseinandersetzung damit findet sich in Creydt 2001.[115]

Die gelungene Integration der sieben 'Praxis'-Momente bemisst sich am Zustandekommen von Prozessen, die in *einem* Gesamtprozess konvergieren: Der Ausbildung und Gestaltung einer Welt, die Sinne, Fähigkeiten und Reflexionsvermögen im Sinne von 'Praxis' nicht nur ermöglicht. Es geht nicht nur um die Notwendigkeiten – der guten Versorgung, der gesellschaftlichen Infrastrukturen und des „Rundlaufens" komplexer gesellschaftlicher Prozesse. Im Zentrum der gesellschaftlichen Aufmerksamkeit, Sorge und Gestaltung stehen die Prozesse, in denen die Menschen nicht nur „Schöpfer, sondern auch Geschöpf der Kultur" (Landmann 1975, 31) sind, also „Ursache und Bewirktes zugleich, rückgeprägtes Produkt" des eigenen Produkts (Ebd., 33). Die Entwicklung humaner Potenziale per Vergegenständlichung und individueller Aneignung ist erst in diesem Gesamtprozess verwirklichbar, nicht schon in der isolierten Erzeugung eines Werks, und sei es auch ein Kunstwerk. Die hier beschriebene 'Praxis' hat weder etwas mit selbstzweckhaften Verausgabungen und Entfaltungen zu tun noch mit einer von den Heteronomiesphären abgesetzten Autonomiesphäre (etwa der Kultur).

'Praxis' bildet das *„Zielgut"* der nachkapitalistischen Gesellschaft und formt *ihren* gesellschaftlichen Reichtum und die Leitbilder guten Lebens in grundlegend anderer Weise, als dies im moderne- und kapitalismusaffirmativen Horizont üblich und möglich ist. Es geht um etwas anderes als um die Rahmenbedingung der ins individuelle Belieben gestellten Selbstverwirklichungen. Die in eine Vielzahl von Praktiken und neuen gesellschaftlichen Strukturen eingelagerte, verallgemeinerte und realitätsmächtig gewordene 'Praxis' wird von allen Beteiligten im Grundsatz bejaht und entfaltet ihre Sinne, Fähigkeiten, Sozialbeziehungen und Reflexionsvermögen in einer bestimmten Weise. Erst dann gilt wirklich: „Eine

---

115 Lehrreich sind zu diesem Thema die Arbeiten von Klaus Ottomeyer aus den 1970er und 1980er Jahren. Zum Thema wird u.a. eine komplementäre Vereinseitigung zwischen einer instrumentalistischen Verengung einerseits (als „zweckrationalem", quasi-autistischem Produktbezug), einer „sozial-clinchigen" (Ottomeyer 1987, 135) Verengung andererseits – z.B. als pädagogische oder therapeutische Personenfixierung unter „Vermeidung von individuierender Gegenstands- und Produkterfahrung" (Ebd., 135). Oder als domina privata. Dieckmann (1995) beschreibt prägnant, wie sich die mütterliche Einfühlung ins (Klein-)Kind und das Hineinwachsen des Kindes in diejenige Bedeutungswelt amalgamieren, die die Mutter (als bislang mit dem Kind zumeist Interagierende) seinen Empfindungen und Gefühlen gibt. (Vgl. a. Creydt 2013.)

andere Welt ist möglich" ... *und* eine andere Lebensweise. Die grundlegende Umwertung der Präferenzen und Metapräferenzen[116] wird erst vor dem Hintergrund der Analyse der gesellschaftlichen Gegenwart möglich und resultiert nicht aus einer diffusen Schwärmerei für das Wohl der Menschheit. 'Praxis' übersteigt einen reaktiven Horizont (Veränderung der Verteilung und Versorgung) und eine Opposition, deren Pole die gleiche problematische Abstraktion teilen – wie „Sein statt Haben", „Lebenswelt" gegenüber „System" oder „Intensität" vs. „Alltag".[117]

Mit der internen Differenzierung von 'Praxis' in verschiedene 'Praxis'-Momente wird ein Denken in Konstellationen möglich. Es artikuliert den Vorbehalt gegen die Schlüsselattitüde. Enttäuscht wird die Erwartung, 'Praxis' unmittelbar sozusagen auf einen Schlag geistig zu erfassen. Der Begriff der 'Praxis' baut sich erst aus ihren Momenten und deren Gefüge auf.

Die *Gefügeordnung* oder die in sich differenzierte Einheit der sieben verschiedenen *Momente* von 'Praxis' zeigt, wie Probleme in einem Moment auch zu Problemen in anderen Momenten führen. Die verschiedenen Momente von Praxis stehen zueinander und zur sie übergreifenden Ordnung von 'Praxis' in mannigfachen Wechselwirkungen und Rückkopplungen. Das Bewusstsein davon erlaubt es, die Beiträge der besonderen Momente zum allgemeinen „Zielgut" oder zum weit verstandenen objektiven und subjektiven Reichtum zu bestimmen und zu fragen, wie sich das Allgemeine durch das Besondere aufbaut. Zum Thema wird umgekehrt auch, wie das Besondere als Besonderes gelingen kann und wie die Probleme des „Ganzen" sich in den besonderen Bereichen und Momenten reflektieren. 'Praxis' bildet nicht das allem anderen übergeordnete höchste Gut, sondern dasjenige, worauf es in den besonderen Arbeiten, Tätigkeiten und Handlungen auch insofern ankommt, als es ihrer Tendenz zur jeweiligen Partikularisierung entgegenwirkt und sie aus ihnen selbst für den sie über- und durchgreifenden Inhalt ('Praxis') öffnet.

Theorien unterscheiden sich nach ihrem jeweiligen Ansatz. Ihm ist eine bestimmte Art und Weise eigen, das zu Begreifende zu denken. Der jeweilige Ansatz konstituiert mit den ihm eigenen begrifflichen Unterscheidungen und

---

116 Metapräferenzen erlauben es, Präferenzen auf einem untergeordneten Niveau zu beurteilen. Auf ihm geht es bspw. um Richtigkeit oder Effizienz. Zum Maßstab der Selektion aus den auf diesem Niveau empfehlenswerten Handlungen werden höherstufige oder weiterreichende Gesichtspunkte. Nicht alles, was technisch oder instrumentell möglich ist, gilt dann bspw. aus der Perspektive eines guten Lebens als anstrebenswert.

117 Es handelt sich um eine Aufzählung und nicht um eine Reihe, in der sich die verschiedenen Momente gegenseitig erläutern.

Synthesen eine für ihn charakteristische „Problematik“ (Althusser). Eine neue Problematik (hier: ‘Praxis’ als Paradigma der nachkapitalistischen Gesellschaft) verhält sich zu anderen Problemaufbereitungen nicht wie „ein neues punktuelles Objekt, das unter anderen bereits bestimmten Objekten auftaucht, so wie ein unvorhergesehener Besucher plötzlich bei einem Familientreffen erscheint“ (Althusser, Balibar 1972, 27).

33) Wie unterscheiden sich Alternativen zu einzelnen problematischen Attributen der Gesellschaft von 'Praxis'?

„Das Böse wächst offenbar durch das Wachsen einer falschen Güte.“ *Musil 1981, 1406*

Die moderne kapitalistische Gesellschaft zerfällt ihren Beobachtern häufig in eine Menge disparater Einzelphänomene. Unzureichenden Problemdiagnosen entsprechen desorientierende Vorstellungen von Abhilfe (vgl. a. Kapitel 24). Einige Beispiele sollen das verdeutlichen.

a) Die Überwindung des engstirnigen Partikularismus erwarten sich viele von der „Vielseitigkeit“. Die Kritik an der Einseitigkeit in der Arbeit und im gegenwärtigen Erwerbs- und Geschäftsleben betrifft ein wesentliches Indiz dafür, dass mit ihnen etwas im Argen liegt. Die Perspektive aber, der Einseitigkeit eine Vielseitigkeit gegenüberzustellen, führt nicht notwendigerweise über die Addition von Einseitigkeiten hinaus. Bei ihrem – wie auch immer gearteten – „sinnvollen“ Bezug untereinander handelt es sich um keinen obligatorischen Bestandteil des Begriffes „Vielseitigkeit“. Angesichts des weit verbreiteten Lobs von Vielseitigkeit drängt sich die Frage auf, inwiefern es einem histrionischen Driften und Floaten, in dem der Betroffene überall und nirgends ist, oder einer touristischen Vielreiserei das Wort redet bzw. ins Anziehungsfeld solcher gesellschaftlich populären Versuche gerät, der Bornierung zu entkommen.

b) Das Gefühl, als Arbeitsloser „nicht gebraucht zu werden“, kann zum Drang verleiten, sich für *irgendetwas* als brauchbar erweisen zu wollen. Das Sein-für-andere marginalisiert oft die Aufmerksamkeit für die Entwicklung der eigenen Sinne und Fähigkeiten in der Arbeit sowie für deren soziale und gesellschaftliche Voraussetzungen und Wirkungen. Mancher „arbeitet nicht wie jemand, der arbeitet, um zu leben, sondern wie einer, der nichts will als arbeiten, weil er sich als lebendigen Menschen für nichts achtet, nur als Schaffender in Betracht zu kommen wünscht und im übrigen grau und unauffällig umhergeht, wie ein abgeschminkter Schauspieler, der nichts ist, solange er nichts darzustellen hat", so Thomas Mann (1986, 321). Andere „Spezialisten" entwickeln in ihrer Arbeit zu ihr passende Fähigkeiten und Sinne wie in einem Treibhaus – auf Kosten anderer Sinne und Fähigkeiten.

c) Die Überzeugung, in der eigenen Arbeit oder Tätigkeit es mit sinnvollen Inhalten zu tun zu haben bzw. mit dem Produkt oder Resultat des eigenen Tuns anderen Menschen einen guten Dienst zu erweisen, unterscheidet sich positiv von einem instrumentellen Bezug des Arbeitenden auf seine Arbeit. In ihm ist ausschließlich das Arbeitseinkommen von Relevanz. Allerdings sagt das Vorliegen eines „prosozialen" Arbeits- bzw. Tätigkeitsverständnisses wenig über dessen Inhalt aus. Das Urteil „Produkt A ist sinnvoll bzw. dienlich für Bedürfnis B der Bevölkerungsgruppe C" ist das eine. Etwas anderes kommt in den Blick, wenn nach dem übergreifenden gesellschaftlichen Gefüge gefragt wird. Bspw. produzieren Arbeitende in der Autoindustrie ein hochwertiges Produkt für Autofahrer. Der insofern faktisch vorhandene Sinn ihrer Tätigkeit steht aber dann infrage, wenn die Zentralität des Autos im Verkehrssystem („the car ist the star") als hoch problematisch erachtet wird (vgl. Kapitel 4a).

d) Wärme und Anteilnahme sollen die (in ihren Ursachen unbegriffene) Kälte kompensieren bzw. überkompensieren. Häufig richten sich die „warmen Verhaltensweise ... nur symbolisch oder an Ersatzschauplätzen – wie zur Entlastung und Entschädigung – gegen die Kälte und bestätigen sie darin. ... Wärme als Liebe zu Kindern und Tieren wird zum Trost und zugleich zu der kompensatorisch konstruierten Erfahrung, mit der sich die Kälte anderenorts umso besser ertragen lässt" (Gruschka 1994, 39).

e) Allzu evident erscheint es, gegenüber „der Langeweile" ein „intensives Leben" vorzuziehen. Dem Schnapstrinker aber schmeckt alles andere wie verdünnter Saft. Das Urteil, etwas sei nicht „spannend", zeigt das Unterhaltungsbedürfnis und die Verwechslung von Geltungsmaßstäben. Unmittelbarkeit und Gegenwart sind zweierlei. Langeweile und „Intensität" bilden komplementäre Phänomene. Innerhalb ihres Horizontes kommt die Frage nach einem sinnvollen Gefüge der verschiedenen Aktivitäten und Momente des gesellschaftlichen und individuellen Lebens nicht auf.

f) Wer sich an seinem eigenen Unverständnis der gesellschaftlichen Welt stört, bemerkt es immerhin. Die „Durchblick" verheißenden Angebote sind aber, zurückhaltend formuliert, nicht notwendigerweise identisch mit einer Erklärung des Unverstandenen bzw. seiner gedanklichen Durchdringung. Oft geht es beim „Durchblick" lediglich darum, „den rätselhaften Gestalten menschlicher Verhältnisse ... vorläufig den Schein der Fremdheit abzustreifen" (MEW 23, 196).

„Befriedigt schiebt begriffliche Ordnung sich vor das, was Denken begreifen will“ (Adorno 1975, 17). Die eigene Überzeugung, über „Durchblick“ zu verfügen, sagt noch nichts über die Qualität der ihn ermöglichenden Gedanken und Erklärungen aus. Häufig „erlebt“ das Bewusstsein „die Totalität seiner Welt in der Transparenz seiner eigenen Mythen“ (Althusser 1974, 138).

Wer einzelne kritikwürdige Momente beanstandet, orientiert sich damit nicht notwendigerweise an der Frage, ob mit ihnen bereits die Momente in den Blick kommen, die für die Entwicklung des „Menschentums“ (Weber) oder des guten Lebens zentral sind. Kritiken an Einzelpunkten isolieren und verabsolutieren oft Momente des infrage stehenden Phänomens oder spielen sie gegeneinander aus. Das Nachdenken über eine Gesellschaft, die den Kapitalismus überwunden hat, muss zu mehr führen als zu einer Addition von Vorstellungen, die jeweils das Gegenteil zu problematischen Einzelpunkten bilden.

34) Wie verändert sich das Verhältnis zwischen dem Besonderen und Allgemeinen in der Gesellschaft?

Eine Homogenitätsnorm, die an Rätesystemen moniert wird (bspw. von Kevenhörster 1974), ist für die hier skizzierte nachkapitalistische Gesellschaft nicht charakteristisch. Die Einheit, auf die sich die verschiedenen gesellschaftlichen Belange und Bedürfnisse, Aufgaben und Bereiche beziehen, verhält sich zu den Differenzen nicht reduktiv. Diese Einheit ist keine Einerleiheit, sondern in sich differenziert (vgl. die verschiedenen Momente von ‘Praxis’). Einheit und Differenzierung bilden keine Gegensätze. An den besonderen Materien und Sphären der Gesellschaft wird zum Problem, dass sie Effekte aufweisen, die über ihren unmittelbaren Nutzen, ihren expliziten Auftrag oder ihre direkte Funktion hinausgehen. Das betrifft die Auswirkungen des Arbeitens, der Produktionstechnologie, der Konsumgüter und Bauten auf die Lebensweise und auf die Entwicklung der individuellen Subjektivität und der Mentalitäten.

In der nachkapitalistischen Gesellschaft bezieht sich das Besondere auf das Allgemeine (also die Inhalte, die die Gesellschaft insgesamt prägen) anders als in der Vorstellung, der zufolge das Partikulare sich dem im emphatischen Sinne verstandenen Allgemeinen oder der Teil dem „Ganzen“ unterordnen oder aufopfern soll. Vielmehr geht es darum, die Wirklichkeit des Besonderen im Unterschied zum partikularistischen Verständnis von ihm zu begreifen. Dass das Besondere nicht mit dem allgemeinen Leitbild identisch ist, bietet keinen Anlass zur Kritik. Zum Problem wird vielmehr das partikularistische (Miss-)

Verständnis des Besonderen. Es kapriziert sich auf dessen direkte Effekte und unmittelbaren Voraussetzungen. Sind die indirekteren, aber deshalb nicht minder relevanten Wirkungen und Prämissen problematisch, so lautet die Forderung, das Besondere möge seiner ganzen Wirklichkeit gegenüber aufmerksam werden und eine umfassende Wahrnehmung für das, was es bewirkt und voraussetzt, ausbilden.[118] Aus der Wirklichkeit der besonderen Materien und Sphären entsteht das Bedürfnis, ihre partikularistisch missverstandene Besonderheit zu überschreiten, nicht indem man das Besondere verlässt und sich einem von ihm getrennt gedachten Allgemeinen unterwirft, sondern indem man das Verständnis des Besonderen vertieft.

Die Verhältnisse zwischen Allgemeinem und Besonderem in der nachkapitalistischen Gesellschaft sind dadurch bestimmt, dass

- das jeweilige besondere Moment die gesellschaftliche Welt und ihren übergreifenden Inhalt auf jeweils bestimmte Weise aufbaut,
- im Besonderen der inhaltlich bestimmte Bezug auf anderes Besondere enthalten ist,
- die allgemeinen, gesellschaftlich übergreifenden Inhalte und Strukturen im Besonderen anwesend sind,
- die allgemeinen, gesellschaftlich übergreifenden Inhalte und Strukturen das Besondere in einer Weise ermöglichen, derzufolge es nicht nur Element des Allgemeinen oder „Dünger für ein 'Später'" (Gerson 1982, 186), sondern in sich selbst (als Besonderes) entwickelt und erfüllt ist.

---

118 In der bürgerlichen Gesellschaft wird der Zweck der wirtschaftlichen Veranstaltungen allein am Input-Output-Verhältnis, an Effizienz und Effektivität utilitaristisch-instrumentell festgemacht. Diese Betrachtung der Wirtschaft passt zu ihrer abstrakten Form, in der Menschen allein als Mittel zur Erbringung eines ihnen äußerlichen Nutzens und Konsumenten allein als Nachfrager eines Produkts gelten. Die Konstitution der menschlichen Existenz im Arbeiten, an den Arbeitsresultaten, an der menschlich-sozialen Gegenstandswelt und in den Sozialverhältnissen fällt durch das Raster der herrschenden Betriebs- und Volkswirtschaftswissenschaften hindurch. Deren abstrakte Betrachtungsweise verdoppelt die reale Abstraktion, das Absehen der Wirtschaft von ihren mannigfachen konstitutiven Effekten auf die Entwicklung menschlicher Sinne und Fähigkeiten. Die Produkte und Tätigkeitsresultate sind demgegenüber in der nachkapitalistischen Gesellschaft Kuppelprodukte und Mehrzweckgebilde. Sie bedienen nicht nur einen isolierten Nutzen. Maßgebend für sie wird, wie sich die Entwicklung menschlicher Sinne und Fähigkeiten durch sie und mit ihnen konstituiert – im in sie eingehenden Arbeiten und Tätigsein, in der mit ihnen ebenso produzierten wie vorausgesetzten gegenständlichen Umwelt und in den mit ihnen verbundenen sozialen Verhältnissen.

Die Ausweitung der Aufmerksamkeit und Handlungsfähigkeit über den Horizont des auf seinen kleinen Nahbereich beschränkten oder egozentrischen Individuums hinaus bildet ein zentrales Moment der hier favorisierten Lebensweise. Es ist weder mit einem moralischen noch mit einem politizistischen Selbstverständnis zu verwechseln. Imaginiert wird im Politisieren so etwas wie der erhöhte Standort des Feldherrn. Der zugehörigen Wahrnehmung ist eine Enthebung eigen. Sie „bezieht ihre Energie daraus, dass der Einzelne oder eine unmittelbar in einen kriegerischen Schritt verwickelte Gruppe niemals das Ganze des Krieges wahrnimmt, aber dennoch ein Bedürfnis nach Orientierung in die Produktion eines ganz willkürlichen Gesamtüberblicks eingeht. ... Es wird so getan, als gäbe es *eine* Perspektive, die auf den Krieg als Ganzes. Genau diese gibt es im wirklichen Krieg nirgends" (Negt, Kluge 1981, 816 und 818). Bourdieu (1982, 699) zitiert Virginia Woolf („Die generellen Ideen sind Generalsideen") und unterscheidet vom souveränen politischen Standpunkt derer, die politisch das Sagen haben, die „blinde enge Teilsicht des in der Schlacht verlorenen Soldaten." Das Politisieren bietet die Stilisierung des Individuums zum Subjekt voll „eingebildeter Souveränität" und „unwirklicher Allgemeinheit" (MEW 1, 355) an. Für die vom Politischen Erfüllten hat sich die politische Befreiung (MEW 1, 354f.) dann schon ereignet – im Citoyen-Enthusiasmus: Das politisierende Selbst- und Weltverständnis erhebt zu einer „Sphäre des Gemeinwesens, der allgemeinen Volksangelegenheit in idealer Unabhängigkeit von jenen besonderen Elementen des bürgerlichen Lebens" (MEW 1, 368). Die politisierende Pseudosouveränität überspielt die Intransparenz und Komplexität der Welt und vermittelt den Menschen ein imaginäres Bild ihrer Gesellschaft. Viele Linke bewegen sich selbstverständlich im Element des Politisierens und finden in ihm ihre Heimat. Ihre Kritik gilt diesem oder jenem politischen Inhalt, nicht dem Politisieren selbst.

Das Verhältnis des gesellschaftlichen Besonderen und Allgemeinen wird in einer „bürgerlichen" Denkweise zum Thema. Sie schreibt das Besondere den ihre partikulare Interessen verfolgenden Bürgern und das Allgemeine der Staatspolitik zu. Dass diese Auffassung das Verhältnis zwischen bourgeois und citoyen in der modernen kapitalistischen Gesellschaft nicht zutreffend darstellt (vgl. Creydt 2015, Kapitel 4), sei an dieser Stelle ausgeklammert. Die politizistische Orientierung gilt es zu überwinden. Sie stellt das Allgemeine dem Besonderen entgegen und gibt ersterem den Vorrang. Eine problematische Variante, diese Überwindung zu denken, besteht darin, den vereinzelten Einzelnen abzuverlangen, sie sollten das Allgemeine in den Blick nehmen, beurteilen und über es entscheiden. Damit würden aber die so verfassten Individuen überfordert, insofern sie als vom Allgemeinen Entfremdete sich zu ihm aufschwingen sollen – oder zu dem, was sie dafür halten. Das Nichtzustandekommen der vermittelten Einheit von Allgemeinem und Besonderem lässt sich nicht dadurch „heilen", dass die eine Seite des Verhältnisses (die Individuen) aus sich und in sich das Gegenteil ihrer selbst errichten soll: den guten bzw. moralischen Willen, der *als* besonderer Wille das Allgemeine will. Keine Antwort bietet der citoyen, der die Spaltung zwischen Werktag und politischem Sonntag überspringt, indem er sich imaginär ganz vom Politischen her auffasst. Gar keine Antwort bildet die Selbstüberantwortung des Individuums an eine als substanzielle Ganzheit imaginierte Allgemeinheit („Du bist nichts, Dein Volk ist alles.").

Die auf das Allgemeine direkt bezogenen, politischen Tätigkeiten sind nicht länger – wie in der Problemaufbereitung und Weltanschauung des Politisierens und wie beim „guten Staat" als „Anwalt des Allgemeinen" – dem Partikularen als Allgemeines entgegengesetzt. Es stellt sich die Frage nach dem Verhältnis zwischen den besonderen Arbeiten und Bereichen einerseits und der Beratung, Erwägung, Debatte, Entscheidung und Gestaltung der maßgeblichen Proportionen und Relationen des Gemeinwesens andererseits. Dabei handelt es sich um das Verhältnis zwischen den ersten sechs Momenten von Praxis und der Gesellschaftsgestaltung als siebtes Moment von 'Praxis'. Wir fielen in den Politizismus zurück, würden wir die Gesellschaftsgestaltung als höchstes Moment von 'Praxis' auffassen, dem sich alle anderen Momente unterordnen. Die Verwirklichung des gesellschaftlichen Leitbildes (Praxis) ist vielmehr allein durch *alle* sieben Momente von 'Praxis' möglich. Die Beratung über das Allgemeine ist also nicht das Höchste, dem gegenüber die Verwirklichung von 'Praxis' in der Arbeit, in der Kindererziehung oder in anderen Feldern zweitrangig wäre. Gegenüber der politizistischen Vorstellung eines Vorrangs der Praxen, die sich unmittelbar auf das Allgemeine beziehen, ist daran zu erinnern, dass die Beratung und Entscheidung über das Allgemeine sowie die gesellschaftlich übergreifenden („allgemeinen") Inhalte nicht unabhängig von der grundlegenden Veränderung der besonderen Sphären existieren.

35) Geht es mit 'Praxis' um ein vielseitiges und „ganzes" Individuum?

Manche Infragestellungen von „Normalität" (Stichwort „gender") gewinnen in der Öffentlichkeit große Aufmerksamkeit. Als selbstverständlich, als normal und der Aufmerksamkeit unbedürftig gilt hingegen die Absorption von Energien und Geist der Individuen durch partikulare Arbeiten und Tätigkeiten. Auf die Frage, wie sie sich überwinden lässt, lautet eine gängige Antwort, die Individuen sollten vielseitig werden, also in unterschiedlichen Feldern zuhause sein. Die Kritik daran, „nur" Fachmensch oder „nur" Mutter zu sein usw., ist weit verbreitet. Was aber heißt es, wenn demgegenüber bspw. gefordert wird, die Menschen sollten nicht *nur* Künstler sein, sondern Künstler *und* zugleich auch anderes? *Etwas* anderes können sie gewiss noch sein. Aber wie viel und in welcher Qualität? Diese Frage stellt sich aus zwei Gründen. Erstens sind auch die Energien des Individuums endlich. Zweitens ist niemand Künstler nebenbei, ebenso wenig wie Eltern (von Kindern und Jugendlichen) „Eltern nebenher" sind, wenn sie ihr Elternsein ernst nehmen.

Gewiss verringern sich die für die Subjektivität des Individuums „unproduktiven" mentalen Anforderungen an es infolge der Reduktion der Berufsarbeit und infolge der gesellschaftlichen Arbeit an der Überwindung oder Einhegung der die Individuen belastenden Gegensätze (vgl. zu ihnen den 4. Absatz von Kapitel 23). Zugleich wachsen „produktive" mentale Anforderungen, wenn die Individuen sich damit auseinandersetzen, wie der allgemeine oder übergreifende Inhalt in ihrer Tätigkeit und in dem besonderen Bereich praktisch Wirklichkeit erlangen kann. Innerhalb der Grenzen der Vielseitigkeitsideologie (vgl. Kapitel 33a) befangen bleibt der Vorschlag (aus F. Haugs „Vier-in-einem-Perspektive"), die Mitglieder der nachkapitalistischen Gesellschaft sollten sich am Tag vier Stunden jeweils der Berufsarbeit, der Sorgetätigkeit, der kulturellen Entfaltung und der Politik widmen. Diese Idee stellt enorme Anforderungen an die Individuen. Zweckfreie Stunden oder Erholung sieht sie nicht vor. Die Vorstellung eines sozialistischen Übermenschen[119] ist nicht weit entfernt. Auch fragt sich, inwiefern Haug im Zusammenstücken vier verschiedener Bereiche jeden einzelnen ernst nimmt.

Zum Problem wird die zugrunde liegende Vorstellung, der gesellschaftliche Makrokosmos sei nur durch Individuen zu kontrollieren und zu gestalten, die in sich auf ihre Art (auf die Art der Individuen) eine „ebenso" reiche Totalität oder einen „vollen" Mikrokosmos bilden. Die Vorstellung von autonomen, vollen und „ganzen" Individuen mag als reaktives Wunschbild gegenüber Vereinseitigung und Bornierung plausibel sein. Der Entzweiung zwischen moderner gesellschaftlicher Zivilisation und subjektiver Kultur lässt sich nur begrenzt mit einer Steigerung der subjektiven Kultur des einzelnen Individuums begegnen. Das bürgerliche Paradigma, das auf die Unabhängigkeit, Selbstständigkeit und Ganzheit der Subjekte setzt, verträgt sich mit der Aufmerksamkeit für die Bildung der Sinne, Fähigkeiten und Reflexionsvermögen in den sieben Praxismomenten

119 Eine solche Vorstellung findet sich u.a. bei Trotzki 1924, 177-179.

denkbar schlecht. Der emphatischen Vorstellung vom bürgerlichen Subjekt zufolge soll das Individuum sich zur vielseitigen Eigenwelt entfalten und danach streben, sich in sich selbst zu vollenden. Das In-der-Gesellschaft-Sein erscheint dann als äußere Bedingung, wenn nicht nur als Kulisse einer im Wesentlichen eigenständigen Entwicklung der jeweiligen Charaktere (vgl. a. Anm. 89). Das Gesamtkunstwerk der Persönlichkeit und das Bestreben, das „menschliche Wesen" als „dem einzelnen Individuum innewohnendes Abstraktum" zu verwirklichen (MEW 3, 6f.), sind für den Horizont, in dem sich der anspruchsvolle Bürger als Subjekt bewegt, charakteristisch.[120] Der Gegensatz zwischen Besonderem und Allgemeinem sei, wenn überhaupt, dann nur vom Einzelnen und in ihm aufzuheben. Diesem Ideal solle man sich annähern, ohne es je erreichen zu können. Allein das durch solches Streben qualifizierte Subjekt könne auch das politische Wächteramt ausfüllen, Fehlentwicklungen der Gesellschaft zu korrigieren. Demgegenüber plädiert der vorliegende Band dafür, sich den Assoziationsverhältnissen zwischen den Individuen sowie den Verbindungen der Treuhänderschaft und Repräsentation zuzuwenden (vgl. Kapitel 20). Von ihnen hängt die im Horizont des vereinzelten Einzelnen, und sei er auch noch so vielseitig, nicht erreichbare Emergenz ab, die den Prozessen der öffentlichen Beratung und Erwägung, Reflexion und Gestaltung zukommt.

36) Worin besteht das Bewusstsein von der gesellschaftlichen Aufbauordnung?

Mit den Trennungen und Abstraktionen in der modernen kapitalistischen Gesellschaft geht deren auf Einzelphänomene fixierte Wahrnehmung einher (vgl. Kapitel 24, 33). Demgegenüber wird das Wissen um die faktische Ordnung erforderlich, in der die verschiedenen Bereiche der Gesellschaft aufeinander aufbauen. „Materialistisch" heißt das Wissen um die Aufbauordnung von Gesellschaften, insofern es die Art und Weise der in einer Gesellschaft herrschenden Reichtumsproduktion für konstitutiv erachtet. „Soviel ist klar, dass das Mittelalter nicht vom Katholizismus und die antike Welt nicht von der Politik leben konnte. Die

120 „Der Personalismus" macht das Individuum „aus einem Teile zum Ganzen, zu einem absoluten Wesen für sich selbst" (Feuerbach 1978, 178). „Gänzlich" fehlt „das Bewusstsein, ... dass die Menschen erst zusammen den Menschen ausmachen, die Menschen nur zusammen das sind und so sind, was und wie der Mensch sein soll und sein kann" (Ebd., 244).

Art und Weise, wie sie ihr Leben gewannen, erklärt umgekehrt, warum dort die Politik, hier der Katholizismus die Hautrolle spielte" (MEW 23, 96, vgl. MEW 24, 42). Es geht im Folgenden darum, eine Denkweise zu profilieren. Nicht behauptet wird, es seien mit dem materialistischen Konzept der gesellschaftlichen Aufbauordnung oder in ihr bereits alle Probleme gelöst.[121]

Die materialistische Auffassung von der Aufbauordnung der Gesellschaft ist aus drei Gründen für unsere Analyse der nachkapitalistischen Zukunft dringend geboten. Diese Auffassung entzieht erstens Positionen den Boden, die den zentralen Faktor der Gesellschaft in der Politik, im Staat oder in der Moral (dem guten Willen) sehen. Ich habe mich an anderer Stelle (Creydt 2015, 145-175) mit entsprechenden Vorstellungen auseinandergesetzt. Sie waren bzw. sind unter denjenigen weit verbreitet, die eine nachkapitalistische Gesellschaft anstreben. Das materialistische Verständnis der gesellschaftlichen Aufbauordnung erweitert zweitens die Aufmerksamkeit. Nicht mächtige Kollektivsubjekte („die Reichen") und ihre Machenschaften stehen im Fokus der Aufmerksamkeit, sondern Formen und Strukturen der Gesellschaft. Ein dritter Grund für die Relevanz der materialistischen Auffassung von der Aufbauordnung der Gesellschaft liegt im weit verbreiteten Perspektivismus. Sowohl Luhmann als auch postmoderne Theoretiker stellen die verschiedenen gesellschaftlich ausdifferenzierten Bereiche (Ökonomie, Politik, Erziehungswesen u.a.) als Paralleluniversen nebeneinander.

Im Unterschied zur Annahme eines politischen, staatlichen oder moralischen Zentrums oder Fundaments der Gesellschaft nimmt die materialistische Auffassung ihren Ausgang bei den grundlegenden Mustern der Vergesellschaftung. Es geht um die Strukturen des gesellschaftlichen „Stoffwechsels" mit der Natur und des innergesellschaftlichen „Stoffwechsels". Diese Formen der Vergesellschaftung lassen sich exemplarisch an der kapitalistischen Gesellschaft vergegenwärtigen.[122]

---

121 Verstecken muss sich dieser Theorietypus allerdings nicht. Für überzeugende Leistungen vgl. Literaturhinweise in http://www.meinhard-creydt.de/archives/75

122 Zentrale Formen sind

- die Dekomponierung bzw. Desaggregation gesellschaftlicher Zusammenhänge zugunsten von Waren, d.h. die Präferenz für individuell aneigenbare i.U. zu gesellschaftlichen Lösungen (z.B. Auto). Vorausgesetzt ist die Herrschaft des Privateigentums,
- der Gegensatz zwischen einzelbetrieblicher Rationalität und gesamtgesellschaftlicher Irrationalität. Damit verbunden ist die Externalisierung von Schäden. Folgekosten erscheinen im Produkt nicht mehr („unverbuchte Kosten"). Probleme resultieren nicht nur aus fehlendem Interesse an vorsorglicher Problemvermeidung, sondern auch aufgrund von Interessen an Problemvermarktung,

Konstitutiv ist der Typus des gesellschaftlich maßgeblichen Reichtums. Im Unterschied zu anderen Gesellschaftsformationen handelt es sich in der kapitalistischen Ökonomie um einen Reichtum, der sich nur erhalten lässt, wenn er (wie vermittelt auch immer) angelegt wird in der Beschäftigung von Mehrwert produzierenden Arbeitskräften. Spezifisch für die jeweilige Gesellschaftsformation ist auch die Prioritätenhierarchie, die der jeweils maßgebende gesellschaftliche Reichtum vorgibt. In kapitalistischen Gesellschaften betrifft sie bspw. das Verhältnis zwischen den für die Kapitalverwertung profitablen und unprofitablen Tätigkeiten (z.B. Care-Tätigkeiten), bei gleichzeitiger Anerkennung, dass es sich bei letzteren um notwendige Bedingungen handelt, für die gilt: so wenig wie möglich, so viel wie nötig. Der Typus des gesellschaftlich maßgeblichen Reichtums enthält also *strukturelle Vorgaben*. Es handelt sich nicht um einzelne materiale Vorgaben, sondern um die grundsätzliche Perspektive der Entwicklung des Reichtums. Bspw. unterscheidet sich die Entfaltung von 'Praxis' als Leitkriterium von der in der kapitalistischen Gesellschaft vorherrschenden Kapitalakkumulation, bei der die Profitabilität des Kapitals entscheidet.

Bei der materialistischen Auffassung von der gesellschaftlichen Aufbauordnung handelt es sich nicht um Hierarchien à la „erst kommt das Essen, dann die Moral" oder „an erster Stelle steht die Ökonomie und an zweiter die Politik".[123] Vielmehr geht es darum, die für alles andere konstitutive Rolle der Trennungs- und Verknüpfungsmuster in den Blick zu bekommen. Sie betreffen die Prozesse, in denen das hervorgebracht wird, was gesellschaftlich jeweils als Reichtum zählt. Es handelt sich um die Frage, welches Ausmaß das Gegeneinander (vgl. Interessengegensätze z.B. zwischen Produzenten und Konsumenten auf dem Markt oder zwischen Konkurrenten), die billigende Inkaufnahme der Schädigung an-

---

- die Gleichgültigkeit der Marktakteure nicht nur gegen Folgen, sondern auch gegen Voraussetzungen. Der Tauschwertorientierung auf der Outputseite entspricht eine Warenfiktion auf der Inputseite, d.h. die Fiktion, alle Güter ließen sich bepreisen. Bereits daraus resultiert ein verschwenderischer Umgang mit „Gratis"produktivkräften (z.B. Natur),
- die an der Verwertung der Arbeitskraft als Mehrwertquelle orientierten Kriterien für die Organisation der Arbeit und für die Produktionstechnologie,
- die Konkurrenz (vgl. Kapitel 14).

123 Das hier vorgestellte Konzept von materialistischer Gesellschaftstheorie hat nichts zu tun mit Max Webers Verständnis von Materialismus: Eine Theorie, die „die Gesamtheit der Kulturerscheinungen als Produkt oder als Funktion 'materieller' Interessenkonstellationen deduzieren" (Weber 1982, 166, Weber 1972, 192) möchte, oder ein ökonomischer Determinismus, der die Kulturerscheinungen „aus sich geschaffen" habe (Weber 1972, 11).

derer, das gleichgültige Nebeneinander, das Miteinander oder das Füreinander in einer bestimmten Gesellschaftsform aufweisen. Die herrschenden Muster der Vergesellschaftung unterscheiden sich von den konkreten Einflüssen, Wirkungen und vom Spiel der Kräfte. Im Zentrum stehen nicht Macht und Einfluss starker Interessengruppen, sondern die gesellschaftlichen Formen. Gefragt wird, wie sie Prämissen, Frage- und Problemstellungen, Selbst- und Fremdthematisierungen stillschweigend vorstrukturieren.

Die jeweils herrschenden Vergesellschaftungsformen enthalten strukturelle Vorgaben für Interessen, Handlungen und Kooperationen. Die Formen schließen, erhalten und verselbständigen sich gegenüber den jeweiligen konkreten 'inputs' und lassen nur bestimmte 'Materien' entstehen. Die gesellschaftlichen Formen und Strukturen geben den Handelnden die Handlungsmöglichkeiten vor.[124] Die hier thematisierten Strukturen sind nicht einfach menschlichem Handeln gegenüber in der Weise heteronom wie unaufhebbare Naturgesetze. Von gesellschaftlichen Strukturen zu reden heißt nicht, von ontologisch Unvermeidlichem zu reden. Die Strukturen der bisherigen Gesellschaftsformationen unterscheiden sich auch von den Strukturen eines Spiels. Bei ihm hat das Regelwerk das Primat über seine einzelnen Elemente, aber keinen Gegensatz zu ihnen.

Die sachfremde Assoziation, es handele sich notwendigerweise um ein deterministisches Konzept, blockiert bisweilen die Aufmerksamkeit für das Thema „gesellschaftlich herrschende Strukturen und Formen". Die Feststellung, die

---

124 „Das Subjekt ist ... nur als in transsubjektive Strukturen eingegliedert zu denken, die zwar durch es vermittelt und modifizierbar, aber nicht restlos aus seiner Tätigkeit ableitbar sind. ... Es handelt sich um Strukturen, die ... die Beziehungen zwischen den gesellschaftlichen Subjekten sowie zwischen ihnen und ihrer geschichtlichen Lebenswelt vermitteln" (Arnason 1971, 9). Vgl. a. Eberle 1981, 119-23, 96f. „Die expansive Dynamik der kapitalistischen Produktionsweise kann nicht aus den Absichten ihrer 'Träger' begriffen werden, vielmehr sind diese analytisch auf die strukturdeterminierten Handlungsmöglichkeiten und -imperative zu beziehen. Gesellschaftliche Prozesse vollziehen sich über das Handeln menschlicher Subjekte, gleichsam 'durch ihr Bewusstsein hindurch', ohne deshalb auf Bewusstsein und Intentionalität zurückführbar zu sein" (Koczyba 1979, 184). „Die Unintentionalität der kapitalistischen Entwicklung beruht nicht darauf, dass die Akteure nicht wissen, dass sie mit ihrem Tun diese Gesellschaft produzieren. Selbst wenn sie es wüssten, könnten sie innerhalb der institutionellen Rahmenbedingungen des Kapitalismus an der objektiven Unintentionalität der Entwicklung nichts ändern. Generell beruhen nichtbeabsichtigte Nebenfolgen des Handelns nicht darauf, dass die betreffenden Handelnden sich ihrer Folgen nicht bewusst sind, sondern auf einer bestimmten Art und Weise, in der ihre Interaktion strukturiert ist" (Eberle 1981, 120).

Wirklichkeit müsse nicht so sein wie sie ist, sie könne auch anders sein, bewegt sich im sicheren Bereich des Unbestreitbaren. Das Wissen um gesellschaftliche Formen und Strukturen antwortet auf eine andere Frage: Wie „viel" anders kann die Wirklichkeit beschaffen sein? Dieses Wissen gibt Auskunft darüber, welche vorstellbaren Zustände in einer bestimmten Gesellschaftsformation (z.B. Feudalismus oder Kapitalismus) zugleich existieren können und welche nicht.[125] Um eine Voraussage von Prozessen im Einzelfall geht es nicht. Dass kapitalistische Nationen sich unterscheiden, daraus erwächst kein Einspruch gegen das Wissen um die gesellschaftlich maßgeblichen Formen und Strukturen. Allerdings wäre es ein falscher Umgang mit notwendigen Abstraktionen, würde man den Unterschied zwischen den Formen und Strukturen des modernen Kapitalismus im allgemeinen (der „inneren Organisation der kapitalistischen Produktionsweise in ihrem idealen Durchschnitt" – MEW 25, 839) und der Analyse des Geschehens in einem bestimmten Land zu einer bestimmten Zeit übergehen. Systematische Überlegungen zur für die mittlere Ebene der Analyse (zwischen der Analyse der allgemeinen Formen und Strukturen des Kapitalismus und der Analyse konkreter Ereignisse) notwendigen Begrifflichkeit finden sich bspw. in der Regulationstheorie und in den Debatten um „varities of capitalism".

Die Vergesellschaftungsformen, die für die verschiedenen Gesellschaftsformationen maßgeblich sind, unterscheiden sich grundsätzlich. Der Entwicklungsstand und die Art der Produktivkräfte (inklusive Arbeitsorganisation), die Produktionsverhältnisse und die Formen des gesellschaftlich maßgeblichen Reichtums eröffnen immer nur einen bestimmten Raum realer Möglichkeiten. Er beinhaltet Grenzen des Wirtschaftens und der Entwicklung menschlicher Sinne, Fähigkeiten und Reflexionsvermögen. Dieser Möglichkeitsraum umfasst die gesellschaftliche Feldverteilung von selbst- und fremdbestimmten Tätigkeiten, den Grad, in dem Interessen partikular sind, die Reichweiten von Kooperation und Assoziation, sowie den Umfang, in dem die Bevölkerung die Gesellschaft zu gestalten vermag. Die Qualität des Bewusstseins, der Individualität und der Subjektivität ist aus den für eine Gesellschaftsformation bzw. für eine bestimmte Phase in ihr charakteristischen Formen der Vergesellschaftung zu begreifen.[126]

125 Koczyba spricht von „negativen Koexistenzgesetzen" (1979, 169).

126 Um zu verdeutlichen, worum es geht, seien einige zentrale Formen der Subjektivität in der modernen kapitalistischen Ökonomie und bürgerlichen Gesellschaft genannt. Es handelt sich u.a. um

- die Interessengegensätze, die Individuen in der Konkurrenz und auf Märkten trennen, sowie um die damit verbundene restringierte Handlungsfähigkeit (vgl. zu letzterer Kapitel 27),

Dies gilt auch für die Analyse von Kunstwerken.[127] Noch in den subjektivsten und scheinbar dissidenten und subversiven Verarbeitungen des individuellen Seins in der Gesellschaft zeigt sich, wie sie sich in der Grundmatrix bestimmter, ihnen unbewusster gesellschaftlicher Formen bewegen und verstricken.[128] Analysen von Musik und Literatur vergegenwärtigen, wie das Wissen um die gesellschaftliche Konstitution nicht von der Wahrnehmung des Kunstwerks wegführt, sondern sie vertieft (vgl. Adorno 1981, 49f.).[129]

- die für die kapitalistische Gesellschaft spezifischen Widersprüche, in denen die Individuen stehen. Vgl. dazu Kapitel 23, vierter Absatz,
- die Überlastung der Individuen mit der ihnen implizit abverlangten individuellen Verdauung bzw. (Über-)Kompensation gesellschaftlich konstituierter Probleme,
- die Vereinzelung der Individuen und ihre Haftung als individuelle Entscheidungssubjekte,
- die Überforderung der Individuen mit der ihnen zugeschriebenen Selbstverantwortung für ihre jeweils individuell gelingende „Identität" (vgl. Kapitel 26),
- die Einheit von individueller Selbstbestimmung, Selbstverantwortung und Selbstbeschuldigung,
- die verschiedenen Bewegungsformen für das problematische Verhältnis zwischen empirischem Individuum einerseits, dem Fremd- und Selbstbild als Subjekt andererseits. Dieser *intra*individuelle Widerspruch wird auch als *inter*subjektives Verhältnis ausagiert (vgl. Kapitel 26).

127 Es handelt sich nicht darum, „die Herkunft der einzelnen Künstler, ihre politischen und sozialen Anschauungen, oder allenfalls den Stoffgehalt ihrer Werke zu analysieren. ... Erst neuerdings hat man in wachsendem Maße in die soziologische Behandlung die Form- und Gestaltungsprobleme der Kunstwerke hineingezogen, die früher einer von der sozialen Realität distanzierten Geistesgeschichte vorbehalten waren. Genannt sei, als verbindliches Zeugnis dieser Intention, das 1953 erschienene Werk 'Sozialgeschichte der Kunst und Literatur' von Arnold Hauser" (Institut für Sozialforschung 1974, 93). Hauser „ist fähig, die Fülle des künstlerischen Details durch eine konsistente und durchgearbeitete Vorstellung vom gesellschaftlichen Prozess zu erhellen. ... Kunst wird erklärt aus der gesellschaftlichen Totalität, ohne dass darüber der spezifische Ort und die spezifische Funktion der einzelnen Phänomene zu kurz kämen" (Ebd., 94). Mir geht es hier um den Ansatz und nicht darum, Adornos oder Hausers Kunstanalysen, beide divergieren, materialiter zu diskutieren.

128 „Die (relative) Emanzipation des Begründeten vom Grund geschieht eben in Kraft desselben, und der Grund ist abwesend gerade durch sein (anwesendes) Begründen" (Ringleben 1995, 81).

129 Solche Konstitutionsanalyse übersteigt den Horizont von Max Weber, in dem es um die „Ermöglichung von Ideen durch Kontextbedingungen und Veränderungen von Kontextbedingungen durch Ideen" (Lepsius 1990, 37) geht.

Mit einer materialistischen Analyse der gesellschaftlichen Aufbauordnung wird es möglich, den bestimmten Zusammenhang zu analysieren, in dem die gesellschaftlichen Prozesse der Erwirtschaftung und Formung des Reichtums und politisches, rechtliches, moralisches sowie kulturelles Handeln zueinander stehen. Das Wissen von der gesellschaftlichen Aufbauordnung verhält sich zur gegenwärtig populären Verabsolutierung der Unabhängigkeit dieser Bereiche, ihrer Autonomie und der Unübersetzbarkeit ihrer Perspektiven[130] wie ein Denken mit höherem Differenzierungs- und Integrationsvermögen zu einer vereinfachenden und selektiven Ansicht. Das Wissen von der gesellschaftlichen Aufbauordnung begreift die Binnenperspektive ihrer verschiedenen Bereiche nicht reduktiv, sondern rekonstruktiv. Der Perspektivwechsel zwischen den verschiedenen Bereichslogiken lässt sich aus der Weiterverarbeitung jeweils nur verschoben „bearbeiteter", aber unaufgehobener, zugrundeliegender Trennungen, Gegensätze und Ausblendungen erklären. Zum Thema wird die überkompensatorische Verarbeitung von Mängeln des jeweiligen Bereiches in anderen Bereichen. Sie führt in ihnen wiederum zu neuen Folgeproblemen, welche dann erneut in anderen Bereichen „bewältigt" werden. Man kann sich das exemplarisch am Verhältnis zwischen Recht und Moral vergegenwärtigen (vgl. Creydt 2008). Hegel beschreibt (in seiner 'Rechtsphilosophie') die Abstraktionen, die dem Recht in der bürgerlichen Gesellschaft eigen sind. Die Moral tritt dem Recht gegenüber als Korrektiv auf. Hegel arbeitet heraus, wie die Moral an den im Recht enthaltenen Gleichgültigkeiten Anstoß nimmt und ihnen gegenüber eine 'menschlichere' oder 'prosoziale' Alternative aufbietet. Zugleich teilt die Moral grundlegende Abstraktionen des Rechts implizit bzw. schreibt sie fort und verschafft ihnen neue Wendungen. Schlussendlich zeigt sich: Die Moral verwickelt sich in ihrer Alternative zum Recht in eigene Widersprüche, die sich in ihr nicht auflösen lassen, sondern einen zusätzlichen Bereich im Verschiebebahnhof erforderlich machen.

---

130 Eine starke Strömung in den Sozial- und Geisteswissenschaften verhält sich affirmativ dazu. Ein Paradebeispiel bildet „Luhmanns Bild der modernen Gesellschaft als einer, die im gesellschaftlichen Handeln selbst nur noch aus den Perspektiven ihrer einzelnen Teilsysteme betrachtet wird und keine substantielle Identität mehr besitzt" (Schimank 1996, 249). Die moderne Gesellschaft gerät zur „Ansammlung von Teilsystemen, die einander gewissermaßen auf gleicher Ebene gegenüberstehen, ohne von sich aus viel voneinander wissen zu wollen" (Ebd., 189). „Das Gesamtsystem verzichtet auf jede Vorgabe einer Ordnung ... der Beziehung zwischen den Funktionssystemen" (Luhmann 1997, 746). „Die Gesellschaft ist nur noch eine Bühne, die die Teilsysteme miteinander teilen und auf der sie sich irgendwie miteinander arrangieren müssen – die aber ansonsten leer ist" (Schimank 2005, 50).

Der Perspektivismus, der den gesellschaftlich ausdifferenzierten Bereichen eigen ist, muss die Möglichkeit einer konsensfähigen Rationalität oder eines gemeinsamen gesellschaftlichen Leitbildes in modernen Gesellschaften verneinen. Die Kritik daran, die die bereichsspezifischen Eigenlogiken nicht von außen beurteilt, sondern sie aus der Stufenordnung der gesellschaftlichen Erfahrungsverarbeitung und Problembearbeitung begreift und sie damit besser versteht als es im jeweiligen Bereich selbst möglich wird, ist integraler Bestandteil des Wissens um die gesellschaftliche Aufbauordnung.

37) Wie werden die verschiedenen Arbeiten und gesellschaftlichen Bereiche inhaltlich aufeinander bezogen?[131]

Eines Rückgriffes auf Vorstellungen einer gesellschaftlichen bzw. politischen Spitze oder auf ein Zentrum, das alles reguliert und aufeinander abstimmt, bedarf es nicht für die Art und Weise, wie die nachkapitalistische Gesellschaft die Vielzahl und Vielfalt der Produkte und Dienstleistungen synthetisiert. Ebenso wenig handelt es sich hier um das Plädoyer für die Stärkung des Gemeinsamen gegenüber dem Partikularen – etwa nach dem Motto: „Brüder, in eins nun die Hände, schiebt das Trennende beiseite.“ Die neue Einheit wird nicht vorab positiv formuliert, sondern das Bewusstsein für sie entwickelt sich erst dadurch, dass die bisherigen Formen der gesellschaftlichen Synthesis (vgl. Anm. 122) und gesellschaftliche „Teufelskreise“ (vgl. Kapitel 17) durchgearbeitet werden. Der Grundkonsens in der nachkapitalistischen Gesellschaft speist sich (auch) aus dem Bewusstsein von den gesellschaftlichen Mustern, die es zu überwinden galt (kapitalistische Strukturen) oder zu domestizieren gilt (Strukturen der modernen gesellschaftlichen Zivilisation (vgl. Teil III, vgl. Kapitel 41 b, c)).

Eine zweite Herangehensweise an die gesellschaftliche Synthesis fragt „positiv“, wie sich die verschiedenen Sorten von Arbeiten und Tätigkeiten sowie die gesellschaftlichen Bereiche materialiter zueinander verhalten. Auf einer abstrakteren Ebene finden wir Ansätze dazu, die verschiedenen Arbeiten und Tätigkeiten sowie gesellschaftlichen Bereiche qualitativ aufeinander zu beziehen, bereits in

131 Ein anderes Thema sind die Mengenverhältnisse, z.B. zwischen Angebot und Nachfrage, und die quantitativen Relationen zwischen den verschiedenen Bereichen der Arbeitsteilung.

älteren Theorien.[132] Sie unterscheiden verschiedene Aufgaben, die für den anzustrebenden gesellschaftlichen oder individuellen Gesamtzustand zueinander ins Verhältnis zu setzen sind. Damit entstehen Maßstäbe zur Beurteilung der Arbeiten, Dienstleistungen und Güter.

Eine dritte Herangehensweise fokussiert sich auf das Bewusstsein von der gesellschaftlichen Aufbauordnung einer von 'Praxis' dominierten Gesellschaft und bezieht die verschiedenen Arbeiten und Dienstleistungen sowie Arbeitsprodukte und Gegenstände auf sie (vgl. dazu Kapitel 36). Die verschiedenen gesellschaftlichen Sphären wie Recht, Politik, Moral und Kultur bauen in der modernen Gesellschaft mit kapitalistischer Ökonomie auf deren Abstraktionen, Problemen und Mängeln auf.[133] Mit der Überwindung dieser Verhältnisse lassen sich Arbeiten infrage stellen, die erst auf der Grundlage der unüberwundenen Abstraktionen und Probleme zustande kommen. Gemeint sind Arbeiten, die danach streben, den Problemen und Mängeln ihre negativen Spitzen zu nehmen, sie „verdaubar" zu machen oder sie zu kompensieren. Bei den Ausgaben für diese Arbeiten handelt es sich um Defensivausgaben. Ein Beispiel: In der Kunst wird diejenige Kunst kritikwürdig, die sich auf eine ideologische Ausgestaltung, Sublimierung oder Überkompensation von zugrundeliegenden, unter entsprechend veränderten gesellschaftlichen Verhältnissen überwindbaren Problemen kapriziert.[134] Allein bezogen auf das so beschriebene Segment von Kunst entfaltet Piet Mondrians pauschale Aussage ihr Wahrheitsmoment: „Die Kunst wird in dem Maße verschwinden, als das Leben mehr Gleichgewicht haben wird."

---

132 Kant unterscheidet das Disziplinieren, Kultivieren, Zivilisieren und Moralisieren (Kant XII, 706-708). Bei Simmel findet sich (unter dem Stichwort „Verhältnis zwischen objektiver und subjektiver Kultur" – dazu vgl. Anm. 146) eine Unterscheidung und Integration unterschiedlicher Wirkungen, die die Arbeit sowie die Arbeitsprodukte auf die Entfaltung der Individuen haben (vgl. Creydt 2014, 188-191). Kroner (1928) ordnet den verschiedenen Gebieten jeweils einen Beitrag zu. Wirtschaft und Technik entfalten ihm zufolge einen vital zwecksetzenden Geist, Wissenschaft und Politik einen rational unterwerfenden Geist, Kunst und Religion einen intuitiv verschmelzenden Geist und Historie und Philosophie einen reflexiv vermittelnden Geist (Ebd., 113).

133 Für eine Skizze der Aufbauordnung zwischen Ökonomie, Recht, Politik, Moral und Kultur in der kapitalistischen Gesellschaft vgl. Creydt 2008.

134 Christian Enzensbergers Literaturtheorie ist eine Teilantwort auf die Frage, welche Theorien diese These am Stoff einlösen können. Für eine Kurzvorstellung seiner Theorie und Literaturhinweise vgl. http://www.meinhard-creydt.de/christian-enzensbergers-1931-2009-sinnkritische-asthetik.

Arbeiten und Arbeitsprodukte sind so zu gestalten, dass sie nicht andernorts faktisch ungelöste Probleme, die sich mit entsprechendem Aufwand lösen ließen, zum Anlass nehmen, (über-)kompensatorische Angebote platzieren zu können. In der nachkapitalistischen Gesellschaft herrscht vielmehr die Regel, vorrangig an der Prävention von Problemen zu arbeiten und nur in dem Maße, wie diese sich nicht aufheben lassen, Kompensation anzubieten.

Wie in der nachkapitalistischen Zukunft die gesellschaftliche Synthesis materialiter aussieht, das lässt sich exemplarisch mit einigen Fragen konkretisieren. Bei der Auswahl der Produkte wird zu fragen sein, inwieweit sie problematische gesellschaftliche Verhältnisse fördern. Dies ist bspw. der Fall beim Auto, insofern es für ein vom Pkw dominiertes Verkehrssystem produziert wird, und bei Eigenheimen, deren Bau die Zersiedelung des Landes vorantreibt. Arbeits- und Tätigkeitsprozesse sind auf die in Kapitel 2 genannte Art und Weise zu gestalten. Gefragt wird bspw. bei der Nutzung von Informations- und Kommunikationstechnologien in der Arbeit, inwieweit sie zu einer Depotenzierung von Sinnen, Fähigkeiten und Interaktionen beitragen. Zum Thema wird weiterhin nicht nur das Gelingen des einzelnen Produkts, sondern auch, in welchem Verhältnis bspw. ein Haus zu anderen Gebäuden seiner Nachbarschaft steht. Zu fragen ist bei Produkten, inwieweit sie unattraktive Arbeiten erfordern. Der Nutzen des Konsumenten wird dann ins Verhältnis gesetzt zum Verbrauch an Kraft und Nerven der Arbeitenden in der Arbeit für diese Produkte. Nicht das geringste Motiv dafür, den Warencharakter der Arbeitskraft aufzuheben, besteht darin wahrzunehmen, wie unangemessen der Arbeitslohn als vermeintliche Entschädigung sich zu den Schädigungen verhält, denen Lohnarbeiter in der Arbeit unterliegen. Gesamtgesellschaftlich ist zu fragen nach der Proportion zwischen der Arbeit zur Erstellung von Produkten und der Arbeit zur Humanisierung der Produktion. In Bezug auf einzelne Güter wird man erwägen, ob bzw. inwieweit auf ihren Konsum verzichtet werden sollte angesichts der u. U. auf absehbare Zeit trotz aller Bemühungen nicht möglichen Reduktion der für diese Produkte notwendigen unattraktiven Arbeit. Gefragt wird weiterhin nach dem Verhältnis zwischen der Erstellung von Gütern und der Arbeit, die es ermöglicht, durch Ausleihstationen und -organisationen die zu produzierende Menge bei gleichbleibendem Nutzen der Güter für ihre Benutzer zu reduzieren.

Im Kontext von 'Praxis' wird zum Thema, inwiefern die verschiedenen Arbeiten und Tätigkeiten sowie die verschiedenen gesellschaftlichen Bereiche

- einander helfen, eine Übertreibung von Betätigungen zu vermeiden und entsprechende Rückmeldungen zu geben. Vgl. das Verhältnis der Entfaltung von Sinnen und Fähigkeiten im Nichtarbeitsbereich zum Arbeitsbereich. Vgl. das

Gesundheitswesen, in dem Ärzte und Therapeuten den Klienten anregen, sich bspw. zu vergegenwärtigen, inwieweit seine „Leistungen für andere" seiner Physis oder Psyche abträglich sind,
- unterschiedliche Weisen der Reflexion positiv aufeinander beziehen: Der Zugang desjenigen, der sich in der Erarbeitung des Produkts auf es versteht, ist ein anderer als die Erfahrung desjenigen, der mit dem Produkt später im Alltag zu tun hat,
- sich als verschiedene Daseinsweisen zueinander verhalten, die nicht aufeinander reduzierbar sind und sich dergestalt ergänzen, dass sie ohne ihre Einheit problematisch werden. Die Entfaltung eigener Fähigkeiten und Sinne *in* der Arbeit unterscheidet sich von der individuellen Aufmerksamkeit für den Sinn, den das Arbeitsresultat für andere hat, und von der Befriedigung über die eigene (insofern) sinnvolle Arbeit.

Das Bewusstsein für die immanente Verknüpfung verschiedener Momente kann von einem Konzept außerhalb der Gesellschaftstheorie lernen. Es handelt sich um die „anthropologische Proportion" (Binswanger) zwischen den verschiedenen Dimensionen des individuellen Lebens (vgl. Blankenburg 1972). Bspw. ist im daseinsanalytischen Konzept der „Verstiegenheit" das Verhältnis zwischen der Weite und der Höhe des Raums Thema. Der Verstiegene (vgl. Binswanger 1956) steigt höher, als es seiner Umsicht und Weitsicht entspricht. Er versteigt sich. Wie z.B. Baumeister Solness im gleichnamigen (1892 publizierten) Stück von Ibsen. Die komplementäre Tendenz zur Verstiegenheit stellt das „Verfallen" dar. Hier dehnt sich das Dasein zuungunsten seiner Höhen- und Tiefenentfaltung aus. Die Formen missglückten Daseins sind nicht zu verstehen als Überwertigkeit der einen Dimension gegenüber der anderen, vielmehr stellt das Misslingen in der einen Dimension das Gelingen in der anderen infrage (s. Binswanger 1956, 35, 41). Höhe und Weite verhalten sich nicht wie die Koordinatenachsen in einem Diagramm (vgl. Binswanger 1955, 227). Fehlt der individuellen Existenz der Tiefgang, dann wird sie nicht nur flach und oberflächlich, sondern auch hohl und substanzlos. Wer sich „versteigt", bewegt sich nicht absolut in zu hohe Höhe, sondern nur in Relation zur Weite seiner Existenz. Und die Verstiegenheit führt nicht in die Höhe, sondern zu einem „Fallen". Es handelt sich um keine Relation vektorialer Kräfte, aus der hier die Qualität der jeweiligen individuellen Existenz begriffen wird. Den inneren Zusammenhang ihrer verschiedenen Momente bekommt erst in den Blick, wer versteht, wie sie sich günstigenfalls gegenseitig potenzieren, ungünstigenfalls aber gegenseitig depotenzieren.

Für gutes Leben im Sinne von 'Praxis' lassen sich verschiedene Aufgaben unterscheiden. Sie stehen in Wechselwirkung miteinander. Zu fragen ist bspw.,

- wie sich verschiedene Tätigkeiten als Gegenspieler (wie Beuger und Strecker) zueinander verhalten. Dies betrifft bspw. das Verhältnis von Produktion und Konsumtion,
- wie Tätigkeiten oder Gegenstände die Sinne und Fähigkeiten, Aufmerksamkeiten und Reflexionsvermögen des Individuums entfalten. Dies kann darin bestehen, a) die Subjektivität zu dezentrieren auf die Objektivität des jeweiligen Gegenstands,[135] b) die individuelle Subjektivität auf die intersubjektive Verschränkung von Perspektiven zu öffnen (vgl. Kapitel 21 zur „verhandelnden Koordination", vgl. das Ende von Kapitel 23 zur „starken Demokratie"), c) den Bezug des Individuums auf seine Subjektivität zu entwickeln und in eins damit den Kontakt zu sich selbst (i.U. zur Abwehr alles „Subjektiven"),
- wie verschiedene Arbeiten und Dienstleistungen zu einem durch sie nur zusammen aufgebauten Gut beitragen,
- wie die Proportion zwischen instrumentellen (technischen, organisatorischen, ökonomischen) Notwendigkeiten bzw. Effizienzimperativen und den „'Zugaben'" ausfällt, „denen sich die Arbeit verdankt. Diese Zugaben entstammen der Natur, „dem Erbe der Kultur, der Bereitwilligkeit der Arbeitenden, deren Erfahrungen und Fähigkeiten, dem sozialen Gewebe". Dieses Verhältnis ist zu gestalten, dass diesen „Zugaben" „aus der Arbeit Belebendes zurückfließt" (Gronemeyer 2012, 53).

Diese Fragen sind Thema in der gesellschaftlichen Gestaltung der verschiedenen Tätigkeiten und Arbeiten sowie der gesellschaftlichen Bereiche. In der durch 'Praxis' dominierten nachkapitalistischen Gesellschaft herrscht für das Verhältnis zwischen instrumentellen (technischen, organisatorischen, ökonomischen) Notwendigkeiten bzw. Effizienzimperativen (a) und der Entwicklung von 'Praxis' (b) die Maßgabe „so viel b wie möglich, so viel a wie nötig".

Das Bewusstsein für das Sich-ins-Verhältnis-Setzen der verschiedenen Arbeiten und gesellschaftlichen Bereiche in der nachkapitalistischen Gesellschaft entwickelt sich aus der Kritik an den im vorliegenden Band analysierten problematischen gesellschaftlichen Schnittmustern von Handlungen und Handlungsverknüpfungen. Ohne der Zukunft vorzugreifen ließen sich in diesem Kapitel Herangehensweisen nennen – und andere Beispiele finden sich in diesem Band –, infolge derer Handlungen und ihr Bezug untereinander qualitativ und quantitativ so beschaffen sind, dass für sie 'Praxis' inhaltlich das Maß bildet. Es existiert nicht anders als Verhältnis (vgl. Anm. 55). Ebenso bildet 'Praxis' das Sich-ins-

135 Das Individuum soll dann von seinen subjektiven Vorstellungen und Ansichten absehen und „bei der Sache sein".

Verhältnis-Setzen ihrer verschiedenen Momente. Von diesen Verhältnissen sehen die Trennungen, Ausblendungen und Externalisierungen ab, die für die Vergesellschaftung in der Marktwirtschaft, der kapitalistischen Ökonomie und der modernen gesellschaftlichen Zivilisation charakteristisch sind. Aus der Aufgabe, diese Abstraktionen zu überwinden, bestimmt sich inhaltlich der erforderliche neue gesellschaftliche Bezug der Arbeiten und Bereiche.

38) Was heißt Dominanz von 'Praxis' oder 'Praxis' als Maß und Mitte der Gesellschaft?

In den Weiten und Mühen der Ebenen der modernen Gesellschaft droht das Praxisparadigma verloren zu gehen infolge von Arbeitsteilung, funktionaler Differenzierung, Zweck-Mittel-Rationalität und formaler Rationalität (vgl. zu ihr Anm. 35). Erforderlich wird ein gesellschaftliches Gefüge, das die Abstraktheit des Reichtums, die schon am Begriff des Bruttosozialprodukts bemängelt wird, überwinden kann. Die Tätigkeiten unterscheiden sich nach ihren verschiedenen Beiträgen zur Entwicklung menschlicher 'Praxis'. Manche Arbeiten bilden eher notwendige äußere Bedingungen. Teilweise gehen von ihnen Effekte aus, die gegenüber dem gesellschaftlichen Leitbild abträglich oder zentrifugal sind. Notwendig wird es, sich auf das gesellschaftlich für zentral und maßgeblich Erachtete zu beziehen. Für diese *zentripetale* Bewegung hilft kein „Bewusstsein für das Wesentliche", das es benennt und normativ „hochhält". Das Bewusstsein steht immer in der Gefahr, sich die Übereinstimmung der Realität mit ihm vorzustellen. Erst die Entfaltung von entsprechenden Mentalitäten, von praktischen Kompetenzen sowie von Institutionen und gesellschaftlichen Strukturen macht die 'Praxis' zu dem, was in der Gesellschaft dominiert. Die Frage lautet: Was ist dafür erforderlich, dass 'Praxis' eine ausreichende Anziehungskraft und Macht besitzt? Voluntaristisch überwinden lassen sich die in der Gesellschaft existierenden Hindernisse und Heteronomien, Indifferenzen und Gegentendenzen gegenüber 'Praxis' nicht.

'Praxis' verwirklicht sich als Maß und Mitte der Gesellschaft (im Sinne von „Wirklichkeit gewinnen" im Unterschied zu „sich durchsetzen"). Das gegenüber 'Praxis' Heterogene und Heteronome mag dann zwar existieren, dominiert aber die Gesellschaft nicht. 'Praxis' entfaltet so etwas wie eine Zentripetal- oder Gravitationskraft. Das, worauf es ankommt, lässt sich nicht als allgemeiner Inhalt oder als eine Substanz verstehen, die gegen alle im Prozess der Konkretisierung drohende Ver- und Entfremdung immun ist – z.B. in Gestalt oberster Werte oder einer fixen Substanz. Das Allgemeine setzt sich nicht als vom Konkreten Getrenntes und ihm gegenüber vorab Existierendes gegen es durch, sondern verwirklicht sich erst in der Konkretisierung, gewinnt erst durch sie an Kontur. Der Inhalt des allgemeinen Leitbildes konkretisiert sich nur in diesem Durchgang und im sinnvollen Bezug der verschiedenen Besonderheiten zueinander. Wir haben es also nicht mit einem asymmetrischen Verhältnis zwischen dem „großen Allgemeinen" und dem „kleinen", vereinzelten sowie peripheren Besonderen zu tun.[136] Nicht kraft eigener Macht dominiert die 'Praxis' über die „Stoffwechselprozesse" mit der Natur und über die innergesellschaftlichen „Stoffwechselprozesse", sondern in dem Maße, wie diese Prozesse auf 'Praxis' hin durchgearbeitet werden. Insofern bleibt die auf 'Praxis' bezogene Verwendung des Begriffs Zentripetal- oder Gravitationskraft metaphorisch. Um physische Kräfte handelt es sich nicht. Mit 'Praxis' als maßgebendem Paradigma ist gemeint: Sie steht in der gesellschaftlichen Steuerungshierarchie an oberster Stelle. Sie bestimmt, was geschehen *soll*. Was geschehen *kann*, wird durch die Eigengesetzlichkeiten vorgegeben, die den in dieser Steuerungshierarchie niedrigeren Ebenen eigen sind. Eine dem Leitbild der 'Praxis' folgende Gesellschaft kann die in solchen Bereichen gegebenen immanenten Notwendigkeiten und Zugzwänge nicht übergehen. Sie arbeitet aber daran, die ihnen entstammenden Hindernisse gegenüber 'Praxis' aufzuheben oder zu verringern. 'Praxis' durchdringt dann, so weit wie möglich, bspw. die Fertigung von Produkten.

39) Ist 'Praxis' gleichbedeutend mit einer Werteordnung?

Werte bieten geistige Fixpunkte der Orientierung an. Dafür Empfängliche möchten eine höhere Instanz ihr eigen nennen, auf die sie sich „berufen" können. Eine Ebene von klaren Maßstäben soll existieren, die aller Infragestellung und allem verwirrenden Streit entzogen und enthoben ist. Faktisch sind Werte allerdings häufig inhaltlich alles andere als eindeutig. Sie erweisen sich als plural interpretierbar. Man kann sich das an Werten wie Gerechtigkeit (vgl. Creydt 2005), Freiheit und Solidarität verdeutlichen. In den USA befürworten viele Christen die Todesstrafe. Als Widerspruch erscheint ihnen das nicht. Die erwünschte

136 Die Problematik kompliziert sich noch durch die (dritte) Ebene der Selbstgestaltung bzw. der Gestaltung der Gesellschaft durch ihre Mitglieder unter Voraussetzung sie befördernder Institutionen. Ich sehe von diesem Thema hier ab und verweise zu dessen Analyse auf Creydt 2014, 333-361.

Eigenschaft, eine Grundlage zu bilden, mit der der Streit sich schlichten lässt, kommt den Werten nicht zu.

Bereits vor jeder Frage nach dem Inhalt des Werts erwächst aus seinem Charakter *als* Wert ein Problem. Der Wert und das „Objekt", dem der Wert zugeschrieben wird, sind zweierlei. Ob bspw. eine Handlung als wertvoll erachtet wird, hängt nicht allein vom Wert ab. Maßgeblich ist ebenfalls, wie man die Handlung bzw. das von ihr betroffene Objekt begreift. Wer sich am Wert der Nächstenliebe orientiert, wird bspw. fragen: Ist es mit diesem Wert vereinbar, Embryos abzutreiben, wenn die Gefahr einer massiven Behinderung gegeben ist? Ist ein Leben mit schweren Behinderungen lebenswert? Die Antwort auf diese Frage erfordert Wissen von den verschiedenen Behinderungen und vom Leben mit ihnen. Die Frage lautet dann: Welche Folgen hat die jeweilige Behinderung biologisch und sozial (unter Voraussetzung bestimmter gesellschaftlicher Verhältnisse) für das Leben der betroffenen Individuen? Wer diese Auswirkungen bewertet, wird je nach eigener Perspektive das Seelenheil, die individuellen Entfaltungsmöglichkeiten des Betroffenen oder dessen Zufriedenheit bemühen, um den Maßstab „lebenswert" zu konkretisieren. Es zeigt sich: Werte haben für die Entscheidungsfindung über Handlungen nur recht begrenzte Bedeutung.

Häufig wird das kapitalistische Wirtschaften als Resultat von „Unwerten" wie Egoismus, Gier, Rücksichtslosigkeit u.ä. verstanden. Der damit einhergehenden Vorstellung zufolge bräuchte es keinen Kapitalismus, würden sich „die Menschen" an anderen Werten orientieren. Diese These sieht von der Legitimation des Kapitalismus ab. Einige der für sie zentralen Annahmen lauten:

a) Allein der Privateigentümer hat ein vitales Interesse an einem Gut. Der sorgsame Umgang mit ihm ist mit der individuellen Verantwortung für das Privateigentum verbunden. Gemeinschaftseigentum = Niemandseigentum.
b) Ohne Vorteile durch Wettbewerbsvorsprung vor den Konkurrenten bzw. ohne Sanktionen (im Extremfall ökonomischer Ruin) entstehen keine hinreichenden Anreize für Effizienz und Effektivität. Ohne Druck von oben in der Hierarchie bzw. von der Seite (Konkurrenz) versucht jeder, eine „ruhige Kugel zu schieben".
c) Ein hohes Gemeinwohl kann nur aus eigennützigen, ihren Sonderinteressen folgenden Handlungen vieler einzelner Akteure resultieren. Allein so motivierte Handlungen führen zu einem hohen wirtschaftlichen Ergebnis. Dass die Individuen das Gemeinwohl selbst durch ihre direkte Orientierung an ihm befördern, gilt als unrealistisch, als Überforderung bzw. als Aufforderung zur Heuchelei.
d) Die mit der Kapitalwirtschaft verbundenen wirtschaftlichen Ziele reduzieren die Vielfalt. Das mag zu beklagen sein. Die Alternative dazu aber bestün-

de in der Kommunikation und Auseinandersetzung, Beratschlagung und Entscheidung der Bevölkerung über die Proportionierung der verschiedenen besonderen Zwecke (z.B. Arbeit, Gesundheit, Erziehung, Care-Praxen). Diese gesellschaftliche Einigung erscheint als unpraktikabel und als der individuellen Freiheit abträglich. Die Ausrichtung am Gewinn profiliert sich demgegenüber als effektive Komplexitätsreduktion.

e) Die Konzentration des Besitzes hoher Geldbeträge, die mehrwertproduktiv angelegt werden können, und des Besitzes an Produktionsmitteln auf eine kleine Minderheit der Bevölkerung erscheint als Konsequenz des Umstandes, dass eine gemeinsame Gestaltung und Entscheidung der Bevölkerung über das Wirtschaften aufgrund der Komplexität der Materie, infolge der Verschiedenheit der sozialen Perspektiven und wegen der mangelnden Motivation der großen Mehrheit der Beteiligten als unrealistisch gilt.

f) Die Menschen sind in ihren Begabungen ungleich. Die herrschaftsförmige Struktur von Betrieben und Organisationen und die hierarchische Gliederung von Kompetenzen und Verantwortlichkeiten erweisen sich als unvermeidlich und effizienzfördernd.

g) Die Spaltung der Bevölkerung in Unternehmer (Gruppe A) und vom Produktionsmittelbesitz Ausgeschlossene (Gruppe B) drückt nicht zuletzt den Unterschied zwischen verschiedenen Mentalitäten aus. Gruppe A hat den Stress der Leitung und Verantwortung für den Betrieb. In Gruppe B möchte man diesen Stress nicht auf sich nehmen. Gruppe A ist bereit zu unternehmerischer Initiative und Risiko sowie zum nonkonformistischen Wagnis, neue Geschäftsideen in einer konventionell gesonnenen Umwelt wahrzunehmen und durchzusetzen. In Gruppe B werden diese „Herausforderungen" als zu anstrengend empfunden.

Diese Argumente zeigen: Wer der kapitalistischen Ökonomie ihre Legitimation bestreiten will, greift mit der Diskussion von Werten oder Unwerten zu kurz. Er oder sie muss vielmehr die (in diesem Band kritisierten) Argumentationen zur Unvermeidbarkeit und zu den positiven Effekten der Strukturen des kapitalistischen Produktions- und Reproduktionsprozesses zum Thema machen. Diesen Argumentationen lässt sich auch eine Auskunft über die Paradoxie von Werten entnehmen. Positive Effekte entstehen ihnen zufolge gerade aus gemeinhin normativ abgelehnten Verhaltensweisen (Mandeville).[137]

---

137 „Ungeselligkeit", „Unvertragsamkeit", „die missgünstig wetteifernde Eitelkeit" und „die nicht zu befriedigende Begierde zum Haben" (Kant XI, 38f.) bilden einen „durchgängigen Widerstand, welcher diese Gesellschaft beständig zu trennen

Werte sind entweder verschieden konkretisier- und auffüllbar („Grundwerte sind Dachverbände", Helmut Fleischer) oder enthalten den Quellcode dessen, was in einer bestimmten Gesellschaftsform als legitim und anstrebenswert gilt. Im zweiten Fall tragen Werte wie „Gerechtigkeit" oder „Demokratie" insofern zur Verwirrung bei, als sie ihren spezifischen Inhalt nicht offenbaren. Sie können auf ungeteilte Zustimmung rechnen. Wer wollte sich schon *gegen* „Freiheit" aussprechen?! In diesem großen Ja-Wort verbirgt sich, was unter Freiheit verstanden wird, für wen sie in welchem Bezug gemeint ist, welche Implikationen mit ihr verbunden sind. Darauf kommt es aber an. Wenn Mitglieder der bürgerlichen Gesellschaft unter Freiheit, Gerechtigkeit u.ä. etwas ganz Spezifisches verstehen, so ist das nicht aus den Werten ableitbar und bildet nicht deren Ausdruck, sondern verweist auf ein komplex gebautes Gefüge von zugrunde liegenden Argumentationen. Sie enthalten Auskünfte darüber, was gesellschaftlich als möglich und unmöglich, als sachlich unvermeidlich und als anstrebenswert, als notwendige Bedingung und als Eigenwert verstanden wird. Erst vor diesem Hintergrund lassen sich die Inhalte der Werte begreifen. Das Verständnis der Werte einer Gesellschaft ist so gut oder so schlecht wie das ihnen vorausgesetzte Verständnis der gesellschaftlichen Wirklichkeit und der menschlichen Existenz in ihr.

Die Unmittelbarkeit, mit der Werte auftreten, beinhaltet die Fiktion, ihrem Nominalgehalt sei ihr Realgehalt direkt ablesbar – in der Vorstellung bspw., „Freiheit" sei etwas Evidentes. Diese Unmittelbarkeit verführt zum plakativen Gebrauch großer Worte. Ein Haus weiter wohnt die Heuchelei: „Heuchelei besteht darin, dass die Menschen böse handeln, sich aber gegen andere den Schein geben, eine gute Absicht zu haben, etwas Gutes tun zu wollen" (Hegel 4, 269). Jedes problematische Tun oder Unterlassen lässt sich unter Rückgriff auf einen „positiven" Wert legitimieren (vgl. a. Hegel 7, 270f.).

Werte gelten häufig als vorrangige oder alleinige Sachwalter des Guten in der Gesellschaft. Die Rede von Werten tut oft so, als sei die Subjektivität oder das Bewusstsein das Entscheidende. Wären sie von den „richtigen" Werten erfüllt, sei die Gesellschaft auf dem rechten Weg. Die Werte fänden in gesellschaftlichen Institutionen und Strukturen ihren Ausdruck. Diese Auffassung nimmt eine

---

droht". Er „ist es nun, welcher alle Kräfte des Menschen erweckt, ihn dahin bringt, seinen Hang zur Faulheit zu überwinden" (Ebd.). Ohne diese Antagonismen „würden in einem arkadischen Schäferleben bei vollkommener Eintracht, Genügsamkeit und Wechselliebe alle Talente auf ewig in ihren Keimen verborgen bleiben: die Menschen, gutartig wie die Schafe, die sie weiden, würden ihrem Dasein kaum einen größeren Wert verschaffen, als dieses ihr Hausvieh hat" (Ebd.).

gesellschaftliche Pyramide an, die von ihrer (durch Werte inhaltlich bestimmten) Spitze aus zusammengehalten und gesteuert werde. Die mangelnde Verwirklichung von Werten resultiere aus der unzureichenden Internalisierung der Werte. Andere Ursachen kommen nicht in den Blick. Demgegenüber zeigt sich, dass erst bestimmte gesellschaftliche Institutionen und Strukturen bestimmte Werte ermöglichen. Der vorliegende Band arbeitet bspw. die institutionellen und strukturellen Bedingungen heraus, die allererst die Überwindung bspw. der Konkurrenz und des Gegensatzes zwischen Produzenten und Konsumenten ermöglichen. Positiv gesprochen geht es um eine Gesellschaft, in der es üblich ist, die eigenen Fähigkeiten im wohlverstandenen Sinne der Empfänger der Arbeiten und der von ihnen mittelbar Betroffenen anwenden zu können. Werte weisen demgegenüber eine Verwandtschaft auf zu „pomphaften Reden vom Besten der Menschheit" sowie zu „idealen Wesen und Zwecken, welche das Herz erheben und die Vernunft leer lassen, erbauen, aber nichts aufbauen" (Hegel 3, 289).

40) Wie entsteht im gegenwärtigen Kapitalismus das Engagement für eine von 'Praxis' dominierte nachkapitalistische Gesellschaft?

„Die Widersprüche sind unsere Hoffnungen." *Brecht*

Die Versicherung, wo die Gefahr sei, wachse das Rettende auch, kann man glauben oder nicht. Anders steht es um die Analyse derjenigen sozialen Kräfte, die sich in der kapitalistischen Gesellschaft entwickeln und zur Errichtung einer von 'Praxis' dominierten nachkapitalistischen Gesellschaft beitragen können. Sie entstehen aus

a) arbeitsinhaltlichen Widersprüchen. In der Ausbildung und in den Tätigkeiten bilden sich bestimmte Qualifikationen, Wissensbestände und Aufmerksamkeiten. Sie kommen in Gegensatz zu herrschenden Formen und Zwecken der Arbeit. Beispiele dafür sind die „Agraropposition" (vgl. Ig), kritische Ärztelisten (vgl. den Anteil von 25 % der „Fraktion Gesundheit" in der Berliner Ärztekammer) und kritische Fachleute der Informations- und Kommunikationstechnologie.

b) der Kritik an den abträglichen Effekten der Profitorientierung für „gute Arbeit" (s. entsprechende Auseinandersetzungen in Betrieben), für die Gesundheit, für Care-Tätigkeiten, für die Herstellung von Lebensmitteln und für den Erhalt ökologischer Bedingungen menschlichen Lebens.

c) Erfahrungen einer bestimmten Lebensqualität. Sie geraten in Widerspruch erstens zu Arbeitszwecken, insofern letztere nicht dem Bedürfnis nach sinnvoller Arbeit[138] entsprechen, zweitens zur Unterordnung unter Machtgefälle (in der Arbeitsorganisation und andernorts), drittens zu den Hässlichkeiten von Stadt- und Landschaftsverschandelung sowie ebenso billig-schlechter wie lieblos-armseliger Konsumangebote. Bereits in der gegenwärtigen Gesellschaft entwickelt sich ansatzweise eine mit anderen Lebensweisen im Konflikt liegende Lebensweise. Sie stellt die Identitätsstiftung qua Status oder Einkommen ebenso infrage wie die Fixierung auf Fachidiotentum, den Besitzindividualismus und die selbstwertdienliche Selbststilisierung. In verschiedenen Auseinandersetzungen entsteht die Frage nach dem Grenznutzen oder Optimum der Steigerung von Arbeitsteilung, Spezialisierung und Expertentum sowie von Effizienz und Wachstum.[139] Der Wert grundlegender Gesellschaftsstrukturen steht infrage (vgl. Teil II, IV).

Arbeitende erleben die Kooperation mit Kollegen aus dem eigenen Bereich und aus anderen Bereichen als der eigenen Arbeit förderlich. Man möchte seine Arbeit 'gut machen', muss aber erfahren, dass dem durch die Konkurrenz zwischen den verschiedenen Gruppen im Betrieb sowie die Konkurrenz zwischen Betrieben Grenzen gesetzt sind. In der Teilnahme an Kooperationen, Unterstützungsnetzwerken und produktiven Auseinandersetzungen entsteht das Bewusstsein vom Widerspruch zwischen der erst in diesen Assoziationen möglichen Ko-Evolution und der die Summe der Einzelbeiträge übersteigenden Emergenz einerseits und der Dekomponierung dieses Gewebes durch Konkurrenz, Privateigentum und die Subjektform (vgl. Kapitel 26) andererseits.[140]

---

138 Immer mehr Arbeitende begreifen, dass sie ihre Arbeit erst dann als gut ansehen können, wenn sie die direkten *und* indirekten negativen Effekte und Voraussetzungen von Arbeiten und Arbeitsprodukten in den Blick nehmen und verantworten können. Damit werden Strukturen zum Thema, die organisierte Verantwortungslosigkeit begünstigen.

139 „Der Sozialismus wird erst wieder eine größere Stabilität in die Lebensgewohnheiten der Gesellschaft bringen; er wird Ruhe und Genuss ermöglichen und ein Befreier von der gegenwärtig herrschenden Hast und Aufregung sein. Alsdann wird die Nervosität, diese Geißel unseres Zeitalters, verschwinden" (Bebel 1909, 351).

140 „Es wäre Unsinn, die Bienenkönigin als Leistungsträgerin zu bezeichnen und die Rolle der anderen Bienen und der Blumen bei der Produktion von Honig auszublenden. Es sind nicht die Sonne allein ... und nicht der Sauerstoff, die für das Gedeihen des Ganzen hauptverantwortlich zeichnen. ... Die Isolierung von Einzelelementen ist eine pathologische Fantasie Margaret Thatchers ('Es gibt keine Gesellschaft"), sie geht an der Realität eines Ökosystems genauso vorbei wie an der einer Volkswirtschaft" (Felber 208, 114).

In der gegenwärtigen modernen kapitalistischen Gesellschaft entstehen Bedürfnisse, die sich in ihr nicht oder nicht ausreichend befriedigen lassen. Es handelt sich um

- Bedürfnisse nach sozialen Beziehungen, die frei sind von der Dominanz des Interesses *an* etwas über das Interesse *für* etwas, von der Parzellierung des Reichtums in individuell kauf- und besitzbare Waren, von Konkurrenz und vom wechselseitigen Ausschluss qua Privateigentum,
- Bedürfnisse nach sinnvoller und die Menschen erfüllender Arbeit,
- Bedürfnisse nach Gestaltung der Gesellschaft durch ihre Mitglieder.

Diese Bedürfnisse kommen erst in dem Maße zustande, wie Ansätze entsprechender Praxen bereits innerhalb des Kapitalismus entstehen. Die Bedürfnisse gewinnen allererst im Maße ihrer Verbindung mit realem Können Kontur. Das Anzustrebende wird in diesem Band nicht als Ideal der Wirklichkeit entgegengehalten. Es ist vielmehr „nur als ein Wirkliches fassbar; die Kritik ist nicht mehr ein Konfrontieren der Wirklichkeit mit einer Idee, sondern einer Wirklichkeit mit einer anderen“ (Fleischer 1993, 266).

Infolge der Umfangsbeschränkung dieses Bandes belasse ich es hier bei einer Darstellung im Telegrammstil. Dem Thema dieses Kapitels widmet sich der erste Teil meines Bandes „Wie der Kapitalismus unnötig werden kann“ (2014, 35-135). Ich vergegenwärtige dort empirisch Kräfte, die zur Überwindung des Kapitalismus und zur Errichtung einer von 'Praxis' dominierten Gesellschaft beitragen können, und diskutiere ihre Probleme und Potentiale.

VIII Einwände

41) Mit welchen Problemen sieht sich die von 'Praxis' dominierte Gesellschaft konfrontiert?

a) Divergenzen existieren in der nachkapitalistischen Gesellschaft sowohl zwischen verschiedenen Gruppen der Bevölkerung als auch zwischen verschiedenen Bedürfnissen, gesellschaftlichen Zielen und Aufgaben. Konflikte existieren bspw. zwischen Sonderinteressen (z.B. eines Betriebs, einer sozialen Gruppe, einer Region) und gesamtgesellschaftlichen Aufgaben und Belangen. Zu Interessengegensätzen kann es zwischen dem „Leistungskern" der Gesellschaft, der ein Mehrprodukt schafft, und den sozialen Bereichen kommen, die für ihr Gelingen auf die Verwendung andernorts erwirtschafteter finanzieller Ressourcen angewiesen sind. Die gegenseitige Intransparenz der verschiedenen Bereiche und die Schwierigkeiten bei der Übersetzung der jeweiligen „Sprachen" fördern Konflikte.

Die Wahrscheinlichkeit von Verteilungskonflikten ist häufig abhängig vom Ausmaß der individuellen Einkommensorientierung und der Konkurrenz. Sie nehmen ab mit

- der Erhöhung des kollektiven Konsums,
- der Entkopplung des Zugangs zu attraktiven Lebensumständen vom individuellen Geldeinkommen aufgrund der gesellschaftlichen Gestaltung attraktiver Lebensumstände für alle. Damit verringert sich der Druck, mit der eigenen Arbeitskraft ein hohes Einkommen zu erzielen und dafür anderes hintanzustellen,
- dem Bedeutungsverlust von Privateigentum und Hierarchien sowie mit der sinkenden Attraktivität von Positionsgütern.[141] Das Streben, individuell reich in einer armen Gesellschaft sein zu wollen, verliert an Relevanz,

141 *Positionsgüter* sind Güter, die „entweder erstens absolut oder gesellschaftlich bedingt knapp sind oder zweitens bei extensiverem Gebrauch zu Engpässen führen" (Hirsch 1980, 52).

- der Aufwertung und dem Bedeutungsanstieg intrinsischer Arbeitsorientierung i.U. zu extrinsischer, vorrangig ans Arbeitseinkommen gekoppelter Motivation.

Einige dieser Momente wurden im Kibbuz erfolgreich in die Praxis umgesetzt (vgl. Kapitel 28).

Bei Verteilungskonflikten setzt die Vergegenwärtigung der sozialen, ökologischen u.a. Interdependenzen einem lokalen Maximieren Grenzen. Solche Maßverhältnisse finden Berücksichtigung bspw. im Länderfinanzausgleich. Beim Anschluss der neuen Bundesländer spielte das Argument eine große Rolle, massive Transfers fielen immer noch „billiger" aus als die Kosten, die durch den kurzfristig erfolgenden massenhaften Umzug in wohlhabendere Bundesländer, die Verschärfung der Situation auf Arbeits- und Wohnungsmärkten usw. und die damit eintretenden Verwerfungen zu erwarten seien.

Bei Anerkennungskonflikten, die infolge der ungleichen Verteilung von Ressourcen auf die verschiedenen gesellschaftlichen Bereiche (vgl. Kapitel 2) entstehen, stellt sich die gesellschaftliche Aufgabe, die Ursachen dieser Ungleichverteilung und sie selbst zu überwinden. Beispiele dafür sind die Humanisierung der Arbeit (vgl. Kapitel 2, 3) und die Aufwertung der Care-Tätigkeiten.

b) Probleme entstehen aus dem Verhältnis zwischen 'Praxis' und ihren notwendigen Bedingungen. Wir haben es hier bspw. zu tun mit

- dem Zielkonflikt zwischen Effizienz und guten Arbeitsbedingungen,
- der gesellschaftlichen Komplexität[142], die die gesellschaftliche Gestaltung entmutigt,
- enggestellten Selektionsfiltern (z.B. Preise, administrative Verfahren), die angesichts der abzuarbeitenden Masse von konkreten Gütern oder „Fällen" ebenso sachfremde wie komplexitätsreduzierende Formalisierungen und Neutralisierungen nahelegen (vgl. die Anm. 35 zur formalen Rationalität),

142 Komplexität bezeichnet den Grad, in dem ein Entscheidungsfeld (a) sachlich, sozial und zeitlich jeweils verschiedene Ebenen beinhaltet, (b) diese interagieren (Kopplungsdichte) und es (c) aus der Vielschichtigkeit und den Interdependenzen zu kontra-intuitiven Wechselwirkungen, Rückkopplungen und Eigendynamiken kommt (Willke 1998). Die Schnelligkeit, mit der dies passiert, bildet ein viertes Moment. Nichtintendierte „Neben"folgen bilden für eine emanzipatorisch und nachhaltig verstandene nachkapitalistische Gesellschaft ein größeres Problem als für eine kapitalistische Gesellschaft, in der die Externalisierung negativer Effekte zum Geschäftsleben dazugehört.

- dem Spannungsverhältnis zwischen der Kostenrechnung und der Orientierung an qualitativen Indikatoren (vgl. Kapitel 18e),
- dem Missverhältnis zwischen dem in gesellschaftlichen Organisationen und Produktivkräften investierten Reichtum (an Ressourcen, Kompetenzen und Wissen) und den Fähigkeiten der Individuen.

Ein Problem für die Gestaltung der Gesellschaft durch ihre Mitglieder besteht in den dieser Gestaltung gegenüber abträglichen Effekten von Organisationen und Infrastrukturen (vgl. Creydt 2014, 273ff.). Diese Effekte ernst zu nehmen ist etwas anderes, als sie zu entspezifizieren, sie als Ursache ihrer selbst zu stilisieren[143] und festzuschreiben. Eine eigene Sorte von „Kritik" hat sich etabliert, die die Phänomene zugleich immunisiert. Organisationen gelten dann aus sich heraus gegenüber einer substanziellen Umgestaltung als prinzipiell undurchdringlich und undurchlässig, als alle entsprechenden Anstrengungen und Arrangements abweisend. „Wer von Organisationen in Begriffen wie 'stahlhartes Gehäuse der Hörigkeit' oder 'Unentrinnbarkeit' (wie Max Weber) spricht, lähmt bereits das Denken jeglicher Alternative, betreibt somit in der Konsequenz affirmative Kritik" (Türk 1995, 88). *Empirisch* vorfindliche Organisationen lassen sich nicht mit dem *analytischen* Konstrukt der Organisation und ihren Attributen identifizieren. Rationalitätsfassaden und Selbstdarstellungen von Organisationen unterscheiden sich von ihrer Realität.[144] Weber, Freyer, Gorz u.a. stilisieren die Organisationen als allzu hermetisch und eigenlogisch. Faktisch entwickeln Organisationen schon unter kapitalistischen Vorzeichen lernfähige Fehlerdetektoren und beginnen, sich an einer höheren Flexibilität und Responsivität gegenüber ihren Umwelten zu orientieren, aber weitgehend nur, soweit dies als profitfördernd erscheint (vgl. zum Total Quality Management Bröckling 2000).

---

143 Bspw. wird dann aus einem bestimmten „Haben" innerhalb bestimmter gesellschaftlicher Kontexte „das Haben".

144 „Sie können fast beliebige Outputs als Ergebnisse höchst rationalen Arbeitens darstellen, auch wenn es sich bloß um faule Kompromisse, misslungene Ergebnisse, pure Zufälle oder Interessenpolitik handelt. Ebenso gut können Organisationen Pannen und Unzulänglichkeiten, interne Zwiste und Kungeleien, Fehler und Vergehen vertuschen, verstecken und so das tatsächlich 'tobende Leben' gänzlich unter der Decke einer inszenierten Normalform verschwinden lassen. ... Geschäftsberichte von Unternehmungen, Rechenschaftsberichte von Parteien und Verbänden, Forschungsberichte von Universitäten bedienen sich einer teilsystemisch normalisierten Rationalitätssemantik, die von allen erwartet zu werden scheint, obwohl alle wissen müssten ..., dass es so eigentlich gar nicht gewesen sein kann. Es wird eine virtuelle Realität erzeugt, die eine dinghafte Selbständigkeit erlangt und zwingend als Erwartung zurückwirkt" (Türk 1995, 201).

Ein weiteres zentrales Problem, das bei vielen sozialwissenschaftlichen Theoretikern zum Argument gegen die nachkapitalistische Gesellschaft avanciert, besteht in der *Komplexität* moderner Gesellschaften. Die Gestaltung der nachkapitalistischen Gesellschaft durch ihre Mitglieder findet verschiedene Varianten von Komplexität vor: 1) die zivilisatorisch unverzichtbare und begrüßenswerte Komplexität, 2) die für die unreflexive, gesellschaftlich nicht domestizierte Moderne typische Hypertrophie von Komplexität und 3) die Überdeterminierung und Steigerung von Komplexität aus kapitalismusspezifischen Ursachen.[145] Die Komplexität bildet weder eine gesellschaftlich unbearbeitbare Größe noch eine autonome und unabänderbare Randbedingung von Gesellschaft. Notwendig und möglich werden „kollektive Entscheidungsprozesse darüber, Komplexität nicht nur unilinear zu steigern und soziale Prozesse eindimensional zu differenzieren, sondern Komplexität reflexiv und mehrdimensional zu steigern, um sie gegebenenfalls auch entdifferenzieren zu können. Damit wäre es möglich, gesellschaftliche Tätigkeiten selbstbestimmt zu verteilen, Kompetenzen und Verantwortlichkeiten zu entzerren, soziale Zusammenhänge aufzulösen, in denen unverantwortliche Verantwortlichkeiten entstehen, die jedes Entscheidungsgremium und jede Person notwendig überlasten müssen" (Demirović 1991, 54). Nicht nur sachlich (Komplexität) und räumlich (Verringerung der internationalen Vernetzung durch Rückbau des Weltmarktes – vgl. I.m), auch zeitlich verändern sich in der Perspektive von 'Praxis' die Vorgaben – hin zur Entschleunigung.

In einer „asymmetrischen Gesellschaft" (Coleman), sind die Individuen vereinzelt gegenüber der in den Organisationen, Infrastrukturen und Institutionen versammelten Emergenz von materiellen Ressourcen sowie von Sachverstand, Kooperation und Loyalität. Ein ähnliches Problem thematisiert Georg Simmel mit seiner Diagnose der *ungleichmäßigen Entwicklung von objektiver und subjektiver Kultur*.[146] Die subjektive Kultur beinhaltet die Fähigkeiten und Sinne der

145 Zum Verhältnis dieser drei Momente Creydt 2000. Zum dritten Moment vgl. Kapitel 1, 5.

146 Simmel begründet das Übergewicht der objektiven über die subjektive Kultur aus der Überlegenheit des „in Produktionen irgendwelcher Art vergegenständlichten Geistes" gegenüber dem Individuum mit der „Komplikation der Herstellungsweisen, die außerordentlich viel historische und sachliche Bedingungen, Vor- und Mitarbeiter voraussetzen. Dadurch kann das Produkt Energien, Qualitäten, Steigerungen in sich sammeln, die ganz außerhalb des einzelnen Produzenten liegen" (Simmel 6, 645f.). Erst durch „eine raffinierte Arbeitsteilung" werde das Produkt zur „Sammelstelle von Kräften, die aus einer sehr großen Anzahl von Individuen

Individuen. Die objektive Kultur umfasst die Techniken, Organisationen und gesellschaftlichen Infrastrukturen. Simmels Begriff der objektiven Kultur schließt die Kunst, die Wissenschaft und die moderne gesellschaftliche Zivilisation ein. Hier geht es allein um letztere. „Die gesellschaftlichen Aufwendungen für die Entwicklung der Produktionsmittel sind zumeist nur sekundär oder überhaupt keine Aufwendungen für die Entwicklung der Bedingungen subjektiver Fähigkeitsentfaltung und individuellen Genusses in der Arbeit" (Brie 1990, 140). Das „gesellschaftliche Eigentum" in der nachkapitalistischen Gesellschaft bleibt dann formell oder nominell.

Der objektive Reichtum ist nach Überwindung seiner kapitalistischen Formen bestenfalls im Interesse aller bzw. der Allgemeinheit. Mit den Bedürfnissen der einzelnen Individuen stimmt er nicht notwendigerweise überein. Soweit die moderne gesellschaftliche Zivilisation nicht gesellschaftlich domestiziert wird, haben wir es mit Arbeitstechnologien und -organisationen zu tun, in die Individuen hauptsächlich als Arbeitskräfte eingespannt sind. Die Entwicklung ihrer Sinne, Fähigkeiten und Reflexionsvermögen bleibt dem Ziel untergeordnet, möglichst effizient das Arbeitsprodukt zu erstellen. In dieser Arbeit herrscht labour gegenüber work vor. Letztere ist als „free activity ... nicht wie die labour durch den Zwang eines äußren Zwecks bestimmt" (MEW 26.3, 253).

In der modernen gesellschaftlichen Zivilisation stehen technische, organisatorische, administrative und logistische Logiken im Vordergrund. In diesen Sphären missrät die auf das Arbeiten, die Gegenstandswelt und die Sozialbeziehungen bezogene Entfaltung menschlicher Sinne, Fähigkeiten und Reflexionsvermögen zu einer oft unpassenden und nachgeordneten Angelegenheit. Die gesellschaftlich nicht domestizierte moderne gesellschaftliche Zivilisation geht mit Anpassungszwängen einher und mit der Gewöhnung der Beteiligten an eine Effizienzorientierung. Sie filtert andere Belange aus. Die Heteronomiesphären bilden nur sehr eingeschränkt einen Resonanzboden für emphatisch verstandenes folgenreflexives Handeln (i.U. zu instrumentellen und pragmatischen Aktivitäten).

---

auserlesen sind" (Ebd., 646). Daraus folgt eine Synthese von „Eigenschaften und Vollkommenheiten" im Objekt, die „ins Unbegrenzte" gehe, „während der Ausbau der Individualitäten für jeden gegebenen Zeitabschnitt an der Naturbestimmtheit derselben eine unverrückbare Schranke findet" (Ebd.). Die Verlängerung der Handlungsketten schiebt sich zwischen Subjekt und Objekt und vergrößert die „Zwischeninstanzen" zwischen Produzenten und Konsumenten, „die den einen ganz aus dem Blickkreis des anderen rücken" (Ebd., 634). „Desto objektiver ist das Ganze, desto mehr lebt es ein Leben jenseits aller Subjekte, die es produzierten" (Ebd., 630).

Die Leitung und Planung des Arbeitens, Organisierens und Wirtschaftens bleibt einer gesonderten Schicht vorbehalten – der wissenschaftlich-technischen und ökonomischen Intelligenz.[147] Das Bodenpersonal hat sich den „Sachzwängen“ an- und einzupassen. Deren Funktionäre repräsentieren die vollendeten Tatsachen und ihr sich selbst bestätigendes und immanent ausbauendes Gefüge. Damit geht eine Spaltung der Bevölkerung einher. Die einen sind Sachwalter der organisatorischen, administrativen, technologischen und logistischen Logiken und machen sich (als mitlaufende „Täter“) deren Horizonte zu eigen. Die anderen gewöhnen sich als Betroffene an einen Überhang von Objektivität. Fehlt es an dem, was „soziokulturelle Realisierungsmöglichkeiten“ oder „opportunity structures“ heißt, so verkümmern menschliche Sinne, Fähigkeiten und Reflexionsvermögen. Use it or lose it. Das gesellschaftlich brach liegende Potenzial wird entmutigt und bleibt unentwickelt. Die Aktivierungshemmnisse emphatisch verstandener sozialer Praxis tragen zu einem zirkulären Prozess bei. Die Betroffenen erwarten dann nicht viel voneinander. Eine Abwärtsspirale entsteht (vgl. Klages 2005).

Not-wendig werden auf die Verträglichkeit mit ‘Praxis’ abzielende Veränderungen der Produktionstechnologie und -organisation (vgl. Kapitel 3) und andere Maßnahmen, die die Depotenzierung der subjektiven Kultur überwinden (vgl. Kapitel 12). Ohne das relative Recht der modernen gesellschaftlichen Zivilisation zu ignorieren, ist eine Rechenschaft über ihre negativen Effekte erforderlich, die sie auf das „Psychosozialprodukt“ hat. Daraus folgt die Ein- und Unterordnung, die Begrenzung sowie die Umgestaltung der modernen gesellschaftlichen Zivilisation. Ihr sie übergreifendes Maß und Ziel: Ihre positiven und problematischen Effekte auf die Entfaltung von ‘Praxis’ stehen in einem solchen Verhältnis zueinander, das ‘Praxis’ nicht infrage stellt. Daraus erwachsen Maßgaben für das Wachstum (vgl. Kapitel 13) und für die Grenzen, innerhalb derer Effizienz, Leistung, Spezialisierung u.ä. wertgeschätzt werden (vgl. Kapitel 6-12).

---

147 „In der großen Industrie und ihrem Fabriksystem sind die Arbeiter – unabhängig von der Eigentumsform – technologisch zwangsläufig in bestimmtem Maße zu Anhängseln der Maschinerie gemacht und im unmittelbaren Produktionsablauf von der Leitung und Planung sowie Entwicklung der Produktionsmittel weitgehend ausgeschlossen. Die Revolution der Eigentumsverhältnisse trifft notwendig auf technologische Produktionsbedingungen, die der neuen Eigentümerstellung der Produzenten gegenüber inadäquat sind, ihr teilweise direkt widersprechen“ (Brie 1990, 120f.). Bries Argumentation, die unterstützend verschiedene Autoren aus der SU und der DDR heranzieht, hat mich insofern überrascht, als sie der Veränderung der Arbeitstechnologie und -organisation in Bezug auf die nachkapitalistische Gesellschaft eine zentrale Bedeutung zumisst.

c) Eine dritte Sorte von für die nachkapitalistische Gesellschaft charakteristischen Konflikten resultiert aus einem Gegensatz. Auf der einen Seite stehen die Kräfte in der Gesellschaft, für die in ihrem eigenen Tun sowie gesamtgesellschaftlich 'Praxis' wichtig ist, und die dafür Bewusstsein, Kompetenzen, soziale Vernetzungen u.ä. aufbieten können. Auf der anderen Seite des Gegensatzes stehen Tendenzen zur Wiederentstehung derjenigen Vergesellschaftungsformen, die gesellschaftlich überwunden wurden (kapitalistische und bürgerliche Strukturen – zu letzteren vgl. Kapitel 26 und Anm. 126) bzw. deren problematische Momente domestiziert werden (Strukturen der modernen gesellschaftlichen Zivilisation, vgl. Teil III). Im Vergleich zu diesen Vergesellschaftungsmustern sind die einer von 'Praxis' dominierten Gesellschaft anspruchsvoller. Insofern kann es zu einem „Es-sich-leicht-machen" und zu einer Regression kommen.

In der von 'Praxis' dominierten Gesellschaft stehen sich instrumentelle und formale Rationalität (inklusive Rationalität von Organisationen, Infrastrukturen, Vernetzungen und sozialen Systemen) auf der einen und 'Praxis' auf der anderen Seite gegenüber. Die von 'Praxis' dominierte Gesellschaft ist einerseits eine moderne Gesellschaft und insofern charakterisiert durch instrumentelle und formale Rationalität (vgl. zu letzterer Anm. 35). Aus der Perspektive der modernen gesellschaftlichen Zivilisation existiert ein Gegensatz zu Gesichtspunkten der 'Praxis'. 'Praxis' wird als Verminderung moderner Effizienzimperative erfahren. Aus der Perspektive der 'Praxis' handelt es sich um ein komplizierteres Verhältnis. 'Praxis' ist auf die Leistungen moderner Strukturen angewiesen (vgl. Kapitel 32d). Zugleich steht sie im Gegensatz zu modernen Strukturen bzw. vor der Aufgabe, sie umzugestalten.[148] Der Doppelcharakter einer von 'Praxis' dominierten Gesellschaft besteht im Verhältnis zwischen a) in dieser Gesellschaft entstehenden Interessen, Kompetenzen, Reflexionsvermögen und sozialen Ver-

---

148 Ein Grundproblem der von 'Praxis' dominierten Gesellschaft besteht darin, einerseits eine moderne Gesellschaft, andererseits mehr und anderes als eine moderne Gesellschaft zu sein. Es handelt sich dabei nicht um ein analoges Verhältnis zum Verhältnis zwischen dem Reich der Notwendigkeit und dem Reich der Freiheit, wenn sie als Heteronomie- und Autonomiesphäre verstanden werden. Auch die Kunst, die ja dem Reich der Freiheit bzw. der Autonomiesphäre zugeordnet wird, enthält instrumentelle Tätigkeiten, die den Künstler absorbieren und bestenfalls der Kunst zugutekommen, selbst aber nicht Kunst darstellen. Musiker haben regelmäßig stundenlang zu üben, um gut zu werden und es auch zu bleiben. Es handelt sich beim Widerspruch der von 'Praxis' dominierten Gesellschaft zudem nicht um ein Verhältnis, das analog ist zum Verhältnis zwischen System und Lebenswelt bei Habermas.

bindungen (Treuhänder- und Repräsentationsverhältnisse, vgl. Kapitel 20) im Sinne von 'Praxis' und b) den zu 'Praxis' divergenten Tendenzen.

Die von 'Praxis' dominierte Gesellschaft wird aufgrund der im Kapitalismus nicht überwindbaren Probleme und aufgrund der Probleme der modernen gesellschaftlichen Zivilisation anstrebenswert. Nicht nur die Erinnerung an diese Gründe trägt in dieser Gesellschaft dazu bei, das Bewusstsein und die Motivation für eine Vergesellschaftung im Sinne von 'Praxis' zu stärken, sondern auch die kritische Auseinandersetzung mit den Tendenzen zur Wiederbelebung der kapitalistischen Vergesellschaftung und den Formen einer gesellschaftlich nicht domestizierten, insofern unreflexiven Moderne.

42) Wie verhält es sich in der nachkapitalistischen Gesellschaft mit Trittbrettfahrerverhalten und „Egoismus"? Setzt sie den „neuen Menschen" voraus?

Auch in der nachkapitalistischen Gesellschaft existieren Leistungs- und Verhaltensanforderungen gegenüber den Individuen. Sie erwarten auch voneinander, mit ihrer Arbeit ein gesellschaftliches Sozialprodukt zu schaffen, das den für notwendig erachteten Lebensstandard ermöglicht. Sie sollen sich an die gesellschaftlich vorgesehenen Regelungen bzw. Gesetze halten und sich nicht willkürlich verhalten bzw. sich nicht an Vorteilsnahme zu Lasten anderer orientieren.

Die nachkapitalistische Gesellschaft kann ein die Arbeiten betreffendes Leistungsverhalten faktisch erwarten, das sich motiviert aus

- dem materiellen Interesse der Arbeitenden an ihrem Arbeitseinkommen bzw. an der Vermeidung von Einkommenseinbußen infolge individuell zu verantwortender Minderleistung,[149]
- dem materiellen Interesse der Arbeitenden an einem hohen Sozialprodukt,
- Gerechtigkeitsvorstellungen, die der Abwälzung der eigenen Arbeit auf andere entgegenstehen,
- Kontrolle und sozialem Druck durch Leitungen bzw. die jeweilige Arbeitsgruppe selbst („Peer Feedback"), die Minderleistungen identifiziert und sanktioniert.

Die entscheidende diesbezügliche Veränderung in der nachkapitalistischen Gesellschaft betrifft die auf den Arbeitsinhalt bezogenen Motive für die Arbeit. Die

149 Der Stellenwert des individuellen Arbeitseinkommens verringert sich allerdings mit steigendem Anteil von öffentlicher und gemeinsamer Daseinsvorsorge.

grundlegende Veränderung des Arbeitens und der Arbeiten (vgl. Kapitel 1-3, 6-8, 10, 12) vermindert auch die Motive dafür, sich der Arbeit zu entziehen. Es geht nicht um den moralischen Appell an „den neuen Menschen", sondern darum, sich die massive und flächendeckende alltägliche Verschwendung von „Humanpotential" (s. Kapitel 2) zu vergegenwärtigen. Sie resultiert aus der Frustration der Bereitschaft zu individuell erfüllendem und sozial sinnvollem Arbeiten. Angesichts dessen gelangt ein nicht an Kapitalismuskritik orientierter Sozialwissenschaftler wie Helmut Klages zu weitreichenden Schlussfolgerungen: „So unglaubwürdig dies auch klingen mag – man kann im Prinzip auf die Kalkulation von Äquivalenzbeziehungen zwischen Input und Output verzichten, wenn man sich der Frage nach der Aktivierbarkeit der 'Ressource Mensch' von der Seite der vorhandenen und gewissermaßen abrufbaren mentalen Bereitschaften der Menschen her annähert. ... Vielmehr kann man dann entdecken, dass die Menschen das was sie gern tun, von sich aus tun, ohne dass es hierzu besonderer Anreize ... bedürfte. Man hat dann unversehens ein 'weites Feld' vor sich, auf dem das Wort Knappheit vergessen werden kann" (Klages 2002, 142). Allerdings kann, „wer allen Ernstes glaubt, die Menschen seien von Natur aus träge, faul, korrumpierbar und nur durch die Aussicht auf Geld zu motivieren ..., nicht hoffen, bezüglich der Aktivierbarkeit der 'Ressource Mensch' zu einem realistischen und effizienten Lösungsmodell zu gelangen. Er kann dann vielmehr nur noch Bestechungsmodelle vorlegen ('Du kriegst was, wenn Du mir entgegen kommst')" (Ebd., 142f.). Die Verfechter des materiellen Anreizes und der materiellen Stimulierung durch Prämien abstrahieren davon.

Zusätzlich zur Veränderung der Arbeitsinhalte führt die als fair eingeschätzte „Zuteilung von Pflichten, Verantwortlichkeiten, Belastungen und Belohnungen" dazu, dass „das Pflichtgefühl gegenüber der Gesellschaft eine viel stärkere Triebkraft sein (wird – Verf.) als heute" (Albert 2006, 224).

Ein „neuer Mensch" wird für die in diesem Band skizzierte nachkapitalistische Gesellschaft nicht beansprucht. Relevant sind vielmehr Prozesse, die bereits in der kapitalistischen Gesellschaft entstehen. Gemeint ist die vielfältige Kritik daran, wie Arbeiten, Produkte und Dienstleistungen zum Schaden ihrer Inhalte von Profitkriterien bestimmt sind (vgl. Kapitel 1). Diese Kritik entsteht aus vielfältigen Perspektiven, z.B. aus der Sorge um die Gesundheit und um ökologische Bedingungen, die den Menschen zuträglich sind. Bei den Arbeitenden entstehen arbeitsinhaltliche Bedürfnisse. Sie beziehen sich auf den sozialen Inhalt der Arbeit. Im Gesundheitswesen Arbeitende bemerken, dass dessen gegenwärtige Strukturen einer sorgsamen Krankenbehandlung oft zuwiderlaufen (vgl. Kapitel 4b). Lehrer bemerken, dass sie aufgrund der Klassengrößen und der Selektionsfunktion des

Schulwesens weder den Schülern noch den Unterrichtsinhalten gerecht werden können. Mit der Landwirtschaft Befasste bemerken, dass die kapitalistischen Kriterien des Umgangs mit Natur ihr abträglich sind. Ich will es an dieser Stelle bei diesen drei Beispielen belassen. Andernorts (Creydt 2014, 35ff.) habe ich mich empirisch mit vielen weiteren Beispielen der folgenden These gewidmet: Innerhalb des Kapitalismus entstehen in den Arbeiten und Tätigkeiten solche Sinne und Fähigkeiten, die zu den herrschenden gesellschaftlichen Zwecken und Formen in Differenz und Gegensatz geraten. Zugrunde liegt der Widerspruch, dass sich bei den Arbeitenden Qualifikationen herausgebildet haben, die es ihnen ermöglichen, zu sagen: Ausgehend von dem, was wir gelernt haben und was wir können, sind wir imstande, uns mit unseren Fähigkeiten und Erfahrungen in unserer Arbeit sinnvoller auf die Adressaten der Arbeit zu beziehen, als dies unter den Imperativen einer modernen kapitalistischen Gesellschaft möglich ist. Im arbeitsinhaltlichen Bedürfnis nach einem sinnvollen Bezug des eigenen Tuns auf die Empfänger der Arbeitsprodukte und Dienstleistungen und die von ihnen mittelbar Betroffenen steckt ein wichtiges Motivationspotenzial, auf das nachkapitalistische Gesellschaften setzen können.[150]

Gegenüber einem größeren Ausmaß an öffentlicher Daseinsfürsorge in der nachkapitalistischen Gesellschaft existieren Vorbehalte: Erstens wird ein wenig sorgsamer Umgang mit verliehenen bzw. zur Verfügung gestellten Gütern befürchtet. Abhilfe bieten Regelungen, die bereits heute existieren. Bspw. sind beim Zur-Verfügung-Stellen von öffentlichen Gütern als Leihgabe Kontrollen über eine pflegliche Benutzung des Gutes möglich – wie in der öffentlichen Bibliothek. Beim car-sharing wird der Zustand, in dem das Auto zurückgegeben wird, kontrolliert – z.B. indem der nächste Nutzer protokolliert, wie er das Auto vorfindet.

Ein zweiter Vorbehalt betrifft die Übernutzung von Ressourcen, für die der Nutzer nicht zahlen muss. Angesichts gegenwärtiger Probleme lässt sich unterscheiden, wer mit welchem Aufwand diese Übernutzung überhaupt betreiben kann. Das Leerfischen von Fischbeständen ist eher von Schiffen aus möglich, die große Netze einholen können und entsprechende Lagerkapazitäten aufweisen, sowie von Mannschaften, die große Mengen Fisch bewältigen. Eine Kontrolle

---

150 Auch davon sieht die Orientierung am „materiellen Anreiz" oder an „materieller Stimulierung" ab. In der DDR sozialisierte Autoren plädieren für sie (vgl. z.B. Steinitz 2012) und schreiben sie dem Markt als positives Moment zu. Das bereits in den 1960er Jahren vorgebrachte Gegenargument wird übergangen. Den „antisozialen Impuls enger sektionaler und privatinteressierter Motivationen ... zu begrenzen, heißt gerade nicht, ihn auszunutzen und durch Anreize zu bedienen, die das zugrundeliegende enge Interesse belohnen und dadurch bestärken" (Devine 1992, 85).

solcher „sichtbarer“ Kollektivakteure ist leichter möglich als die Einwirkung auf viele kleine, anonym verbleibende Handlungen.

In Bezug auf die Nutzung kollektiver Güter gab und gibt es gelingende gemeinschaftliche Regelungen. Elinor Ostrom (1999) beschreibt

– Jahrhunderte lang bestehende Regelungen in einem Dorf im Schweizer Kanton Wallis für die Nutzung der Gemeindewiese, das Schlagen von Holz u.a.,
– Regelungen in Kalifornien, die die Nutzung von Grundwasserbecken betreffen. Sie sollen das Leerpumpen, die die Pumpkosten erhöhende Absenkung des Pegelstandes sowie das Eindringen von Salzwasser verhindern (vgl. a. Nuss 2010, 86f.).

Kommen gemeinschaftliche Regelungen bzw. selbstorganisierte Kooperation aufgrund der Größe des Gemeinwesens bzw. der Masse der Beteiligten und ihrer Anonymität nicht zustande[151], sind andere Arrangements möglich. Gegen die Anonymität von Massengesellschaften als Versuchung zu einseitiger Vorteilsnahme hat sich bspw. Abhilfe in Internet-Verkaufsportalen schaffen lassen: durch öffentlich zugängliche Informationen über den Ruf von Verkäufern. Darüber hinaus muss der Staat „jene Verdünnung des Vertrauens ausgleichen, die dadurch entsteht, dass sich die Menschen in großen Gruppen nicht mehr unmittelbar beobachten und korrigieren können und dass sie nicht mehr so ganz voneinander abhängig sind“ (Esser 2000, 160). Der Staat handelt, wenn er denn so handelt, als exogener Förderer der Kooperation. „Gerade in der regelmäßigen Ausführung von Verhaltensweisen, die ohne eine gezielte Einflussnahme auf den Handelnden nicht oder jdf. nicht häufig genug ‘von selbst’ seinen Absichten entsprechen, ist mithin ein entscheidender Aspekt der sozialen Ordnung lokalisiert. Eine Hauptsäule dieser Ordnung bilden soziale Handlungen, die nicht allein durch natürliche oder ‘spontan’ entstehende, sondern nur durch ‘künstliche’ Verhaltensdeterminanten herbeigeführt werden können“ (Baurmann 1998, 254f.).

Eine dritte Sorge betrifft nicht die Nutzungs-, sondern die Beitragsseite. Befürchtet wird die Inanspruchnahme von öffentlichen Gütern, ohne dass die Nutzer ausreichend zu deren Finanzierung beitragen. Auch hier existieren bereits Regelungen, die dieser Gefahr entgegenwirken. Für öffentliche Güter werden Steuern gezahlt oder pauschal eine Zwangsgebühr (z.B. GEZ-Beitrag) eingezogen.

Gegen die Vorstellung, Menschen seien nun einmal egoistisch, sprechen zahlreiche weit verbreitete Verhaltensweisen. Die Teilnahme an Blutspendeaktionen und an anderen Hilfeleistungen ist im Horizont des unmittelbaren Egoismus

---

151 Gegenbeispiele wären die Kooperation bei freier Software und bei einem Internetvorhaben wie wikipedia.

nicht zureichend zu erklären. „Steuerehrlichkeit" ist zu weit verbreitet, als dass sie sich allein aus dem tatsächlich eher geringen Bestrafungsrisiko erklären ließe. Ein erheblicher Teil der Bevölkerung beweist so etwas wie sozialen Anstand, wenn er selbst in Nullrisikosituationen es unterlässt, „lange Finger" zu machen (Degen 2007, 18f.). Weit verbreitete, wenn auch nicht unumstrittene Standards an Gerechtigkeit und Vorstellungen von Integration sorgen dafür, dass sozialstaatliche Maßnahmen und d.h. Steuerausgaben für Ärmere und „Problemgruppen" auch aus den Reihen derjenigen befürwortet werden, die davon keinen Vorteil erwarten. Wirtschaftswissenschaftler können in ihren Entscheidungsspielen (z.B. 'Gefangenendilemma'), die die Schwierigkeiten der Überwindung des unmittelbaren und kurzfristigen Interesses zeigen sollen, nicht erklären, warum ca. 50% der Befragten sich altruistisch verhalten in Situationen, in denen die Beteiligten einander *nicht* wieder begegnen (Ebd., 30f.). Die empirisch vorfindlichen Akteure folgen nicht den ihnen modellplatonisch zugedachten spieltheoretischen Logiken.

Das Modell des eigennützig orientierten, Nutzen und Nachteil abwägenden homo oeconomicus stimmt nicht mit der Realität menschlichen Handelns überein – nicht einmal in der kapitalistischen Gesellschaft. *Ein* Grund, warum sich Ökonomen an der vereinfachten und unrealistischen Annahme des homo oeconomicus orientieren, ist theorie-intern: Ein solch einfaches Konzept eignet sich als Element für Modellkonstruktionen. „Es würde die Modelle (der Ökonomie – Verf.) deutlich komplexer machen, wenn Menschen darin differenzierter denken und handeln würden" (Niehaus 2009, 72). Untersuchungen zeigen, dass Studenten sich *nach* ihrem Ökonomie-Studium weit stärker an egoistischen Handlungsmaximen orientieren als vorher. Gründe dafür können sein, dass sie selbst Egoismus für normativ richtig ansehen oder dass sie annehmen, die anderen würden sich unkooperativ verhalten und insofern sei eigenes kooperatives Verhalten unvernünftig.

„Egoistisches" Handeln bildet keine autonome, sich selbst verursachende Substanz. Seine Wahrscheinlichkeit ist abhängig vom Ausmaß der Orientierung am Interesse *an* etwas im Unterschied zum Interesse *für* etwas, von der Parzellierung des Reichtums in individuell besitzbare Waren und von der Intensität der Konkurrenz. Die nachkapitalistische Gesellschaft wird mit einem Bewusstsein für die Kosten von egoistischem Handeln einhergehen. Sie betreffen Misstrauen, dauerndes Rechnen und kontrollierendes Beobachten sowie den Mangel an Freundlichkeit. In einer nachkapitalistischen Gesellschaft existiert im Vergleich zur kapitalistischen Gesellschaft ein höheres Bewusstsein von den Wechselwirkungen zwischen den Handlungen verschiedener Individuen. Ein klassisches Beispiel ist das 'Gefangenendilemma'. Zwei Kriminelle werden des Einbruchs beschuldigt. Das Dilemma ist so aufgebaut, dass es sich auf das Verhältnis konzentriert zwischen dem Verhalten der Gefangenen zueinander und der Höhe der Strafe. Wenn beide schweigen bzw. beide nicht gestehen, können sie nur wegen eines geringeren Vergehens verurteilt werden und kommen mit einer geringen Strafe davon. Wenn beide gestehen, wird ihnen das jeweils zugutegehalten, beide erhalten eine mittelhohe Strafe. Wenn nun der eine den anderen belastet, der andere aber schweigt, bekommt derjenige, der vom anderen belastet wird, selbst aber schweigt, die höchste Strafe. Der, der den anderen belastet, erhält einen Bonus durch seine Mithilfe beim Verfahren. Zudem wird er vom anderen nicht belastet, bekommt also die geringste Strafe oder wird freigesprochen.

Das Gefangenendilemma ist ein starkes Argument gegen die Überzeugung: Wenn jeder von den anderen getrennt seinem Privatvorteil nachgeht, ist allen am meisten gedient. Zugleich enthält die Modellsituation des Gefangenendilemmas ein Wissen um soziale Konstellationen, die die Handelnden voneinander isolieren und sie jeweils auf sich selbst zurückwerfen. Sie sind deshalb nicht imstande zu kooperieren. Unter diesen Bedingungen kommt es zu suboptimalen Ergebnissen. Koordiniertes und kooperatives Handeln erbringt höhere Ergebnisse.

Für die Diskussion der Frage, ob eine nachkapitalistische Gesellschaft eines „neuen Menschen" bedarf, ist es schließlich relevant, was unter „Wohlstand" verstanden wird. In seiner Beurteilung von verschiedenen Vorschlägen für Alternativen zum Kapitalismus bildet für Corneo (2014) die Frage, ob sie den „gleichen Wohlstand" wie die kapitalistische Ökonomie hervorbringen, ein zentrales Kriterium. Systeme, die zur Reduktion von Wohlstand führen, hätten keine Akzeptanz in der Bevölkerung. Corneo blendet aus, wie aus ökologischen Gründen sowie aus Kritiken an der Lebensweise massive Veränderungen des in den westlichen Ländern üblichen Wohlstandsmodelles und der Lebensweise befürwortet werden. Zur Auseinandersetzung mit Corneo vgl. Creydt 2015a.

43) Stellt die „postfundamentalistische Gewissheit" 'Praxis' infrage?

Fielen „stabile Fundamente" weg, z.B. eine „göttlich legitimierte Feudalordnung" oder eine „unhinterfragte Klassenhierarchie", so gäbe es keinen „archimedischen Punkt" mehr, kein „substanzielles Gemeingut" und keinen „unhinterfragten Wert" (Marchart 2010, 17).[152] Die „postfundamentalistische Gewissheit" sei

152 „Unter Postfundamentalismus wollen wir einen Prozess unabschließbarer Infragestellung metaphysischer Figuren der Fundierung und Letztbegründung verstehen

„Ungewissheitsgewissheit" (Ebd.). Die für den Postfundamentalismus charakteristische Dichotomie – früher: Gewissheit, heute: alles umkämpft und prinzipiell zur Disposition stehend – unterschätzt in Bezug auf die Vergangenheit die Interpretationsspielräume. Sie existieren auch bei scheinbar eindeutigen Vorgaben. Bereits im 12. Jahrhundert wusste Alain de Lille: „Die Autorität hat eine Nase aus Wachs, die man nach Belieben verformen kann" (zit. n. Eco 1987, 25).

Dass *nurmehr* „contingent foundations" (Butler 1992) existieren, ist eine anspruchsvolle These. Wenn unter Fundamentalismus „besonders jene Positionen zu verstehen (sind), die von fundamentalen, d.h. revisionsresistenten Prinzipien, Gesetzen oder objektiven Realitäten ausgehen, die jedem sozialen oder politischen Zugriff entzogen sind" (Marchart 2010, 15), so gilt genau dies für die Artikel 1 bis 20 des Grundgesetzes („Ewigkeitsgarantie"). Gewiss kann es unterschiedliche Interpretationen geben, wie die Entscheidungen des Bundesverfassungsgerichts in Bezug auf die Auslegung der Grundrechte zeigen. Daraus folgt aber nicht, „jedes Fundament" sei „umkämpft", stehe „prinzipiell zur Diskussion" und könne „nur hervorgehen aus dem unabstellbaren Spiel konkurrierender Gründungsversuche" (Marchart 2010, 16). Von der Auflösung der „Grundlagen aller Gewissheit" (Lefort 1990, 296) oder von der „Entkollektivierung von Wirklichkeitsmodellen" (Schulze 1992, 541) kann faktisch nicht die Rede sein: Das Grundgesetz *ist* verabschiedet. Seine Interpretation unterliegt strikten Variationsgrenzen. Sie stellt etwas völlig anderes dar als die Vorstellung von einer ständigen Neugründung. Die postfundamentalistische Auffassung verselbständigt und übertreibt die Phänomene des Wandels und Pluralismus.[153]

– Figuren wie Totalität, Universalität, Substanz, Essen, Subjekt oder Struktur, aber auch Markt, Gene, Geschlecht, Hautfarbe, kulturelle Identität, Staat, Nation etc." (Marchart 2010, 15f.).

153 Eine Frage, mit der sich die These von der Auflösung eines Mindestmaßes an normativer Übereinstimmung auf ihre Richtigkeit prüfen ließe, lautet: „Was wollen Rechte und Linke, Arme und Reiche, Ossis und Wessis gemeinsam hierzulande *nicht* haben? Sie wollen nicht so viele Gewalt wie in Amerika, nicht so viele Streiks wie in Frankreich, nicht so viele Regierungswechsel wie in Italien, nicht soviel Mafia wie in Russland, nicht soviel Nationalismus wie auf dem Balkan, nicht soviel Hingabe an die Firma wie in Japan, nicht so viele Stockschläge wie in Singapur, nicht so viele heilige Kühe wie in Indien, nicht so viele Schleier wie im Iran, nicht soviel Militär wie in Israel" (Hondrich 2001, 43). Skeptischen Bürgern in der modernen Gesellschaft fällt es leichter, ex negativo zu sagen, was ihre Werte sind. Den zentralen Wert der Verfassung, die Menschenwürde, definiert auch das Verfassungsrecht ausgehend von ihren Verletzungstatbeständen.

Pluralität und Diversität als Wohlfühlbegriffe knüpfen an der Produktdiversifizierung auf der Benutzeroberfläche an. Der 'offenen Gesellschaft' sind Formen, Abstraktionen und Trennungen eigen, die aus den Leitbildern (Demokratie, Grund- und Menschenrechte) der modernen bürgerlichen Gesellschaft resultieren (vgl. Demirović 1988, Türcke 1990, Creydt 2007, 2008a) – von der Herrschaft der mit der 'offenen Gesellschaft' verbundenen Imperative der kapitalistischen Gesellschaftsform ganz zu schweigen.[154]

Wer eine Substanz allem zugrunde legen möchte, hat es auf ein Fundament abgesehen. Beispiele dafür sind der Rassenbegriff im Nationalsozialismus oder die grundlegenden Dogmen der katholischen Kirche. Ein solches Fundament gilt dem Substanzdenken als eindeutig und unzerstörbar.[155] Mit dem Paradigma oder Leitbild von 'Praxis' wird nichts dergleichen bemüht. Es ist notwendige Bedingung und zugleich Resultat bestimmter gesellschaftlicher Verhältnisse.

Die Auflösung der „Grundlagen aller Gewissheit" (Lefort 1990, 296) gilt der postfundamentalistischen Theorie als Schachzug, der alle Totalitarismen matt setze. Politik könne „aus Arendts Perspektive in keiner ihr äußerlichen Instanz gegründet werden, d.h. in keiner Instanz jenseits des Zwischen-Raums, der zwischen all jenen entsteht, die sich zum Handeln zusammenfinden. Deshalb muss für Arendt (Arendt 1994) bspw. die Idee der Wahrheit aus dem politischen Raum verbannt werden, könnte sie doch zum potenziellen Fundament werden, in dem öffentliches Handeln und Deliberation verankert und damit zugleich beendet werden" (Marchart 2010, 44). Damit ist ein reales Problem angesprochen. Mit weltanschaulicher Gewissheit geht oft die reduktive Auffassung des Besonderen oder Einzelnen als bloßer Anwendungesfall des Allgemeinen einher. Demgegenüber begrüßt Lefort „eine Gesellschaft, in der sich die Grundlagen der politischen wie gesellschaftlichen Ordnung stets entziehen, in der das Erreichte niemals das

---

154 Zur Auseinandersetzung mit der Lebensweise, die mit der freiheitlich-demokratischen Grundordnung verbunden ist, vgl. Creydt 2014, 217-261.

155 Die Substanz ist „die absolut Kraft, die die Selbständigkeit alles Bestimmten aufhebt; und in die Einheit versenkt" (Feuerbach 1976, 187). Die Substanz ist das allem Zugrundeliegende und das alles auf sich Zurückführende. Es geht alles von ihr aus, sie geht aber nicht über sich hinaus. Im Horizont des Substanzdenkens lassen sich weder die Ausdifferenzierung der Gesellschaft begreifen noch die Gestaltung der Gesellschaft durch ihre Mitglieder. Die Substanz gilt als das wahrhaft Wirkliche, dem nichts widerstehen oder sich entziehen kann. Alle hypothetische Notwendigkeit, die von Bedingungen abhängt, die selbst wieder von Bedingungen abhängen, ist nun überstiegen zu einer vollkommenen und unbedingten Eigenmacht und Notwendigkeit.

Siegel der vollständigen Legitimität trägt" (Lefort 1990, 296). Die Reflexion stellt bestimmte Urteile und Voraussetzungen des Urteils infrage. Etwas anderes ist es, eine Reflexion als sich selbst verstärkenden Prozess aufzufassen, dessen völlig offener Ausgang Freiheit verbürgen soll. Lefort spricht davon, „dass sich in der gesellschaftlichen Praxis ohne Wissen der Akteure eine Infragestellung entfaltet, deren Antwort niemand besitzt. Auch die Arbeit der Ideologie, die stets der Wiederherstellung der Gewissheit gewidmet ist, vermag dieser fragenden Reflexion kein Ende zu setzen" (Ebd.). Lefort setzt auf Prozesse, die nicht nur fortgesetzt gesellschaftliche Verkrustungen korrigieren, sondern zu einer ständigen Revision der Grundlagen führen. Man fühlt sich bei dieser Vorstellung einer sich aus sich selbst speisenden Kritik und Selbstkritik sowie Verflüssigung an Junghegelianer wie Bruno Bauer erinnert. Bei ihm bildet der Geist die unerschöpfliche Antriebskraft der permanenten Umwälzung aller dogmatischen Verfestigungen.

„Mit der Offenhaltung der gesellschaftlichen Identität rühren wir an die grundlegenden Prozesse der Demokratie" (Lefort, Gauchet 1990, 108). Diese Utopie der Offenheit avanciert zur fixen Idee der postmodernen Weltanschauung. Das Realphänomen, das Lefort u.a. zugrunde legen und zugleich verabsolutieren und idealisieren, besteht in der Reflexion, die die Revision bestimmter Urteile ermöglicht. Das Plädoyer für Dauerdiskussion übergeht aber den Unterschied zwischen expliziter Thematisierung und impliziten Voraussetzungen. Es wird so getan, als könnten immer Grundlagen des Verständnisses thematisch werden und als seien der Hintergrund und das Vorverständnis jeweils explizierbar und einholbar.[156] Das zugehörige Phantasma ist das von sich ständig neu schaffenden und umschaffenden Wesen. Im vermeintlichen Kampf gegen alles Absolute bildet die Verabsolutierung von Offenheit, Reflexion und Revision die zentrale Waffe. Der Rahmen und der sichere Hintergrund von Offenheit, Reflexion und Revision werden ausgeblendet. Die von Lefort gewünschte Offenheit der Reflexion kommt jedoch ohne diese Voraussetzungen nicht zustande. Und auch Lyotards

156 Mit der Postmoderne ergibt sich das „Paradox ..., wie denn gerade die Funktionsweise des impliziten und des präprädikativen lebensweltlichen Seins zum Konstrukt explizit thematischer Gestaltung werden kann" (Kellner, Heuberger 1988, 334). Die Durchsetzung dieses Vorhabens lässt den „Generalmodus des Selbstverständlichen nicht unbeschadet bleiben, ihre Sicherheit und Netz gewährende Funktion (muss) eine Beeinträchtigung erfahren. ... Dem Existenzdesign solcher Lebensweltkonstruktions- und Steuerungsversuche wohnt darum eine eigentümliche Ruhelosigkeit inne, eine um sich selbst kreisende Aufgeregtheit und eine überintensivierte Selbstbeschäftigung; es kommt nie ganz ans Ziel, weil das Lebensweltliche in ihm schon immer an seinem Gegenpol gebrochen wird" (Ebd.).

Absage an den „Terror des Wahr oder Falsch" (1987, 38) und den „Glauben an die Wahrheit" (1977, 14) ist selbstwidersprüchlich. „Wer an allem zweifeln wollte, der würde auch nicht bis zum Zweifel kommen. Das Spiel des Zweifelns selbst setzt schon die Gewissheit voraus" (Wittgenstein 1984, 144).

44) Ist ein die Gesellschaft einendes Paradigma angesichts des postmodernen Plädoyers für Vielfalt verfehlt?

„Differenzbildung ist der gegenwärtige Modus der Indifferenzerzeugung."
Welsch 1986, 175

Wie es imponierende Ja-Worte gibt (z.B. Freiheit oder Pluralität), so auch schreckenserregende Nein-Worte wie Monopolismus und Monismus. Mit ihnen setzen postmoderne Denker ein gesellschaftlich grundlegendes Selbstverständnis und gesellschaftlich geteiltes Paradigma gleich. Sie identifizieren Einheit mit Konformitätsdruck, wenn nicht gar mit der Gleichschaltung und der Gewalt gegen alle Abweichungen.[157] In dieser Position kommen nur eine negativ beurteilte Einheit und eine als positiv geltende Vielfalt vor. Die Fragen, ob es nicht auch eine positiv beurteilbare Einheit, die sich gegenüber der Vielfalt nicht reduktiv verhält, und eine problematische Vielfalt geben kann, bleiben ungestellt. Das zunächst plausibel erscheinende Votum für Vielfalt und gegen die Diskriminierung anderer Lebensformen („Ich will, dass es alles gibt, was es gibt" – Konstantin Wecker) blendet die problematischen Varianten der Vielfalt aus. An ihnen herrscht aber kein Mangel.

Im Folgenden nenne ich einige Argumente gegen die pauschale Wertschätzung von Vielfalt. Ausgeklammert bleibt die Frage, wie viel Vielfalt unter der Herrschaft moderner, bürgerlicher und kapitalistischer Gesellschaftsstrukturen überhaupt existiert. Vielfalt ist dann problematisch, wenn sie bereits schlicht subjektiv aus der Unvertrautheit des Beobachters mit der Materie entsteht. Der Wald erscheint dann vor lauter Bäumen nicht. Erst wer sich in einem Feld auskennt, gewinnt Übersicht. Erst dies erlaubt ihm, die verschiedenen Variationen

157 Lyotard begrüßt insofern die „Dekadenz des Wertes der Idee der Einheit" und den Aufstieg „der Idee der Singularität überall in der ganzen Welt" (1978, 10) und votiert für das „patchwork der Minderheiten" (Ebd., 11) oder für „das große patchwork aus lauter minoritären Singularitäten" (1977, 37), die „immer wieder von neuem einen modus vivendi" finden – ohne „Zentrum" (Ebd., 38).

des Selben als eben dessen Varianten zu erkennen und die Verwirrung zu überwinden. „Der Anfänger kennt viele Möglichkeiten, der Meister wenige" (Suzuki). Problematische Vielfalt entsteht zweitens, wenn Anbieter die Nachfrage nach ihrem Produkt zu steigern versuchen, indem sie dessen Differenz zu anderen Produkten betonen. Auch Geistesarbeiter sehen sich infolge der Konkurrenz gezwungen, „jeden Gedanken nicht zu prägen, was sehr nützlich wäre, sondern ihn überscharf zu profilieren ..., (so) dass der Gedanke von all seinen unendlich vielen Brüdern von vornherein sich mehr abhebt, als es von Haus aus in seinem Wesen steckt" (Bry 1988, 37).

Eine dritte Variante von problematischer Vielfalt resultiert aus der Arbeitsteilung und funktionalen Differenzierung moderner Gesellschaften sowie den entsprechenden Tunnelblicken und déformations professionelles (vgl. Kapitel 8, 9). Dem entspricht die Hochkonjunktur von Zusammenschlüssen mit „miniaturisierten, hyperspezialisierten Interessen" (Lipovetsky 1995, 19) sowie der „Wunsch, sich unter Seinesgleichen wiederzufinden ... mit 'identischen' Wesen" (Ebd., 19f.). Sektorielle und exklusive Apartheiten bilden das Resultat. Aus dem „Recht auf Unterschied" folgt viertens oft die Fixierung auf das Partikulare. Die für es jeweils einschlägige spezifische gesellschaftliche Erfahrungsverarbeitung wird nicht zum Thema. Die Abdichtung gegen diese Frage, das Verschwinden der Konstitution im als unmittelbar imponierenden Resultat, scheint eine notwendige Bedingung des Lebens*stils* zu sein (Bourdieu 1982, 317). Die bürokratische und warenförmige Dekomponierung der gesellschaftlichen Zusammenhänge stärkt partikularisierte und unmittelbar erscheinende Betroffenheiten und Zuständigkeiten. Ihnen entspricht diejenige linke Politik, die „immer sektoraler und bereichsspezifischer, defensiver, auf punktuelle Missstände, spezifische soziale Gruppen und aktuelle Konflikte konzentriert (ist). Was weitgehend fehlt, ist eine etwas umfassendere gesellschaftliche Perspektive" (Joachim Hirsch, Links 1994, H. 3).

Das naive Lob der Vielfalt unterschätzt fünftens die Anforderungen, die das „patchwork der Minderheiten" stellt, wenn das jeweilige Besondere nur als Moment der Vielfalt fungieren und seiner Ausschließlichkeitsansprüche entsagen soll, die zu ihm als Besonderem gehören. Vielfalt wird als Ja zur Autonomie vieler besonderen Perspektiven begrüßt. Die Störung der einen Autonomie durch die andere bleibt ausgeblendet. Ebenso die negativen Effekte der Differenzierung wie Spaltung, Vervielfältigung der Vetomächte und das Gegeneinander-Ausspielen. Sechstens führt der Pluralismus sich selbst ad absurdum. Zu viele Unterschiede überfordern und erschöpfen die Unterscheidungskraft. Infolgedessen kommt es zur „Vergleichgültigung der von ihr hervorgebrachten Mannigfaltigkeit. Die diversen Möglichkeiten neutralisieren sich gegenseitig und konsonieren im weißen Rauschen der Indifferenz" (Welsch 1986, 175. Vgl. a. Eisel 2003, 410f.). Pluralität bringt sich selbst um ihre Pointe. Wer antithetisch auf die Unterdrückung von Pluralität fixiert ist, übersieht, wie „durch Freigabe der Differenzen" „alles bedeutungslos und darin gleich: egal" wird. „Unsere Kultur ist eine gigantische Maschinerie der Vergleichgültigung der durch sie produzierten Differenzen" (Ebd.).

Zur Hochkonjunktur des Partikularen und seiner beziehungslosen Pluralität passt die „allgemeine Überzeugung von der Subjektivität aller Erkenntnis" sowie ein „allgemeines Geltenlassen solcher als sehr harmlos empfundener 'Meinungen'. Also Verlust einer Sphäre objektiv verbindlicher, *gemeinsamer* Wahrheiten. Jeder hat sein Weltbild für sich, jedem ist das des anderen gleichgültig, keiner vermag den anderen zu bekehren oder hat das Bedürfnis dazu" (Gehlen 1978, 130).

Die Inflation der Unterschiede führt zu einer Masse von Partikularem. Sie lässt sich nurmehr durch abstrakte (monetäre oder administrative) Nenner bewältigen. Dem zueinander disparat und unvergleichbar Stehenden, das nichts miteinander zu tun hat, entsprechen abstrakte Synthesismedien (Geld, Recht). Die mit ihnen einhergehende Reduktion der vielen partikularen Materien auf den kleinsten gemeinsamen Nenner provoziert eine Gegenreaktion. Nun stellt sich der Eigensinn des dem Vergleich und des abstrakten Normen Unterworfenen auf die Hinterbeine. Das reaktiv sich in seinen Eigensinn Eindrehende wird vollends partikular. Infolgedessen bedarf es in seinen Interaktionen umso mehr abstrakter Mittler. Partikularismen und abstrakte gesellschaftliche Synthesismedien steigern sich gegenseitig.

45) Wie lässt sich der Autismus der gesellschaftlich ausdifferenzierten Bereiche überwinden, ohne in regressive Entdifferenzierung zu verfallen?

Die Proportion zwischen den für *alle* Mitglieder der Gesellschaft gemeinsamen und den bereichsspezifischen Wissensbeständen, Aufmerksamkeiten sowie Prioritäten verändert sich mit der wachsenden Arbeitsteilung und der zunehmenden Differenzierung zwischen verschiedenen Bereichen der Gesellschaft (Ökonomie, Politik, Recht, Schul- und Gesundheitswesen u.a.). Zum Problem wird die Verschiedenheit der „Sprachen" zwischen den gesellschaftlichen Bereichen. Massive Hindernisse für die gesellschaftliche Assoziation resultieren aus Unterschieden zwischen den verschiedenen Mentalitäten und Deutungsmustern. Das Aneinander-Vorbeireden wird wahrscheinlich. Angesichts dieser Probleme dünnt die gesellschaftliche Kommunikation aus auf den kleinsten gemeinsamen Nenner. Dies fördert wiederum den Rückzug der „Spezialisten“ auf ihr jeweiliges Binnenmilieu, in dem sich unter ihresgleichen leichter kommunizieren lässt. Die funktionale Ausdifferenzierung der Gesellschaft in verschiedene Bereiche schwächt die Möglichkeit der Individuen, das Allgemeine bzw. übergreifende Gesellschaftsstrukturen und gesellschaftliche Anliegen in den Blick zu bekommen. Die Verschiedenheit untereinander unübersetzbarer Perspektiven okkupiert die Aufmerksamkeit.

Das Problem der Verständigung und Kooperation zwischen Gruppen mit untereinander verschiedenen Interessen, Wissensbeständen, Fachsprachen und Mentalitäten stellt sich bereits im größeren Betrieb. Seine Bereiche sind: Forschung und Entwicklung, Technik, Fertigung, Beschaffung, Logistik, Marketing, Vertrieb, Public Relations, Controlling, Personalmanagement, Informationstechnologie. Was die eine Betriebsabteilung als Innovation reizt, provoziert bei der anderen unter Umständen Mehrarbeit, Umstellungsaufwand u.ä. All diese Bereiche weisen nicht nur jeweils besondere Interessen auf, sondern auch verschiedene Perspektiven auf das Betriebsgeschehen sowie auf die anderen Betriebsabteilungen. Klischees und Feindbilder entstehen. So heißt es über die Forschungs-Abteilung im Betrieb: „Das sind verhinderte Nobelpreisträger, die streben nicht nach praktikablen Lösungen.“ Aus einschlägigen Erfahrungen mit diesem „Silovirus“ lässt sich eine reflexive Perspektive auf die Interaktion der verschiedenen Gruppen gewinnen. Um individuelle Idiosynkrasien handelt es sich bei diesen blinden Flecken und toten Winkeln der Wahrnehmung nicht. Im Wissen darum lässt sich ein „Bruchstellenfilter“ (Schütz 2003) entwickeln. Er enthält sowohl die Diagnose („Frühwarnsystem“) der zu erwartenden Schwierigkeiten in der Interaktion und Kooperation zwischen den verschiedenen Gruppen als auch Strategien des geschickten Umgangs mit diesen Problemen, die die Wahrscheinlichkeit gedeihlicher Zusammenarbeit erhöhen. Es geht darum, „durch die Erweiterung des eigenen Blickwinkels und die breitere Definition der eigenen Interessen“ den „Korridor für gemeinsame Lösungen“ auszudehnen (Schütz 2003, 94). Das schließt die Verringerung der Ursachen von Verteilungs-, Ziel- und Wahrnehmungskonflikten zwischen den verschiedenen Bereichen mit ein.

Die gesellschaftliche Differenzierung verändert sich ums Ganze, wenn die kapitalistische Ökonomie überwunden wird. Das nachkapitalistische Gemeinwesen kann sich diejenige gesellschaftliche Überdifferenzierung sparen, die aus zwei Ursachen resultiert. Das gesellschaftliche Primat der Kapitalverwertung führt erstens zu einer Hypertrophie von Bereichen, die die Aufgabe haben, seinen negativen Folgen die Spitzen zu nehmen. Dies findet bspw. im Umweltschutz und bei anderen Defensivausgaben (vgl. Kapitel 5) statt. Die technokratische Problembearbeitung frönt der Symptombehandlung, vernachlässigt die Ursachen von Problemen und die strukturpolitisch vorsorgende Komponente zugunsten nachträglicher Reparatur-Maßnahmen. Die Einengung der Problemdefinitionen fördert in Organisationen und Administrationen *ihr* Leistungspotenzial bei gleichzeitiger Ausblendung von Interdependenzen und komplexen Zusammenhängen.

Nun zur zweiten Ursache gesellschaftlicher Überdifferenzierung, die ein Übermaß an Spezialistentum fördert. Mit der Überwindung der kapitalistischen Ökonomie verringert sich die Konkurrenz unter den Arbeitenden. Der Profilierungszwang der einzelnen Bereiche nimmt ab. Den in ihnen Beschäftigten geht es unter Bedingungen von Konkurrenz und drohender Arbeitslosigkeit nie allein um die besondere Aufgabe, sondern auch darum, die Grenzen des jeweiligen Bereichs möglichst dicht zu halten und fachfremde „Eindringlinge" abzuwehren. Dem entsprechen soziale Schließungen, die Abwehr fachfremder Ideen und das Interesse an einer Abdichtung des „eigenen" Expertise-, Kompetenz- und Wissensfeldes. Zudem liegt jeder Spezialdisziplin unter diesen Verhältnissen daran, Probleme so zu definieren, dass sie als exklusiv zuständig gilt.

Die Autonomie gesellschaftlicher Bereiche wird durch Organisationen, die sie kritisch beobachten und evaluieren (vgl. Ik), ebenso verändert wie durch die wachsende „Qualifikation" der auf den jeweiligen Bereich bezogenen Verbraucher und Betroffenen. Die Vergegenwärtigung der Voraussetzungen und indirekten Effekte von Produkten, Arbeiten und Tätigkeiten sowie die Umstellung von Bilanzen auf qualitative Indikatoren verringern den Egozentrismus von Organisationen.

Das Kriterium der Effizienz zieht in der modernen Gesellschaft eine pauschale Akzeptanz von „Leistung", „Spezialisierung" und der gesellschaftliche Differenzierung in Sonderbereiche nach sich. Zu erinnern ist demgegenüber an Analysen, die deren negativen Effekte vergegenwärtigen (s. Kapitel 6-9). Im Zuge einer umfassenden Wahrnehmung der „Kosten" einer unreflexiven Moderne werden die Probleme zum Thema, die insofern entstehen, als die spezialisierten Bereiche „die umliegenden Räume hinsichtlich dieser einen speziellen Zuständigkeit leerpumpen, ein Vakuum in ihrer Umwelt erzeugen" (Haug 1993, 139). Am Kapitalismus wird der Unterschied zwischen betriebswirtschaftlicher und volkswirtschaftlicher Logik zum Problem. Die Kritik an gesellschaftlich abträglichen Effekten von für sich genommen effizient funktionierenden modernen Organisationen, Betrieben oder Bereichen wächst. Die Einsicht verbreitet sich, dass die Steigerung von Effizienz in den besonderen Bereichen nicht mit einem befriedigenden Zusammenspiel der Bereiche einhergeht (vgl. Kapitel 9).

In einer nachkapitalistischen Gesellschaft entfällt derjenige Zwang zur Effizienz, der aus der Kapitalverwertung resultiert. Durch die Eingliederung des Effizienzkriteriums in eine gesellschaftlich maßgebliche multidimensionale Zielorientierung verringert sich der Druck, durch Spezialisierung die Effizienz der jeweiligen besonderen Bereiche, Organisationen oder Betriebe zu erhöhen. Gewiss existieren weiterhin bestimmte Bereiche (z.B. Feuerwehr, medizinische Notfallversorgung) mit höchsten Effizienzverpflichtungen. Beim Personal lässt sich der aus dem Effizienzkriterium folgende Druck durch kürzere Arbeitszeiten, Veränderung des Stellenschlüssels usw. verringern. Es gibt dann zwar gewiss Spezialisten. Aber die Ärzte und Ingenieure sind nun nicht derart von ihrer Arbeit absorbiert, dass sie für anderes wenig Sinn und Verstand ausbilden (vgl. a. Kapitel 12).

Durch die Veränderung des Verhältnisses zwischen beruflichen Tätigkeiten und Care-Tätigkeiten (s. Kapitel 25) sind Individuen nicht mehr vorrangig Leistungsträger in der Erwerbsarbeit und nicht länger häufig vergleichsweise unvertraut mit der Erziehung oder dem Sich-Kümmern um ältere Mitmenschen. Infolge der an einem Gleichgewicht orientierten Proportionierung dieser Sphären (vgl. Kapitel 21, 25) erodiert in der individuellen Existenz die Bornierung auf einen Bereich. Das stärkt den Sinn für die verschiedenen Aufgaben der menschlichen Existenz. Niemand wird (bei massiv verringerter Arbeitszeit) ausschließlich „Berufsmensch“ sein bzw. im Drehtürwechsel zwischen absorbierender Arbeit und mehr oder minder anspruchsvoller Unterhaltung sein Genügen finden.

Für die nachkapitalistische Gesellschaft ist die öffentliche Vergegenwärtigung und Aufbereitung der Maßverhältnisse (vgl. Anm. 55) zwischen den verschiedenen gesellschaftlichen Aufgaben (ökonomische Effizienz, ökologische Nachhaltigkeit, Vermeidung negativer Effekte des Arbeitens und der Arbeitsprodukte auf das „Psychosozialprodukt“ und Förderung positiver Effekte) sowie die Beratung und Auseinandersetzung über die Proportionen zwischen ihnen zentral (vgl. Kapitel 21, 22). Dies verringert den Tunnelblick in der Arbeitsteilung und in der Ausdifferenzierung verschiedener Bereiche. Letztere fördert die Tendenz zum Bereichsautismus. In der nachkapitalistischen Gesellschaft geht es darum, die faktisch existierenden Verbindungen innerhalb des gesellschaftlichen „Stoffwechsels“ und die gesellschaftliche Konstitutions- und Aufbauordnung stärker ins Bewusstsein zu bekommen. Es handelt sich dabei um keine von außen an die gesellschaftliche Realität herangetragene Forderung. Vielmehr wird in vielfältigen sozialen Auseinandersetzungen deutlich, wie Beschäftigte bspw. im Gesundheitswesen in concreto wahrnehmen, dass sie ihre Aufgabe nicht gut erfüllen können, solange in anderen Bereichen Verursacher von gesundheitlichen Schäden ungehindert tätig sind.

Bereits die Thematisierung und Durchsetzung ökologischer, medizinischer und den Datenschutz betreffender Gesichtspunkte implizieren, „dass soziale Teilsysteme ihre autonom-funktionale Zuständigkeit allmählich einzubüßen beginnen. Systemüberlagernde Handlungszusammenhänge und Fremdthematiken erlangen einen höheren Stellenwert ohne gleichzeitig die Eigenthematik der jeweiligen Teilbereiche zu vernachlässigen“ (Buß, Schöps 1979, 328). Es bildeten sich Netze „quasi öffentlicher Beziehungen, die sich zu sozialen Reintegrationsmustern zusammenknüpfen“ (Ebd., 326). Mit der funktionalen Differenzierung steht auch das Spezialistentum inklusive seiner Kompetenzmonopolisierungen infrage. Professionsspezifische Ideologien, die die Welt durch einen pädagogischen, medizinischen oder psychologischen Blickwinkel wahrnehmen, werden infrage gestellt, wenn sich z.B. die Schulen notgedrungen verändern. „Gerade in Problemstadtteilen und in benachteiligenden ländlichen Regionen (reformieren sich) Schulen zur Zeit vor allem von unten her aus ‘Not vor Ort’, als Stadtteil-, Nachbarschafts- oder Regionalschule, mit Schulfrühstück, pädagogischem Mittagstisch, außerunterichtlichen Neigungskursen, nachmittäglicher Hausaufgabenhilfe, psychomotorischem Extraturnen oder der Einrichtung von Schlafplätzen“ (Struck 1996, 46). Lehrer sehen sich genötigt, sich stärker mit den außerschulischen Kontexten ihrer Schüler auseinanderzusetzen.

Bereits durch die kritische Auseinandersetzung mit der modernen kapitalistischen und bürgerlichen Gesellschaft verringert sich die erscheinende Multiperspektivität und Unübersetzbarkeit der Sprachspiele. Die verschiedenen Bereiche erscheinen nicht mehr als bezuglos nebeneinander stehend, wie dies die Ideologie der funktionalen Differenzierung behauptet (vgl. Anm. 130). Vielmehr lassen sich die in ihnen jeweils thematischen Inhalte nun anders aufeinander beziehen (vgl. Kapitel 36). Das Denken im Horizont der gesellschaftlichen Aufbauordnung unterläuft die Vorstellung von der Selbstgenügsamkeit, Abgeschlossenheit und Selbstbezüglichkeit der verschiedenen Bereiche der Gesellschaft. Die vermeintlich nur dem spezialisierten Bereich gewidmete und alle anderen Hinsichten legitimerweise ausblendende Perspektive erweist sich, wenigstens teilweise, als Schein. Die scheinbar sich ganz dem unmittelbar und kompakt auftretendem Thema (Gesundheit, Lernen usw.) verdankenden Inhalte verarbeiten Erfahrungen, Fragen und Probleme, die nicht umstandslos aus dem direkten Bezug auf die Materie resultieren, auf die sie sich direkt zu beziehen scheinen. Vielmehr lassen sich die für den jeweiligen inhaltlich besonderen Bereich konstitutiven Erfahrungen, Fragen und Probleme erst analysieren, wenn man die gesellschaftlich herrschenden Trennungen, Zuordnungen, Ausblendungen und Gegensätze begriffen hat. Sie werden von den verschiedenen Bereichen verschieden bearbeitet – in Bezug auf die jeweilige Aufgabe des Bereichs, seine jeweiligen Wissensbestände und Handlungsnotwendigkeiten. (Ich habe dies exemplarisch am Gesundheitswesen gezeigt – vgl. Kapitel 4b.) Das Bewusstsein von der gesellschaftlichen Aufbauordnung hilft ebenso wie das Denken im Horizont der Problematik von Allgemeinheit und Besonderheit (vgl. Kapitel 34) gegen die babylonische Sprachverwirrung.

46) Überfordert die durch 'Praxis' charakterisierte Gesellschaft die Individuen?

Eine demokratisch gestaltete Gesellschaft, die im Unterschied zur bürgerlichen Demokratie nicht wesentliche Prozesse gesellschaftlich nur sekundär beeinflussbaren, primär sich hinter dem Rücken der Beteiligten einregulierenden Märkten überlässt, erhöht den Bedarf an öffentlicher Debatte und Verständigung enorm. Damit stellt sich das Problem der Überforderung von Informationsverarbeitungskapazitäten, Kommunikationsfähigkeiten und Aufmerksamkeitsspannen. Partizipationseliten entstehen. Konzepte für die institutionellen Formen der gesellschaftlichen Debatten und Entscheidungsprozessen sind mit dem Wirrwarr der sich überschneidenden Zuständigkeitsbereiche verschiedener Gremien konfrontiert. Die Zahl der Schnittstellen vergrößert sich sowie der Bedarf an Organisationen, die die Prozesse vor- und nachbereiten. Strittig ist bereits oft (s. Stuttgarter Bahnhofsprojekt), welcher Personenkreis bei einer Entscheidung abstimmungsberechtigt sein soll.

Dem Mehraufwand, der mit der demokratischen Gestaltung der Gesellschaft in der nachkapitalistischen Gesellschaft anfällt, stehen Einsparungen gegenüber. Kommerzielle Rivalitäten, die Konkurrenz, der Kampf von oben gegen Widersetzlichkeiten oder Leistungszurückhaltung der in ihrer Autonomie empfindlich beschränkten abhängig Beschäftigten, die Produktion von problematischen Gütern – all das ist mit Aufwendungen verbunden, die sich in der nachkapitalistischen Gesellschaft sinnvoller verwenden lassen.

Die Skepsis gegenüber der Gestaltung der Gesellschaft durch ihre Mitglieder setzt diese Gestaltung allzu leichthändig gleich mit einem basisdemokratischen Misstrauen gegenüber allen höheren Hierarchiestufen. Gewiss bildet die demokratische Kontrolle ein Gegenmittel gegen Verselbständigungen, Vorteilsnahme im Amt und Klüngelwirtschaft. Zugleich unterscheidet sich die hier skizzierte nachkapitalistische Perspektive von einer Vorgehensweise, die die Ursachen entsprechender Vorteilsnahme unangetastet lässt und ihr vorrangig mit der öffentlichen Skandalisierung bzw. ihrer Androhung gegenübertritt.[158] Im Unterschied dazu wird es erforderlich, die Ursachen für die Orientierung an Vorteilen zulasten anderer abzubauen. In dem Maße, wie dies gelingt, kann Vertrauen zu einem Phänomen avancieren, für das nicht „das Gute im Menschen" beansprucht zu werden braucht (vgl. I.o). Vielmehr kann dies Vertrauen an heute bereits existierende Praxen anknüpfen, die einer Ausnutzung des Macht- und Wissensgefälles entgegenstehen. Die Praxen der Repräsentation und Treuhänderschaft (vgl. Kapitel 20) lassen sich ausweiten, verallgemeinern und vertiefen. Die deliberative Demokratie und das Vertrauen auf Treuhänder und „Experten" bilden dann keinen Gegensatz, wenn bei diesen „Spezialisten" die Vorteilsnahme per Ausnutzung exklusiven Wissens und ebensolcher Informationen objektiv und subjektiv an Bedeutung verliert.

In der nachkapitalistischen Gesellschaft wird nicht ständig spontan alles neu entschieden. Bestimmte grundlegende Entscheidungen stehen nicht dauernd zur Disposition. Von den Individuen wird nicht verlangt, dass sie immer an alles denken, alles beraten und alles berücksichtigen sollen. De Angelis (2016, 179) schreibt den an „Gemeingüter, Commons" (sic!) orientierten Bewegungen eine „24stündige körperliche Rund-um-die-Uhr-Präsenz" zu. Faktisch trifft das nicht zu. Anstrebenswert dürfte es auch nicht sein. Zwar existieren bei den Individuen der von 'Praxis' dominierten nachkapitalistischen Gesellschaft andere Orientierungen, Fähigkeiten und Reflexionsvermögen. Sie bilden aber keine unabhängige Variable, auf der alles weitere aufruht, sondern sind umgekehrt Resultat (allerdings auch wiederum notwendige, wenn auch nicht hinreichende Voraussetzung) vielfältiger gesellschaftlicher Institutionen (vgl. dazu a. Kapitel 32e). Die Gesellschaft von den Individuen und ihrer ethischen Ausstattung abhängig zu machen, das entspräche einem Moralismus, der die Gesellschaft darauf aufbaut, dass die Individuen als vereinzelte Einzelne das Allgemeinwohl wissen und sich an ihm orientieren. Die nachkapitalistische Gesellschaft überwindet demgegenüber den die Individuen isolierenden Besitzindividualismus, die Konkurrenz (vgl. Kapitel 16) und die Gegensätze zwischen Produzenten und Konsumenten durch soziale Beziehungen der Kooperation, der gemeinsamen Reflexion, der Treuhänderschaft und sozialen Repräsentation (vgl. Kapitel 20, 21). Den objektiven

158 „Der Drang zum imperativen Mandat (wird) aus Missachtung und Misstrauen geboren. ... Als Verfahrensprinzip auf Dauer ist eine solche Konstitutionalisierung von Misstrauen zu Verfahrensregeln kein guter Ansatz. Will man sie trotzdem für Übergangsperioden, hat man sie am Hals, und man übt mit jeder Anwendung dieser politischen Kandare das Misstrauen, das man überwinden möchte" (Suhr 1975, 343).

Ursachen vieler Probleme lässt sich durch Strukturen der Boden entziehen, die das Privateigentum an Produktionsmitteln und die Kapitalverwertung praktisch überwinden. Die gesellschaftlichen Verflechtungs- und Raumformate verändern sich (vgl. Kapitel 12c). Betriebe bauen die Organisation der Arbeit so um, dass die kollektive Reflexion der Arbeitenden auf die Arbeit zum festen Bestandteil des Betriebsalltags wird (vgl. Kapitel 12e). Zur internen Demokratisierung der Betriebe und Organisationen tritt die externe hinzu. Bspw. entsenden die von den Voraussetzungen und Effekten der Organisationen Betroffenen Vertreter in das Aufsichtsgremium der jeweiligen Organisation.[159] Das Bewusstsein des Individuums bildet nicht das Nadelöhr der Informationssammlung und -auswertung. Gesellschaftliche Infrastrukturen der Informationsverarbeitung und -evaluation (vgl. z.B. die Technikfolgenabschätzung) sowie qualitative Indikatoren sind zentrale Momente der nachkapitalistischen Gesellschaft. Produktlinienanalysen, Umweltbilanzen und Umweltverträglichkeitsprüfungen vergegenwärtigen die Effekte, Voraussetzungen und Rückkopplungen, die mit den Produkten und Dienstleistungen sowie mit dem Arbeiten und den Betätigungen verbunden sind. All diese Institutionen entlasten die Individuen von individueller Sammlung und Bewertung von Informationen.

Im Unterschied zur Vorstellung eines Gegensatzes zwischen Reflexion und Institution existieren reflexive Institutionen. Sie entlasten von den Überforderungen, indem sie öffentliche Prozesse der Beratung und Erwägung, Auseinandersetzung und Debatte erleichtern. Die reflexive Institution gewinnt Distanz zu ihrer Unmittelbarkeit, beobachtet sich und fördert die Reflexion auf die Praxis der Institution. Diese Leistung reflexiver Institutionen lässt sich – bei allen Grenzen des Vergleichs – am Beispiel der Gewaltenteilung vergegenwärtigen.[160] Bereits in der kapitalistischen Gesellschaft entstehen Organisationen zur unabhängigen und kritischen Beobachtung von Betrieben und Organisationen (vgl. Ik). Sie gilt es auszubauen, um die Marktöffentlichkeit zu stärken. Die Einwirkung auf das Handeln von Betrieben und Organisationen wird je nach deren Bilanz in Bezug

---

159 Die „Kommunikationslücke" zwischen Anbietern und Verbrauchern kann überwunden werden „durch Bündelung und Politisierung der Verbraucherinteressen" und durch „gesetzlich geregelte Wahlprozeduren für einen 'Verbraucherrat'. ... Er könnte einen Teil der Lenkungsbefugnisse übernehmen, die bisher über das Depotstimmrecht von den Großbanken wahrgenommen wurden und die Aufgabe bekommen, allgemeine Konversionsszenarien zu entwickeln" (Brüggen 1996, 9).

160 Eine kurze Übersicht über die Fragezeichen zur Gewaltenteilung formuliert Demirović (2009, 192f.).

auf die Erfüllung allgemein verbindlicher Kriterien bzw. Indizes notwendig, die das Leitbild 'Praxis' konkretisieren (vgl. Kapitel 19).

Gewiss weiten sich in einer nachkapitalistischen Gesellschaft die Prozesse der öffentlichen Beratung, Erwägung, Debatte, Auseinandersetzung und Entscheidung aus. Damit ist aber kein basisdemokratischer Aktivitätsenthusiasmus gemeint, kein „alle müssen alles wissen" und keine Dauerdiskussion.[161] Der Annahme, die Gestaltung der Gesellschaft durch ihre Mitglieder beinhalte notwendigerweise deren Überforderung, liegt ein Szenario zugrunde, das bestimmte Momente der Gegenwart für die nachkapitalistische Zukunft fortschreibt. Zudem ignoriert es die mit der nachkapitalistischen Gesellschaft mögliche und notwendige Infrastruktur, die Informationen aufbereitet und damit die Beurteilung und Steuerung gesellschaftlicher Vorgänge erleichtert. Die Veränderung der Sozialität (vgl. Kapitel 35) ermöglicht es, darauf vertrauen zu können, dass andere ihre Kompetenzen im wohlverstandenen Sinne der Empfänger der Arbeiten sowie der von ihnen mittelbar Betroffenen ausüben. Die öffentliche Beratung, Debatte und Auseinandersetzung verändert sich ums Ganze, wenn ihre Teilnehmer sich ergänzen, gemeinsam etwas erwägen und gegenseitig auf ihre „blinden Flecken" reflektieren. Eine solche Sozialität ist umgekehrt proportional zur Verbreitung des Drangs zur überkompensatorischen Selbstüberhebung[162], in der sich die Betroffenen per Meinungsäußerung jeweils als urteilskräftiges Subjekt gerieren, das „seine" Meinung[163] nicht nur als sein Eigentum, sondern als Bestandteil seiner Persönlichkeit verteidigt.

---

161 Vgl. a. Kapitel I.o. Wird das „Mittel der Rückdelegation von Verantwortung an Kollektive oder deren Delegiertenversammlungen nicht äußerst rationell und überlegt eingesetzt, so paralysieren solche urdemokratischen Methoden die Demokratie selbst: das permanente Tagen aller in allen sie betreffenden Organisationsbereichen; die außerordentliche Schwerfälligkeit der Entscheidungsfindung mit zunehmender Größe des zur Entscheidung berufenen Gremiums; die ständige Möglichkeit des Umstoßens sachlicher und personeller Entscheidungen durch Basisgremien; die (von den rätedemokratischen Theoretikern meist unterschlagene) Manipulierbarkeit gerade kollektiver Entscheidungsträger; der Rückfall frustrierter Partizipanten in die Apathie" werden zum Problem (Vilmar 1973, 155f.).

162 „Deutungsfuror" ist das „Stigma der Entmächtigten" (Anders 1993, 81).

163 „Eine Meinung ist eine subjektive Vorstellung, ein beliebiger Gedanke, eine Einbildung, die ich so oder so und ein anderer anders haben kann; – eine Meinung ist mein" (Hegel 18, 30).

Nachwort

> „Anstatt von Zwischenfällen und von einer durch die Grenzen eines bestimmten Gesellschaftstypus hervorgerufenen Krise zu sprechen, entschieden wir uns dafür, nach der Geburt einer neuen Kultur und einer neuen Gesellschaft zu fragen."
>
> *Touraine 1976, 8*

Zu den Essentials der nachkapitalistischen Zukunft zählen

a) die Infragestellung von für die kapitalistische Gesellschaft einschlägigen „Sachzwängen" (vgl. Teil II),
b) die Veränderung des Stellenwerts von Maßstäben der modernen gesellschaftlichen Zivilisation (Effizienz, Leistung u.a. – vgl. Teil III),
c) die praktische Umgestaltung vieler Arbeiten, Produktionstechnologien und Gebrauchswerte, die für die kapitalistischen Gesellschaft charakteristisch sind (vgl. Teil II),
d) gesellschaftliche Strukturen, die die negativen Momente von Märkten, das Privateigentum, die Konkurrenz und die kapitalistische Produktions- und Geschäftsweise überwinden (vgl. Teil IV),
e) Institutionen, die die öffentliche Beratung, Auseinandersetzung und Einigung zwischen den verschiedenen Fraktionen der Bevölkerung sowie die Gestaltung der Gesellschaft durch ihre Mitglieder ermöglichen und fördern, regeln und formen,
f) die Veränderung der Lebensweise und Subjektivität (vgl. Teil V),
g) das Bewusstsein für das gesellschaftliche Leitbild ('Praxis' – vgl. Teil VII).

In kapitalistischen Gesellschaften bildet der Gewinn, der sich mit Produkten und Dienstleistungen machen lässt, das entscheidende Kriterium. Auf modernen Märkten existieren Gleichgültigkeitsbarrieren zwischen Produzenten, Konsumenten und von Produktion und Konsumtion indirekt Betroffenen. Die funktionale Differenzierung in unabhängige und eigenlogische Gesellschaftsbereiche geht mit deren selbstbezüglicher Eindrehung einher. Im Unterschied zu diesen Kernspaltungen der Sozialität beziehen sich in der nachkapitalistischen Gesellschaft deren Mitglieder in ihrem Arbeiten und ihren Tätigkeiten sowie mit ihren Produkten bzw. Dienstleistungen anders aufeinander. Deren jeweilige Inhalte stehen im Mittelpunkt der für sie maßgeblichen Aufmerksamkeit. Sie setzt eine Öffentlichkeit voraus, deren Thema die Voraussetzungen, Folgen und indirekten Nebeneffekte sowie positiven und negativen Rückkopplungen sind, die die verschiedenen Momente der gesellschaftlichen Produktions-, Reproduktions- und Bildungsprozesse aufweisen. Die Aufmerksamkeit gilt der praktischen Entwicklung der Mentalitäten und Subjektivitäten oder dem „Psychosozialprodukt". Gefragt wird, wie sich die menschlichen Sinne und Fähigkeiten, Sozialbeziehungen und Reflexionsvermögen sowie die für sie maßgeblichen Objekte und Tätigkeiten, Auseinandersetzungen und institutionellen Voraussetzungen bilden. Gegenüber der Überforderung durch die verwirrende Vielzahl und Vielfalt der dabei thematischen Momente und Zusammenhänge bietet das Wissen um die gesellschaftliche Aufbauordnung und um den Begriff von 'Praxis' Abhilfe (vgl. Kapitel 36 bzw. 32). Sie bilden Modelle dafür, das Gefüge der verschiedenen Inhalte menschlicher Entwicklung begreifen zu können. Einen ähnlichen Dienst leistet das in diesem Band (vgl. Kapitel 34) analysierte Verhältnis zwischen Allgemeinem und Besonderem in der von 'Praxis' dominierten nachkapitalistischen Gesellschaft. Es unterscheidet sich ums Ganze von dem Verhältnis zwischen Allgemeinem und Besonderem im Kapitalismus oder in Gesellschaften sowjetischen Typs.

Im Unterschied zum bürgerlichen Leitbild von Freiheit, Gleichheit und Brüderlichkeit handelt es sich bei 'Praxis' darum, sieben verschiedene Momente der individuellen und gesellschaftlichen Existenz sinnvoll aufeinander zu beziehen: die Arbeit, den weit verstandenen Konsum, die sozialen Beziehungen und Care-Tätigkeiten, die technologisch-organisatorische Zivilisation, die gesellschaftlichen Institutionen und Strukturen, die Subjektivität und die Gestaltung der Gesellschaft durch ihre Mitglieder. Das heißt, bei jedem dieser Momente zu fragen, wie es die Entwicklung menschlicher Sinne und Fähigkeiten, Sozialbeziehungen und Reflexionsvermögen in den anderen Momenten fördert, hemmt oder verunstaltet. Wie kann das jeweilige Praxismoment dazu beitragen, blinde Flecken der anderen Praxismomente sowie ihre selbstgenügsame Eindrehung in sich selbst wahrzunehmen und abzuwenden? In den insofern sinnvollen Beziehungen zwischen den Momenten entsteht ein sie übergreifender Inhalt des Reichtums und der Lebensweise ('Praxis'). Im Horizont von 'Praxis' zu denken heißt konfigurativ zu denken. Die Fremd- und Selbstbewertung der Individuen sowie der verschiedenen Bereiche der Gesellschaft bewegt sich nun in diesem Element. „Selbst-Valorisation" (Cleaver 1993, 21) oder „autovalorizzazione" (Negri 1991) bilden nur das einfache Gegenteil zum kapitalistischen Vorgehen. Die Erwägung und Beratung, Auseinandersetzung und Entscheidung zwischen den verschiedenen Gruppen der Bevölkerung über den im Sinne von 'Praxis' verstandenen Wert von Arbeiten und Dienstleistungen bildet eine komplexere gesellschaftliche Vorgehensweise als die „Selbst-Valorisation".

Ein Prüfkriterium für die Qualität der nachkapitalistischen Gesellschaft ist, ob sie *Querschnittprobleme* unnötig zu machen oder zu überwinden vermag. Die

Schwierigkeit besteht jeweils darin, ein sich aus verschiedenen Zuflüssen speisendes Problem zu überwinden. Bspw. stellen das Privateigentum, die Individualisierung (nicht zuletzt der Verantwortung) und das bürgerliche Subjekt gesellschaftliche Formen dar, die sich als zu eng erweisen, um die objektiv existierenden gesellschaftlichen Vernetzungen sowohl kognitiv als auch praktisch-gestalterisch bewältigen zu können. Möglich wird dies erst auf der Grundlage der für die nachkapitalistische Zukunft zentralen „Repräsentation" und Treuhänderschaft, „verhandelnder Koordination" und deliberativer Demokratie (vgl. dazu Kapitel 20-22). Vorausgesetzt sind dafür institutionelle Arrangements (vgl. Kapitel 32 e) und reflexive Institutionen.[164] Gemeinsam fördern sie eine Vergesellschaftung und deren Gestaltung, die nicht nur äußere Bedingungen des Lebens regeln, sondern wesentliche Inhalte des Lebens sind.[165] Bei der Dekomponierung dieser Sozialität (durch Privateigentum, die Konkurrenz sowie die Dreieinigkeit von Selbstbestimmung, Selbstverantwortung und Selbstbeschuldigung) handelt es sich um ein in diesem Band thematisiertes Querschnittproblem. Ein zweites besteht in den für die moderne Gesellschaft und kapitalistische Ökonomie zentralen, sich selbst verstärkenden zirkulären Prozesse („Teufelskreise"). Eine dritte Querschnittproblematik betrifft den Umstand, dass die äußeren Voraussetzungen des Lebens nicht nur äußerliche Bedingungen umfassen, sondern teilweise auch den Außenhalt und „Gegenstand" der Entfaltung menschlicher Sinne und Fähigkeiten bilden. Deren Entwicklung erfordert die Umgestaltung der Technologien, Organisationen und Infrastrukturen in der Perspektive ihrer Konvivialität mit 'Praxis'. Dafür sind die populären Zwei-Reiche-Lehren zu überwinden. Sie trennen zwischen dem, was als Sphäre menschlicher Autonomie gilt, und dem, was als äußerliche, sachlich-neutrale Bedingung angesehen wird. Weder gehen in letzterem die Organisationen und Technologien der Produktions- und Reproduktionsprozesse auf, noch bilden die sog. Autonomiesphären ihnen gegenüber ein autonomes Feld. Ebenso utopistisch ist auch die Dichotomie, der zufolge der Markt für das Materielle, „wir" aber für das Immaterielle zuständig seien. Ein viertes Querschnittproblem besteht im Missverhältnis zwischen der modernen

---

164 Eine biologisch verfremdende Übersetzung dieser Perspektive plädiert dafür, „eine Art soziales Nervensystem zu bauen, das eine stabilere und effektivere Regulation innergesellschaftlicher Prozesse ermöglicht" (Hansch 2010, 238).

165 „War es nicht schon das Anzeichen für eine gewisse Enge des 68er linken Geschichtsverständnisses, dass es sich so monoman auf Emanzipation eingeschworen hat? Das Sich-frei-machen aus Fesseln ist ja doch nur das eine, Bedingte; das unbedingte Andere ist das freie Eingehen in neue und sogar weiter reichende Verbindlichkeiten, ein Akt der (Um-)Vergesellschaftung" (Fleischer 1990, 18).

gesellschaftlichen Zivilisation und der subjektiven Kultur. Es entsteht aus der modernen Gesellschaft und aus der kapitalistischen Ökonomie. Ihre Umgestaltung bekommt nur zureichend in den Blick, wer die zu ihnen komplementäre Alternative nicht als Lösung (und sei es auch nur – oder immerhin – individuelle Lösung), sondern als Teil des Problems wahrnimmt. Es handelt sich um diejenige Subjektivität, die vermeintlich die gesellschaftliche Welt kraft eigener „Selbstverwirklichung" übersteigt. Die Kritik am „System" oder den „Heteronomiesphären" vom Standpunkt der „Lebenswelt" oder der „Autonomiesphären" verfehlt das antagonistische Zusammenspiel beider Seiten (Querschnittproblematik Nr. 5).

Subjektivität im Sinne von 'Praxis' entwickelt sich quer zu diesem Dualismus. Die nachkapitalistische Gesellschaft kommt erst in dem Maße zustande, wie bestimmte Mentalitäten und Präferenzen (Besitzindividualismus, „Fachidiotentum", Distinktion, überkompensatorische Selbstbehauptung im neurotischen Kleinkrieg) massiv an Boden verlieren. Dies geschieht sowohl objektiv (durch die Überwindung von Konkurrenz, Privateigentum und frustrierenden Arbeits- und Lebensbedingungen) als auch „subjektiv" (Präferenzwandel in Richtung 'Praxis'). Diese Veränderung ist zugleich nur möglich, indem an 'Praxis' orientierte Entfaltungsweisen von Sinnen und Fähigkeiten, Sozialbeziehungen und Reflexionsvermögen sich in der Gesellschaft ausbreiten. Deren Durchsetzung bedarf institutioneller und struktureller Voraussetzungen. Die durch sie mögliche Entlastung der Mitglieder des nachkapitalistischen Gemeinwesens von einer sie überfordernden Daueraufmerksamkeit und permanenten Diskussion ist das eine. Etwas anderes ist die Befreiung der Individuen davon, unterworfen zu sein unter für sie abträgliche Eigendynamiken und selbstregulative Prozesse. *Diese* im bürgerlichen Selbst- und Weltverständnis nicht vorgesehene Emanzipation kommt erst zustande durch die demokratische Gestaltung und Steuerung des gesellschaftlichen Geschehens. Sie setzen jeweils Prozesse der öffentlichen Erwägung und Beratung sowie Entscheidung voraus. Der vorliegende Band diskutiert die gängigen Einwände. Als zentrale Faktoren, die die Überlastung abwenden, werden die gesellschaftliche Verringerung der Komplexität, eine andere Aufbereitung von Informationen (per qualitativen Indikatoren und Gemeinwohlbilanzen) und die Veränderung der Sozialität zum Thema.

Eine Wahrnehmung des individuellen Seins in der Welt löst die Perspektive des bürgerlichen Subjekts ab, die es aufspaltet in die Überzuständigkeit eines vermeintlich von „innen" nach „außen" lebenden Akteurs und die Unzuständigkeit für die von ihm vorgefundenen quasi-naturalen („Rand"-) „Bedingungen" „seines" Tuns. Erst mit der Aufmerksamkeit für die Beziehungen zwischen den verschiedenen Momenten von Praxis lässt sich die individualistische Lebensweise überwinden. Sie betrachtet „die Beiträge der anderen Subjekte als Mittel zur eigenen Entwicklung“ und nicht „den eigenen Beitrag als Mittel des Einander-Entwickelns“ (Raeithel 1983, 168). Der „Reproduktionsprozess des gesamten Gemeinwesens“ ist demgegenüber als „komplexer Prozess des Einander-Entwickelns“ zu verstehen und zu gestalten (Ebd., 162).

Für den Reichtum der kapitalistischen Ökonomie ist die Stärke der Kapitale maßgeblich. Der Reichtum im Kapitalismus umfasst drei Momente. Erstens enthält er die in ihm entstehenden unproblematischen Leistungen. Zweitens zeigt die Analyse der mit der kapitalistischen Ökonomie verbundenen Verschwendungen und Fehlentwicklungen Reichtumspotenziale und Ressourcen auf, die sich in der nachkapitalistischen Zukunft anders verwenden lassen. Drittens entwickeln sich im Kapitalismus (und gegen ihn) Aufmerksamkeiten, Wissensbestände und Kompetenzen für ein Arbeiten und Leben im Sinne von 'Praxis'. Diese Vermögen bilden sich in Auseinandersetzungen heraus, innerhalb derer Betroffene und Beteiligte die für die kapitalistische Ökonomie charakteristischen Trennungen, Abstraktionen und Verkehrungen materialiter zum Thema machen (vgl. Kapitel 1-11, 14-16, 18 a). Die bereits im Kapitalismus entstehenden Ansätze von 'Praxis' gilt es aus ihrer Verflechtung mit den kapitalistischen Formen herauszuarbeiten. Die damit einhergehende Umgestaltung des Reichtums bildet eine notwendige Voraussetzung dafür, individuell, sozial und gesellschaftlich reifere, sinnvollere und reichere Entfaltungsweisen wahrzunehmen, zu stärken und zu entwickeln. Umgekehrt trägt auch deren sich gesellschaftlich ausbreitende und durchsetzende Wirklichkeit zur Entwertung der gegenwärtig dominierenden Formen von Konsum und Kultur bei. Sie orientieren sich zum großen Teil an der (Über-)Kompensation einer Armut an 'Praxis', die auch vor den Toren der Reichen nicht halt macht.

Im Unterschied zu linken Vorstellungen „einer 'Großen Harmonie'“ oder „unmittelbaren Gesellschaftlichkeit, die jede rechtliche, staatliche, marktförmige Vermittlung völlig überflüssig mache“ (Brangsch, Brie 2016, 231)[166], stellt

166 „Die Leute machen alles sehr einfach ab ohne Dazwischenkunft des vielberühmten 'Werts'“ (MEW 22, 288). Vgl. a. MEW 23, 92f., MEW 19, 19. Zu verschiedenen „Varianten, utopistisch soziale Komplexität verschwinden zu lassen“, vgl. Creydt 2000, 15ff. Linke frönen zudem häufig einer unbedarften Vorstellung von der Leichtigkeit gesamtgesellschaftlicher Planung und Steuerung. Zu deren Kritik vgl. Masuch 1981. „Das Alltagsbewusstsein lebt mit der Vorstellung, dass Planung halt Entscheidungsprobleme aus der Welt zu schaffen habe und dies im Normalfall auch könne. ... Da Zweifelsfälle durch Planung beseitigt werden, können Zweifel über Planung gar nicht erst entstehen – im Zweifelsfall wird die Planung selbst ge-

sich dieser Band den Problemen der Komplexität, der Vermittlung zwischen den verschiedenen Aufgaben des Wirtschaftens und der Synthesis zwischen den verschiedenen Fraktionen der Bevölkerung. Der vorliegende Band orientiert sich nicht an der Erwartung, man müsse nur geschickt genug am zentralen Faden ziehen und alle relevanten Probleme würden sich dann in Wohlgefallen auflösen. Weiter bestehende oder neu entstehende Dilemmata, Widersprüche und „Teufelskreise" produktiv und demokratisch bearbeiten zu können – das gehört zum Anforderungsprofil der Strukturen und Institutionen einer von 'Praxis' dominierten Gesellschaft.

Die nachkapitalistische Zukunft lässt sich weder als Komparativ zur bestehenden Gesellschaft noch als Einlösung von deren Idealen verstehen. Auch eine andere Verteilung der Karten greift zu kurz. Die grundlegende gesellschaftliche Transformation „mischt" die „Karten" nicht nur neu, sondern verändert die Karten selbst und die „Spielregeln".

---

plant. So blockiert die alltagssprachliche Bedeutungsvorgabe des Planungsbegriffs die Frage nach den Bedingungen der Möglichkeit von Planmäßigkeit, weil sie sie allzuschnell positiv beantwortet" (Ebd., 62).

Literatur

Abkürzungen

Hegel = Hegel, Georg Wilhelm Friedrich: Werke. Hg. v. Moldenhauer, Eva; Michel, Karl Markus. Frankfurt a.M. 1970

MEW = Marx, Karl; Engels, Friedrich: Werke. Berlin (DDR) 1956 ff.

Nietzsche = Nietzsche, Friedrich: Werke in drei Bänden. Ed. Schlechta. Darmstadt 1997

Simmel = Georg Simmel Gesamtausgabe. Herausgegeben von Otthein Rammstedt. Frankfurt a.M. 1989ff.

Bei Zeitschriften beziehe ich mich mit Heft (H.) auf die Folge der Ausgaben in einem Jahrgang, mit Nummer (Nr.) auf die Zählung aller erschienenen Ausgaben.

Adaman, Fikret; Devine, Pat 1997: On the Economic Theory of Socialism. In: New Left Review, Nr. 221

Adler, Max 1916: Politik und Moral. In: Der Kampf, 9. Jg. Wien

Adorno, Theodor W. 1958: Philosophie der neuen Musik. Frankfurt a.M.

– 1967: Ohne Leitbild. Frankfurt a.M.

– 1970: Erziehung – wozu? Gespräch mit Hellmuth Becker. In: Th. W. Adorno: Erziehung zur Mündigkeit. Hg. v. Gerd Kadelbach. Frankfurt a.M.

– 1975: Negative Dialektik. Frankfurt a.M.

– 1976: Minima Moralia. Frankfurt a.M.

– 1979: Soziologische Schriften. Bd. 1. Frankfurt a.M.

– 1981: Noten zur Literatur. Frankfurt a.M.

Albert, Michael 2006: Parecon. Grafenau, Frankfurt a.M.

Albert, Michael; Hahnel, Robin, 1992: Socialism as it was always meant to be. In: Review of Radical Political Economics, Vol. 24, Nr. 3/4.

Allmendinger, Jutta; Leuze, Kathrin; Blanck, Jonna M. 2008: 50 Jahre Geschlechtergerechtigkeit und Arbeitsmarkt. In: Aus Politik und Zeitgeschichte. Beilage zur Wochenzeitung 'Das Parlament', H. 24/25.

Althusser, Louis 1974: Bertolazzi und Brecht. Bemerkungen über materialistisches Theater. In: Alternative, H. 97, 17. Jg.

Althusser, Louis; Balibar, Etienne 1972: Das Kapital lesen. Reinbek bei Hamburg

Anders, Günther 1988: Die Antiquiertheit des Menschen. Bd. 2. München

– 1993: Mensch ohne Welt – Schriften zur Kunst und Literatur. München

Arendt, Hannah 1994: Zwischen Vergangenheit und Zukunft. München

Aristoteles 1989: Politik. Schriften zur Staatstheorie. Stuttgart

Armanski, Gerhard 1990: ... und schon siehst Du alt aus. Das Alter in Geschichte und Gesellschaft. Bielefeld

Árnason, Jóhann Páll 1971: Von Marcuse zu Marx. Darmstadt

Backhaus, Klaus 1999: Im Geschwindigkeitsrausch. In: Aus Politik und Zeitgeschehen, H. 31

Bahro, Rudolf 1977: Die Alternative. Zur Kritik des real existierenden Sozialismus. Köln

Balibar, Etienne 1986: Stichwort 'Kommunismus'. In: Kritisches Wörterbuch des Marxismus. Bd. 4. Berlin

Barben, Daniel 1999: Leitbildforschung. In: Stephan Bröchler u.a. (Hg.): Handbuch Technikfolgenabschätzung. Bd. 1, Berlin

Barber, Benjamin 1994: Starke Demokratie – Über die Teilhabe am Politischen. Hamburg

Barkai, Haim 1982: Der Kibbuz – ein mikrosozialistisches Projekt. In: Heinsohn 1982

Baumann, Max-Otto 2014: Die schöne Transparenz-Norm und das Biest des Politischen: Paradoxe Folgen einer neuen Ideologie der Öffentlichkeit. In: Leviathan, 42. Jg., H. 3

Baurmann, Michael 1998: Universalisierung und Partikularisierung der Moral. In: Hans-Joachim Giegel (Hg.): Konflikte in modernen Gesellschaften. Frankfurt a.M.

Beauvoir, Simone de 1977: Das Alter. Reinbek bei Hamburg

Bebel, August 1910: Die Frau und der Sozialismus. Stuttgart

Beck, Ulrich 1986: Die Risikogesellschaft. Frankfurt a.M.

– 1993: Die Erfindung des Politischen. Frankfurt a.M.

Beer, Ursula 1983: Marx auf die Füße gestellt? Zum theoretischen Entwurf von Claudia v. Werlhof. In: Prokla, Nr. 50

Beigewum (Beirat für gesellschafts-, wirtschafts- und umweltpolitische Alternativen) 2005: Mythen der Ökonomie. Hamburg

Bender, Harald; Bernhold, Norbert; Winkelmann, Bernd 2012: Kapitalismus und dann? Systemwandel und Perspektiven gesellschaftlicher Transformation. Hg. von der Akademie Solidarische Ökonomie. München

Berger, Peter L.; Berger, Brigitte; Kellner, Hanfried 1987: Das Unbehagen in der Modernität. Frankfurt a.M.

Beyer, Hiltrud 2006: Risiko Nanotechnologie. In: Blätter für deutsche und internationale Politik, H. 9

Binswanger, Ludwig 1955: Ausgewählte Vorträge und Aufsätze. Bd. II

– 1956: Drei Formen mißglückten Daseins. Tübingen

Bischoff, Joachim; Lieber, Christoph 2006: Dritter Sozialismusversuch: Äquivalenzökonomie? In: Sozialismus, H. 11, 33. Jg.

Bischoff, Joachim; Menard, Michael 1990: Marktwirtschaft und Sozialismus. Hamburg

Blankenburg, Wolfgang 1972: Grundsätzliches zur Konzeption einer „anthropologischen Proportion". In: Zeitschrift für Klinische Psychologie und Psychotherapie.

Bloch, Ernst 1976: Das Prinzip Hoffnung. Bd. 1. Frankfurt a.M.

Blüm, Norbert 1979: Gewerkschaften zwischen Macht und Ohnmacht. Stuttgart

Bode, Thilo 2007: Unsere ganz alltägliche Vergiftung. In: Blätter für deutsche und internationale Politik, H. 11

Boettcher-Achenbach, Gerd 1984: Selbstverwirklichung – Lust und Notwendigkeit. Diss. Gießen

Böhle, Fritz; Schulze, Hartmut 1997: Subjektivierendes Arbeitshandeln. In: Christina Schachtner (Hg.): Technik und Subjektivität. Frankfurt a.M.
Boron, Atilio 2010: Den Sozialismus neu denken. Hamburg
Botton, Alain de 2008: Glück und Architektur. Von der Kunst, daheim zu Hause zu sein. Frankfurt a.M.
Boudon, Raymond 1988: Ideologie – Geschichte und Kritik eines Begriffes. Reinbek bei Hamburg
Bourdieu, Pierre 1979: Entwurf einer Theorie der Praxis. Frankfurt a.M.
– 1982: Die feinen Unterschiede. Frankfurt a.M.
– 1999: Der Einzige und sein Eigenheim. Hamburg
Bowles, Samuel; Gintis, Herbert 1976: Klassenherrschaft und entfremdete Arbeit. In: Monthly Review (dt. Ausgabe), Jg.1, H. 8
Brandes, Holger 2002: Der männliche Habitus. Band 2: Männerforschung und Männerpolitik. Opladen
Brangsch, Lutz; Brie, Michael (Hg.) 2016: Das Kommunistische. Hamburg
Braunberger, Gerald 2008: Warum lohnt sich die Raumfahrt nicht? In: Rainer Hank (Hg.): Was Sie schon immer über Wirtschaft wissen wollten. Frankfurt a.M.
Brecht, Bertold 1971: Me-ti. Buch der Wendungen. Frankfurt a.M.
Breitenbach, Hans; Burden, Tom; Coates, David 1990: Features of a Viable Socialism. New York
Brie, Michael 1990: Wer ist Eigentümer im Sozialismus? Berlin
Brie, Michael; Detje, Richard; Steinitz, Klaus (Hg.) 2011: Wege zum Sozialismus im 21. Jahrhundert. Alternativen – Entwicklungspfade – Utopien. Hamburg
Brüggen, Willi 1996: Der politische Preis der ökologischen Währung. In: Andere Zeiten, H. 4
Bruns, Willi 1997: Sinnlichkeit in der Technikgestaltung und Technikhandhabung. In: Christina Schachtner (Hg.): Technik und Subjektivität. Frankfurt a.M.
Bry, Carl Christian 1988: Verkappte Religionen. Nördlingen (Erstausgabe 1924)
Bühl, Walter L. 1998: Verantwortung für soziale Systeme. Stuttgart
– 2000: Das kollektive Unbewusste in der postmodernen Gesellschaft. Konstanz
BUND 2008: Endstation Mensch – Nur nicht giftig werden. Berlin http://www.bund.net/fileadmin/bundnet/publikationen/chemie/20080200_chemie_faltblatt_nurnichtgiftigwerden.pdf
Busch-Lüty, Christiane 1989: Leben und Arbeiten im Kibbuz. Köln
Buß, Eugen 1983: Markt und Gesellschaft. Berlin
Buß, Eugen; Schöps, Martina 1979: Die gesellschaftliche Entdifferenzierung. In: Zeitschrift für Soziologie, Jg. 8, H. 4
Butler, Judith 1992: Contingent Foundations: Feminism and the Question of Postmodernism. In: Judith Butler, J. W. Scott (Ed.): Feminists Theorize the Political. New York
Castoriadis, Cornelius; Mothé, Daniel 1992: Hierarchie und Selbstverwaltung. Bielefeld

Chargaff, Erwin 2000: Ernste Fragen. Essays. Stuttgart

Cleaver, Harry 1993: Kropotkin, Selbst-Valorisation und Krise des Marxismus. In: Hintergrund, 6. Jg., H. 4. Osnabrück

Cockshott, W. Paul; Cottrell, Allin 2006: Alternativen aus dem Rechner. Für sozialistische Planung und direkte Demokratie. Köln

Cooley, Mike 1978: Design, technology and production for social needs. In: Ken Coates (ed.): The Right to useful Work. Nottingham

– 1979: Entwurf, Technologie und Produktion für gesellschaftliche Bedürfnisse. In: Wechselwirkung, Heft 0. Berlin

Conert, Hansgeorg 1974: Gibt es einen jugoslawischen Sozialismus. Teil 2. In: Das Argument, Nr. 84

Corneo, Giacomo 2014: Bessere Welt? Hat der Kapitalismus ausgedient? Eine Reise durch alternative Wirtschaftssysteme. Berlin

Cramer, Michael 2007: Mit Vollgas in den Klimawandel? Ein Plädoyer für eine Verkehrswende. In: Vorgänge, H. 3

Creydt, Meinhard 2000: Theorie gesellschaftlicher Müdigkeit. Frankfurt a.M.

– 2001: Zur Kritik feministischer Wirklichkeitskonstruktionen. In: Hintergrund, H. 1, Jg. 14. Osnabrück[1]

– 2005: Das Elend der Gerechtigkeit – Gerechtigkeit als normatives Pendant sozialen Elends. In: Streifzüge, Nr. 34. Wien

– 2005a: Kibbuz und nachkapitalistische Sozialstrukturen. In: Streifzüge Nr. 35, November 2005, Wien; Sozialistische Hefte, Nr. 9, Köln, 2005; Graswurzelrevolution, Nr. 305, 34. Jg., Münster 2006; Contraste Nr. 257, 23. Jg. Heidelberg

– 2006: Die Überwindung des Weltmarkts. In: Bruchlinien, Nr. 17, 5. Jg. Wien

– 2007: Demokratie als Form. Teil 1. In: Streifzüge, Nr. 41. Wien

– 2008: Zur Aufbauordnung der Überbauten. In: Phase 2, Nr. 27. Leipzig

– 2008a: Demokratie als Form. Teil 2. In: Streifzüge, Nr. 42. Wien

– 2009: Die Entwertung des Egoismus. Zur Überwindung von Handlungskontexten und Konflikten, die Vorteilsnahme zulasten anderer nahelegen. In: Berliner Debatte Initial, Jg. 20, H. 1

– 2009a: Keine Verkehrswende ohne Überwindung der Autokultur. In: Sozialistische Zeitung, H. 7/8 2009.

– 2013: Die sehr private Erziehung des Kindes. In: Streifzüge, Nr. 59. Wien

– 2013a: Linkes Wunschdenken zum Grundgesetz. In: Sozialistische Zeitung, H. 7

– 2013b: Selbstbehauptung als Subjekt. In: Streifzüge, Nr. 58 Wien

– 2014: Wie der Kapitalismus unnötig werden kann. Münster

– 2014a: Wovon Freunde der Sowjetunion absehen: Zur Erklärung des Stalinismus und zur Produktionsweise der Sowjetunion. In: Sozialistische Positionen 4.11.2014

---

1 Die Artikel finden sich auch unter www.meinhard-creydt.de

– 2014b: Fetisch Vielheit – Pluralität als Problem. In: Streifzüge, Nr. 62
– 2015: Der bürgerliche Materialismus und seine Gegenspieler. Interessenpolitik, Autonomie und linke Denkfallen. Hamburg
– 2015a: „Wohlstand", Kapitalrendite und das gute Leben – Giacomo Corneos Konzept des „Aktienmarktsozialismus". In: Telepolis 19.7.2015
– 2015b: Wohin führt die „Freiwirtschaftslehre"? In: Telepolis 6.9.2015
Daumann, Frank 2011: Grundlagen der Sportökonomie. Konstanz
De Angelis, Massimo 2016: Die Krise und die Commons. In: Lutz Brangsch, Michael Brie (Hg.): Das Kommunistische. Hamburg
Debray, Régis 1981: 'Voltaire verhaftet man nicht!' Die Intellektuellen und die Macht in Frankreich. Köln-Lövenich
Degen, Rolf 2007: Das Ende des Bösen. Die Naturwissenschaft entdeckt das Gute im Menschen. München
De Man, Henrik 1926: Der Sozialismus als Kulturbewegung. Berlin
Demirović, Alex 1988: Die Demokratietheorie von Marx. In: Das Argument, Nr. 172, 30. Jg.
– 1991: Zivilgesellschaft, Öffentlichkeit, Demokratie. In: Das Argument, Nr. 185
– 2009: Rätedemokratie oder das Ende der Politik. In: Prokla, Nr. 155, 39. Jg.
Detjen, Joachim 2009: Verfassungswerte. Welche Werte bestimmen das Grundgesetz? Bonn
Deutschmann, Christoph 2009: Die Verheißung absoluten Reichtums: Kapitalismus als Religion? In: Dirk Baecker (Hg.): Kapitalismus als Religion. Berlin
Deutschmann, Manfred 1974: Qualifikation und Arbeit. Berlin
Devine, Pat 1992: Market Socialism or Participatory Planning? In: Review of Radical Political Economics. Jg. 24, H. 3/4
– 2009: Planung braucht Demokratie. (Gespräch mit Stefan Bornost). In: Marx 21, Nr. 12
Dieckmann, Dorothea 1995: Unter Müttern – Eine Schmähschrift. Reinbek bei Hamburg
Döhlemann, Martin 2000: Die Vermehrung der Langeweile durch ihre unaufhörliche Bekämpfung. In: Kemper, Peter; Sonnenschein, Ulrich (Hg.): Sucht und Sehnsucht. Rauschrisiken in der Erlebnisgesellschaft. Stuttgart
Dörner, Dietrich 1992: Die Logik des Mißlingens. Strategisches Denken in komplexen Situationen. Reinbek bei Hamburg
Duerr, Hans Peter 1998: Selbstbeschränkung – eine unmögliche Notwendigkeit. In: Kommune, H. 10
Dupuy, J.P.; Gerin, P. 1975: Produktveraltung – Auto und Medikament. In: Technologie und Politik (Hg.: F. Duve). Bd. 1. Reinbek bei Hamburg
Eberle, Friedrich 1981: Intentionales Handeln und gesellschaftliche Entwicklung. Frankfurt a.M.
Eberstein, Benita von 1991: Neue Technologien und Zivilisationskrankheiten. In: Jahrbuch für kritische Medizin, Nr. 17. Hamburg

Eberstein, Benita von 1996: Rheuma und Psyche. Discussion Paper 96-204 WZB. Berlin
Eco, Umberto 1987: Über Gott und die Welt. München
Ehlers, Kai 1993: Guter Rat ist russisch. In: WoZ (Wochenzeitung), H. 11. Zürich
Eisel, Ulrich 2003: Tabu Leitkultur. In: Natur und Landschaft. 78. Jg., H. 9/10
Elias, Norbert 1987: Die Gesellschaft der Individuen. Frankfurt. M.
Elson, Diane, 1990: Markt-Sozialismus oder Sozialisierung des Markts. In: Prokla, Nr. 78 (zuerst in New Left Review 1988, Nr. 172)
Esser, Hartmut 2000: Soziologie. Spezielle Grundlagen. Bd. 3: Soziales Handeln. Frankfurt a.M.
– 2000a: Soziologie. Spezielle Grundlagen. Bd. 5: Institutionen. Frankfurt a.M.
Estrin, S., 1989: Workers' Coooperatives: Their Merits and their Limitations. In: J. Le Grand, S. Estrin (Eds.): Market Socialism. Oxford
Ewen, Christoph 1993: Alles Müll – oder was? In: Blätter f. dt. u. int. Politik, H. 2
Feingold-Studnik, Shoshana 2002: Der Kibbuz im Wandel. Wirtschaftliche und politische Grundlagen. Wiesbaden
Felber, Christian 2008: Neue Werte für die Wirtschaft. Wien
– 2010: „Konkurrenz motiviert – Kooperation motiviert stärker“. In: Christian Stenner (Hg.): Kritik des Kapitalismus. Wien
– 2012: Gemeinwohlökonomie. 2. erw. Aufl. Wien
Ferber, Christian von 1965: Individuum und Gesellschaft – Die liberale Konzeption. Hannover
Feuerbach, Ludwig 1978: Das Wesen des Christentums. Stuttgart
Fischbach, Rainer 2005: Mythos Netz. Kommunikation jenseits von Raum und Zeit? Zürich
– 2013: Missglückte Einstiege. In: Luxemburg, H. 1
– 2016: Mensch – Natur – Stoffwechsel. Versuche zur Politischen Technologie. Köln
Fischer, Kuno 1865: System der Logik oder Metaphysik oder Wissenschaftslehre. 2. völlig umgearbeitete Auflage
Flassbeck, Heiner; Spiecker, Friederike; Meinhardt, Volker u.a. 2012: Irrweg Grundeinkommen. Die große Umverteilung von unten nach oben muss beendet werden. Frankfurt a.M.
Fleischer, Helmut 1990: Zum Ausgang der proletarischen Revolution. In: Widerspruch – Münchner Zeitschrift für Philosophie, 10. Jg., Nr. 19/20
– 1993: Epochenphänomen Marxismus. Hannover
Fraentzki, Ekkehard 1978: Der missverstandene Marx. Pfullingen
Franck, Georg 2009: Abweisende Neubauten. Interview in Psychologie Heute, H. 10
Fresin, Alfred 2005: Die bedürfnisorientierte Versorgungswirtschaft. Eine Alternative zur Marktwirtschaft. Frankfurt a.M.
Fritzsche, Karl-Peter 1976: Entfremdungskritik und Übergangstheorie. Untersuchungen zur entfremdungstheoretischen Fundierung der Bürokratiekritik und des Selbstverwaltungssozialismus am Beispiel der 'Praxis-Gruppe'. Diss. Frankfurt a.M.

Gebser, Jean 1973: Ursprung und Gegenwart. München

Gehlen, Arnold 1978: Wirklicher und unwirklicher Geist. In: Ders.: Philosophische Schriften I. Gesamtausgabe Bd.1. Frankfurt a.M. (zuerst 1931)

Gerson, Menachem 1982: Die Grundlage. (Zuerst: 1934) In: Heinsohn 1982

Geser, Hans 1983: Strukturformen und Funktionsleistungen sozialer Systeme: ein soziologisches Paradigma. Opladen

Gesterkamp, Thomas; Schnack, Dieter 1998: Hauptsache Arbeit – Männer zwischen Beruf und Familie. Reinbek bei Hamburg

Girschner, Walter 1990: Theorie sozialer Organisationen. Weinheim und München

Girschner-Woldt, Ingrid; Bahnmüller, Reinhard; Bargmann, Holger u.a. 1986: Beteiligung von Arbeitern an betrieblichen Planungs- und Entscheidungsprozessen. Das Tübinger Beteiligungs-Modell. Frankfurt a.M.

Goeudevert, Daniel 2010: Das Seerosenprinzip. Köln

Goldberg, Jörg 2007: Afrika im Weltkapitalismus. ISW-Report, Nr. 72. München

Gordon, David M. 1976: Kapitalistische Effizienz und sozialistische Effizienz. In: Monthly Review (dt. Ausgabe), Jg. 2, H. 3

Gorz, André 1967: Zur Strategie der Arbeiterbewegung im Neokapitalismus. Frankfurt a.M.

– 1973: Technische Intelligenz und kapitalistische Arbeitsteilung. In: Richard Vahrenkamp (Hg.): Technologie und Kapital. Frankfurt a.M.

– 1977: Kritik der Arbeitsteilung. In: Freimut Duve (Hg.): Technologie und Politik, Bd. 8. Reinbek bei Hamburg

– 1977a: Ökologie und Politik. Reinbek bei Hamburg

– 1984: Wege ins Paradies. Berlin

– 1991: Und jetzt wohin? Berlin

Gronemeyer, Marianne 2012: Wer arbeitet, sündigt... Ein Plädoyer für gute Arbeit. Darmstadt

Gruschka, Andreas 1994: Bürgerliche Kälte und Pädagogik. Moral in Gesellschaft und Erziehung. Darmstadt

Habermann, Friederike 2016: Über das Kommunistische im Commonismus. In: Lutz Brangsch, Michael Brie (Hg.): Das Kommunistische. Hamburg

Hack, Lothar 1994: „Wer Verantwortung nachmacht oder verfälscht ...“ In: Forum Wissenschaft, H. 2

Hansch, Dietmar 2010: Sprung ins Wir. Die Neuerfindung von Gesellschaft aus systemischer Sicht. Göttingen

Hardensett, Heinrich 1932: Der kapitalistische und der technische Mensch. München

Häring, Norbert 2007: Wachsende Kritik an „Happiness Economics“. In: Handelsblatt 17.9.

Hasse, Kai 2013: Immer schneller kaputt, immer weniger reparierbar. Die Kurzlebigkeit der Waren. In: Sozialistische Zeitung, H. 11

Haug, Wolfgang Fritz 1993: Elemente einer Theorie des Ideologischen. Hamburg

Hayek, Friedrich August 1976: Individualismus und wirtschaftliche Ordnung. Salzburg

Heimann, Siegfried; Zeuner, Bodo 1974: Eine neue Integrationsideologie. Zu den Thesen zur Strategie und Taktik des demokratischen Sozialismus des Peter von Oertzen. In: Prokla, Nr. 14/15, Jg. 4

Heinemann, Gottfried 1982: Der Mensch kann in seiner Produktion nur verfahren wie die Natur selbst. In: Grauer, Michael; Schmied-Kowarzik, Wolfdietrich (Hg.): Grundlinien und Perspektiven einer Philosophie der Praxis. Kasseler Philosophische Schriften, Bd. 7. Kassel

Heinsohn, Gunnar 1982 (Hg.): Das Kibbutz-Modell. Bestandsaufnahme einer alternativen Wirtschafts- und Lebensform nach sieben Jahrzehnten. Frankfurt a.M.

Heller, Agnes 1976: Theorie der Bedürfnisse bei Marx. Berlin

Heller, Hermann 1992: Sozialismus und Nation. In: Gesammelte Schriften Bd. 1. Tübingen (zuerst 1925)

Hennen, Leonhard 1992: Technisierung des Alltags. Opladen

Heyder, Ulrich 1994: Reformperspektiven für die Industriegesellschaft. Chur

Hieber, Lutz 1980: Ist der naturwissenschaftlich-technische Fortschritt noch demokratisch kontrollierbar? In: Prokla, Nr. 39, Jg. 10

Hirsch, Fred 1980: Die sozialen Grenzen des Wachstums. Reinbek bei Hamburg

Holzkamp-Osterkamp, Ute 1976: Motivationsforschung. Bd. 2. Frankfurt a.M.

– 1984: Marxismus – Feminismus – Arbeiterbewegung. In: Das Argument, Sonderbd. 106 (Forum Kritische Psychologie, Bd. 13)

Holzkamp, Klaus 1983: Grundlegung der Psychologie. Frankfurt a.M.

Hondrich, Karl Otto 2001: Der Neue Mensch. Frankfurt a.M.

Horkheimer, Max 1970: Traditionelle und kritische Theorie. Frankfurt a.M.

– 1974: Zur Kritik der instrumentellen Vernunft. Frankfurt a.M.

Huber, Ellis; Langbein, Kurt 2004: Die Gesundheitsrevolution. Berlin

Imhof, Werner 2004: Das schwierige Einfache: gesellschaftliche Produktion ohne Austausch und Geld. In: Fremdheit und Aneignung. Materialien der 48. Kalenderwoche 2002/2003. Hg. v. Forum Eltern und Schule. Dortmund

Institut für Sozialforschung 1956: Soziologische Exkurse. Frankfurt a.M.

Jänicke, Martin 1987: Staatsversagen. Die Ohnmacht der Politik in der Industriegesellschaft. München

Jünger, Ernst 1982: Der Arbeiter. Stuttgart (zuerst 1932)

Jungk, Robert 1963: Die Zukunft hat schon begonnen. Reinbek bei Hamburg

Jütte, Robert 2000: Geschichte der Sinne. München

Kambartel, Friedrich 1989: Philosophie der humanen Welt. Frankfurt a.M.

Kaplonek, Hanna; Schroeter, Roswitha 1979: Psychische Probleme als Probleme der Lebensbewältigung. In: Heiner Keupp (Hg.): Normalität und Abweichung. München

Kapp, Karl William 1988: Soziale Kosten der Marktwirtschaft. Frankfurt a.M.

Kellner, Hansfried; Heuberger, Frank 1988: Zur Rationalität der 'Postmoderne' und ihrer Träger. In: Hans-Georg Soeffner (Hg.): Kultur und Alltag. Soziale Welt, Sonderbd. 6. Göttingen

Kevenhörster, Paul 1974: Das Rätesystem als Instrument zur Kontrolle politischer und wirtschaftlicher Macht. Opladen

Kilian, Hans 1971: Das enteignete Bewußtsein. Neuwied und Berlin

Klages, Helmut 2002: Der blockierte Mensch. Frankfurt a.M.

– 2004: Wie marode sind die Deutschen? Ein empirischer Beitrag zur Mentalitätsdebatte. FÖV Discussion Papers, 13. Speyer

– 2005: Müde, matt, marode? Die 'deutsche Jammermentalität' ist ein Medienmythos. In: Psychologie heute, H. 9

Kleinewefers, Henner 1985: Reformen für Wirtschaft und Gesellschaft. Utopien, Konzepte, Realitäten. Frankfurt a.M.

Koczyba, Hermann 1979: Widerspruch und Theoriestruktur. Frankfurt a.M.

Koslowski, Peter 1994: Die Ordnung der Wirtschaft. Tübingen

Kraemer, Klaus 1997: Der Markt der Gesellschaft. Opladen

Kreiß, Christian 2014: Geplanter Verschleiß. Berlin

Kroll, Lars Eric; Müters, Stephan; Dragano, Nico 2011: Arbeitsbelastungen und Gesundheit. Hg. v. Robert Koch-Institut. Berlin

Krombholz, Heinz 1991: Arbeit und Familie. In: Hans Bertram (Hg.): Die Familie in Westdeutschland. Opladen

Kroner, Richard 1928: Die Selbstverwirklichung des Geistes. Tübingen

Krüger, Stephan 1990: Marktsozialismus – eine moderne Sozialismus-Konzeption für entwickelte Länder. In: Michael Heine, Hansjörg Herr u.a. (Hg.): Die Zukunft der DDR-Wirtschaft. Reinbek bei Hamburg

– 2016: Wirtschaftspolitik und Sozialismus. Hamburg

– 2016a: Industrie 4.0. In: Sozialismus, 43. Jg., H. 4. Hamburg

Krumbein, Wolfgang; Fricke, Julian; Hellmer, Fritz; Oelschlägel, Hauke 2014: Finanzmarktkapitalismus? Zur Kritik einer gängigen Kriseninterpretation und Zeitdiagnose. Marburg

Kühn, Hagen 2001: Normative Ätiologie – Zur Herrschaftlichkeit des gesellschaftlichen Krankheitsverständnisses. In: Jahrbuch für kritische Medizin, Bd. 34

Kuhn, Roland 1951: Daseinsanalyse im therapeutischen Gespräch. In: Schweizer Archiv für Neurologie und Psychiatrie, Jg. 67, H.1

Laclau, Ernesto; Mouffe, Chantal 1991: Hegemonie und radikale Demokratie. Wien

Landmann, Michael 1975: Entfremdende Vernunft. Stuttgart

Langbein, Kurt; Martin, Hans-Peter; Weiss, Hans 2014: Bittere Pillen. Köln

Lange, Andreas 2004: Das gute Leben – (k-)ein Thema der Sozialwissenschaften? In: Soziologische Revue, Jg. 27

Langewiesche, William 2015: Der menschliche Faktor. In: Lettre, Nr. 109

Lassalle, Ferdinand 1919: Arbeiter-Programm (1863). In: Gesammelte Reden und Schriften. Hg. v. Eduard Bernstein, Bd. 2. Berlin

Lefebvre, Henri 1978: Einführung in die Modernität. Frankfurt a.M.

Lefort, Claude 1990: Die Frage der Demokratie. In: Ulrich Rödel (Hg.): Autonome Gesellschaft und libertäre Demokratie. Frankfurt a.M.

Lefort, Claude; Gauchet, Marcel 1990: Über die Demokratie: Das Politische und die Instituierung der Gesellschaft. In: Ulrich Rödel (Hg.): Autonome Gesellschaft und libertäre Demokratie. Frankfurt a.M.

Lepenies, Wolf 1997: Benimm und Erkenntnis. Frankfurt a.M.

Lepsius, Mario Rainer 1990: Interessen und Ideen. In: Ders.: Ideen, Institutionen, Interessen. Opladen

Lindblom, Charles E. 1983: Jenseits von Markt und Staat. Eine Kritik der politischen und ökonomischen Systeme. Frankfurt a.M.

Lipovetsky, Gilles 1995: Narziß oder Die Leere. Hamburg

Lippe, Rudolf zur 1981: Naturbeherrschung am Menschen. Frankfurt a.M.

– 1991: Freiheit die wir meinen. Reinbek bei Hamburg.

– 2012: Plurale Ökonomie. Streitschrift für Maß, Reichtum und Fülle. Freiburg i. Br.

List, Friedrich 1959: Das nationale System der politischen Ökonomie. Basel

Lotter, Wolf 2011: Unbekannte Größe. In: brand eins, H. 6

Löw-Beer, Peter 1978: Arbeiterautonomie und Technologiekritik. Lucas Aerospace. In: Politikon, Nr. 61. Göttingen

Löw-Beer, Peter 1981: Industrie und Glück. Der Alternativplan von Lucas Aerospace. Berlin

Luhmann, Niklas 1981: Politische Theorie im Wohlfahrtsstaat. München

– 1983: Anspruchsinflation im Krankheitssystem. Eine Stellungnahme aus gesellschaftstheoretischer Sicht. In: Herder-Dorneich, Philipp; Schuller, Alexander (Hg.): Die Anspruchsspirale. Stuttgart

– 1997: Die Gesellschaft der Gesellschaft. 2 Bde. Frankfurt a.M.

Lyotard, Jean-Francois 1977: Das Patchwork der Minderheiten. Für eine herrenlose Politik. Berlin

– 1978: Intensitäten. Berlin

– 1987: Die Transformatoren Duchamp. Stuttgart

Maio, Giovanni 2014: Geschäftsmodell Gesundheit. Wie der Markt die Heilkunst abschafft. Berlin

Mandel, Ernest 1972: Marxistische Wirtschaftstheorie. Bd. 2. Frankfurt a.M.

– o.J.: Zur Verteidigung der sozialistischen Planwirtschaft. o.O., 83 S. (dt. Übersetzung aus New Left Review Nr. 150, 161, 169) http://www.attacmarburg.de/alt/ak_wuw/Mdlplan.pdf

Mann, Thomas 1986: Tonio Kröger. In: Ders., Die Erzählungen. Frankfurt a.M.

Mansilla, Hugo 1973: Systembedürfnis und Anpassung. Zur Kritik sozialistischer Verhaltenssteuerung. Frankfurt a.M.

Marchart, Oliber 2010: Die politische Differenz. Berlin

Marglin, Stephen A. 1977: Was tun die Vorgesetzten? Ursprünge und Funktionen der Hierarchie in der kapitalistischen Produktion. In: Freimut Duve (Hg.): Technologie und Politik, Bd. 8. Reinbek bei Hamburg

Mariátegui, José Carlos 1969: Mensaja al Congreso Obrero. In: Ideología y Política. Lima

Marx, Karl 1974: Grundrisse der Kritik der politischen Ökonomie. Berlin (DDR)

Massarrat, Mohssen 1995: Soziale Bewegungen und parlamentarische Repräsentation. Ein Plädoyer für Dritte Kammern. In: Blätter f. dt. u. int. Politik, H. 6

– 2006: Kapitalismus Machtungleichgewicht Nachhaltigkeit. Hamburg

Masuch, Michael 1981: Kritik der Planung. Darmstadt und Neuwied

Meretz, Stefan 2015: Commonismus statt Sozialismus. In: Marxistische Abendschule Hamburg (Hg.): Aufhebung des Kapitalismus. Hamburg

Miller, David 1989: Market, State and Community. Oxford

Mitscherlich, Alexander 1965: Die Unwirtlichkeit unserer Städte. Frankfurt a.M.

Moss, Michael 2013: Salt Sugar Fat – How the Food Giants Hooked Us. New York

Müller, Ludmilla 1976: Die Wertlosigkeit der Arbeit der Kinderaufzucht im Kapitalismus. In: Prokla, Nr. 22

Müller, Michael; Hennicke, Peter 1994: Wohlstand durch vermeiden: Mit der Ökologie aus der Krise. Darmstadt

Münster, Johannes 2006: Wenn Wettbewerb schädlich ist. Sabotage im Kampf um Beförderungen und Prämien. In: WZB-Mitteilungen, Nr. 114. Berlin

Musil, Robert 1981: Mann ohne Eigenschaften. Reinbek bei Hamburg

Negri, Antonio 1991: Marx beyond Marx. London

Negt, Oskar 1984: Lebendige Arbeit, enteignete Zeit. Politische und kulturelle Dimensionen des Kampfes um die Arbeitszeit. Frankfurt a.M.

Negt, Oskar; Kluge, Alexander 1972: Öffentlichkeit und Erfahrung. Frankfurt a.M.

– 1981: Geschichte und Eigensinn. Frankfurt a.M.

Nick, Harry 2007: Demokratisch geplante Äquivalenzökonomie? In: Z – Zeitschrift Marxistische Erneuerung. 18. Jg., Nr. 69

Nienhaus, Lisa 2009: Die Blindgänger. Warum die Ökonomen auch künftige Krisen nicht erkennen. Frankfurt a.M.

Noble, David F. 1978: Social Choice in Machine Design. In: Politics and Society, Vol. 8

– 1984: Forces of Production. A Social History of Industrial Automation. New York

Nuss, Sabine 1990: Die Tragödie der Nutzenmaximierer. In: Luxemburg, H. 4

Offe, Claus 1972 : Politische Herrschaft und Klassenherrschaft. In: G. Kress und D. Senghaas (Hg.): Politikwissenschaft. Frankfurt a.M.

– 1986: Die Utopie der Null-Option. In: P. Koslowski u.a. (Hg.): Moderne oder Postmoderne. Weinheim

– 1992: Wider scheinradikale Gesten – Die Verfassungspolitik auf der Suche nach dem „Volkswillen". In: Gunter Hofmann, Werner A. Perger (Hg.): Die Kontroverse – Weizsäckers Parteienkritik in der Diskussion. Frankfurt a.M.

– 1996: Moderne 'Barbarei'. Der Naturzustand im Kleinformat. In: Max Miller, Hans-Georg Soeffner (Hg.): Modernität und Barbarei. Frankfurt a.M.

Opielka, Michael 1990: Alte Genossenschaften und neue Gemeinschaften. In: Neue Praxis, H. 3

Opitz, Sven 2004: Gouvernementalität im Postfordismus. Hamburg

Oppong, Marvin 2014: Verdeckte PR in Wikipedia. Das Weltwissen im Visier von Unternehmen. Otto-Brenner-Stiftung.

Ostrom, Elinor 1999: Die Verfassung der Almende. Tübingen

Ötsch, Walter 1999: Glück und Realität: 'Äußere' und 'innere' Glücksmodelle in der Theoriegeschichte der Ökonomie. In: Bellebaum, Alfred; Schaaff, Herbert; Zinn, Karl Georg (Hg.): Ökonomie und Glück. Opladen

Ottomeyer, Klaus 1980: Marxistische Psychologie gegen Dogma und Eklektizismus. In: Forum Kritische Psychologie Bd. 7. Berlin

– 1987: Lebensdrama und Gesellschaft. Szenisch-materialistische Psychologie für soziale Arbeit und politische Kultur. Wien

Pallmann, Martin 1966: Der Kibbuz. Zum Strukturwandel eines konkreten Kommunetyps in nichtsozialistischer Umwelt. Basel

Pekruhl, Ulrich 1995: Lean Production und anthropozentrische Produktionskonzepte – Ein Spannungsverhältnis? In: Bruno Cattero, Gerd Hurrle, Stefan Lutz u.a. (Hg.): Zwischen Schweden und Japan. Lean Production aus europäischer Sicht. Münster

Pernsteiner, August Wolfgang 1984: Ausufernde quantitative Arbeitsteilung und Entberuflichung. In: Zeitschrift für Ganzheitsforschung, Jg. 28, H. 1. Wien

Perrow, Charles 1988: Normale Katastrophen. Die unvermeidbaren Risiken der Großtechnik. Frankfurt a.M.

Pestalozzi, Johann H. 1976: Sämtliche Werke. Bd. 28

Pickshaus, Klaus 2014: Rücksichtslos gegen Gesundheit und Leben. Gute Arbeit und Kapitalismuskritik – ein politisches Projekt auf dem Prüfstand. Hamburg

Pinl, Claudia 2000: Das faule Geschlecht. Wie Männer es schaffen, Frauen für sich arbeiten zu lassen. Frankfurt a.M.

Plack, Arno 1976: Ohne Lüge leben. Stuttgart

Pocarno, Mimmo 2015: Tendenzen des Sozialismus im 21. Jahrhundert. Hamburg

Postone, Moishe 1991: Notwendigkeit, Arbeit und Zeit: Eine Reinterpretation der Marx'schen Kapitalismuskritik. (Übers. aus Social Research, 1978, 4, winter.) In: Krisis-Rundbrief 1991. Nürnberg

Prodoehl, Hans Gerd 1983: Theorie des Alltags. Berlin

Raeithel, Arne 1983: Tätigkeit, Arbeit und Praxis. Grundbegriffe für eine praktische Psychologie. Frankfurt a.M.

Rammert, Werner 1983: Soziale Dynamik der technischen Entwicklung. Opladen
Richter, Horst-Eberhard 1976: Flüchten oder Standhalten. Reinbek bei Hamburg
– 1995: Bedenken gegen Anpassung. Reinbek bei Hamburg
Rilke, Rainer Maria 1966. Briefe. Besorgt durch Karl Altheim. Frankfurt a.M.
Ringger, Beat 2008: Zukunft der Demokratie. Zürich
Ringleben, Joachim 1995: Die 'Krankheit zum Tode' von Sören Kierkegaard. Göttingen
Robbe-Grillet, Alain 1965: Argumente für einen neuen Roman. München
Rohwer, Götz 1985: Zur politischen Ökonomie der Hausarbeit. In: Leviathan, Jg. 13, H. 2
Rojas, Raúl 2015: Chauffeure für alle! Interview in: brand eins, H. 1
Rombach, Heinrich 1994: Phänomenologie des sozialen Lebens. Freiburg
Rosa, Hartmut 2012: Weltbeziehungen im Zeitalter der Beschleunigung. Berlin
Rosner, Menachem 1982: Ist direkte Demokratie in der modernen Gesellschaft machbar? In: Heinsohn 1982
Roth, Rainer 2009: Finanz- und Wirtschaftskrise: SIE kriegen den Karren nicht flott. Frankfurt a.M.
Sandleben, Guenther; Schäfer, Jakob 2013: Apologie von links. Zur Kritik gängiger linker Krisentheorien. Köln
Sauer, Dieter 2013: Arbeit im Übergang. In: Grundrisse, Nr. 48. Wien
Schaumberg, Wolfgang 2002: Budenzauber. Oder 'Behaltet die Ideen für Euch' – eine Diskussion mit W. Schaumberg. In: Express H. 11/12
Schiller, Friedrich 1961: Über die ästhetische Erziehung des Menschen. In: Ders.: Gedichte Prosa (hrsg. v. Benno von Wiese). Frankfurt a.M.
Schimank, Uwe 1983: Neoromantischer Protest im Spätkapitalismus. Bielefeld
– 1996: Theorien gesellschaftlicher Differenzierung. Opladen
– 2005: Differenzierung und Integration der modernen Gesellschaft. Wiesbaden
Schindler, Jörg 2014: Stadt, Land Überfluss. Warum wir weniger brauchen als wir haben. Frankfurt a.M.
Schmidt-Bleek, Friedrich 2014: Grüne Lügen. München
Schmitter, Phillippe C. 2003: Wie könnte eine 'postliberale' Demokratie aussehen? In: Claus Offe (Hg.): Demokratisierung der Demokratie. Frankfurt a.M.
Schmitz-Weiss, Martina 1990: Heillos. Zur Bewegung des klassischen medizinischen Krankheitsbegriffes. In: Bindseil, Ilse (Hg.): Frauen. Bd. 1. Freiburg
Schöllgen, Werner 1946: Grenzmoral. Soziale Krisis und neuer Aufbau. Düsseldorf
Schubert, Volker: Identität, individuelle Reproduktion und Bildung. Gießen 1983
Schuhler, Conrad 2010: Wirtschaftsdemokratie und Vergesellschaftung. ISW-Report, Nr. 79. München
Schulze, Gerhard 1992: Die Erlebnisgesellschaft. Frankfurt a.M.
– 1999: Interview. Psychologie Heute, H. 2. Weinheim
Schütz, Peter 2003: Grabenkriege im Management. Wie man Bruchstellen kittet und Abteilungsdenken überwindet. Frankfurt a.M.

Seiwert, Lothar J. 2001: Life-Leadership: Sinnvolles Selbstmanagement. Frankfurt a.M.

Senghaas, Dieter 2010: Rettung durch den Kleinstaat !? In: Leviathan, Jg. 38, H. 2

Siefke, Christian 2009: Ist Commonismus Kommunismus? In: Prokla, Nr. 155

Simmel, Georg 1957: Brücke und Tür. Stuttgart

Skidelsky, Robert; Skidelsky, Edward 2014: Wie viel ist genug? Vom Wachstumswahn zu einer Ökonomie des guten Lebens. München

Sohn-Rethel, Alfred 1973: Geistige und körperliche Arbeit. 2. Aufl. Frankfurt a.M.

Sombart, Werner 1934: Deutscher Sozialismus. Berlin

Spehr, Christoph 2012: Volks-Autos und Kollontai-Höfe. In: Luxemburg, H. 3. Berlin

Sprenger, Reinhard K. 1991: Mythos Motivation. Wege aus einer Sackgasse. Frankfurt a.M.

Staehle, Wolfgang H. 1994: Management. Eine verhaltenswissenschaftliche Perspektive. 7. Aufl. München

Steinitz, Klaus 2012: Sozialistische Wirtschaft und Markt. In: Sozialismus, H. 5

Stocker, Ferry 1994: Moderne Volkswirtschaftslehre. Bd. 1: Logik der Marktwirtschaft. München

Stojakovic, Krunoslav 2013: Sozialistischer Humanismus. Zur konkreten Utopie Jugoslawiens. In: Jour-fixe-Initiative Berlin (Hg.): 'etwas fehlt'. Utopie, Kritik und Glücksversprechen. Münster

Strotmann, Peter (Hg.) 1972: Zur Kritik der Sowjetökonomie. Eine Diskussion marxistischer Ökonomen des Westens über die Wirtschaftsreform in den Ländern Osteuropas. Berlin

Struck, Peter 1996: Schule in der Krise? Antworten von Peter Struck. In: Psychologie Heute 23. Jg., H. 1

Suhr, Dieter 1975: Bewußtseinsverfassung und Gesellschaftsverfassung. Über Hegel und Marx zu einer dialektischen Verfassungstheorie. Berlin

– 1981: Repräsentation in Staatslehre und Sozialpsychologie. In: Der Staat, Jg. 20

Szszesny-Friedmann, Claudia 1994: Die kühle Gesellschaft. München

Tesch, Joachim 2007: Sozialismus aus dem Computer? In: Z – Zeitschrift Marxistische Erneuerung, 18. Jg., Nr. 69

Thie, Hans 2013: Rotes Grün. Pionier und Prinzipien einer ökologischen Gesellschaft. Hamburg

Thielemann, Ulrich 2010: System Error. Warum der freie Markt zur Unfreiheit führt. Bonn

Thring, M. 1973: Man, Machines and Tomorrow. London

Touraine, Alain 1976: Jenseits der Krise. Frankfurt a.M.

Traub, Rainer 1997: Adams Fall. In: Spiegel-Special Nr. 7: Der deutsche Mann

Trotzki, Leo 1924: Literatur und Revolution. Wien

Türcke, Christoph 1990: Selbstzufriedenheit der Demokratie. In: 'Die Zeit' vom 13.4.

Türk, Klaus 1995: „Die Organisation der Welt" – Herrschaft durch Organisation in der modernen Gesellschaft. Opladen

Tyrell, Hartmut 1978: Anfragen an die Theorie der gesellschaftlichen Differenzierung. Zs. f. Soziologie, Jg. 7

Ullrich, Otto 1977: Technik und Herrschaft. Frankfurt a.M.

– 1979: Weltniveau. In der Sackgasse des Industriesystems. Berlin

Verseck, Keno 2003: Abfallprodukte der Raumfahrt. In: Die Tageszeitung 7.2., S. 14

Vilmar, Fritz 1973: Strategien der Demokratisierung. Band I. Darmstadt

Voy, Klaus; Polster, Werner; Thomasberger, Claus (Hg.) 1991: Gesellschaftliche Transformationsprozesse und materielle Lebensweise. Marburg

Wainwright, Hilary 1994: Arguments for a new left. Oxford

Warwas, Klaus 1977: Wird Bremen immer häßlicher? Bremen

Weber, Max 1972: Gesammelte Aufsätze zur Religionssoziologie. Bd. I. Tübingen

– 1982: Gesammelte Aufsätze zur Wissenschaftslehre. Tübingen

Weisbrod, Burton A. 1964: Collective-Consumption Services of Individual-Consumption Goods. Quarterly Journal of Economics, Vol. 78, No. 3

Weisskopf, Thomas E. 1992: Towards a Socialism for the Future, in the Wake of the Demise of the Socialism of the Past. In: Review of Radical Political Economics, Vol. 24, No. 3,4

Weizsäcker, Viktor von 1950: Diesseits und Jenseits der Medizin. Stuttgart

Welsch, Wolfgang 1986: Philosophie in der Postmoderne. In: Wulff D. Rehfus, Horst Becker (Hg.): Handbuch des Philosophie-Unterrichts. Düsseldorf

Wendl, Michael 2013: Machttheorie oder Werttheorie. Die Wiederkehr eines einfachen Marxismus. Hamburg

Werkbund Bayern 1979: Der Mensch ohne Hand oder die Zerstörung der menschlichen Ganzheit: Ein Symposion des Werkbundes Bayern. München

Wiemer, Carl 2001: Krankheit und Kriminalität. Die Ärzte- und Medizinkritik der kritischen Theorie. Freiburg

Wiesenthal, Helmut 1982: Alternative Technologie und gesellschaftliche Alternativen. In: Technik und Gesellschaft, Jahrbuch 1. Frankfurt a.M.

Wilde, Oscar 1977: Die Seele des Menschen unter dem Sozialismus. In: Ders.: Werke in drei Bänden. Bd. 3. Herrsching (zuerst 1891)

Willke, Helmut 1994: Systemtheorie II: Interventionstheorie. Stuttgart

– 1996: Ironie des Staates. Grundlinien einer Staatstheorie polyzentrischer Gesellschaft. Frankfurt a.M.

– 1998: Systemtheorie III: Steuerungstheorie. 2. Auflage Stuttgart

Winkelmann, Marc 2016: Auf's Ganze. In: Enorm – Wirtschaft. Gemeinsam. Denken, 7. Jg., H. 1. Hamburg

Wittgenstein, Ludwig 1984: Über Gewißheit. Frankfurt a.M.

Zipko, Alexander 1989: Der Egoismus der Träumer. In: Blätter für deutsche und internationale Politik, H. 10 u. 11

Hendrik Wallat

Politischer Marxismus

Ellen M. Woods Beitrag zur Aktualisierung des historischen Materialismus

2021 – 231 Seiten – 28,00 €

ISBN 978-3-89691-063-3

Thomas Sablowski / Judith Dellheim / Alex Demirović / Katharina Pühl / Ingar Solty (Hrsg.)

Auf den Schultern von Karl Marx

2021 – 552 Seiten – 40,00 €

ISBN 978-3-89691-259-6

2., korrigierte Auflage

Meinhard Creydt

Wie der Kapitalismus unnötig werden kann

2., korrigierte Auflage 2016 – 419 Seiten – 29,90 €

ISBN 978-3-89691-970-0